圖1　偉大的白人女王：一名西非木雕師傅的維多利亞女王印象。（左圖）
圖2　哈利·史密斯爵士，一八四七至一八五四年任開普殖民地總督，曾對科薩族祭出鐵腕。（右圖）

圖4　于貝爾·利奧泰元帥。

圖3　弗瑞德里克·魯嘉爵士，奈及利亞總督，攝於一九一四年。

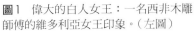

圖5　一八九〇年，德屬東非總督偕傳教士登岸。

圖6　不情願的帝國主義者：蘇丹戰爭期間，一匹騎兵隊的戰馬被拖上火車，攝於一八九八年。

圖7　英軍與其所配備的馬克沁機槍，非洲的征服與這款武器息息相關。

圖8　亞歷山大港城的斷垣殘壁。這張照片清楚顯示這座古城遭到英國轟炸後的慘狀，時為一八八二年。

圖9　英帝國的生命線：歐洲軍艦參與了蘇伊士運河在一八六九年的開通。

圖10　人人懷著致富夢想的金伯利鑽石挖礦現場，攝於一八七一年前後。

圖11　阿卜杜・卡迪爾，阿爾及利亞反抗軍領袖，攝於一八六〇年前後的流亡期間。

圖12　撒哈拉沙漠中的快意征戰：一八九八年，法國的非洲獵兵擒得了薩摩瑞・杜爾這名拒不受法國統治達二十年之久的梟雄。

圖13　阿卜杜・克里姆，一九二〇年代於摩洛哥力戰西班牙與法國軍隊的「里夫之獅」。

圖14　埃及女性走上開羅街頭，表達對瓦夫德黨的支持，攝於一九一九年。

圖15　厄利垂亞郵票：一名義大利人在其殖民的厄立垂亞墾地，一九一〇年。
圖16　空優：義大利戰機翱翔利比亞天際，一九一二年。

圖17　幼稚園裡的帝國主義：童書裡的阿比西尼亞人對著義大利國旗朝拜，一九三六年。

圖18　權力的分享：一身歐洲行頭的巴蘇托酋長與兒子們合照，一八九〇年前後。高帽與肩章是這位酋長的權威象徵。

圖19　時尚的傳入：修女將縫衣之技術傳授給西非女性，攝於一九一〇年。

圖20　德軍一名阿斯卡利士兵在學習如何操作日照儀，一九一四年攝於東非。

圖21　險路勿近：李文斯頓博士遭受猛獅攻擊，一八五〇年前後。

圖22　前景堪慮：一名德國官員在為斑馬賽馬練習，一九一〇年左右攝於東非。

圖23-26　現代非洲：工商與交通上的進步，是一、二戰之間與二戰後殖民地郵票的宣傳重點。
（由上至下分別為：象牙海岸郵票、奈及利亞郵票、南羅德西亞郵票、塞內加爾郵票）

圖27　捍衛祖國：摩洛哥騎兵在法國東北部執行巡邏任務，攝於一九一四年十月。

圖28　從摩洛哥召募加入西班牙內戰，為佛朗哥將軍陣營效力的正規軍。照片中士兵正在等待搭機前往西班牙，攝於一九三六年七月。

圖29　一名衣索比亞人執白旗向義軍致敬，攝於一九三〇年前後。一九四一年，在衣索比亞舉白旗投降的將換成義大利。

圖30　英國軍人看管著落網的茅茅組織分子，一九五三年攝於肯亞。

圖31　在阿爾及利亞獨立戰爭（一九五四至一九六二年）中被俘的民族解放陣線成員，建功的是法國的外籍軍團。

圖32　帝國大反擊：直升機正從航母上起飛，今日的任務是對蘇伊士運河進行攻擊。

圖33　阿爾及爾之役：一九六五年，吉洛．彭特克沃執導的《阿爾及爾之役》電影劇照。

圖34　剛果總理盧蒙巴被捕的新聞照片，一九六〇年攝於剛果。

圖35　埃及強人總理納吉布（左）與納瑟中校（右）交換意見，攝於一九五〇年左右。

圖36　權力轉移：恩克魯瑪博士與黃金海岸的末代總督克拉克爵士伉儷，攝於一九五七年迦納獨立當日。

圖37　美國在非洲的「自己人」：甘迺迪總統與莫布杜將軍，攝於一九六三年。

圖38　同志們：卡斯楚（中）與衣索比亞獨裁者馬里亞姆（右）。

圖39　南非深入日常作息的種族隔離：小至街邊的座椅都黑白分明。

圖40　烏干達惡名昭彰的獨裁者阿敏。

圖41　全套加冕冠服上身的中非皇帝卜卡薩。

圖42　羅德西亞叢林戰（辛巴威解放戰爭）：羅德西亞軍官在圭洛（Gwelo）練習打靶，一九七七年六月十四日攝於圭洛。

圖43　哥倆好的古巴與安哥拉士兵，攝於一九七五年左右。

EMPIRES IN THE SUN

勞倫斯・詹姆士
Lawrence James

烈日帝國

THE STRUGGLE FOR THE MASTERY OF AFRICA

非洲霸權的百年爭奪史

1830-1990

謹以此書獻給彼得・萊克弗特（Peter Rycraft）

感謝他不藏私的指導

導讀

《烈日帝國》：一部開啟閱讀非洲現代史的巨作

嚴震生　政治大學國際關係研究中心教授、台灣非洲研究論壇執行長　二〇一八年二月

台灣過去的世界史教育，非洲出現的部分不外乎以下幾個重點：葡萄牙人沿著非洲西岸繞過好望角帶來了地理大發現、非洲黑奴被運往美洲、歐洲列強瓜分非洲、二次大戰後非洲脫離殖民統治的獨立建國。近年來，南非脫離白人種族隔離的少數統治，亦出現在中學的教科書上。傳統上我們認為非洲是黑暗大陸，但鮮少認識到地理大發現之前這個地區就已有文明的存在，也誤認歐洲人接觸非洲後這些既存的政權就已逐漸消失，而不知許多部落社會於十八、十九世紀時，仍在擴大其政治版圖。此外，非洲的獨立運動並非二次大戰後的產物，它是長期存在的抗拒意識，曾受威爾遜「民族自決」的鼓舞，歷經數十年才達成的去殖民化的目標。

簡言之，我們對非洲歷史的了解，經常是片面的角度或是斷斷續續的事件，缺乏較為完整的全盤認知。儘管《烈日帝國》談的是歐洲殖民非洲的歷史，但是卻不失非洲的主體性，讓讀者可

以從非洲人的角度來了解他們對殖民統治的認知及感受。更重要的是這部殖民史並未在一九六〇年代大多數非洲國家取得獨立建國後就結束，而是在南非少數白人種族隔離政權下台、多數黑人預備執政的一九九〇年告一段落。

雖然歐洲其他國家的殖民史如葡萄牙在莫三比克與安哥拉、比利時在剛果，以及義大利在利比亞及衣索比亞的經驗，在本書中都獲得充分的介紹，但不可諱言地是大部分的篇章仍然是以非洲兩大殖民母國的英國與法國在這個地區的經營，為主要的討論對象。法國方面偏重阿爾及利亞及其在西非與中非全面性的殖民政策，而英國在非洲的殖民史則有較為完整的陳述，所占的篇幅也最多，或許這和作者詹姆士過去三十年長期從事撰寫英國近代史有很大的關係。

詹姆士的英國背景或多或少也讓他在撰寫本書時，還是不忘在比較和其他國家的殖民經驗時，會將英國對人權及法治的尊重，不斷複述。雖然有時他表達的是歷史人物或社會菁英的觀點，但多少也透露出詹姆士身為英國人的驕傲。不過，持平來看，本書對英國整體殖民歷史的觀察，以及對英國各個政黨在執政時殖民政策選擇時的國內選舉考量之分析，都算是客觀與公允。

在撰寫近代非洲殖民史方面，詹姆士有其獨到的切入角度。他對英國在廢奴及強制禁運黑奴的努力，給予相當高的評價。過去大部分的觀察者都將其注意力放在西非的部分，特別是有關獅子山的自由奴歷史。長期以來，跨大西洋的運奴是歷史學家關注的對象，因此當英國在一八二〇年宣布廢奴、美國在一八六三年解放黑奴後，這項不人道的買賣似乎已走入歷史，殊不知黑奴的交易在持續進行中，特別是阿拉伯人與東非部落領袖仍將此視為獲利極高的買賣。

詹姆士對於歐洲殖民者，特別是駐紮在非洲的軍官對當地土著所施加的暴行，給予相當大篇幅的描述。一方面，英國、法國及德國都自認他們是具有教養、懂得尊重基本人道精神的文明國家，有想要教化非洲人的「白人重擔」，但有時又為了經營帝國在非洲的戰略利益，而不惜睜一隻眼、閉一隻眼地放任那些「將在外，君命有所不從」的軍人，在非洲進行慘絕人寰的種族滅絕或是戰爭罪行等違反國際法的行為。字裡行間，我們可以充分體會到當時歐洲仍存在一些左派的理想主義者，願意為弱勢發聲，但他們的聲音不是太微弱，就是被淹沒在強烈的民族主義及龐大的國家利益中。

當殖民主義與帝國主義掛鉤後，歐洲各國政府及駐在非洲的行政官員被迫接受殖民統治雖然不符合人道，但卻是帶領非洲進入西方文明世界的說法。這個對自由與平等價值的妥協，又因有許多軍人出身的盲目愛國主義者將非洲視為展現男性粗獷狂野氣質的場域、一戰成名以滿足個人虛榮心或是藉此晉身政治菁英的跳板，讓去殖民化的動力無法集結，延宕了非洲民族獨立建國的時間。

歐洲人對非洲的殖民，雖然曾造就了大英帝國，讓法國在十九世紀及二十世紀初國力衰退下仍有緬懷其歷史光榮的機會，也促成德國將殖民地的經營看成歐洲強權必走的軌道，但畢竟這是一項違反歷史潮流的發展。國內有識之士暮鼓晨鐘的提醒，未必能改變這些政府的想法，殖民地的反抗行動雖然給予統治者極大的壓力，但也讓其有足夠的藉口為維持文明秩序而對抗暴民，以延續其殖民統治。

最終導致這些歐洲國家放棄殖民統治的是二次大戰，因為戰爭而須徵招非洲人與殖民統治者肩並肩地和法西斯主義作戰，不僅讓被殖民者看到殖民母國的脆弱（竟然需要他們看不起的非洲人協助抗敵的英國，或是未經完全奮戰就屈服於納粹的法國），也對本身的作戰能力增添了無比的自信，促使他們有決心要完成去殖民化及獨立建國的目標。當然，更重要的是戰後美國對歐洲各國不肯捨棄非洲殖民地的強烈批判，及歐洲國家整體的弱化所造成殖民統治的困難，才讓後者選擇誠實面對歷史，結束上百年來極具爭議的殖民主義。

本書清楚的分段，及用不同的章節討論重要的案例，讓讀者能夠有系統地認識到歐洲殖民非洲的歷史。由於出現的人物及事件相當多，也有不少的非洲名詞，因此這絕不是一本輕鬆翻翻、小說般的故事書，而是需要高度專注、仔細閱讀的歷史著作。不過，若是讀者願意投入時間和精力，將會獲得很大的回報，因為它不僅讓你長知識，更擴大了你對可能相當陌生的非洲歷史，有了入門的了解，開啟你更多相關書籍的一道門。

目次

第二部 一八八二至一九一八年

第三部 一九一九至一九四五年

第四部　一九四五至一九九〇年

1850年代前後

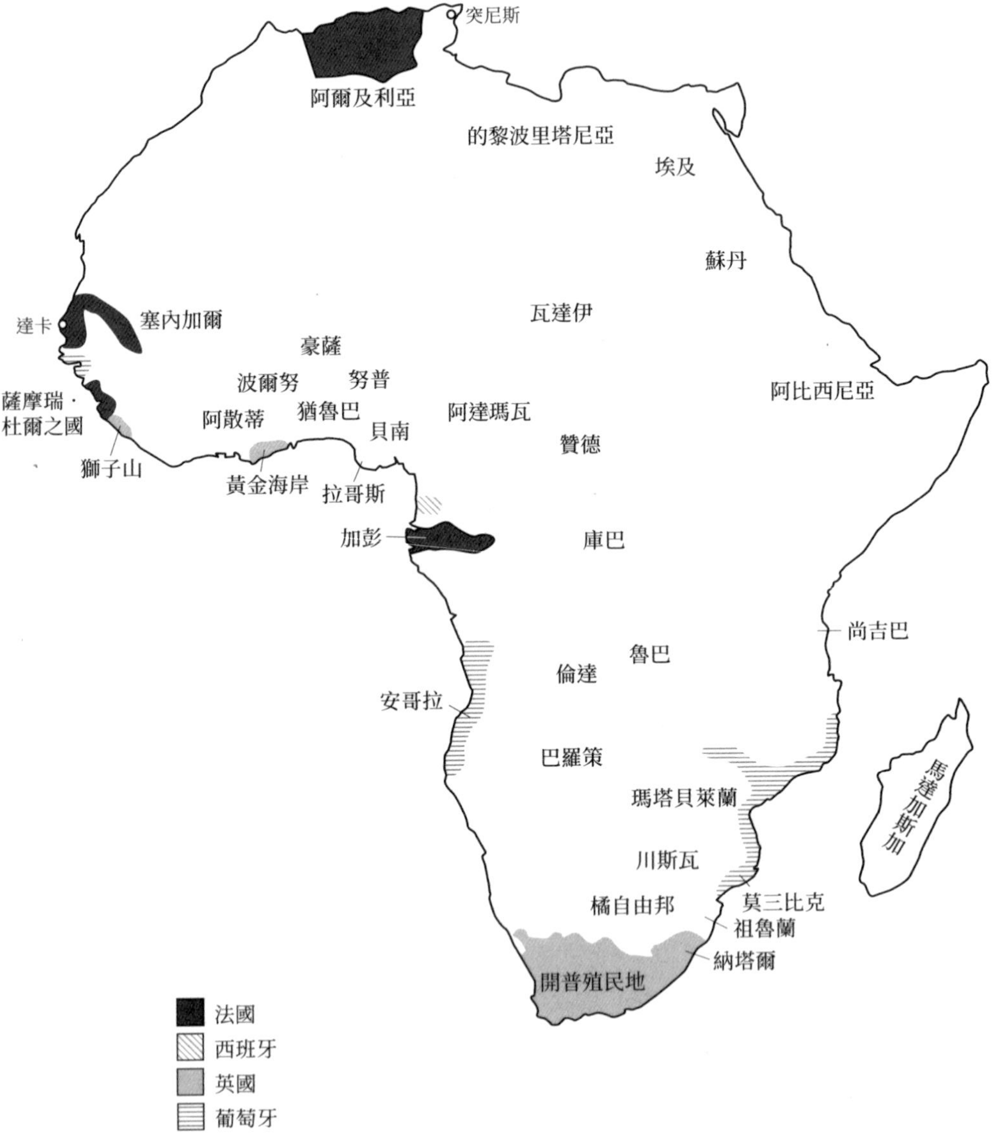
突尼斯
阿爾及利亞
的黎波里塔尼亞
埃及
蘇丹
瓦達伊
塞內加爾
達卡
豪薩
波爾努
努普
薩摩瑞·
杜爾之國
阿散蒂
猶魯巴
貝南
阿達瑪瓦
阿比西尼亞
贊德
獅子山
黃金海岸
拉哥斯
加彭
庫巴
尚吉巴
魯巴
倫達
安哥拉
巴羅策
瑪塔貝萊蘭
馬達加斯加
川斯瓦
橘自由邦
莫三比克
祖魯蘭
納塔爾
開普殖民地
法國
西班牙
英國
葡萄牙

1914年

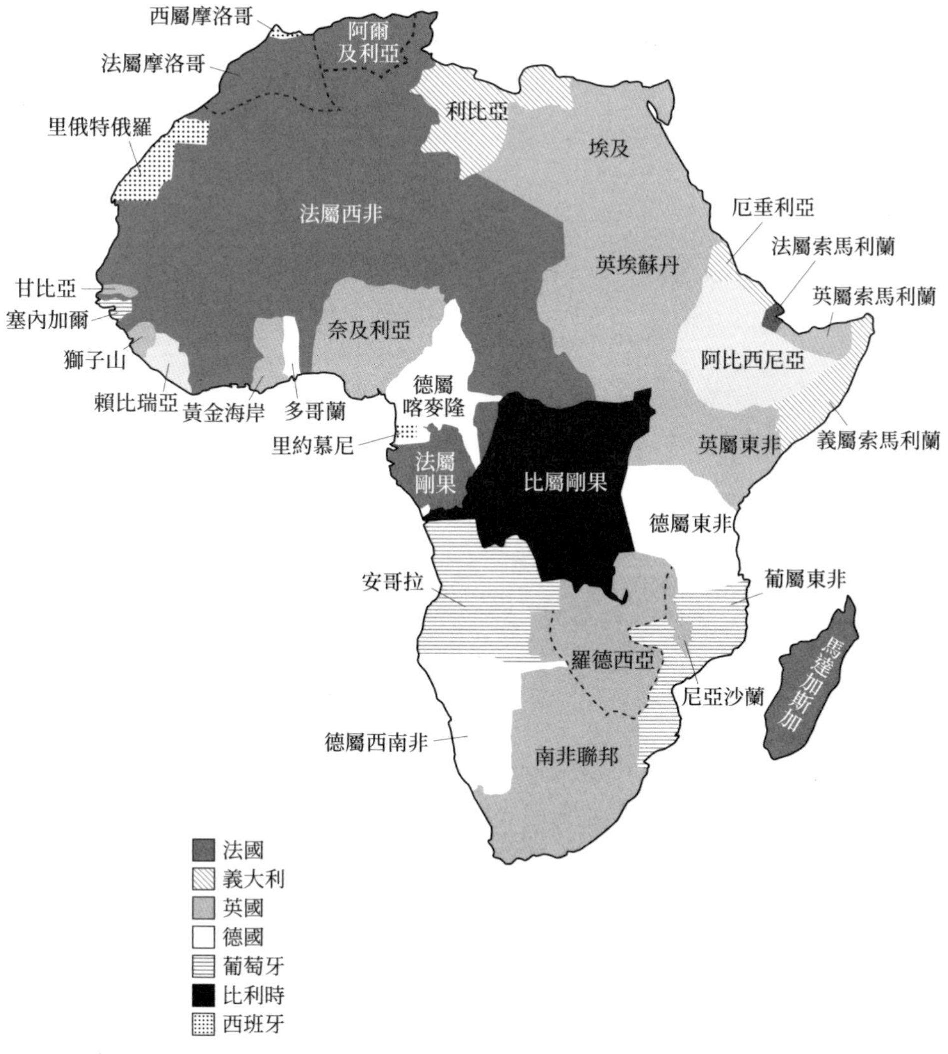
西屬摩洛哥
阿爾
及利亞
法屬摩洛哥
利比亞
里俄特俄羅
埃及
法屬西非
厄垂利亞
法屬索馬利蘭
英埃蘇丹
甘比亞
英屬索馬利蘭
塞內加爾
奈及利亞
阿比西尼亞
獅子山
德屬
喀麥隆
賴比瑞亞
黃金海岸
多哥蘭
英屬東非
義屬索馬利蘭
里約慕尼
法屬
剛果
比屬剛果
德屬東非
安哥拉
葡屬東非
馬達加斯加
羅德西亞
尼亞沙蘭
德屬西南非
南非聯邦
法國
義大利
英國
德國
葡萄牙
比利時
西班牙

1945年

西屬摩洛哥(西)
突尼西亞(法)
摩洛哥(法)
西迪伊夫尼(西)
阿爾及利亞(法)
利比亞(法、英)
埃及
里俄(西)
厄垂利亞(英)
法屬西非
法屬索馬利蘭
甘比亞
(英)
法屬
赤道非洲
英埃蘇丹
英屬索馬利蘭
多哥蘭(法)
幾內亞
(葡)
黃金海岸
(英)
奈及利亞
(英)
衣索比亞
獅子山(英)
喀麥隆(英)
賴比瑞亞
多哥蘭(英)
喀麥隆(法)
烏干達
(英)
肯亞
(英)
義屬
索馬利蘭
盧安達烏隆地
(比)
里約慕尼(西)
比屬剛果
卡賓達(葡)
坦干伊喀
(英)
尼亞薩蘭(英)
安哥拉
(葡)
北羅德西亞
(英)
馬達加斯加(法)
南羅德西亞
(英)
莫三比克
(葡)
西南非(南非聯邦)
貝專納蘭
(英)
史瓦濟蘭(英)
巴蘇托蘭(英)
南非聯邦

1990年

突尼西亞
摩洛哥
撒拉威阿拉伯
民主共和國
阿爾及利亞
利比亞
埃及
茅利塔尼亞
馬利
尼日
查德
塞內加爾
厄垂利亞
甘比亞
布吉納法索
蘇丹
幾內亞比索
幾內亞
奈及利亞
衣索比亞
獅子山
象牙
海岸
迦納
貝南
喀麥隆
中非共和國
賴比瑞亞
多哥
索馬利亞
赤道幾內亞
剛果共和國
烏干達
肯亞
盧安達
蒲隆地
加彭
卡賓達
坦尚尼亞
薩伊
馬拉威
安哥拉
莫三比克
尚比亞
馬拉加西共和國
辛巴威
納米比亞
波札那
華維斯灣
（南非）
史瓦濟蘭
賴索托
南非共和國
一九四五年前獨立
一九四五年後獨立

前言

本書要講述的是十九世紀與二十世紀的歷史，是非洲在這兩個世紀中歷經的蛻變。在這個時期裡，非洲大陸幾無寸土倖免於成為歐洲列強的禁臠，也成為一個個跨洲帝國中的一環。這個故事要講的是權力鬥爭，而且這樣的鬥爭不僅發生在民族國家之間，也發生在統治者與被統治者之間。衝突源自於改變，而改變來自於高高在上的異族。異國人說這種強加的改變叫「進步」，還說改變能讓他們與非洲臣民共生共榮。一部分人信服這套說詞，這些人開始跟入侵者攜手合作而平步青雲；但當然也有人硬是不買帳，這些人於是揭竿而起。以征服與綏靖為名的戰爭開始綿延超過一世紀的歲月。戰事最後能在一九三六年告一段落，也是因為阿比西尼亞帝國①戰敗而臣屬義大利。非洲久病纏身，而這場傳染病的名稱就叫戰爭。為了打贏戰爭，歐洲人帶來各種先進的軍事科技。在征伐非洲的初期，機關槍給予歐洲軍隊壓倒性的優勢。然後到了一九二〇與一九三

---

① 阿比西尼亞帝國（Abyssinia）亦稱衣索比亞帝國，存在於一二七〇至一九七四年間，位於非洲東部，為現代衣索比亞的前身。（編按：本書除特別標注，隨頁注皆為譯者注。）

〇年代，西班牙、法國、義大利部署了轟炸機、坦克、芥子氣來對付摩洛哥人、利比亞人與阿比西尼亞帝國的人民。但即便是如此懸殊的優勢，偶爾也會被無能的歐洲將領敗光。

在非洲大地上的外國人也會彼此爭奪對土地的控制權。非洲大陸兩次被捲入世界大戰，結果是一戰讓德國失去了非洲的殖民地，二戰讓義大利失去了非洲的殖民地。百萬餘非洲人志願或被徵召加入作戰，其中不少人因此去到有如海角天邊的前線。二戰期間，緬甸有來自英國殖民地的黑人士兵與日軍廝殺；在義大利與西歐戰場，阿爾及利亞人跟摩洛哥人會跟法軍並肩對德作戰。馳騁沙場之後，這些退伍軍人帶著複雜的心情回到故鄉，他們心中交織著驕傲、困惑、怒火。長官說他們是為了普世的自由與更美好的世界而冒死奮戰，但擺在眼前的事實是帝國的秩序仍在非洲盤根錯節。

一九四五年以後，一個個帝國開始土崩瓦解，同一時間另一場全新賽局有了開展，那就是冷戰。非洲再度無辜成為外國勢力交鋒的所在。在冷戰大戲中，領銜主演的美、蘇兩大勢力與各自一幫盟國與附庸，分別以金錢與武器資助了許多民族主義運動暨新的獨立國家，期間鼎鼎大名的卡拉什尼科夫②成了權力的來源與分配者。影響所及，戰爭斷斷續續在非洲大陸的某一隅接連上演了四十餘年，而烽火能不停地延燒下去，靠的就是遍布整個非洲，俯拾即是的現代化美、蘇軍火。非洲本地的有識之士開始體認到該為自己的土地「拚他一回」。而這麼一拚的結果，民主制資本主義與共產主義間的全球性角力又多拚出了一條戰線。在形而上的意識型態標籤底下，這場拚鬥的本質其實是吃相難看，而且不擇手段的爭權奪利。在與非洲新一批領導人交手的過程中，美、蘇雙方的心態倒是有志一同：這傢伙可能是個混蛋王八蛋，但他是跟我站一塊兒的混蛋王八蛋。事實證明脆弱的民主不堪一擊，獨裁者隨心所欲，戰火席捲整片大地。數以百萬的人口死於非命，不被打死也會餓死。

衝突是本書的一個主題，另外一個主題則是互惠。最廣義的「互惠」，其實是外人面對非洲與非洲人的一種恆常態度。聽起來可能有點不可思議，但法國的戴高樂、義大利的墨索里尼、英國的塞希爾・羅茲③與蘇聯的赫魯雪夫都深信自己的祖國有「好處」可以提供給非洲人。話說這種「好處」的本質第一次正式露臉，大致上是在從一八三〇到一九一四年那段征服、瓜分與併吞的期間，在當時，英、法、德、義的帝國主義者用來自欺欺人並順利說服同胞的話術，在於他們不是在侵略，而是在分享歐洲歷經知識與工業革命所收穫的道德、文化、科學與技術成果。法國甚至為此自創了一種稱為「文明任務」（mission civilisatrice）的說法來形容十八、十九世紀，他們對非洲大舉輸出啟蒙時代成果的過程。天主教與新教徒眾也附議這一點，他們認為，讓異教徒皈依上帝，是讓非洲加入文明世界的重要工作。於是乎在歐洲工程師修築鐵路的同時，傳教士則在非洲大傳福音。

② 米哈伊爾・卡拉什尼科夫（Mikhail Kalashnikov），上世紀的蘇聯將領、工程師、槍枝設計師，AK-47突擊步槍裡的K就出自身為設計者的他，曾有「世界槍王」的稱號。

③ 塞希爾・羅茲（Cecil Rhodes），英裔南非商人，大英帝國主義的擁戴者，是名政治色彩濃厚的礦業大亨。一八九〇至一八九六年間為英帝國開普（Cape）殖民地總理。羅茲的不列顛南非公司曾控制了今尚比亞與辛巴威地區，並在其範圍內建立以自己為名的羅德西亞（Rhodesia）殖民地，北羅德西亞於一九六四年改名為尚比亞，南羅德西亞則於一九八〇年獨立為辛巴威共和國。

這種在物質與精神面上分進合擊來改造非洲的做法，被認為是「對症下藥」，因為在歐洲庶民的想像中，非洲就是片「黑暗大陸」。他們覺得非洲是個未經開發而鳥不生蛋的地方，上頭住的也是些被無知與迷信蒙蔽整個生活的民族，而愚昧的土著自然無法駕馭並善用自己身處的風土。這無疑是一種偏頗至極的成見，但這也是歐洲人深信不疑的一種觀念。非洲人的形象與其獲得的待遇會江河日下，正應歸咎於這樣的觀念。如果歷史代表的一如殖民帝國時期的普遍認知，是一個人類不斷向前邁進、向上提升的過程，那為何不是所有人一起進步？為何有些人會遭到遺棄？這是外在情勢的交互作用？還是遺傳基因注定的結果？如果是第二種看法，那就是說種族間有固定的位階，而且排序是由生物學上的因素決定。看出來了嗎？歐洲以帝國主義殖民各地的因，結出了現代種族歧視的果。非洲民族的智力與創意，雖經一而再、再而三的科學證據證明，同時神父與修女也大聲疾呼上帝之前人人平等，但黑人天生駑鈍的成見卻依舊陰魂不散而無法安息，繼續在墓地裡面輾轉反側。

在雄大的「慈善」事業布局中，把歐洲啟蒙的成果交付非洲民眾，絕非只是單向的流動，非洲民眾也有東西可以禮尚往來。外界普遍以為非洲人一來坐享巨大而未經開發的礦脈，二來四下都是森林沃土可開墾來收成橡膠、水果與咖啡豆。歐洲人想像非洲迄今仍未充分開發的天然資源可以獲得利用，然後非洲大陸可以融入全球的產業與貿易網絡中。為了加快這個融入的過程，來到非洲開墾的白人會是一股助力，因為他們會帶來更有效率、更科學的農耕技法，以便能收穫更多的作物來供應歐洲市場需要的食糧。非洲在地的廉價勞動力豐厚，而非洲人又會拿領到的薪水去購買歐洲工業生產出的各種產品。至少這是歐洲人提出的理論。

就像要他的祖國向人稱臣一般，要把非洲人轉變成一個可以呼之即來，揮之即去的勞工兼消費者，不是那麼容易的事情，畢竟你是空降了一個經濟體系，打亂了本土固有的運作模式。「互惠說」的倡議者往往忽略一件事情，那就是非洲跟歐洲一樣，其社會與習俗的演化都是為滿足在地的需求與狀況。但儘管如此，大量的證據仍顯示非洲人很熱衷於把進口自英國蘭開郡（Lancashire）的棉布給穿上身，也不吝於把在伯明罕（Birmingham）的單車給騎上路。

要說新非洲最迫切需要的是什麼，不外乎穩定與秩序。而這兩點的齊備需要新的法律、新的行政體系、新的軍隊、警力、稅制，乃至於非洲人的積極參與。在殖民者的監控下，大大小小的本土統治者保持著權威的傳統形象，但同一時間，非洲崛起一個大多由傳教士教育出來的新階層，這些新生代挑起權威背後較不起眼的行政庶務工作。在地的習俗被給予一定的存在空間。即便飽受傳教士組織的遊說與抗議，肯亞政府仍不願宣告女性割禮違法。在摩洛哥，民間流通的偏方雖然有致命的危險，但法國官員仍對其睜一隻眼、閉一隻眼，唯他們仍指望著摩洛哥人能發現西藥的效果有多令人吃驚，然後民俗療法就會無法與之匹敵而銷聲匿跡。不過真正大幅度的妥協與退讓，發生在英、法勢力與在地穆斯林的王公僧侶之間。前者承諾尊重伊斯蘭教信仰，而後者則同意與新的統治者合作。若干神學者主張歐洲戰勝穆斯林軍隊，反映了阿拉的意志凡堅信者都必須要歸順，即便你打了勝仗也是一樣。

但奴隸制沒得商量。雖然下的決心不一樣，但帝國主義列強都立誓要讓奴隸的豢養與交易在非洲絕跡。到了十九世紀中葉，這兩樣東西已經大致被阿拉伯人搶去做了，而阿拉伯人跟他們的非洲同夥不僅火力強大，而且組織完備。這群人因此得以大肆橫行於大半個東非與跟撒哈拉地區接壤的區域。據估計，他們的受害者數以百萬計。進入二十世紀的第一個十年，英、法、德已經幾乎完全壓制住奴隸的人口交易，但這一點在史書上獲得的注意，跟黑奴隔著大西洋獲得的解放完全沒得比。我在本書會試著平反這件事情。

奴隸問題至今仍有滿滿的爭議，也還會觸發許多可追溯至帝國主義時期的道德與情緒問題。從歐洲殖民帝國的徹底瓦解算起，五十年過去了，但非洲人與亞洲人仍在高聲疾呼要世界注意外來政權當年所作所為的不公不義。這當中也有人高分貝地想爭取溯及既往的補償，只不過這補償要給誰、給多少，都是問題，畢竟創傷能否量化，如何量化均無人知悉。「種族滅絕」（genocide）、「戰爭罪」（war crimes）等現代概念被引來代換前幾代人口中的「暴虐行為」（atrocities），而這些暴行確實在當年隨處可見，如比屬剛果（Belgian Congo）就是其中的一大汙點。比屬剛果做為一塊殖民地，完全是採取「企業化經營」，而賺到的錢統統都進了比利時國王李奧波德二世（Leopold II）的口袋。同樣引發不平而鳴的還有歐洲人進駐墾殖的非洲地區，私人土地遭到徵用的問題，而這些歐洲墾民幾乎全具有農民身分。除阿爾及利亞以外，這些白人墾民的數量都遠小於歐洲遷往北美洲與澳大拉西亞[4]的人數。

本書的最後一部分，要看的是去殖民化（decolonisation），也就是殖民地取得獨立地位，由非人治理非洲取代歐人治理非洲的過程。解放運動若是果，那前面提到的「互惠說」便是因，畢竟文明的延伸也包括教育非洲人，介紹非洲人認識歐洲的哲學與政治理念。而在這些「歐洲進口」的政治理念裡，就包括了屬於英、法政治傳統的民主體制與各種屬於個人層次的自由。在一九四五年之後，英、法都接受了讓其非洲殖民地獨立的基本原則，但兩國都以為這會是條需要花

三、四十年，甚至更久才能走完的道路。唯來自美國的壓力與冷戰期間的短線操作與現實考量，迫使英國與法國加快了這樣的過程。非洲的耐性耗盡，結果便是武裝衝突隨之而起。其中阿爾及利亞更為猴急付出了慘痛的代價，非洲史上極其血腥的一場戰爭，導致至少一百萬人死亡。

一九五〇年代的阿爾及利亞很慘，肯亞也不好過，而這兩個地方所發生的慘事，都證明了之前的擔心是對的，殖民地戰爭中的種族對抗本質，終於使其失守了道德底線，讓做為參戰方的歐洲人先沉淪至野蠻，最後更陷入瘋狂的境地。這段讓人惶惶不安的歷史，我會在第十一章進行介紹與探討。本書另外的某些篇幅，我用來檢視了帝國主義在其他道德面向上的表現，其中我把重點放在歐洲庶民觀看非洲人的看法是受了什麼樣的論述影響。包括我會介紹到十九至二十世紀之交的「人類動物園」（human zoo），這玩意兒跟教會學校還有對瘧疾的控制一樣，都是帝國主義時代的一種現象。

在本書裡，我通篇都努力避免以今是來論定昨非，我不想清算那段過往對現代的影響。但這樣的爭論還是會不時浮出水面，像不久前就有人為了要不要把塞希爾・羅茲的人像從牛津大學的奧里爾學院（Oriel College）移走而爭得面紅耳赤，話說奧里爾學院的成立也得感謝羅茲的慷慨解囊。帝國統治究竟是福氣還是詛咒的爭論，最後總會回到同個我們早就知道的結論：好人也能

---

④ 澳大拉西亞（Australasia）一詞出自法國學者夏爾・德・布羅塞（Charles de Brosses）寫於一七五六年《南半球的航海史》（*Histoire des navigations aux terres australes*）一書，取拉丁文中的「亞洲南部」之意，範圍大致包括澳洲大陸（含其南邊的塔斯馬尼亞島）、紐西蘭和美拉尼西亞，即新幾內亞和索羅門群島、斐濟等澳洲東北部的太平洋島嶼。

幹出壞事，壞人也能做出好事，而性善與性惡的比例不論在哪一個種族身上，都是很平均，也很公平。再來說到要是沒有外國勢力的介入與干預，非洲這一路走來會是什麼模樣，這樣的架空臆測其實並不是一種無聊的幻想。歷史學的任務就是要解釋人類為什麼會有某些行為，他們這些行為想達到什麼目的，而最終又產生什麼樣的結果。這些結果都還影響著我們，而我希望透過這本書，大家能更了解是一股什麼樣的力量，形塑出當代非洲的模樣。

第一部

1830至1881年

第一章　文明任務：一八三〇年的歐洲與非洲

I

一八三〇年的六月十四日，一支法國艦隊停在了阿爾及爾①外海，開始轟炸市區。身著亮紅色長褲、藍色外套與高聳硬頂軍帽的步兵涉水搶灘上岸，爬過阿爾及爾飽受重創的防禦工事，然後一路打到遍地烽火的巷道上。隨著阿爾及爾陷落，在巴黎的愛國者欣喜若狂：法國恢復了他們自古以來的榮光，法國的子弟兵實踐了他們見諸史書的英勇。《憲政報》（*Le Constutionnel*）以一則火槍兵的故事讓讀者看得熱血沸騰。原來記者筆下這名槍法神準的士兵即便身負重傷，也不願意稍離前線半步去接受治療，反而選擇衝鋒陷陣。他的果敢可謂師出有名，因為正如報紙裡寫得豪氣干雲：「法蘭西與文明的旗幟，飄揚在阿爾及爾的城垛之上，也飄揚在落後野蠻的殘跡之上。」

「阿爾及爾是我們的了，裡頭的女人、閹人、總督與百姓，都歸我們了。」《費加洛報》（*Le Figaro*）如是說。身為一份惡名昭彰，習於嘲諷尖酸的報刊，《費加洛報》會如此描寫法軍士兵直搗總督內寢的場面，也是很合理的。「身材曼妙的總督妻妾躺在神槍手們的懷裡，那幅畫面真讓人感動。」篤信神的人把勝利的功勞歸給上帝。法王查理十世（Charles X）偕其朝臣出席了一場感恩彌撒，而一名「腦充血」的僧侶更宣稱拿下阿爾及爾是面對伊斯蘭教的一場大勝，伊斯蘭教在他口中是「基督教世界無以寬恕的敵人」。[1]阿爾及爾的總督遭推翻，引得左派的法國人大肆慶祝，他們眼中的總督是個來自東方的獨裁暴君，打倒他算是為自由主義出了口氣。

阿爾及爾發生的事情，乃至於法國人事後的反應，為後續百餘年的歐洲征非揭開了序幕，也定出了其模式與調性。憑藉設計優越而現代化的艦隊與陸軍，歐洲列強得以勝出。《政治與文學辯論日報》（*Journal des Débats Politiques et Littéraires*）報導了「游牧民族與沙漠的掠奪者」如何在法國軍艦的震懾下望風披靡，進而潰散奔逃。同一個調調的自鳴得意，直到一九三六年的最後一場帝國主義征非作戰都還聽得到。當時義大利媒體寫到阿比西尼亞人看到坦克跟戰機，也是說他們手足無措地一哄而散。

工業技術上之巨大落差，輝映著道德上的深邃鴻溝。在阿爾及爾，光明之師擊潰了黑暗勢力：阿爾及爾的總督是個暴虐的酷吏，他的臣民盡皆野蠻而且不少人販賣奴隸或淪為海盜。他們的城市是活色生香之地，而這除了讓入城的士兵們蠢蠢欲動，也讓歐洲報紙的讀者們為其香豔的描寫而欲罷不能。同樣的狀況也發生在阿比西尼亞。墨索里尼的軍團大剌剌地自稱要去「勾引」非洲，並且厚臉皮地在開赴戰場的征途上高歌「黝黑的小臉蛋，美麗的阿比西尼亞女孩」（Faccetta

---

① 阿爾及爾（Algiers），現代阿爾及利亞的國名由來，亦為其首都。阿爾及爾的阿拉伯語原意是「群島」，指的是阿爾及爾海灣內的四座島嶼（一五二五年已與大陸連為一體）。

Nera, bell'Abissina）。顧名思義他們是想用唱的告訴土著少女：

黝黑的小臉蛋
美麗的阿比西尼亞女孩
稍稍再忍耐
我們馬上來
妳身旁陪伴

II

把歐洲帝國看作在勾引非洲，其實是一種很貼切的比喻，唯勾引在此代表的是透過威脅利誘來巧取豪奪。阿爾及爾陷落後就是這樣的場景：該城的腹地被一點一滴蠶食鯨吞，而這也啟動了法國人甚為自豪的「文明任務」。文明任務的第一階段，被藝術家韋爾內（Horace Vernet）記錄了下來。韋爾內在一八三七年獲國王路易・腓力一世（Louis Philippe I）委派去裝飾某畫廊，藉此向「殖民的豐碩果實」致敬，而其中一道水平的浮雕上描繪的就是法軍士官在操練阿爾及利亞的新兵，法國工程師在造橋鋪路，以及法國阿兵哥在田裡耕作。[2]在這幅作品裡，韋爾內用上了新古典主義②的藝術風格，而這算是很合宜的選擇，因為上頭的一幅幅光景，都讓人想起將近兩千年前，羅馬帝國在北非殖民的往昔。

時間往回推三百年，類似的活動曾以廣大的規模發生在北美與南美，殖民這兩地的包括有法國人、西班牙人、葡萄牙人與英國人。期間英國征服印度可以說是一路平順，荷蘭人也在爪哇站穩了腳步。但就是非洲出了奇地被視若無睹。很長一段時間，歐洲帝國在非洲的足跡，只限於西岸幾個交易奴隸的港埠。少數的例外包括數千名自稱波耳人③的荷蘭墾民落腳開普敦郊外的地區。對於往返印度與遠東而途經此處的歐洲商人，波耳人會供應其人畜糧草。這些往返的船隻以英籍為主，而這也說明了何以在一八〇六年，英國會透過併吞而建立了開普殖民地。畢竟身為當時的世界海權與貿易霸主，英國怎麼可能把有戰略價值的商場資產拱手相讓呢？

歐洲與非洲的貿易一向興盛，而其中又以奴隸為最大宗的交易商品。奴隸會從非洲西岸出發，然後被船運直送到美洲的蔗糖與菸草農園。在北非還有東非也有規模跟賺頭都不輸西非的奴隸交易，而這兩塊算是阿拉伯人的地盤。為了確保奴隸的貨源，阿拉伯人的「奴隸獵場」包含撒哈拉沙漠的南緣與東非的內地，最遠會到非洲的大湖區④。人抓夠了之後，裝著奴隸的商旅會緩

---

② 新古典主義（Neoclassicism）做為一股嶄新復古運動興起於十八世紀，並迅速在歐美擴散，影響所及含建築、陳設、裝飾、建築、繪畫、文學、戲劇和音樂等藝術領域。新古典主義一方面是對巴洛克和洛可可等風格的反動，一方面希望重振古希臘暨古羅馬的簡樸風格。

③ 波耳（Boer）即荷蘭語「農民」之意。

④ 大湖區（The Great Lakes）是東非大裂谷（Great Rift Valley）中與周圍一系列湖泊的合稱，七大湖包含全球湖面面積排名第二的淡水湖：維多利亞湖（Lake Victoria），以及水體第二大和水深第二深的淡水湖：坦干伊喀湖（Lake Tanganyika）。另維多利亞湖、艾伯特湖（Lake Albert）和愛德華湖（Lake Edward）與尼羅河上游的白尼羅河相接。

緩向北穿越沙漠，最終來到阿爾及爾、突尼斯與的黎波里的奴隸市場，那兒會有人把奴隸買走，而且不少會直接將奴隸「出口」到土耳其與土耳其位於巴爾幹半島的省分。尚吉巴（Zanzibar）是東非的貿易中心，而其對應的主要市場是阿拉伯半島。非洲外銷的其他產品有黃金、香料、棕櫚油與象牙，因為有買賣，所以非洲每年得死數千頭象，不斷膨脹的需求才能獲得滿足。象牙被買走之後，會被做成貴族沙龍裡的撞球，或是「布爾喬亞」⑤交誼廳裡的鋼琴琴鍵。非洲會進口的東西則主要包括量產的紡織品、酒類、金屬製品與槍械，其中槍械在非洲永遠是賣方市場。

到了一八三〇年，固有的貿易模式開始改變。早在一八〇七年，英國就已經宣布奴隸交易非法，而接續的英國政府又花了六十年來說服其他列強。總之在十九世紀初，英國軍艦會在東非、西非與大西洋水域攔截奴隸船，然後扣押船上的貨品。一八三三年，英國議會下令在大英帝國全境禁絕奴隸制度，而這也說明了何以突尼西亞的奴隸會逃往大英帝國的領事館。

英國背起與奴隸制度為敵的十字架，時間上正好適逢工業革命的高峰，而此時的英國仍在工業發展上遙遙領先德、法兩位對手。嗷嗷待哺的製造業需要新市場，需要原物料的供應源，而非洲正好兼具這兩種條件。十八世紀末，剛成立的非洲協會⑥裡有位身居中流砥柱的探險家與博物學者約瑟夫·班克斯（Joseph Banks）爵士。他警告說：「如果英國不設法『取得』非洲的『寶藏』，那就會便宜了他們的對手國。」一八〇三年，在蒙戈·帕克⑦要溯尼日河而上進行第二趟探勘的前夕，班克斯敦促這位探險家要從「無知的野蠻人」口中問出黃金的確切位置，協會想知道尼日河口沉積物裡的金粒是哪裡來的。[3]

工業化後的英國有不少商品在非洲消費者的眼裡既實用、賣相又好。在一八二〇年代的撒哈拉地區，英國探險家在頭目們面前掏出來的寶物有望遠鏡、做工精美的伯明罕鋼刀跟剪刀，還有就是最受歡迎的現代槍枝。把口袋指南針跟鑲嵌華美的銃獻給索柯托族（Sokoto）的蘇丹，不只傳達了英國國王喬治四世（George IV）的善意，也展現令人嘆為觀止的英國科技。相隔一個世代，煙火、魔術燈籠（維多利亞時期的投影片技術）、磁鐵電池與音樂盒，都被塞繆爾．貝克爵士⑧拿來吸引赤道州（Equatoria，現屬南蘇丹）的土著目光。[4]

在這之前，外界對非洲的探索算是一陣一陣的，談不上延續性與系統性。從十九世紀前中葉回推兩千五百個年頭，非洲大陸的訪客裡有腓尼基人、希臘人、羅馬人、阿拉伯人、葡萄牙人、英國人與法國人。他們的發現其實混雜了事實、臆測與幻想，事實占的比重不高。始終甚囂塵上的一則傳言是有個信仰基督教的「祭司王約翰」⑨統治著一個深藏於非洲大陸中心的遼闊帝國。

---

⑤法文bourgeoisie的音譯，馬克思主義分級裡的「資產階級」。

⑥全名為「非洲內陸探勘促進協會」（Association for Promoting the Discovery of the Interior Parts of Africa）的非洲協會成立於一七八八年。做為一個英國社團，非洲協會的宗旨在於西非的探索與經略，具體任務除標定尼日河的河道與源頭以外，就是要尋找失落的黃金之城「廷巴克圖」（Timbktu）。非洲協會的成立可視為「非洲探險時代」的起點。

⑦蒙戈．帕克（Mungo Park），蘇格蘭出身的英國探險家，也是咸認第一位現地考察尼日河的西方人。受非洲協會之託，他於一七九五至一七九七年對尼日河進行第一次的勘察。十九世紀初，他在第二趟尼日河之行中遇襲溺斃。

⑧塞繆爾．貝克（Samuel Baker），英國探險家、官員、博物學者與大型動物獵人。

⑨祭司王約翰（Pesbyter John）又稱約翰長老或傳教人約翰，是十二到十七世紀活躍於歐洲傳說中的人物。當時的歐洲人深信在穆斯林和異教徒充斥的東方，存在一個由某基督教祭司兼皇帝所統治的神祕國度，而且該國境內有著各種名勝與

然後同樣有許多人言之鑿鑿的是大規模的吃人習俗，包括在城鎮的市場上就會有人肉待價而沽。十六世紀，一名嘉布遣教會⑩的傳教士兼探險家就曾經在文字裡繪聲繪影地嚇壞了讀者，因為他提到剛果的一支「賈軋人」（Jagas）部落是食人族。他說賈軋男性愛把情婦的肉吞下肚，而賈軋女性也把愛人的血肉視為珍饈。有一本講述非洲探險的史書於一八一七年出版，書評直指上述食人族故事是捏造出來的，而那名教士是個「蠢蛋」。這位書評還接著講到非洲人「普遍生性溫和而且不會傷人，尤其愈往內陸愈是如此」。[5]探險家的新發現，破除了若干關乎非洲的迷思，但這位書評還是很扼腕非洲大陸有三分之二的面積欠缺完整而精確的圖資，地圖上「要麼最顯眼的地標遭到扭曲，要麼是在繪製上草草了事，再不然就是在資訊上丟三落四」。所幸在這個階段，歐洲對非洲的無知開始全面退潮。從十八世紀開始，啟蒙世代的有識之士擴大了對自然與人文地理中各種機制與祕密的探索，而他們的目光所及也沒漏了非洲。到了一八三〇年，非洲這幅拼圖已經愈拼愈到位，還空在那裡的地方愈來愈少見。

地理知識是一把鑰匙，可以打開非洲的大門。知識也是力量，因為地理上所知愈多，歐洲人就愈能勾勒出一個模板來籌備將來的經濟滲透與征服。一八四五年，法國出版一張當時所知的非洲地圖。做為裝飾，該地圖上附了一幅浮世繪，上頭畫的是一名法軍官把地圖「秀」給非洲人看，結果非洲人的反應綜合著不解與驚嘆。[6]非洲人覺得這外國人對非洲所知還比土生土長的自己徹底，他有辦法想去哪裡就去哪裡，河流、山脈的隘口都可以為他所用，自然界的障礙也都能被他適時避開。

但即便有地圖襄助，入侵者仍有險峻的障礙需要克服。黃熱病、瘧疾、熱衰竭與各式各樣的腸胃道水土不服，都會襲擊欲直闖熱帶森林與撒哈拉以南叢林的白人。西非沿岸更有「白人墓地」的駭人別稱，而這非空穴來風。一八四一年，在跟著英國探險隊溯尼日河而上的船員間，八成的人都免不了感染熱病。從一八四四到一八五四年，獲派前往塞內加爾的法國傳教士有七十四名，當中就有二十人病死，另外十九人前腳剛到塞內加爾，後腳就因傷病被遣送回國。法國曾於一八四六年對阿爾及利亞用兵，當時有七千名士兵死於疾病，但被敵人殺死的不過百餘名。[7]

III

故事說到這裡，我們不妨停下來看看在征服與占領時代展開的前夕，歐陸與非洲大陸各是什麼情形。此後非洲的未來，會與歐洲的政經與社會發展息息相關。像一八三〇年決定入侵阿爾及利亞，法王查理十世的內心就是想藉此提振波旁王朝疲敝的聲望。而在英國這方面，皇家海軍的戰略考量、商業界的遊說、加上反奴隸運動的風起雲湧，共同造就了建立開普殖民地與西非海軍基地的政策。具有相同影響力的，還有在非洲現場指揮者的權宜之計，畢竟「將在外，君命有所不受」，何況倫敦一道命令下來，蒸汽船得花九十天才送得到開普敦。

珍寶。十六世紀初，葡萄牙人循海路繞過好望角，在衣索比亞發現一個基督教王國，當時他們認定這便是祭司王約翰的王國。

⑩ 嘉布遣（Capuchin）教會是方濟會的分支。

理論上，英國與法國在非洲前線上的行政長官得向倫敦或巴黎的內閣首長負責，然後經由內閣向民選的國會負責。這些民主機構，是英、法兩國與其他歐陸強權最大的不同，因為其他列強的國家大權，是掌握在世襲王侯與其心腹臣工的手中。這些具有絕對權力的統治者是一八一五年維也納公約⑪的受益者。法國原本想要將其革命「外銷」，結果引發了打打停停超過二十年的激戰。在戰事結束後，舊體制⑫的保守靈魂滲透了各國的專制政體：篤信父權主義的王公貴族高舉逆來順受與信仰虔誠為公眾的美德，而王權則獲得各國不同教會的支持。

後拿破崙時代的歐洲由兩大帝國掌控。其一是範圍包括北義大利與中歐大部的奧地利帝國，其二則是積極在中亞踏上擴張主義之路的俄羅斯（沙皇）帝國。這兩個帝國都對非洲興趣缺缺。

但這之外其實還有第三個帝國，也就是鄂圖曼帝國，而鄂圖曼帝國對非洲就有興趣了。這時的鄂圖曼帝國版圖跨越了南歐與東歐、土耳其、中東與北非，同時正緩緩地展開從委靡不振邁向分崩離析前進的過程。在君士坦丁堡，蘇丹的權威產生了裂痕：塞爾維亞在一八一五年率先脫離蘇丹的掌控，希臘則相隔九年（在英、法、俄的協助下）也做到了這一點。其他如埃及、突尼西亞與阿爾及利亞都已經實質上形同獨立國度。一八四三年，（位於東利比亞的）昔蘭尼加（Cyrenaica）落入了薩努西（Sanussi）這個穆斯林苦修兄弟會的手中。薩努西控制了內陸地區的各部落，在那兒維持民間的和平局面，也實施嚴峻的穆斯林正信。

在意識型態上，英、法與帝制的舊歐洲列強可以說涇渭分明，畢竟經過改革與革命的洗禮，英、法已經掙脫舊體制對政治與思想智識的桎梏，搖身一變成為自由主義的國度。兩國政府都是群眾革命的產物：英國歷經了一六八八與一六八九年的光榮革命⑬，而法國大革命則發生於一七八九年。這些歷史淵源奠定了英、法兩國自由主義的意識型態基礎，其內涵包括：個人自由、良心自由⑭與言論表達自由、自由市場資本主義與政府統治需求人民授權。在由跨過財富門檻的公民選出之後，議會便會負責立法，英、法兩國的日常運作也準此而行。這時的英、法，還算不上是符合現代意義的民主國家，但有投票權的人口範圍確實逐漸變大。

綜觀整個歐洲，自由主義正不斷地擴大腳下的立足之地，其中又以從事工商業的中產階級、

---

⑪ 一八一四年九月十八日至一八一五年六月九日之間，維也納會議（Le congrès de Vienne）在奧地利的維也納召開，會議的目的在於解決由法國大革命與拿破崙戰爭所引發的一連串問題，進而確保歐洲的長久和平局勢。會議的結論包括回復戰前的邊界劃定，並透過列強權力的調整來達成彼此間的均勢。與會者以反對共和與革命的保守派人士為主，法國失去了征服的所得土地，普、奧、俄則在國土上大有斬獲。

⑫ 法國的舊體制（Ancien Régime）存在於十五到十八世紀，也就是從文藝復興末期到法國大革命為止。舊體制標誌著法蘭西王國的衰落，接續的是法蘭西第一共和的開始。

⑬ 光榮革命（Glorious Revolution）是英國一場政變性質的革命，其本質為英國國王與英國國會權力之爭以及基督教新、舊教（英國國教及天主教會）之爭。英國國會裡分別代表新興工業團體的輝格黨（Whig）與封建保守勢力的托利黨（Tory）均信奉新教，於是他們聯手起事將信奉舊教的國王詹姆斯二世（James II）罷黜，並將王權轉交詹姆斯之女瑪麗二世與其夫婿威廉三世。這是場沒有人流血傷亡的革命，史稱「光榮革命」，其意義在於代表民意之國會與代表君權之國王在對峙近半世紀後由議會勝出。唯其不流血的榮耀僅限於英格蘭境內，因為詹姆斯逃亡法國後，蘇格蘭與愛爾蘭基於封建體制而有不少人選擇效忠詹姆斯二世，引發多起流血衝突，如在天主教占多數的愛爾蘭中南部便發生了一六九〇年的博因河戰役（Battle of the Boyne）。

⑭ 按照自己的良心形成各種信念的自由。

知識分子與作家為其支持者的主力。在波蘭、義大利、匈牙利與德國，自由主義者都在其萌芽中的建國運動裡扮演要角，而這些運動的目的，是要在語言、文化與民意統一的基礎上建立民族國家。這種民族國家主義，或稱國族主義（nationalism），對族群雜沓的奧地利帝國、俄羅斯帝國與鄂圖曼帝國，形成了強力的挑戰，但國族主義也同時間孕育出黨同伐異的部落意識、種族優越感，乃至於全族是命運共同體，同在一條船上的感受。這些元素，會在十九世紀晚期成為燃起新帝國主義之火的柴薪。

IV

非洲的民族與政治版圖，極其複雜，其多元與分歧往往令人霧裡看花，理不出個頭緒。非洲大陸在面積廣大之餘，也集結了五花八門的各式政體，當中有著不同的語系（種）、法律、宗教與社會組織。當歐洲人想要理解非洲的複雜性之時，他們很自然地會拿自己的體制跟觀念去進行對比。李文斯頓⑮形容尚比西河流域裡的各政體除了採家父長制以外，還會「取決於酋長的秉性或脾氣，而呈現出專制獨裁或由部落長老共治的不同特性」。[8]政治上的絕對主義，與遭到稀釋的自由主義，因此得以在非洲大陸上「共處一室」。

就跟與他同時代的人一樣，李文斯頓也點名「部落」是非洲最基本的政治單位，但將部落擰成一股繩的力量卻晦澀莫測。奈及利亞南部的伊波族（Ibo）怎麼解釋？伊波族人分布成一個個自治的小村落，村與村之間衝突不斷，說不同的方言，同時對外也沒有個共同的名號。外人看得出他們彼此間憑著共同的文化、語言與血統而藕斷絲連，但「伊波族」這個統稱卻不是他們原本就有的，而是後來統治他們的英國人所發明出來的。[9]

有王者存在的君主制度，存在於某些地區，而這對歐洲人來說比較好理解。就像在歐洲有信仰基督教的獨裁統治者一樣，不少非洲的君主也是「君權神授」，甚至根本是萬世一系的神祇化身。也跟在歐洲的「同業」一樣，非洲的帝王會在公開場合以皇家的行頭出席。他們也會有盛裝打扮的隨扈前呼後擁，也會有一堆人排隊要拍他們馬屁。

權力的各種門面與儀式，讓人不禁想把歐洲與非洲的王侯放在一起比較。達荷美（Dahomey）的國王跟阿散蒂（Ashante）王國的「阿散蒂赫內」（Asantehene），也就是阿散蒂國王，看來都像是中央集權國家的絕對統治者，他們都手握重兵（包括達荷美擁有很知名的亞馬遜女子軍團），也都靠奴隸交易日進斗金。但這種權傾一時是一種假象。阿散蒂赫內統治的是由小型社群所集合而成的一種邦聯，而且他的決策必須聽取地方會議的建言，這包括村級的「男性青年協會」（Young Men's Association）。非洲其他地方也存在權力的制衡。比方說在奈及利亞的猶魯巴族（Yoruba）裡，國王治國就必須要諮詢委員會，而委員的來源包括各產業行會的成員與其（擔任國家公職）親族。跟在歐洲一樣，非洲的統治者也會受限於自古以來的習俗、宗教的傳統，乃至於法律。

---

⑮ 大衛．李文斯頓（David Livingstone），身兼傳教士與醫師身分的英國探險家，世界三大瀑布之一維多利亞瀑布的發現者，非洲探險的一位代表性人物。

大量證據顯示在非洲，種族與部落之間存在位階高低之分。一八三五年，班傑明・杜爾班（Benjamin D'Urban）爵士曾以開普殖民地的總督之姿點名過科薩族（Xhosa）的最高領導人卡午塔（Hintsa Ka Khawuta）。他批評卡午塔不應該虐待芬戈族人（Fingo，又稱姆丰古族，Mfengu），結果卡午塔回了一句：「他們不就是我的狗嗎？」一名英國旅人在西撒哈拉觀察到費贊族（Fezzan）的阿拉伯女性明知對方「並沒有比自己黑多少」，但她們還是會鄙視黑種的女人。另外一名探險者則是聽到阿拉伯人汙衊博爾庫族（Borku）與瓦岱族（Waday）的黑人是「下賤至極的野蠻人」。「我們有槍。」一名阿拉伯統治者理直氣壯地說。意思是光這一點就讓他跟他的族人比拿矛跟弓箭的人高尚和優越。[10]

屏除撒哈拉地區、西非跟開普殖民地之腹地等例外，歐洲對非洲社會的本質只能算一知半解。唯充足的證據顯示傳染病相當盛行，且有地緣性的生存鬥爭發生在國家、部落與宗族之間。他們爭搶的是沃土、牲畜，還有就是向來往商隊收取保護費的特權。在其盤踞的吉力馬札羅山山坡，查加族（Chaga）各酋長以這筆保護費收入確保了手下戰士的忠心耿耿。打仗要錢。在非洲，打仗本來就是一門生意。

非洲的歷史，就跟歐洲史一樣，刻劃著一次又一次的權力洗牌與國界進退。其中波蘭就是當時很經典的案例：短短三十年間，波蘭就從原本的獨立王國被瓜分成分屬鄰國普魯士、俄羅斯與奧地利的三個省。在一八一〇到一八三〇年間，南美洲與中美洲的西班牙帝國與葡萄牙帝國分別被殖民地的民族主義起義推翻，結果母國一下子變得又窮又落後。

同樣的興衰起伏也標記著非洲的歷史，包括不少消逝霸權的零碎口述紀錄。說到過往的霸權，就不能不提一下辛巴威的商業帝國。這個商業帝國在十五世紀的某個點上自爆，確切時間不明，而其樓起樓塌也無書面紀錄留下，主要是非洲人習慣把歷史記憶起來，而不會將之書寫下來。所以說現在辛巴威帝國還留下的，只剩一座偉大城市的斷垣殘壁，但這座城市設計之繁複與精美，歐洲的建築師都覺得建城者只能是阿拉伯人，或（瞎猜）是腓尼基人！翻閱阿拉伯人的書面史料，你會讀到在撒哈拉西緣有個內陸的迦納（Ghana）帝國曾經那麼富庶輝煌，但其國祚也僅延續到十三世紀初就結束。現代的辛巴威與迦納共和國會在獨立後選擇這樣的國名，良有以也！

十九世紀初，兩個非洲國家透過大規模的征戰，達成了領土的擴張。其中一個是北邊的埃及，一個是南邊的祖魯王國。一八二〇年，有著「赫迪夫」（Khedive，意為君主）稱號的穆哈默德・阿里（Muhammad Ali）展開了對蘇丹的蠶食，並且在二十年間席捲蘇丹多數的北部省分。已是奴隸貿易中心的喀土穆（Khartoum）成為了新埃及帝國的首都，而這個帝國還沒有停下擴張的腳步。喀土穆當時一萬五千名人口裡有超過一成是士兵，主要是反抗此起彼落而且打死不退，讓埃及相當棘手。

戰事一拖長，欲籌措軍餉的埃及人開始向蘇丹人強徵暴斂，而這又激發更多的反抗。蘇丹是埃及想進一步向南拓展勢力的跳板，其最終的目標是要成為東非的霸主。繼任的幾位赫迪夫部署了歐式的軍隊：埃及貧農被徵召來給歐洲的傭兵軍官指揮，並武裝以算是舶來品的現代火砲與來福槍，後勤補給則由尼羅河上的槳輪蒸汽船供應。

祖魯士兵手握傳統兵器，在首領沙卡（Shaka）的率領下，他們在南非建立了自己的帝國。沙卡是個足智多謀的軍事天才，而他紀律嚴明的軍隊所配備的，是一種矛的變形叫做「阿色該矛」（assegai）。沙卡在歷經十二年的殺戮征伐後，一八二八年與世長辭，而在這期間他吸收了祖魯的各部族，使其結合成一個疆域廣達萬餘平方英里⑯的王國，供養的兵力超過兩萬。沙卡這位「非洲版拿破崙」的將才，加上他麾下戰士的勇敢，讓歐洲人深深著迷。但也跟正牌的拿破崙一樣，沙卡所到之處哀鴻遍野，包括他自己的子民跟他的鄰居都深受其害。他舉兵不是造成饑荒，就是讓人流離失所，主要是為了逃離他的兵鋒，王國四周產生許多失根的部落。

東非與中部非洲散居著一群伺機而動、易於挑撥的小國。這態勢形成的原因是地方上的軍閥割據，而這些軍閥的財源就是賣奴隸給阿拉伯商人換錢。從一八五〇年代開始，這些軍頭與歐洲探險者有了第一類接觸。歐洲探險家描述這些頭目的行事凶狠與唯利是圖，而這樣的形象也把廣大的非洲統統給拖下水，讓非洲的印象分數遭大打折扣。從此說到非洲，感覺就是看不到盡頭的無政府狀態。戰爭、擄人為奴、跟部落衝突的記憶，成為非洲世世代代共同的歷史意識，久久無法散去，唯其實這些記憶的證據早被忘記，或僅存片段有跡可循。

V

有如瘟疫般傳播的暴力，在經過語言文字傳回歐洲後，變成了一種鐵證。歐洲人因此普遍產生非洲是片「黑暗大陸」的認知。「黑暗」做為一種譬喻，傳達著兩層意義。其一是地理上的黑暗，但這點在一八三〇年後已愈來愈不適用，因為隨著探險規模的擴大，歐洲人足跡尚未抵達的地區面積愈來愈小。第二種「黑暗」，指的是人的靈魂。而這點也是歐洲人認為非洲人與其他人種最不同的地方。因著各種科學家跟哲學家都還在努力探求的理由，黑色人種（Negro）被孤立在人類發展進程與文明的各個主流以外。以當時對世界史的解讀而言，歐洲存在著活躍而精采過人的文明，至於阿拉伯、印度、波斯與中國雖已僵化而墮落，但這些古文明畢竟曾經輝煌過。

就當時所知，非洲不存在可與泰姬瑪哈陵或中國紫禁城同日而語的地景。這現象是讓十八世紀的歐洲人窮盡其理性，也無法解開的謎。而最終這個謎團的癥結，似乎存在於基因上的智力缺陷。博物學者林奈烏斯⑰將黑種人歸類為「冷漠」、「無知」且難以捉摸。按照哲學家休謨⑱的看法，黑人的智力水平相當於會學人語的鸚鵡，而神學家衛斯理⑲則認為黑人的缺陷證明了一件事，那就是人類確實有在道德上墮落的能力。[11]

或許有些拐彎抹角，但衛斯理留下了一道生機讓黑種人獲得新生與救贖，那就是他點出基督教信仰認為所有人都是上帝所創，所以都有著共同的血緣，只不過黑人那一脈遭到了玷汙，而這就要提到聖經裡關於「含」（Ham）的傳說。根據聖經的《創世記》，身為二兒子的含偷窺他父親諾亞與母親交合，激怒了身為家父長的諾亞。諾亞於是下令讓含與含的後裔要永世為奴來贖

---

⑯一平方英里約合二點五九平方公里，一萬平方英里約當二點六萬平方公里，超過三分之二個台灣。

⑰卡爾．馮．林奈（Carl von Linné），姓氏經拉丁化後成為林奈烏斯（Linnaeus）。瑞典動植物學者兼醫師，除參與創立瑞典科學院以外，林奈烏斯還奠定了現代生物學命名法的基礎，堪稱現代生物分類學之父。

⑱大衛．休謨（David Hume），蘇格蘭哲學家、經濟學家和歷史學家，被視為蘇格蘭啟蒙運動與西方哲學史上的重要人物。其思想深受經驗主義者約翰．洛克的影響。

⑲約翰．衛斯理（John Wesley），十八世紀的英國國教神職者與神學家，為衛理宗（Methodist Church）的創始者。

罪。他們的黑皮膚就是其罪愆抹滅不掉的證明，訴說著黑人先祖的邪惡。這雖然是個神話故事，但其影響所及卻極為深遠而且負面。這傳說從猶太教傳入了基督教與伊斯蘭教的神學理論中，而這兩大宗教都以此為證據，來捍衛他們由神授的蓄奴之權。

非洲人比較次等的觀念，能取得膚淺的正當性，是因為早期探險者與駐非歐洲人加油添醋的聳動言語，這當中不少人都跟奴隸交易牽扯不清。這些故事滲透了科學文獻：一七五一年初版的《百科全書》(*Encyclopédie*)就指控象牙海岸的庶民有沉迷酒色、放蕩、不相信來世等問題，並形容非洲的政治體制「詭異」、「獨裁」，並且是僅憑一己之私的人治。非洲拒絕對理性敞開大門，結果就是「凶暴、殘酷、無信、怯懦(與)懶惰」等可總結所有黑色種族的特點。再者，黑人的心智無力抗拒巫術與迷信，這點與歐洲偏鄉的落後貧民無異。比方說一八四〇年，蘇格蘭聖基爾達島（St. Kilda）的島民就屠宰過一隻大海燕⑳，只因為他們相信那不是鳥，而是個巫婆。

正所謂「相由心生」，歐洲人認為內在的黑暗，會透過外貌的黑暗傳達出來。一八三七年，法國出版了一本童書，書裡的故事描寫主人翁第一次見到黑人時的恐懼：「他們外表很嚇人。要不是衣不蔽體的他們確實有著人的身形，否則我還以為他們是猴子，而且還是最等而下之的那種。」[12]信仰基督教的歐洲人心理，會在傳統上把白皮膚連結到聖潔、美德與榮耀，至於深色皮膚則會讓他們聯想到邪惡的各種化身。

人造的各種道德遺傳論，重重地壓在各個黑人種族的身上，但這些偏見也不是沒遇到質疑的聲浪。一七九〇年代，來到費贊的一名訪客確實看到當地居民昏昏欲睡而無精打采，但他覺得那好像跟遺傳沒關係，而是因為暴政、貧困、飲食圍繞著椰棗及「某種澱粉酶」造成的結果。[13]非洲人的苦難既非命定，也非不可動搖。細究非洲人苦難上的紋理，我們可以看到各種複雜的歷史與文化因素，而這些因素都可以加以改變。

到了一八〇〇年，非洲人天生有缺陷而且無可救藥的成見遇到了兩名強敵，那是兩股日益蓬勃的思想運動：浪漫主義運動㉑與基督教的福音主義運動㉒。這兩支運動的追隨者都會認同華茲渥斯㉓的信念，那就是「我們都有著同一顆人心」。浪漫主義堅信黑人擁有跟所有人類同樣的感情，所以黑人也是人類大家庭的一分子。黑人理應獲得同理心，理應獲得外界伸出援手，也理應有機會享有人與生俱來的普世人權，包括幸福與自由。福音主義者則認為黑人只要皈依基督教，就可以獲得全福。

對於非洲未來的樂觀看法，隨著探險文獻的更新而獲得廣泛的支持。蒙戈．帕克曾在尼日河岸深受震撼，因為他在那兒遇到的黑人是如此的正直、有禮與和善，這包括有位女士在他病倒時提供他食物，給予他照顧。一八二四年，海軍軍官克萊波頓（Hugh Clapperton）在索柯托族地界的停留只能算是驚鴻一瞥，但這已足以讓他知悉那兒的居民「知書達禮、充滿憐憫之心，而且虔

---

⑳ 大海燕（Great Auk），學名為Pinguinus impennis，又稱大海雀，外表和企鵝相似，因此又被稱作北極大企鵝，跟企鵝一樣是不具飛行能力的鳥類。大海燕曾廣泛分布於大西洋周邊島嶼上，唯人類捕殺造成其在十九世紀中滅絕。

㉑ 浪漫主義接續工業革命之後，為十八世紀起源於德國的藝術、文學及文化運動，強調以強烈的情感做為美學經驗的基礎。

㉒ 福音主義起源於十八世紀後半葉的英國，為新教神學中一個主張。福音神學的特點包括強調皈依基督來獲得新生，並積極地表述和傳播福音，強調聖經的權威。

㉓ 威廉．華茲渥斯（William Wordsworth），英國浪漫主義詩人，與拜倫、雪萊齊名。

誠地信仰上帝」。他們的聰慧與應對進退，讓「非洲盡是些袒胸露背，沒有信仰的野蠻人，與野獸相去不遠」之成見消散於一瞬間。一名英國軍官新將足跡踏上開普地區，便覺得科薩人是「我此生見過身形最優美的民族……一個個都是人類身形輪廓的完美典範」。[14]

第二章　蓄奴與奴隸交易

賣人像在賣雞。

——哈貝爾（A. Hubbell）

I

蓄奴與奴隸交易是非洲想向前走的一大障礙，但不是搬不開的障礙。此二者扭曲了社會與經濟的發展，也成為非洲戰火頻仍的主因，至少英國人很熱衷於這樣的視角。法國面對奴隸制的正義感比不上英國，但還是比反動的天主教帝國西班牙跟葡萄牙好很多。換成西、葡兩國，他們會從根本上否定認為奴隸制不好的觀點，還會一直容忍奴隸制與人口走私到十九世紀的最後二十五年。阿拉伯與非洲的奴隸主堅稱自己所從事的是一種事業，而且是歷史上一路走來都沒有問題、經濟上有其必要性，而且真的還滿好賺的一門生意。「他（奴隸主）在意的只有生意的良窳」，這是拉希德・瑪西迪（Rashid Masidi）從小聽爸媽說起的庶民記憶；做為十九世紀末一名斯瓦希里①的奴隸商，他活動的區域是現在的坦尚尼亞。[1]市場供需與豐厚利潤，淹沒了其他所有的考量。為了延續這制度，奴隸主會在利之所趨下不惜一戰。

伊斯蘭教完全不會因為奴隸制而良心不安。莎姆・薩伊德（Salme Sayyid）身為尚吉巴蘇丹薩伊德・布賽迪（Sayyid al-Busaidi）的掌上明珠，還天真地以為奴隸過得挺開心：「他們沒什麼可煩惱的，他們的福祉都有人勤勤懇懇地照顧到了。」[2]當然我們知道這誤會大了。莎姆在意的只有一件事情，那就是他的父親與兄長馬吉德（Madjid）蘇丹可以在尚吉巴市場裡的每筆奴隸交易裡收到一筆規費。就跟奴隸貿易的所有既得利益者一樣，布賽迪的這兩位蘇丹都對英國推動廢止奴隸制感到十分惱火。一八五四年，理查・柏頓爵士②發現在索馬利蘭（Somaliland），英國是居民懷抱恨意最深的歐洲國家，理由是英國海軍真刀真槍地與奴隸貿易為敵。在尚吉巴，皇軍海軍的「天琴座號」（Lyra）因為兢兢業業地主持著正義，所以成為了阿拉伯人口販子口中的「惡魔」（el shaleen）。

在奴隸貿易裡，受害者的感受鮮少成為記錄的內容。十九世紀末，遭擄為奴在塞內加爾的庶民記憶裡留下了深刻的傷痕，也讓曾被暴力綁架驚嚇過的村落籠罩在恐懼之中，不安全感久久難散。[3]這是外界普遍的印象。但剛果盆地有一部分地區的村民倒是歡迎奴隸主，因為居民可以把村裡的「壞胚子」，也就是「麻煩製造者」賣給奴隸主，這包括巫婆與小偷。[4]讀到反奴隸文獻中提到黑奴被解放時的歡欣鼓舞，我們沒有理由質疑。但當男男女女以自由之身在異國登岸後發現自己不知何以謀生，心中也確實會感受到不知所措與傷心失落。

在英國皇家海軍的「胡蜂號」（Wasp）軍艦上，一名軍官曾望著他們解救的年輕女奴隸納悶：少女們來到屬於英國殖民地塞席爾群島（Seychelles Islands），在其中的馬埃島（Mahé）登岸後，等待著她們的會是什麼樣的命運呢？同樣地在獅子山，大西洋奴隸貿易的受害者從十八世紀末就開始被安置在這裡。在獅子山等地，英國政府是靠傳教士組織提供住宿與工作機會。在加彭（Gabon）海軍基地的附近，英國的傳教會也會一併接手由法國軍艦救出的黑奴。

II

想根除奴隸貿易的努力，自然是以英國為主力，但在回頭談這點之前，我們得在這裡暫停一下。我們要先來看一下奴隸貿易的範疇與本質，這對我們之後的討論會有幫助。關於當年的奴隸貿易，統計數據可以說非常地不盡理想，但奴隸貿易規模有多大，數據還是給了我們一個粗略但寶貴的概念。我們不難由此了解到那商機有多大，既得利益者的決心有多強，為什麼將其連根拔起的時間要那麼長。奴隸貿易的規模計算，也有如良藥苦口地提醒著我們一件事情，那就是奴隸貿易是個多種族參與的勾當，從中獲利的不僅僅是歐洲人，阿拉伯人、土耳其人、埃及人與非洲人自己都分了一杯羹。

---

① 作者注：斯瓦希里人（Swahili）是阿拉伯人和非洲人的混血後代。

② 理查．柏頓（Sir Richard Burton），英國軍官、探險家，翻譯家，為首先抵達中非，目睹世界第二古老坦干伊喀湖的歐洲人。據說他通二十九種語言，曾譯有《一千零一夜》等書。

直到十九世紀初，大西洋都是奴隸貿易的主要航道。以一八〇〇年而言，巴西的兩百萬名奴隸，美國的九十萬名奴隸，以及西班牙在美洲的八十萬名奴隸，全數都出身於西非或東非。他們大都在栽種棉花、蔗糖與菸草的農園裡操勞，產出主要供應歐洲市場。

就跟各種資本主義運作一樣，奴隸貿易也必須聽命於供需法則與政治壓力。在一八二〇年之後，棉花生產在美國南部各州快速擴張，結果導致奴隸的需求量大增，於是在一八四〇年代的中期，每年黑奴的進口量達到十萬人。一八六一年，政治因素也加了進來：美國內戰的爆發，打斷了取道古巴進入南方聯邦的奴隸進口，而北方聯邦的海運封鎖則掐住了棉花的外銷。美國棉花產量的成長缺口，被埃及跳出來補上。埃及需要每年約三萬到三萬五千名的非奴員額來滿足新增產量的需求，而這些在埃及棉田裡工作的奴隸，有些人會被埃及軍隊徵兵。一八六三年，「赫迪夫」伊斯美爾（Ismail）就出租了數百名棉田黑奴，讓他們以傭兵之姿服役於拿破崙三世③的行伍之中。當時，妄圖併吞墨西哥的拿破崙三世正在墨國瘧疾肆虐的地區作戰，最終無功而返。[5]

固然有英國軍艦的巡邏，加上有葡萄牙也簽署了的國際條約約束，但一八四六至一八五〇年間仍有五萬名奴隸從安哥拉與莫三比克被走私到巴西的咖啡園做工。[6]這五萬人屬於大西洋奴隸貿易的最後一批受害者，而大西洋奴隸貿易的規模之龐大與待遇之非人，在英、美兩地都是廣為人知的史實。隨著追根究柢的研究不斷進行，一種需對歷史負責的道德自疚也不斷在英、美的國家意識上累積。

非洲蓄奴與販奴的文獻有「選擇性記錄」與「報導不均衡」的問題，主要是資料裡大舉忽視了阿拉伯－非洲這條線的奴隸貿易。事實上以大西洋奴隸貿易做為比較基準，阿拉伯－非洲線的規模只會更大、不會更小。甚至於在局部的地區，這條線的奴隸貿易還一直延續到二十世紀初。在一八六〇年間，六至十萬間的奴隸被從莫三比克北部與現今的坦尚尼亞本土被送到尚吉巴島待價而沽，然後再被「出貨」到下一站的阿拉伯半島（阿拉比亞）與波斯灣。[7]在此同時，尚吉巴二十三萬的居民裡有過半數是在農園裡或阿拉伯人家中勞動的奴隸。

在一八七〇年代，每年都有上看三萬名來自阿比西尼亞與南蘇丹的奴隸會被阿拉伯人趕上單桅小船，然後走紅海運抵阿拉比亞。除此之外，阿比西尼亞與南蘇丹也會供應女人與閹人給埃及跟土耳其的奴隸市場。廣大的撒哈拉地區難以計算其奴隸交易總數。英國領事評估在一八五〇年代，每年大約五千名奴隸會在突尼斯被賣掉，這些人都是走陸路被從現今的馬利、尼日與北奈及利亞趕過來的。一八五五年，一千名奴隸從突尼斯被船運到鄂圖曼帝國控制的克里特島，數千人則被賣給了阿爾巴尼亞的買家（阿爾巴尼亞當時還是土耳其的一個行省）。整體而言，非洲的奴隸買賣會沿歐洲的邊緣見縫插針。

在阿拉伯人控制的奴隸交易裡，受害者所受的折磨絕不輸給大西洋線的同伴。有則稀有的第一手描述由薩芭．弗拉（Saaba Fula）記錄了下來。一八七七年，她在阿爾及利亞東南部的瓦爾格拉（Ouargla）被一名法國探險者維多．拉若（Victor Largeau）買了下來。薩芭當時年方十六到十八歲間，因為遭逢尼日河上游沿岸洗劫村落的阿拉伯匪徒強擄，而淪落到人肉市場。她的父親

③拿破崙三世（Napoleon III），拿破崙的姪子，一八四八年二月革命後，法蘭西第二共和成立，拿破崙三世當選總統。後於一八五二年稱帝，史稱拿破崙三世。一八七〇年普法戰爭，法國戰敗，拿破崙三世宣布退位。

與兄弟遭到殺害，而她與母親則被迫朝北跋涉近千英里，就為了越過撒哈拉沙漠。白天太熱，所以趕奴隸的車隊會利用夜間移動，但許多奴隸會撐不過飢餓、脫水與疲勞而死於途中，薩芭的母親就是一例，母親「在我身後跟了很長一段時間，一路上哀號著、哭泣著，但突然間我就什麼聲音都聽不見了。我想是阿拉伯人殺了她吧」。抵達瓦爾格拉後，薩芭跟另外十二名同樣身著藍色棉袍的少女被展示出來，供潛在的買家挑選。拉若形容女孩們或站或蹲，「她們強忍著淚水，眼神落寞。」拉若看上了「哭得一把鼻涕、一把眼淚」的薩芭，付了六百五十法郎（約合六十歐元）。話說薩芭之所以哭，是因為她聽說法國人會吃黑人。接著她「勉為振作起來，告別了夥伴，然後用堅定的步伐跟上了我（拉若）」。[8]但她還一無所知的是自己被解放了。她不只是個幸運兒，她是幸運兒中的幸運兒，這一來是她能遇到法國探險家替她贖身，二來是她將能活下來，要知道被迫「北非大縱走」的奴隸有三分之一到三分之二會魂斷於撒哈拉沙漠。

關於在地且原生的非洲奴隸交易，取得準確的數據是不可能的任務。唯儘管如此，我們還是可以從一項史實上獲得一些概念。從一八九四年法國占領廷巴克圖（Timbuktu）算起，二十年間，「南漂」回老家的原奴隸竟多達五十萬人。[9]

照理講數字會說話，但關於非洲本地與阿拉伯線的奴隸貿易，加害者的後裔卻聯袂罹患了嚴重的歷史失憶症。集體的道德罪疚感與悔不當初的心情，我們在歐美後人的身上看到了，但土耳其、埃及與阿拉伯人卻一路走來都跟沒事情發生一樣。

III

從統計數據，我們不難看出奴隸制曾經滲透廣大非洲的經濟運作到什麼程度。所以說英國慈善圈的有識之士才會堅信奴隸制是阻礙非洲社經發展的一塊大石。只要把這塊路障清掉，非洲就可以走向大規模經濟改革的康莊大道。包括棕櫚油、木材，與咸認在山區裡各種有待探勘的礦脈，都是「正經」的商品，這些生意只要好好經營，都可以化身為嶄新而正派的財富來源。這是個讓人心嚮往之的倡議：一個繁榮富庶的非洲，將用新賺來的錢變身為英國商品的好主顧。

李文斯頓腦中呈現出的，就是這副願景。在非洲南部與中部進行探索兼傳福音之餘，李文斯頓也敦促英國官方要正式出手來打擊蓄奴，因為這關係到非洲大陸的健全復興。他一而再、再而三地預言奴隸制終結的那天，就是安定繁榮的非洲進入黃金時代的第一天。早在一八五四年，他就擘劃出一幅尚比西河的光景，裡頭有櫛比鱗次的汽輪等著出入口岸，要出航的汽輪上頭裝著非洲的經濟作物，入港的則滿載從英國進口的紡織與金屬製品。

李文斯頓在英國輿論間被奉為偶像，晚年更取得了國際性的號召力。於是乎一八六六年，當他在坦尚尼亞北部「失蹤」時，《紐約先驅報》（*New York Herald*）立馬聘了史坦利（Henry Morton Stanley）去找他，而且是不計代價也要把人找到。年輕時的李文斯頓是個工薪階層出身的蘇格蘭人，後來是經由不懈的努力才得以出人頭地，成為一名受到肯定的物理學者與神職人員。

英國維多利亞時代④的積極進取與十足陽剛的基督教理想，在李文斯頓身上找到了代言人。李文斯頓的信念熾熱但不與現實脫節，他的勇氣使他即便多次在探險中與獅子狹路相逢，也不輕易向萬獸之王低頭。他寫成的旅遊書非常搶手，他為了演講佈道而巡迴英國。他根據親身經驗所傳達出的訊息，讓人目不轉睛、聽得入神。李文斯頓以其親眼所見描述非洲擄人為奴的過程。為人母的煎熬與孩子們受到的驚嚇，透過他的轉述顯得歷歷在目，台下的英國人內心深受打動。更重要的是，他對於「基督、文明與商貿」是非洲病症解方的堅持，成功打進了英國政壇。因著李文斯頓，與其當代與後世的英國人了解到一件事，那就是只要有人願意伸出援手，非洲人一定能從自己挖的洞裡爬出來。

在某個程度上，李文斯頓是在打「順風球」，因為社會上的反奴隸運動早已在英國政壇深化為主流。十八世紀末，輿論就已經進行動員來反制英國與海外的奴隸貿易。果不其然，帝國本土與其殖民地的奴隸買賣分別在一八〇七年與一八三三年被宣告非法。這兩場政治戰場上的大捷，預示了新鬥爭的序曲：教會與反蓄奴團體企求國際奴隸貿易的全盤瓦解，而以中產階級為主的他們有著極大的政治影響力。

奴隸制度犯了英國人的大不韙，乃因奴隸的存在是對個人自由的一種否定，而個人自由是英國人在十七世紀為自身掙來的東西。當時曾有位激進派言道：「再窮的人活在英格蘭，也跟最富有的人一樣有他的人生要過。」⑤個人自由定義了英國的國格。十八世紀時，意氣風發的英國有首戰歌叫《統治吧，不列顛！》（*Rule, Britannia!*），歌詞裡自信滿滿地唱道「不列顛人永世不為奴」。這樣的自由，直接牽動英國在各方面表現上的傲人進展。英國鼓勵個人發揮他們的天賦，追求自身的幸福。英國人認為要推己及人，讓人不論身處天涯海角都能夠享受到自由帶來的福祉，如此才是正確，才是合乎正道的做法。

相對於生而自由的英國人，奴隸會被貶低為畜牲，遭剝奪其人的地位。奴隸沒辦法決定自己與家人的未來，其天分也沒有發揮的管道。「奴隸是人類被扭曲物化的產物。」英國詩人柯立芝⑥曾如此寫道。任何人與奴隸貿易有一丁點牽扯不清，都撇不開道德上的瑕疵。誰把別人當成奴隸，當成東西去賣，就代表此人棄守了自身的人性。經濟學家亞當．史密斯⑦曾有感而發：「出身非洲沿岸的黑人沒有例外……人人都或多或少有著寬大的心胸與高貴的情操，但他們賤格主人的靈魂汙穢，少有資格領受這樣的寬容。」

對於奴隸所受到的非人待遇與羞辱，部分文獻描述得巨細靡遺，令人不忍卒讀。英國，就是這樣一個沒辦法對這些遭遇視而不見的國家。一七九九年，聖公會的多切斯特教堂（Dorchester Abbey）裡長眠了一位生前顯然生性浪漫的女士，墓誌銘上說她「殉難於超凡的感性」。這讓人不

---

④英國維多利亞時代大致被定義在一八三七到一九〇一年，也就是維多利亞女王（Queen Victoria）在位的期間。長時間的承平，促進了英國的工商繁榮與社會的理想發展，鞏固了大英帝國的國民自信心。維多利亞時代的後期，堪稱英國工業革命與帝國國威的頂點。

⑤此言出自一六四七年，英國內戰後討論憲政體制的帕特尼大辯論（Putney Debate），發此豪語的是平等派的湯瑪斯．倫斯伯洛（Thomas Rainsborough）上校。

⑥塞繆爾．泰勒．柯立芝（Samuel Taylor Coleridge），英國哲學家、詩人

⑦亞當．史密斯（Adam Smith），經濟學者，著有《國富論》，為現代經濟學門與自由貿易、資本主義、自由意志的濫觴。

禁遐想起一幅光景：蒙戈．帕克曾以一支健筆寫到他萍水相逢的一位奈及利亞婦女，他說這名母親因受貧苦所逼而不得不鬻子為奴以求苟活（話說這字字血淚的描述要是被長眠多切斯特的那位女士讀到，不知道會做何反應）。她會不會說：「我的老天爺，一個母親要承受多大的磨難，才會忍心賣掉自己的骨肉？」

維多利亞時代中期，英國百姓在精神上是浪漫主義與福音運動的繼承人。而承襲了這兩種精神，他們對奴隸的無助與苦楚展現了高度的同理心。奴隸貿易的機制讓英國人深惡痛絕，因為英國人對人的善念抱持著最高的期望，也對人性尊嚴立下了最高的標準。一八七三年，德高望重的孟買殖民總督巴托．符瑞爾（Bartle Frere）爵士曾途經尚吉巴的奴隸市集。他當時的反應，為其英國同胞的心念下了最好的注解：

> 女性遭受的檢查更加令人作嘔。身軀浮腫而皮膚有紋繪的老不修們用登徒子般的目光在女奴身上遊走，幸災樂禍地意淫著她們，還在湊熱鬧的群眾面前對她們上下其手，一副這是在賣牛還是賣馬似的。最後等所有人看似心滿意足了，買賣雙方跟女奴會連袂退到棚子的幕簾之後，以便進行最終的檢視與確認。

是可忍，孰不可忍。道德淪喪至此，讓民眾的怒火跨越了政治立場、宗教信仰乃至於社經階級的隔閡，延燒整個英國。一八二四年，（保守黨前身的）托利黨外相喬治．坎寧（George Canning）對國會下議院的發言，算是總結了英國官方對於蓄奴與奴隸交易的政策立場。他表示與奴隸制的鬥爭是在「爭人權、爭人性、爭道德」，而此事能成，「一整群人類同胞」的生命將獲得提升。他言談中的這股情緒，足以反映整個國家的態度，也是英國國民自尊的來源。另一名對抗奴隸制的急先鋒，帕默斯頓（Palmerston）爵士，則認為英國不光是逞口舌之快，而是願意劍及履及地站出來與奴隸制為敵，這一點使得英國的高貴國格不證自明。

英國以弱者與被壓迫者的盟友自居，同時也深知自己身為基督信徒的集體職責。一八五九年，渾號「滑舌山姆」（Soapy Sam）⑧的牛津主教塞繆爾．威伯弗斯（Samuel Wilberforce）提醒了利物浦的商人他們也是英國的一部分，而英國「廣被上帝的聖澤」，所以光憑這一點，他們就有義務要行善來回饋世界。在一八八二年占領埃及之後，英國一路以來覺得自己要善盡國際人道義務的新舊觀念開始合流，而這也方便了政壇、媒體召喚民意來支持在非洲的兼併主義。

經由其外交部門的努力，英國於一八一五年的維也納會議上說動了俄羅斯、普魯士、奧地利與法國禁絕奴隸制。之後法國海軍部署了一小支巡邏隊巡弋西非海域，目標就是鎖定奴隸的船運。早在一七九四年，法蘭西第一共和就頒布過通行所有殖民地的奴隸制禁令。但一八〇二年，拿破崙又宣布恢復奴隸制。最後是在一八四八年，法蘭西第二共和才確立了奴隸制法所難容。只不過在法制面確立後的大約五十年間，販奴與蓄奴的禁止並未在法國雷厲風行，反倒在執法上流於鬆散，有一搭沒一搭的。法國人並未對蓄奴拿出很嚴肅的態度，甚至有些人還覺得黑人的個性

⑧ 這個外號是當過英國首相的保守黨政治人物班傑明．迪斯雷利（Benjamin Disraeli）給的，他是在批評這位主教油嘴滑舌、巧言令色，像肥皂一樣滑溜。

說不上來，就真的還滿適合當奴隸的。一八五四年被任命為塞內加爾總督的路易・費岱爾布（Louis Faidherbe）將軍就說過：「絕沒有人會想奴役阿拉伯人，因為他們晚上會去暗殺主人。」[10]

法國打擊奴隸制是一種「想到才做一下」的感覺，真正具關鍵性與影響力是英國的態度，畢竟英國怎麼說也是當時全球最富強的國家，稱霸國際貿易不說，全球的金融也愈來愈有英國說了算的態勢。於是乎不令人意外地在搪塞推託、虛與委蛇十年之後，「赫迪夫」伊斯美爾終於在一八七七年向來自英國的外交壓力低頭，正式開始抑止埃及與蘇丹的奴隸貿易。伊斯美爾沒有什麼迴旋的空間，因為他的國家正一步步打滑逼近破產的邊緣，而英國正是他最大也最沒耐性的債權人。算盤撥一撥，拿在埃及奴隸交易的一成人頭費收入來換取不要得罪英國，還是划得來的。

除了外交施壓，英國也知道要來硬的，畢竟大英帝國這時手握縱橫全球的皇家海軍，且從一八八七年起的每一任政府都曾經對大西洋與印度洋的奴隸主用兵。在一八五〇年代，這些海上作戰得耗費每年七十萬英鎊的預算，並且平均每回會從非洲基地調動二十五艘船艦。

IV

英國對奴隸貿易進行的外交攻勢不但是長期抗戰，而且還是一場苦戰。從一八二〇到一八八二年之間，英國的外交部與個別國家簽署了共三十份條約。每一份的內容都承諾要禁止奴隸貿易，但食言而肥是家常便飯，至於其原因不是沒有意願就是沒有能力，其中最惡名昭彰的累犯莫過於西班牙、葡萄牙與鄂圖曼帝國。一八四〇年，鄂圖曼的蘇丹對英國大使彭松比（Ponsonby）

爵士解釋說他承認英國在科技、藝術與軍事上都走在前面，但他完全不接受英國占有道德上的高點。[11]對蘇丹而言，道不道德是古蘭經說了算。跟其他不打算跟英國硬碰硬的國家元首一樣，鄂圖曼的蘇丹也知道奴隸制是自己國家的經濟命脈。

說到經濟，奴隸制也是西非廣大地區的經濟支柱。非洲奴隸除了替主人種莊稼、顧牲畜，還要替夫人分擔日常的家務瑣事，而家奴是需要一批批替換的消耗品，主要是為奴的女性往往不會生育。

奴隸制所創造的財富是非洲政治裡的一項關鍵因素。在地企業所囤積的財富會拿去投資兵力與現代武器，因為軍力是建立、厚植，並捍衛其奴隸「獵場」的最大本錢。從各方面來看，這些私人武力都讓人聯想到現代非洲中部與西部軍閥所招募並武裝的民兵。這些軍閥統治著由戰士與奴隸構成的國度，並且相互傾軋、永無寧日。隨著奴隸市場被英國海軍攪亂一池春水，爭奪地盤的戰爭也愈演愈烈。某些「銷售管道」勉為保持暢通，一八八〇年代藉著葡萄牙政府的默許，人數日益萎縮的奴隸主以莫三比克為出海口維持運作。睜隻眼、閉隻眼的情形在其他地方也看得見，如一八八八年，一艘英國軍艦在巡邏印度洋時攔截到十五條登記為法國籍的單桅小船，登船一看發現滿船的奴隸。

對野心勃勃的部落頭目而言，奴隸貿易可以帶來更高的權力與地位。西非的達荷美與拉哥斯（Lagos）都在十八世紀與十九世紀初供應奴隸給歐洲人口販子，而這兩個王國也由此順利富強了起來。時至一八五〇年，這兩國開始被英國盯上施壓，但稱得上「天高皇帝遠」的距離讓強大的英國也有點鞭長莫及。另外如撒哈拉南緣與最遠到大湖區的東非內陸等地區，都持續扮演著奴隸主貨源的角色。

說到東非的大湖區，就不能不提一下安德拉得（José de Andrade）這位非洲頭目父親與印度果阿族（Goa）母親之子。從一八七〇到一八八〇年代，安德拉得僅憑買賣奴隸所得就在莫三比克西部自立為王，形同獨立國家。他花錢購入現代的槍械，然後派兵士劫掠周遭地區來補充奴隸。不幸被他擄走的人會被趕至非洲沿岸，然後取道葡萄牙各港口「出貨」到巴西或古巴。安德拉得是個狠角色，民間盛傳他若看到自家的村落空中有兀鷹盤旋，他就會下令殺掉一名男性或女性來讓一票猛禽止飢。他會有個叫作「坎耶霸」（Kanyemba，「凶狠」之意）[12]的外號，不是沒有原因的。

「豐功偉業」跟坎耶霸不相上下的一位同梯是祖巴爾．拉瑪．曼蘇爾（Al-Zubayr Rahma Mansur）這個以開羅為根據地的生意人。曼蘇爾主要活躍於喀土穆一帶。一八七〇年代，他以破千的兵力在蘇丹南部大肆「掃貨」，並且跟安德拉得一樣，他也儼然以土霸王的姿態號令一方。「赫迪夫」伊斯美爾終於出手來禁止奴隸交易後，曼蘇爾的處境才顯得搖搖欲墜。蘇丹境內的奴隸交易遭到壓制，造成開羅奴隸售價的水漲船高。平均而言，曼蘇爾的代理商會每年走私約一千名奴隸到埃及，為此在喀土穆交貨時，對方會按一個奴隸八英鎊的費用付錢給曼蘇爾。一八七七年，開羅的奴隸行情，黑人男性約一百到兩百英鎊不等，有幾分姿色的阿比西尼亞女子則上看一千英鎊，她們是埃及軍官「充實後宮」的首選。買來打理家務的奴隸被主人喚作「通人語的畜牲」，而且在取名時也會刻意凸顯他們的低賤。穆斯林宣稱會善待奴隸，但那都只是空口說白話。開羅的市場上也買得到從土俄邊境擄來的高加索女奴，這些白種的「金絲貓」是高檔貨，市場行情可以高達上萬英鎊。[13]

一八七七年，「赫迪夫」伊斯美爾指派了英籍的查爾斯·戈登（Charles Gordon）上校擔任蘇丹總督，而赫迪夫交辦給他的任務就是要終結奴隸貿易。做為一名專心致志的福音派基督徒，帕夏⑨戈登心懷跟克倫威爾⑩一般的情操，他深信自己是神選的士兵，身負貫徹上帝意志的使命。很自然地，曼蘇爾的販奴體系成了戈登第一波鎖定的眼中釘，而這位「欽差大臣」也在一八七九年七月擊潰了曼蘇爾的部隊，處決他的兒子蘇雷曼（Sulayman）。但戈登掃蕩販奴的作戰並沒有趁勝追擊，反而在不久後便不了了之，主要是埃及的財政陷入危機，同時蘇丹又爆發了馬赫迪起義⑪。

曼蘇爾與坎耶霸算是大鯊魚，但此外還有眾多逐販奴之利而前仆後繼的小魚。一八八〇年代，不少非洲幫派會在現為布吉納法索（Burkina Faso）的蘇魯度姑（Souroudougou）一帶侵擾散落的村莊。匪徒會突襲居民，殺掉家中的父親，帶走其妻兒子女。婦孺被賣掉「像在賣雞」。[14] 如果遇到饑荒，那暴力就會顯得多餘，因為不少家庭雙親會樂於賣孩子來換錢買吃的。

---

⑨ 帕夏（Pasha）是相當於英國勳爵或爵士之類的頭銜，在鄂斯曼帝國裡用來尊稱總督級的高級行政官員。

⑩ 奧利佛·克倫威爾（Oliver Cromwell），在英國內戰中擊敗保王黨，處決了國王查理一世，一度建立「護國公」政權的英國政治人物與獨裁者，為奉聖經為正朔的清教徒。

⑪ 馬赫迪起義（Mahdist revolt）是場發生於十九世紀晚期的殖民戰爭，交戰雙方是英埃聯軍與蘇丹。

V

海軍的投射與監控，加上外交上不放鬆的強硬態度，是英國對付安德拉得與曼蘇爾之流的兩大武器。在西非與東非，英艦會封鎖涉嫌出口奴隸的港口，然後由陸戰隊登陸來攻擊並摧毀守方要塞，解放被圈禁在集中營房裡的奴隸。皇家海軍另外會派遣巡洋艦去攔截奴隸主的船隻，而這也引發不少法律上的攻防，主要是法國與美國政府很不爽英國船艦攔停並搜索他們的海上商旅。

每解放一名奴隸，英國財政部會付給五英鎊的獎金。這種算人頭發給的獎金，最後會按照階級高低在行伍中論功行賞。在巡邏大西洋長達四年而不辱使命後，皇家海軍「水巫號」（Waterwitch）上的一等水兵領到了一百七十八英鎊，士官長領到了五百二十八英鎊，至於艦長……則進帳兩千六百英鎊。[15]因為必須遠赴染病死亡率高達百分之五到十的地區服役，所以這樣的高薪算是合理。長途巡弋是很枯燥無趣的事情，所以能遇到奴隸主並與之短兵相接，是很受歡迎的「消遣」。一八四〇年，皇家海軍「匹克號」（Pickle）上的一名準少尉曾寫下自己在古巴近海與運奴船狹路相逢時的興奮之情，他在給母親的家書中是這麼講的：

> 何等榮幸！看到自己的姓名因為戰事而上報。希望您別不高興我這麼說，親愛的母親。我在母艦追擊對方時用像極了屠夫的樣子磨劍。看著我們的水手拚命愈追愈近，我心中有說不出的欣喜。[16]

要根絕大西洋線的奴隸貿易，沿海國家的元首必須共同合作。英國領事逼著要各國承諾不讓奴隸貿易途經其海域，但不少捨不得這塊肥肉的領導人拒絕就範。拉哥斯的柯索科（Kosoko）國王一路走來，始終堅持與奴隸制度為伍。於是在一八五一年底，英國外相帕默斯頓決定這傢伙不能不教訓一下。「怎能讓野蠻無文的非洲酋長，」他激動地說，「阻礙偉大事業的推動。」拉哥斯島撐過了第一輪的轟炸與兩棲攻擊，但還是敗在英軍第二波攻擊的手下。砲彈的破片與當作燃燒彈使用的康格里夫火箭（Congreve）發揮了效果（火箭不是導彈，所以飛行軌道其實相當凌亂，被打到的人還以為有某種力量在引導彈頭打中目標），柯索科國王從陷入火海的首都出逃，繼任者改成對英國言聽計從的阿提科耶（Atikoye）。阿提科耶隨陸戰隊跟水兵登岸，英國國旗被升了起來，三百名來自奈及利亞內陸的教會學校學童唱起了《天佑女王》（*God Save the Queen*）。

就這樣，拉哥斯王國與其在內陸的屬地落入英國之手。其中內陸的部分除了規劃成英國巡邏艦隊的補給基地，也成為棕櫚油的出口港埠。棕櫚油是門沒有道德爭議的生意，所以英國冀望奴隸交易的商機可以由其取代。兼併主義在英國國內可以站得住腳，是因為人道考量，唯國會對於殖民地一直擴大的費用存有疑慮。於是英國陷入了兩難：在海上動手跟在外交戰線上動口，是否就能分進合擊地剷除奴隸交易？又或者非得把是非之地納入大英版圖才行？打贏戰爭不難，但殖民地一占領下去就是錢坑，而國會裡的輝格黨與自由派最討厭的就是錢坑，他們主張的是小政府跟低稅率。一八六〇年代初期，英國國會就為了要不要用預算維持一票西非沿海要塞跟屬地吵過一遍。這些據點有些是半世紀間陸陸續續由丹麥手中購入，且全數都被認定是在與奴隸貿易作戰中的戰略資產。認為「人道考量不能等」的意見最後勝出，但議會中的騷動也顯示在歷史上的這個時期，英國政壇對於在西非的擴張心存相當程度的保留態度。

VI

在東非，海軍軍力脅迫與外交談判勸說的雙管齊下，一開始也是英國對奴隸貿易作戰的基調。東非奴隸貿易的「大魔王」，是尚吉巴這個蘇丹國。以商立國的尚吉巴在一八二〇年代，靠的是阿曼親王薩伊德．布賽迪這位「富爸爸」。布賽迪是個十分有商業頭腦，而且劍及履及的商人。經由跟印度資本家的密切合作，他在東非建立一個商業帝國。尚吉巴最終吃下東非的沿岸，並且將奴隸貿易變成主要的收入來源。一八七〇年，尚吉巴已經是日均售出一百到三百人次的奴隸市場，而每筆交易蘇丹都會抽成。某些奴隸在成交後會留在尚吉巴替丁香農園做工。一八七九年，丁香種植對尚吉巴島⑫的經濟貢獻達十九萬英鎊。布賽迪分別與英、美、法簽下了貿易協定，但也很小心翼翼地不跟英國唱反調，怎麼說英國也是印度洋上的第一霸權。

一八七〇年代初期的尚吉巴顯得前途未卜。颶風來襲剛於一八七二年摧毀了巴加西（Barghash）蘇丹進港停泊的艦隊，然後埃及在烏干達與紅海的侵門踏戶也讓他很低落。雪上加霜的是蘇丹的英國老大哥對他在奴隸貿易上的閃爍其詞愈來愈沒耐性。英國一名外交官就抱怨過巴加西老用「東方的詭辯話術」再三推託，就是不願意跟奴隸貿易一刀兩斷。巴加西大玩緩兵之計惹毛了一八七〇與一八七一年兩次國會調查團，於是英國決定是該硬起來動粗的時候了。

一八七三年六月，蘇丹終於在壓力下同意禁止奴隸交易，而這壓力來源也包括待命在近海虎視眈眈的英國艦隊，這是英國為了讓蘇丹「好好想想」而使出的殺手鐧。消息傳回英國，反奴隸制的遊說團體歡欣鼓舞，首相威廉·格萊斯頓（William Gladstone）則振奮於英國國教將於奴隸市集的原址建立教堂。⑬為了確保成果，避免奴隸制死灰復燃，英國留下一艘巡洋艦在尚吉巴港常駐來做為陸戰隊的母艦。奴隸出口的重鎮基爾瓦（Kilwa）則遭到滴水不漏的封鎖。

巴加西對奴隸貿易鬆手，算得上是英國的一場勝利，但絕對不是什麼決定性的勝利。事實上格萊斯頓的內閣陷入了一個陷阱，一個會讓其接續政權都深陷泥淖的陷阱——他輕信了非洲統治者對於自身權威所及的夸夸其詞。非洲的統治者會說哪裡哪裡屬於自己，但根本就欠缺實力去投射控制力。一八八二年，傳教士向蘇丹投訴說坦尚尼亞有奴隸主闖入了馬薩西（Masasi）的教會，強行擄走二十九名皈依的信眾，但蘇丹雖然「好言相向」卻「沒有幫助我們」。他「心有沒有餘」很難講，甚至可以說應該是沒有，但「力不足」倒很明確。蘇丹確實不具備有效的警力或軍力與遍布於他名義領土的販奴勢力接戰。

英國基本上是一肩挑起了反蓄奴戰爭的大旗，而他們取得的成果令人相當稱許。從一八一〇到一八六四年，英國皇家海軍解放了十五萬名奴隸。到了後期，大西洋線的奴隸貿易（在失去美國市場之後）快速萎縮，印度洋線也遭到沒死但去了半條命的重擊。非洲內陸的奴隸交易尚存，

---

⑫ 現代坦尚尼亞的國名是由兩部分構成，「坦」是非洲大陸本土的坦干伊喀，「尚」就是近海的尚吉巴島。

⑬ 作者注：格萊斯頓展現的是改信英國國教者的熱情。他家族的財富來自於西印度群島的農園，他本人也曾經在一八三〇年代的下議院捍衛過奴隸制。

主要是非洲大陸有位置偏遠與在地政權同情這兩支保護傘。而按照一八七〇年代在蘇丹的經驗，這兩支保護傘只能靠優勢武力打破。一八七六年，有「阿散蒂赫內」稱號的曼薩・龐蘇（Mensa Bonsu）國王告訴一名衛理宗⑭傳教士說，奴隸制是他王國的命脈，奴隸制死了，阿散蒂王國也沒辦法獨活。[17]

奴隸制的鏟除，會讓眾多區域的經濟承受不起，所以唯一的辦法就是由歐洲強權深入內地，才能以其強勢軍力對販奴勢力進行掃蕩，而歐洲一旦揮軍，就可能會牽涉到征服與占領等議題。所以在當時，英國並不考慮地面作戰的可能性。法國是唯一派兵深入非洲內陸的歐洲強國，但他們這麼做並非為了拯救奴隸。

⑭ 衛理宗（Methodism）亦稱循道宗、衛斯理宗、衛理公會，是基督教新教主要宗派。

第三章　傳教士的故事

埃及的公侯要出來朝見神，古實人要急忙舉手禱告。

——聖經《詩篇》

I

十九世紀，基督教傳教會在非洲上演了「影分身之術」，而在短時間內愈變愈多的傳教會也改造了非洲大陸的精神與道德氛圍。傳教士實踐出來的使命感、熱誠與身心兩方面所展現的毅力，經常能讓人感到驚異，甚至令人為之動容。他們的雄心壯志是要讓整片非洲大陸皈依到上帝的名下，而他們在這一點上也確實成績斐然：一八〇〇年，廣大的非洲只有寥寥數千名基督徒，但這個數字在百年後暴增到將近一千五百萬人。

傳教士的主力一開始是英國、法國、美國、德國與北歐的斯堪地那維亞人，後來則慢慢有非洲人改信基督教來追隨之或繼承其衣缽。就像拓荒的墾民把貧瘠的荒野開闢成良田，傳教士翻動的是非洲百姓心田上的土壤，他們把迷信的雜株連根拔起，移開無知的石塊，然後將信仰的種子埋下、滋養，最後收穫的是獲得上帝救贖，可以在天界重生的靈魂。

傳教士們把在歐洲老家的教派之別也帶到基督教的新天地，也因此在無意間擴大在地民眾間的嫌隙，主要是非洲人很快便開始追隨各自不同的良心，創造出對聖經不同版本的詮釋。有些人嘗試定義出一位專屬於非洲的神祇，而這樣的神學僭越與臆測，讓夢想著要以基督教一統非洲的傳教士們大失所望。整體而言，傳教士的成就在於讓愈來愈多非洲人在受過教育之後求知若渴，並經常對政治上的現況有所不滿與批判。

出發點是想要拯救非洲人靈魂的各種努力，還催化出另外一項影響既深且廣的文化革命。自古只有口說的語言，以拉丁字母謄寫成了文字，這讓非洲民眾得以自行讀經。在讀經之餘，新識字的這群人也能研習歐洲的知識與智慧。由此不論是舊約聖經裡的《申命記》，還是笛卡兒或達爾文的作品，非洲人不單單是感興趣，他們也具備需要的閱讀能力。

英、法教會學校裡的課程會以英、法語授課，優等生有機會前往歐美大學深造。不少傳教士兼具醫師的身分，所以也順道引入歐洲醫學的診治方式。非洲的民俗療法與訴諸怪力亂神的偏方開始退潮，唯不少這些密醫與巫醫讓步得不情不願，而且也有些追隨者打死不退。從十六世紀以來，非洲便持續接待小規模的基督教傳道隊伍，並且是兩支古老基督信仰的根據地，這包括埃及科普特教會①與阿比西尼亞教會。在神學的看法上，這兩支非洲教會都與歐洲的基督教有重疊之處。歐洲各教派具有排他性且視彼此為對手，阿比西尼亞的基督徒因此成了傳教士眼裡的肥羊，爭取他們改信成了傳教士工作重點，但這也引發主客間關係的緊張。阿比西尼亞皇帝特沃德羅斯二世（Tewodros II）於一八五五年登基後便驅逐了天主教傳教會，他指控這些神職人員干預政事，並涉嫌顛覆阿比西尼亞。新教的清教徒獲准留下，理由是他們印刷的阿姆哈拉語②聖經讓皇帝的子民得以用母語讀經。[1]城府深些的非洲統治者會擔心這些傳教士是不是英、法政府的探子或先遣隊，而他們如此懷疑也並非全屬無的放矢。一八七〇年代，衛理宗傳教會在西非的教長就殷切盼望著教會能與英國官方結盟來推翻奴隸制並推廣基督教。[2]傳教會會在英國控制下的南非地區興盛起來，並非巧合二字可以交代過去。一八七〇年代，納塔爾省（Natal）政府免除其棚屋稅與一段時間的人頭稅，藉此鼓勵自給自足的傳教會村落成長。算是禮尚往來，傳教士們效法基督教在歐洲長久以來的傳統，學會當個默不作聲的順民。像在祖魯蘭（Zululand）就有位在當地佈道的黑人牧師鼓勵教區民眾為維多利亞女王禱告，為她的官僚禱告，也為祖魯的皇室禱告。[3]

傳教士們雖然想要置身事外，但最終還是身不由己地捲入在地的政治漩渦中。一八八〇年代初期，在橘自由邦（Orange Free State）與巴蘇托蘭（Basutoland，今賴索托）邊界一個叫塔巴－恩丘（Thaba-Nchu）小國裡的王位爭奪戰裡，英國國教與衛理宗的傳教士各自支持了不同人。其中英國國教派所支持的塞繆爾・莫洛卡（Samuel Moroka）在政變中被推翻，然後在躲藏的傳教會盥洗間裡遭到射殺。衛理宗支持的繼位者特希皮內特（Tshipinate）為了酬謝盟友，大手筆獻上

① 科普特（Coptic）一詞原意是「非洲人」，而科普特人身為非洲的原住民，其本體是於一世紀時信奉基督教的埃及人後裔。

② 阿姆哈拉語（Amharic）與阿拉伯語跟希伯來語同屬閃語語系的一支，母語人數僅次於阿拉伯語，為閃語中的第二大分支，目前是衣索比亞的官方語言，並使用獨特的字母系統書寫。

兩千九百英畝（將近十二平方公里）土地的厚禮。不過為了左右逢源，新國王也捐了兩千五百英畝的土地給英國國教會，外加給一間學校送了五十英鎊。[4] 唯這些花招看在一旁橘自由邦政府的眼裡，感覺很令人憂心，於是一不做、二不休，橘自由邦便以維護區域穩定之名入侵並併吞了塔巴－恩丘。

II

情勢的緊張與混亂終難避免，畢竟非洲人一改變宗教信仰，就得揮別他們共同的過去。接納新的信仰，代表非洲人得共同棄絕固有的神祇，也得放棄部落的宗教與社會儀俗慶典。就連宇宙的起源與個人在其中的定位的一整套說法，非洲人也得為了基督教而汰舊換新。舊規變成了新罪，像一夫多妻轉眼成了重婚罪。宗教的舞台上也換了新的劇碼，撼動人心的鼓聲搭配傳統舞蹈不再，取而代之的是看似內斂但往往震懾人心的基督教祕儀。天主教與英國國教在這裡占有優勢。某些改信者會想融合新舊風俗，但這犯了傳教士的忌諱，他們每天眼睛張得斗大，看有沒有人惡習復發。一八三〇年代的獅子山曾有教會學校的孩子在下課後縱情擊鼓、唱歌、翻筋斗來慶祝自由！結果挨了老師頓罵。老師說：有空不會去讀經喔？撒什麼野！[5]

讓非洲人不樂意的不只是尋開心這件事被妖魔化跟壓抑。隨著傳教士的活動風起雲湧，在地菁英的心裡開始充滿疑慮與不安。一八七六年，身為阿散蒂赫內的曼薩・龐蘇拒絕讓黃金海岸（今迦納）的衛理宗傳教會興學並建立教會。龐蘇國王話說得很不客氣：「就是你們的宗教，摧毀了方提國③，弱化了他們的力量，讓他們的貴族不再高高在上，變得跟普通人一樣。」[6]傳教會與教會學校在國王的眼裡會破壞他統治的基礎，稀釋百姓的戰士魂。回顧近代史，他口中遭到「弱化」的鄰國方提確實無力抗拒英國對其獨立地位的侵蝕。

跟龐蘇同時代的祖魯國王塞奇瓦約④比較包容。他曾經對英國國教的傳教士說過：沒有他不喜歡的傳教會。但他熱情歸熱情，也沒忘了懷抱一絲恐懼。塞奇瓦約曾經提醒過基督教的神職者說：「我們有自己祖先的習俗要遵守。」而在這些祖制中，有一條就是王室軍團的徵兵制。另外他也跟阿散蒂赫內一樣，都擔心宗教信仰改變會削弱年輕人的鬥志。「這些孩子是軍人……但信了基督教，他們變得離我愈來愈遠。」至於改信基督教的女性則變成不羈的人妻，不再安於傳統的角色。就像一位懼內的先生所說：「妳是男人養的牛，應該要對我們言聽計從才是。」[7]

在恩德貝勒（Ndebele）有另一位權傾一時的羅班古拉（Lobengula）國王，而國王很意外於布隆泉⑤的主教喬治・奈特－布魯斯（George Knight-Bruce）會請他答應讓基督教的師資來指導主教教區的居民。「我為什麼要讓他的狗受教育？」國王問。國王可以理解白人來到他的國家打獵或挖金礦，但他沒辦法理解他們為何想來教書。國王問說有啥可教？教了要幹麼？[8]羅班古拉所納悶的事情，也是布隆泉白人老闆納悶的事情，因為白人老闆也反對在地的男孩上教會學校。[9]

③ 方提（Fanti）是位於西非黃金海岸的非洲王國。

④ 塞奇瓦約（Cetshwayo），祖魯王國國王，一八七二至一八七九年在位，其任內爆發祖魯戰爭。

⑤ 布隆泉（Bloemfontein），橘自由邦大城，現為南非自由邦省的首府，也是南非三個官方首都中的司法首都。

基督教在非洲是一股強大的力量，深深攪亂非洲的一池春水。傳教士要求徹底移除一夫多妻與男女割禮等習俗，同時他們也譴責各種法術與神靈召喚都是撒旦的惡魔行為。一八六八年，在為了於獅子山北境設立傳教會而硬起來的同時，傳教士約瑟夫．特賓（Joseph Turpin）知道他面對的是一群相信「格里格里」（greegree，魔法的護身符）等各種幸運符的民眾，是一群相信巫術與各種迷信的民眾，是一群拜蛇、崇拜偶像與惡靈的民眾，而他必須改變這些人的心態。[10]人類學家後來判定這些習俗是深沉信仰形諸於外的表達方式，是在幾百年間演化出對生而為人各種狀態的反應，但當年的傳教士卻認為這些習俗是人有可能犯罪與犯錯的鐵證。

西非的特賓究竟要面對什麼樣的挑戰，我們看看東非一位傳教士查爾斯．約克（Charles Yorke）的所見所聞就清楚了。約克當時走訪了一位病榻前的女性想讓她改信皈依，而他在現場驚恐地發現一位薩滿（巫師），一旁還有個「比波」（pepo，木娃娃）的四肢被折斷，私處被一塊「髒布」遮蓋，至於壓著布來固定的則是一盤玉蜀黍。他訓斥無法起身的病人說：「我不是在佈道的時候說過『烏干加』（uganga，巫術）是鬼扯……上帝的話語你不是都聽進去了？」他要病人別忘了自己已經接納基督教，已經在尋求要受浸禮，還希望能「上天堂」。斥責完病人，約克把箭頭轉向一旁的薩滿：「你這是在殘害她的靈魂，讓她踏上往地獄的不歸路。」「這是我們的習俗。」薩滿回答說。這明明是惡魔所為，傳教士不甘示弱地回嗆，然後又轉頭恐嚇女病人說她要是真的不懸崖勒馬向「烏干加」說不，那就等著「在世界末日時被地獄之火焚身」。

疾言厲色之後，約克也懂得軟硬兼施之理。他於是又安慰病人說上帝獨力便可祛除她認為使她生病的惡魔。事後約克告知在地的酋長說他的族人在行邪惡之事。[11]對於最終審判的恐懼，看似壓過了傳統的咒語。改信之事，最終往往會形成不同形式的魔法相互競逐之勢。但若遇到像奈及利亞的猶魯巴人一般只信仰單一的神祇，事情就會好辦許多。

不論是信仰一神也好，不信仰一神也罷，非洲人都深深牽掛著從宗教而生的傳統文化。一八四〇年代，曾在納塔爾活躍於祖魯人之間的傳教士詹姆士・連恩（James Liang）經常因為在地人「本性難移」而感到灰心。一名酋長之子雖然改易歐服而來到改信基督教的邊緣，但仍舊加入求雨的儀式，向巫師問事，且打了自己的老婆。年度的割禮儀式形同男孩的成人禮，支不支持這傳統分成了兩派。連恩譴責這種成人禮「一點都不男人」，但他的教區子民心思與他不同。非洲人索性在割禮期間遠離教會。更糟的是，改信者還歡喜地加入對抗英國及其鄰國的戰鬥。[12]

對於傳教士們指控他們老是死性不改，土著們搬出傳統文化做為唯一的擋箭牌。一八八二年，衛理宗對「手舞足蹈與赤身露體」所下的禁令，刺激了南非一名基督教教長身邊的顧問犯顏直言：「我們族人在一起時愛怎麼做，就怎麼做……你們英國人有鋼琴，有小提琴，我們有『因托珍』（intojane，女性的青春期之禮）的舞蹈。」[13]

更多的問題，來自準改信者的打破砂鍋問到底。一名科薩族人問道：若是如同傳教士所言，人的靈魂是無形的精神而非有形的物質，那何以又會被地獄之火所吞噬呢？另外一個人問要是神愛世人，那祂為什麼不在我們缺水的時候下些雨呢？[14]同樣尖銳的質疑，出自祖魯人之口，便逼著約翰・柯倫索（John Colenso）以納達爾主教的身分總結舊約聖經的前五卷（即摩西五經）充滿了臆想與捏造。顧及祖魯人身上留著戰士的血液，他還謹慎地強調耶和華雖多次敕令以色列人要發動無情的戰爭，唯這點與其應展現的神性有所矛盾。這些言論一出，大驚失色的英國國教體制展現出團結。英國國教除捍衛諾亞方舟故事的真實性之外，也直呼柯倫索為異端。但這位主教不僅事情看得清，而且看得遠。非洲人不笨，他們看得出舊約聖經中有許多前言不對後語的地方，而為了把事情兜起來，基督教在當地發展出不少具本土色彩且往往相當特異的神學詮釋。

III

柯倫索還讓正信很跳腳的一點，是他對於一夫多妻制的容忍，話說這點正是非洲人欲改信基督教時的一大阻礙。一夫多妻創造出兩個牽涉更廣、影響更深的問題。一來，傳教士該不該對某些地方上的習俗睜隻眼、閉隻眼，藉此來衝高皈依人數的「業績」呢？二來，他們該不該在自身的正信上剛正不阿，該不該覺得信仰一旦被打了折扣或做了退讓就變得淺薄而一文不值了呢？無玷聖母獻主會（Oblates of Mary Immaculate）的尚－弗朗索瓦．阿喇（Jean-François Allard）主教就為自己畫了這樣的一條底線。牛脾氣的他就因為不肯通融一夫多妻的做法，讓他在一八五〇年間的祖魯族裡爭取不到多少人改信。為此他還把自個兒的傳教會遷到了巴蘇托蘭。

看法與此南轅北轍的是李柏曼（Lieberman）神父，也就是瑪麗亞聖心會（Saint-Coeur de Marie order）的創辦人。李柏曼神父指示他手下的傳教士要「放下歐洲的風俗與精神，自詡為黑人來融入黑人」。[15]這是條險路。在十九世紀中的塞內加爾，聽完彌撒後的黑人與混血信徒會前腳才踏出教堂，後腳就一頭對準麥加行穆斯林的禱告。對於這種程度的放水，就不知道李柏曼神父是怎麼想的了。[16]

在各種宗教信仰的競爭當中，基督教有一個長年可恃的優勢，那就是現代醫學。身為學有所成的醫師，李文斯頓在廣大的南非向來有「恩軋卡」（Ngaka）的「治癒者」美名。在李文斯頓的心中，現代文明很突出的一點便是「能在病患不疼的狀況下……進行外科手術」。[17]在當時，歐洲醫學正突飛猛進於傳染病療法的理解上。也因此，在尚吉巴的傷寒流行期間，皇家問的不是阿拉伯或斯瓦希里的郎中，而是歐洲的西醫。

不看西醫，另外一種選擇就是女性的算命師，其診斷法是把小貝殼、鵝卵石、碎玻璃或硬幣丟擲到空中，然後再視其墜落時滾動的軌跡來判斷病人是幾分死，幾分生。[18]非洲醫學靠的是一種信念，當地人相信所有疾病都存在一種超自然的起源，因此治療只能靠護身符，或者靠對惡靈的安撫，而安撫惡靈往往牽涉到動物的犧牲。歐洲人偶爾也會被成功拐騙，像住處深入內陸而難以就醫的波耳人女性，就會靠這種怪力亂神來助產。她們會把白蘭地跟磨成粉的菸斗斗身混在一塊囫圇下肚，而開這藥方的是科伊科伊族（Khoikhoi）的產婆。當然民俗療法一樣存在於歐洲比較落後的地區，也直到今天都還是有人相信。

傳教士行醫有一項最大的優勢，那就是他們真的治得好病人。現代醫學積小勝為大勝，證明自身相對於法術與偏方的優越性。亦即西醫不僅救命，也同時救贖了人的靈魂。一八六〇年代，一名傳教士在南非替人清白內障、切除腫瘤，替人縫合傷口，而他得到的回饋便是病人在感激之餘順便改信。傳教士口中承諾的「永生」，與其是醫術所提供的續命與健康，兩者常讓操班圖語⑥

⑥南非通行多種班圖語（Bantu languages），包括恩德貝勒語、（賴）索托語、科薩語與祖魯語都是。

的非洲族群傻傻分不清楚。

IV

不論是聖經的譯本、手術刀或奎寧⑦，負擔費用的都是歐洲的教會與由教區民眾資助的傳教士會社。這些都是財大勢大的組織，也是英、法政壇裡不容小覷的力量。傳信協會（Société de la Propagation de la Foi）的會刊發行量達到單次十萬份，同時間奧爾良派⑧與波拿巴派⑨的君主們也很用力在巴結天主教勢力。

在英國，政治上日益得勢的中產階級投身傳教工作，富人也大手筆地捐輸。一八五九年，「尚比西大會」在倫敦召開，目的是為成立不久的牛津暨劍橋中非傳教會（Oxford and Cambridge Mission to Central Africa）募款，最後籌得了兩萬英鎊。曼徹斯特一個類似的場合募得一萬一千英鎊，席間威伯弗斯主教對潛在的捐款者訴諸了信仰的虔誠與愛國之心：「讓英格蘭忠於英格蘭的傳教會，讓英格蘭知道她有責任去教導自己的子民要愛基督。」法國也一樣蒙福與受上帝託付去完成上帝交辦的任務，為上帝所用。一八七三年，亞維儂的主教諭知傳信協會的里昂分會說其宗旨「在於述說愛國精神……在於為以上帝之名為祂喉舌，並擔綱法國之聲」。[19]神選的國度，就是神之意旨的傳譯與傳聲筒。

英國與法國的傳教會運動都手握強大而說服力十足的宣傳機器。佈道會、宣傳手冊，與公眾集會能攪動基督徒的良知，讓堅信者勿忘讓異教徒改信是他們的職責所在。就歐洲人看待非洲人的角度而言，影響力最大的一點是傳教士運動的基本觀念：他們（非洲人）都是上帝的孩子。他們不論在行為上如何不妥（這在傳教士的文稿裡洋洋灑灑），非洲人都依舊存有神賦予的良知良能，那火花只要一點即燃，然後非洲人就能踏進基督教的世界，讓自己的靈魂獲得救贖。《要傳遍福音》（*From Greenland's Icy Mountains*：歌詞的第一句便是從格陵蘭的冰雪山……）做為傳教會間的非正式會歌，其充滿希望的最後一句歌詞便承諾上帝將「再降臨施行聖治」來啟動一個嶄新世界。

在這個新世界裡，非洲會見到政治與經濟上的重生，而在一八五四年，關乎奈及利亞南部的傳教工作推展，傳教會於概述中讚美了當地的猶魯巴人有「獨立與慷慨的精神」，並預測他們只要改信基督教，就能打好底子成為一個「優秀而高尚的國度」。再者（這一點應該會讓傳教會贊助人裡的商人們「龍心大悅」），猶魯巴的酋長們相信傳教士是維多利亞女王的「僕人」，而且都請女王陛下指導過機械與農業之術，所以他們才會懂得如何把蔗糖、蘭姆酒跟菸草變成商品。喬治・奈特－布魯斯主教講得更直白，他主張基督教的教育可以洗滌掉恩德貝勒人「不老實、膽子小，乃至於手腳不乾淨等奴隸的毛病」，然後將他們改造成「一個聰慧的國家」。⑩[20]

⑦ 奎寧（quinine），又稱金雞納霜，是一種用於治療與預防瘧疾的藥物。

⑧ 奧爾良派（Orléanist），十八到十九世紀法國擁護波旁王室奧爾良家族的保皇派。

⑨ 波拿巴派（Bonapartist），支持波拿巴家族（拿破崙一世所創）的保皇派，與奧爾良派、波旁派為當時相對於共和派與自由派的三大右派保守勢力。

⑩ 作者注：恩德貝勒人絕非膽小鬼。一八九三與一八九六年，他們兩次為了捍衛家園而不惜闖入來福槍與機關槍交織出的槍林彈雨。

但如此樂觀的傳教士們，卻始終被低得可憐的改信率弄得挫折感十足。一八六〇年代，加彭一間教會學校裡有六名神父當老師教男生班，但班上只有八個男孩，女生班由多達七名修女負責，但女學生也不過二十名。[21]同時間在開普殖民地與納塔爾，傳教士們也抱怨涓如細流的皈依人數。詹姆士・連恩在納塔爾的教會可以容納兩百人，但教區人數卻從未超過五十，甚至有一年他施洗的人數竟是個位數。[22]連恩沒有放棄，只不過他的一些同僚開始思考為了加速土著皈依的速度，教會是否該更包容在地的風俗。我們前面說過，柯倫索主教就是得到這樣的結論，但他的下場卻是遭到驅逐。正統基督信仰那種「漢賊不兩立」的態度，很顯然地在非洲不管用。少一分傲氣，多一分同理的做法，應該會比較有所收穫。而正是因為如此，法籍主教夏爾・拉維日里（Charles Lavigerie）才會交代他所創立的「白人神父團」⑪要褪下傳統的神父袍，改著阿拉伯風的服飾來傳道。拉維日里神父還鼓勵自個兒在東非的傳教士要購買奴隸，然後讓這些奴隸在白人神父團的教會學校裡恢復自由、改信基督，並且習得醫術。派駐在尚吉巴的英國領事對此很不開心，並且給這些天主教徒扣上一頂默許奴隸制的帽子。在非洲各地，歐洲人都希望能培養出皈依的識字者，並將其組織起來，授予神職。西方教會對這些受過教育的非洲信徒寄予厚望，希望派他們去以母語向自己的同胞傳福音。一八七一年，東非一名傳教士通報有六十名男孩正在受訓，包括一名「不愛讀書」的男孩成為傳教士的雜役，算是免了傳教士將來得跟異教徒或伊斯蘭僕役打交道的麻煩。[23]英國國教在非洲教出來的「得意門生」，會被送到坎特伯里就讀聖奧古斯丁學院（St Augustine's College），並且每年還會從教會收到的善款中撥六十英鎊供這些留學生使用。凡信仰虔誠的孩子，主日學的老師會要求他們每週奉獻一便士。⑫

創建非洲本土的傳教士組織，很快便在皈依人數上展現了效益。非洲牧師與其群眾關係親近，畢竟他是「自己人」，而不是個鄙視非洲風俗的外人。非洲這些新進的神職人員，逐漸考量起自身的利弊得失，而內心的價值判斷讓他們慢慢與主流神學與規定分道揚鑣。非洲的基督徒，會格外想知道在當時以白人為主的基督教宇宙裡，自己究竟占據了什麼樣的定位。關於自己的身分，乃至於非洲大陸在靈性發展上展望如何，聖經《詩篇》，第六十八篇，第三十一節，算是提供了一點線索：「埃及的公侯要出來朝見神，古實人要急忙舉手禱告。」⑬

這裡說的古實或衣索比亞，被視為是全非洲的象徵，而這段經文似乎應許著衣索比亞命定要投入上帝的懷抱。問題是哪個上帝？上帝在非洲可不只一位。部分南非的改信者認為他們發現了「西所」（Thixo）這名黑色的神祇，而其追隨者會把神之子遭殺害的仇恨報在白人身上。[24]不論神的膚色為何，非洲版本的神都會很欣喜於黑人崇拜者的熱情奔放與其讚美神時的毫無保留。這一點在一八七一年，從布隆泉一處傳教會教堂的會眾之間就看得非常清楚。那間教堂裡有名牧師不

⑪ 白人神父團（White Fathers）正式名稱為非洲傳教士協會（Society of the Missionaries of Africa），屬於羅馬天主教。

⑫ 一九七一英國進行幣制改革，改採十進位制之前，一英鎊等於二十先令，一先令等於十二便士，所以一便士相當於兩百四十分之一英鎊。

⑬ 英文聖經有如本書原文譯為Princes shall come out of Egypt; Ethiopia shall soon stretch out her hands unto God者，也有譯為Envoys wll come from Egypt; Cush will submit herself to God者，中文聖經恢復本的譯文是：「公侯要從埃及出來朝見神，古實人要急忙向神舉手禱告。」古實（Cush）指的是尼羅河上游地區，也就是古代的衣索比亞。

太適應，是因為他注意到一名黑人女子「會為了宣洩情緒而激動地啜泣嘆息」。[25]

後來被冠上「衣索比亞分支」之名的非洲新教教會，在新天地展開了自身的「創世記」。他們首先在非洲南部開花結果，畢竟那是個傳教會密度極高的地區，也是個歐洲人在政治勢力上占優勢的區塊。一八八〇年代初期，有位駐於納塔爾的衛理宗傳教士阿倫．吉布森（Alan Gibson）下了個結論：精神面的覺醒，揭開了非洲人政治與社會轉型的序曲，「要達成平等有兩股最強的力量……一股喚之教育，另一股名曰基督信仰。」受過教育的基督徒，會發自內心去思考一己之身在萬物織錦裡的一席之地。身上背負的「歷史與傳統」，讓非洲基督徒知曉「自己在這片土地上有先於白人的權力」。這樣的他會體認到自己原本潛藏的天賦，理解到「所有的權柄都源自於上帝」，並相信「上帝之眼，看得透人類其實都是兄弟」。「我似乎，」吉布森說，「已經在竊竊私語聽聞來自歐洲大地的社會主義與共產主義。」基督教在非洲埋下的種子，即將結出出人意表的果實。

總有些時候，傳教會會不由自主地去填補政治上的真空。一八七〇年代尾聲在尼亞薩湖（Lake Nyasa，即馬拉威湖）南岸湖畔，馬拉威的布蘭岱（Blantyre）與李文斯頓尼亞（Livingstonia）傳教會扮演了行政長官與立法者的雙重角色，主要是當地的葡萄牙勢力雖然享有主上的尊榮，但卻欠缺實質的權力。傳教士們只得扮演起公權力。他們會審判嫌犯，會鞭笞待罪之身，會禁酒，會派武裝的改信者去追捕魚肉百姓的地方酋長。這兩處傳教會所屬的蘇格蘭教會（The Church of Scotland）為此十分震怒，他們厲聲要神職者勿忘自己在非洲的初衷是救贖靈魂，而「不是要（奠定）英國殖民地或小國家的根基」。[26]其中李文斯頓尼亞方面的回應是敦請英國派領事來。而沒過多久，新上任的領事就開口要外交部派國家憲兵⑭來當他權威的後盾。非洲人曾擔心傳教士出現就代表歐洲統治不遠了，原來他們的擔心也沒完全錯誤。

⑭ Gendarmerie源自法文，意指具有司法警察身分的武裝人員，歐洲許多國家都存有國家憲兵的編制，為與一般憲兵區隔而多譯為「國家憲兵」。

第四章　白人的國家（一）：阿爾及利亞

征服阿爾及利亞……在此創建新的法蘭西……你們是在服事上帝。

——神父雅克・蘇歇

I

一八五一年的夏天，艾馬布勒・佩利西耶（Aimable Pélissier）將軍包圍了阿爾及爾南方兩百五十英里（約四百公里）處的綠洲城市拉格瓦特（Laghouat）。出身工人階級家庭的將軍是名鐵血的職業軍人，而這時他在阿爾及利亞作戰已經長達二十年之久。幾年後在克里米亞戰爭①中拍下的照片，顯示他是個八字鬍鬚看似會扎人，體格要從軍裝中爆出來的壯漢。一名英國軍官比喻他像個「搬煤工人」。阿爾及利亞人管他叫「惡魔」，而且這兩個字可不是白叫的，你要知道在五年前，他曾經下令在達拉（Dahra）附近的一個個坑洞口縱火，也不管（或者應該說正因為）裡頭躲著約莫五百名阿拉伯的逃犯。這五百人全數被火焰的濃煙嗆死，連婦孺都未能倖免於難。[1]

將軍覺得這樣的「有益的恐怖」（une terreur salutaire）對這座綠洲城鎮來說是「罪有應得」，因為拉格瓦特同情由某一名信奉彌賽亞②的穆斯林聖者，並支持其領導的叛亂。這座城鎮先遭佩利西耶下令砲轟，然後士兵接著沿街襲擊洗劫、破壞住家、踐踏庭院。在拉格瓦特的四千居民裡，四分之一遭到屠殺。倖存者大舉逃離殘破的家園，餘下的人口僅四百，而其中有一群孤兒靠向法國駐軍乞討度日，再不然就是幫阿兵哥擦靴換錢。

這種迅雷不及掩耳的軍事突襲，在阿拉伯文裡被稱為「拉吉亞」（razzia）。在戰術層次上，「拉吉亞」要達到的目的包括建築物要夷為平地、牲畜要殺光或偷光搶光、農作物要毀滅殆盡、財物能拿走的要一樣不留。「拉吉亞」這種突襲戰法的用意，在於讓人心生畏懼，而法國統治期間一直沒放棄這種霹靂手段，結果便是阿爾及利亞人深知任何的反抗，都會招致血腥的鎮壓。

回到拉格瓦特，當時有四座清真寺遭到破壞，其中一座被改建為基督教教堂。而改建完之後的第一場彌撒，主持者是神父雅克・蘇歇（Jacques Suchet）。他對著由士兵組成的教友們說：「征服阿爾及利亞……在此創建新的法蘭西……你們是在服事上帝。」他說：「法蘭西之劍就像十字架，照耀這個國家的全境，就像璀璨奪目的明星會射出光芒……驅逐伊斯蘭新月，以及那令人心生抑鬱的昏沉長夜。」[2]

---

① 克里米亞戰爭（Crimean War），一八五三至一八五六年發生在黑海沿岸克里米亞半島的戰爭。作戰的雙方分別是俄羅斯帝國，另一方是鄂圖曼帝國、法蘭西帝國、不列顛帝國等。

② 即耶穌。伊斯蘭教也認同耶穌是彌賽亞，也就是神的先知。

發生在拉格瓦特的慘事，在阿爾及利亞被征服與綏靖的過程中反覆重演，而雅克・蘇歇神父的佈道內容就說明了其原因。對於愛國心切的法國人而言，任何人反對文明任務的推動，都是一種變態的行為，都是妄想螳臂擋車歷史必然的有益進程。在虔誠的天主教徒眼裡，這場戰爭是聖路易③十字軍傳統的復興。再一次，法蘭西成為基督教國度的中流砥柱。

II

阿爾及利亞的戰爭始於一八三〇年，然後歹戲拖棚地打到一八八〇年代初期都還零零星星有地區性的衝突，但這些反抗軍的活動都會被法方糊弄成「盜匪橫行」。大型的起義甚為罕見，主要是阿爾及利亞人本身也區分成許多部落與宗族。他們彼此間的械鬥也十分頻繁而血腥，所以團結對他們來說也很難達成，或達成了也極為脆弱。在這樣的狀況下，阿拉伯人被迫得打一場宗族間各自為政的消耗戰。一八四〇年代確曾發生過大規模的戰鬥，當時有（相當於總兵力三分之一的）十萬法軍被調動來對付阿卜杜・卡迪爾（Abd al-Kadir）。身為法國最堅定的敵人，卡迪爾既是個聖人，也是個部落領袖，他的個人魅力足以把各部落擰成一股繩。卡迪爾最終在一八四七年兵敗被捕，然後遭到放逐。法國軍官見著他本人，都訝異於他的相貌堂堂與尊爵氣質。

法國的大戰略很簡單，穩健而有系統地一步步由沿岸平原向南進逼，緩步深入阿爾及利亞的山區。這是場嚴峻的行軍戰爭，動輒得在烈日高溫下一步一腳印，期間還得提防埋伏、遭遇戰、會戰，乃至於終歸得對協助過叛軍的村鎮發動「拉吉亞」，也就是本章一開始描述的突襲。

菲力普・肯爾尼（Philip Kearney）做為一名一心想冒險的美國騎兵軍官，就於一八三九年加入了這樣一場行動來懲戒同情叛軍的村落，結果他留下的紀錄是長時間的不舒適中穿插著因為戰鬥而帶來的短暫刺激，這是所有白人士兵在非洲的軍旅生活模式。對這位喜歡水裡來火裡去的年輕人而言，戰鬥是一種樂趣，「火繩槍兵的答令聲、煙霧瀰漫的戰場光景、法軍的制服、阿拉伯人的野性裝扮……。」[3]

被徵兵者是交戰的主力。他們的兵役長達七年，至於會來到前線上是因為籤運不佳，又沒有富爸媽花錢請人代你上戰場。肯爾尼很驚異於法軍士兵在前線的勇氣與「漠然」，但他們最大的死敵是不是阿拉伯人，而是主要經由水傳染的地區性傳染病。染病的傷兵會被用擔架抬著，然後跟著縱隊前進，而看在肯爾尼這位美國人的眼裡，那些人知道自己再也無緣回家見親人最後一面。只是在等死的他們有著「虛弱、蒼白而恐怖的雙頰」，肯爾尼直言不忍卒睹。[4]但眼前的這幅景象，他其實完全不需要大驚小怪，畢竟以後期與卡迪爾作戰的七千名陣亡者而言，死因幾乎全數都是霍亂與傷寒。[5]

肯爾尼還遭遇了另外一種新型態的士兵，那就是衝鋒陷陣的職業軍人，他們會統領在地募得的士兵，藉此追求階級上的平步青雲。他跟其中一支這樣的部隊搭上了線，那就是「非洲獵兵團」（Chasseurs d'Afrique）。非洲獵兵的指揮官是巴斯加辛（Bascarin）司令，而這位司令的儀表讓肯爾

③ 聖路易（St. Louis），即法王路易九世（Louis IX），發動過第七次十字軍東征但未竟全功，其後死於第八次十字軍東征籌劃期間，一二九七年由天主教會封聖。

尼十分欣賞。巴斯加辛頂著阿拉伯風的油亮光頭，留著修長、細瘦而垂墜的八字鬍，抽著管水煙，啜飲著雪酪。巴斯加辛跟他的馬夫都加入了手下稱為「佐阿夫」④的北非士兵，一起穿上帥氣的阿拉伯風格軍裝。這些部隊獲准可以保留一些原本的作戰習俗，包括收集敵人屍體的耳朵。阿爾及利亞的本地士兵，加上外籍軍團，合起來構成了法國的非洲軍團（Armée d'Afrique），至於幹部自然是法籍軍官。法國軍官自詡是行伍中的人中之龍，他們鶴立雞群的本錢除了超凡的法國傳統武術修為，還有就是能迷倒阿拉伯士兵，讓他們崇拜又忠心耿耿的一股神奇氣質。勇冠三軍而能歷劫歸來的軍官，會被認定身懷「巴拉卡」（barraka），也就是阿拉賦予的一種超自然庇佑。

阿拉伯語極其流利且學有專精的這些優秀軍官，構成了「阿拉伯局」（Bureaux Arabes）的核心。成立於一八四四年，阿拉伯局的宗旨是要監督部落地區的行政管理。在深究過非洲在地的風俗民情與歷史發展之後，阿拉伯局很自豪於自己取得了看穿阿拉伯人心靈的奧祕。而在這樣的過程當中，不少局裡成員萌生對其研究對象的尊重，但他們主要的目的永遠是想利誘在地人與法國合作。[6]

法國非洲軍團的心態與手段，慢慢變成阿爾及利亞戰場的模樣。恐怖與無情變成不得不為，有些人甚至宣稱暴力已成為在地的一種流行病。

事實上，「拉吉亞」這種突擊與其背後的哲學，源自於一八〇八至一八一四年間的「半島戰爭」⑤，當時是拿破崙底下的將領使用這種戰法來對付西班牙的游擊隊。一八三〇年代的法國戰爭部長（Minister of War）尚－德狄烏・蘇爾特（Jean-de-Dieu Soult）就是出身半島戰爭的老兵，而下令法國將領痛下殺手的，也就是他。部長自己也承認殘殺平民「手段卑劣」、「駭人聽聞」，但他也說「在非洲打仗就是這麼回事」。⑥在阿爾及利亞，跟在西班牙一樣，屠殺平民都是很基本，不需要大驚小怪的事情。敵人不只要擊敗，還要徹底擊潰、羞辱，使其一文不名，而這自然也就是「拉吉亞」的用意所在。[7]

蘇爾特的想法，成功傳遞到他的下屬心中。托馬－羅貝爾・比若（Thomas-Robert Bugeaud）做為另外一名替拿破崙效力過的老將，在一八四〇年代擔任法軍對卡迪爾用兵的總司令。他基本追隨了蘇爾特的想法，但摻入一些實務面的思慮。他擔心阿拉伯人若遭屠戮得太凶，大批遷入墾殖的法人會苦於勞動力的短缺。這樣的考量，並沒有讓要求進行滅絕戰爭的法國國民議會⑦心中產生任何罣礙。國民議會與報紙上的高聲疾呼，將聲響傳達到戰事前線。美國軍官肯爾尼注意到將領們很難完全對輿論的批判充耳不聞，而輿論的風向又總是被拐彎抹角說法國將領不努力奮勇

④佐阿夫（Zouave）最早的兵源源自阿爾及利亞的佐瓦瓦（Zwawa）部落聯邦，聯邦的主體是柏柏人（Berbers）。柏柏人是操閃語的多種族集合體，主要分布在摩洛哥與阿爾及利亞。

⑤半島戰爭（Peninsular War）是拿破崙戰爭中的主要戰役，發生於伊比利半島，交戰方分別是西班牙帝國、葡萄牙王國、大英帝國和拿破崙統治下的法蘭西第一帝國。戰爭從一八〇八年法軍占領西班牙展開，一八一四年反法戰線打敗拿破崙軍隊告終。

⑥作者注：蘇爾特是個好運的士兵，他就是有本事讓不同的主子覺得他派得上用場。一路走來，他服侍過的政權包括法蘭西第一共和、拿破崙、復辟的波旁王朝、捲土重來的拿破崙（滑鐵盧之役）、一八一五年之後的波旁王朝，最後是一八三〇年後的奧爾良派王室。

⑦法國國民議會（National Assembly），即法國的下議院。

殺敵的報導給牽著鼻子走。

阿爾及利亞與巴黎之間的電報線，是傳輸法軍進展消息的生命線，但其他的新科技也不斷地應用在軍事上，如法軍的火力就隨著戰線推進而日益強大。一八五〇年代初期，射程長達八百碼（約七百二十公尺）的米涅來福槍（Minié rifle）⑧問世了。這之後不到十年，後膛槍出現了，子彈的射程也幾乎翻倍。在此同時，實心砲彈與小顆的霰彈，被彈殼會爆裂來加大殺傷力的空心砲彈取代。一八七〇年代初期，阿爾及利亞叛軍又面對到原型機關槍之一的蒙蒂尼機槍（Montigny mitrailleuse）的威脅，其射速高達每分鐘數百發。

阿拉伯人作戰靠的是前膛槍⑨，大砲寥寥可數，但肯爾尼對卡拜爾族（Kabyle）族人的槍法相當服氣。武器威力上的失衡，反應在阿拉伯人巨大的死傷人數上。從一八三〇到一八七五年，阿爾及利亞的傷亡累計達八十二萬五千人，當中包括餓死的人，而這間接也可以算在拉吉亞戰法的頭上。在這之外，還有八十萬阿爾及利亞人據信死於一八六七至一八六八年的饑荒，而這裡頭肯定計入數以千計土地被強搶的受害地主。在當時，阿爾及利亞本土的人口被認定約兩百五十萬人。[8]

III

法國之所以要征服阿爾及利亞，最迫切的理由就存在於距當時不遠的歷史，以及自古以來的國家自尊裡。十九世紀的法國，還很沉迷於那虛無飄渺的法蘭西榮光（La Gloire）。其中最記憶猶新，且頗令人心神蕩漾的代表性人物，就是拿破崙。他那天才的作戰方略，讓法國（短暫）登上歐洲的權力顛峰，也讓與其同時和後世相信勝利是法國人與生俱來的權利。一八一四與一八一五年的重稅、徵兵、死傷無數，與外國入侵，已成模糊的浮光掠影，拿破崙的記憶回歸成英雄造時勢的光輝時期。是拿破崙，讓法國沉浸在史無前例且實至名歸的偉大之中。法蘭西的榮光已經在滑鐵盧之役後黯淡下來，但餘韻仍令人回味再三。

法國從一八一五到一八七〇年間的三個王朝⑩，都勉力讓法蘭西的榮光為其所用，希望藉此爭取到由下而上的支持。反動的查理十世、其自由派的接續者，奧爾良派的路易．腓力一世，以及波拿巴派的拿破崙三世都承諾和平，但很弔詭地都覺得臣民灼熱的眼光如芒刺在背，他們都心裡有數，子民正坐等國王能不能帶領法國打勝仗，藉此讓法國重返榮光。問題是想重啟戰事，歐陸也沒得打了，因為在維也納會議後，歐洲列強已把法國綁死在其固有的疆域裡。

所以唯一的出路就只剩下向外發展。查理十世對拿破崙如何劍指埃及記憶猶新，也記得拿破崙曾於一八一一年想過要拿下阿爾及爾。於是在一八三〇年，以一場法國國內的政治危機做為契機，查理十世著手讓拿破崙的壯志死灰復燃，他希望藉此澆熄國內對他大權獨攬的批評聲浪。他覺得要消除反對者的敵意，最好的辦法就是用秋風掃落葉的速度拿下一場拿破崙式的大勝。但沒

---

⑧ 來福槍即為槍管內壁有膛線，子彈可藉旋轉來獲得飛行穩定性的槍枝。
⑨ 前膛槍的子彈從槍管前方裝填，是較為原始的槍枝設計。
⑩ 分別為一八一五至一八三〇年復辟的波旁王朝，一八三〇至一八四八年的奧爾良王朝（因興起於七月革命，又稱為七月王朝），一八五二至一八七〇年的法蘭西第二帝國（拿破崙三世）。

想到事與願違，阿爾及爾才拿下不過兩星期，查理十世即在同年的七月革命中倒台，路易・腓力一世上位。新王路易・腓力一世承諾施行較為開明的統治。諷刺的是，查理十世被流放到英國多塞特（Dorset）的同時，戰敗的鄂圖曼末代阿爾及爾省總督海珊（Hussein）也開始在義大利那不勒斯的發配生涯。這樣的雙重好運讓法國的諷刺作家們不勝喜悅。

自此之後，法國的國內政治便與阿爾及利亞的歷史糾纏不清。查理十世喚醒了同胞們對於往日榮耀的胃口，而他的後繼者也看出經營這個議題可以收割政治上的利益。一八三一年，蘇爾特宣布阿爾及利亞戰爭將繼續打下去。「專制君權夢想著靠征服阿爾及利亞一役來壓抑自由派。」他說。「沒想到自由主義依舊勝出，而且還把北非的軍事勝利視為是從專制派手中搶得的戰利品。」[9]由此征服阿爾及利亞的戰事，匯集了嶄新的政治能量。對於法蘭西榮光的追尋，一開始其實並不便宜：在一八三一到一八四〇年間，法國納稅人就為了吞下阿爾及利亞的沿海地區而支付了三點四一億法郎，但他們吞下的這塊肉並不肥美。以數據來看，這些區域的歲入僅為三點四一億法郎的二十分之一。路易・腓力一世的皇子們加入阿爾及利亞的法軍，證明自家王朝也有敢上戰場的勇氣，至於得勝的將領會被授予有拿破崙古風的頭銜。一八四四年，托馬－羅貝爾・比若在伊斯利（Isly）之戰擊敗卡迪爾之後，便順理成章成為伊斯利公爵（Duc d'Isly）。戰爭既刺激，又能讓他們盡收勳章、軍階、戰利品，還有跟所得不相上下的零用錢，試問哪個軍官不愛。[10]打仗是蘇爾特的點子，而這也顯示他多清楚屬下們的心思。軍隊裡其他的階級就沒有這麼多好康的事了，但小確幸還是有的——行動妓院會亦步亦趨地跟著部隊，跋涉在阿爾及利亞的高地上。

IV

法國在阿爾及利亞的帝國主義方略，不僅僅是要滿足國族與統治王朝的虛榮而已，其最終遠大目標是要把阿爾及利亞納入法國的版圖。法國希望大批的歐洲殖民者能在此成為法國公民，進而充實法國的國庫。對熱血的天主教徒而言，他們希望這個過程也能包括讓穆斯林大舉改信。對軍方而言，揮軍阿爾及利亞無疑是在捅馬蜂窩，畢竟反抗的歷史歷歷在目，在在都證明阿爾及利亞人是如何堅定地團結在伊斯蘭信仰下。也因為如此，法國處理敏感的伊斯蘭問題顯得戰戰兢兢，格外謹慎。[11]

但在其他環節上，法國就按照自己的意思幹了。法文成為阿爾及利亞的官方語言，學校裡上的是法國的課綱與課程，法國的法律凌駕在所有規矩之上，日常的行政運作也抓在法國官員的手裡，而且這些官僚全都是現役或退役的軍人。

法國成了阿爾及利亞的主人。透過征服，法國控制阿爾及利亞的主權，而拿著這出於槍桿子的主權，法國取得將阿拉伯人土地充公的正當性，但並不是所有阿拉伯人地主都跟侵略的法軍對幹過。到了一八七〇年，阿爾及利亞土地被強行徵用，然後或賣、或租給法國人、義大利人、馬爾他人、西班牙人、希臘人等移民的土地面積達到一百九十萬英畝（近七千七百平方公里）。[12]

此時湧入的墾民直線上升，他們的總數在一八三三年是八千人，一八四七年變成十萬九千人，一八八一年更變成三十八萬五千人。這些移民寧願離鄉背井，其主力有都市裡的貧民、沒有一技之長的基層勞工，乃至於老家土地貧瘠而人口過剩，生活有一餐、沒一餐的小農。這些移入者對阿爾及利亞的氣候並不陌生，甚至於阿爾及利亞流行的天花、霍亂與傷寒等流行病也跟他們老家一模一樣。不少移民都窮到快被鬼抓去，而且身上也有營養不良的問題。托馬－羅貝爾．比若曾在檢查一批新移民的時候被嚇了一跳，他不知道這些人怎麼會穿得如此破爛，而且還一副病懨懨的模樣。比若擔心這些人若被阿拉伯人的謝赫（sheik，頭目之意）看到，會讓他們對法國人的素質留下不好的印象。提到這些「有魂無體的稻草人」，比若向謝赫們保證他們淨是些普魯士人。[13]

如果說上述者為經濟移民，那後來大舉加入的就是不受歡迎且有潛在危險性的法國男女。首先是一八三二與一八三四年兩次反叛失敗的殘存餘孽（其中一八三二年那次就是雨果在《孤雛淚》裡描寫的事件），被送到了阿爾及爾，之後又有以工人階級巴黎人為主的異議分子在一八四八與一八四九年的革命後被流放過去。在離開法國之前，這些老練的巴黎暴民被告知會得到土地，而有了土地，他們就有機會可以發揮生產力來成為有用的公民。同年代的英國用來合理化將罪犯流放到澳洲的做法，用的正是相同一套說詞。三千名死忠的共和黨人，加上後來追加的一萬四千名巴黎工人，全數在拿破崙三世於一八五一年十二月的政變後，被發配到阿爾及利亞。這種政治上的清洗，法蘭西第三共和也在一八七一年鎮壓巴黎公社（Paris Commune）後玩過一次。遭流放的共產黨人，跟來自於亞爾薩斯與洛林，且愛國心切的法國男女摩肩接踵，其中後者寧可離鄉背井在阿爾及利亞展開新人生，也不想繼續在老家的日耳曼人治下苟活。⑪

願意也好、不願意也罷，有一件事情移民只能接受「強迫中獎」，那就是專一的法國國籍。一八三四年，阿爾及利亞的住民被宣告祖國為法國；一八六五年，法國的公民資格被開放給願意摒棄伊斯蘭教的所有阿拉伯人。法國政府稱穆斯林沒有資格成為啟蒙開明的社會一員，因為他們的心態對理性上了鎖，也因為他們對現代化心存畏懼。相對於此，阿爾及利亞的猶太人不論在信仰或傳統上都比較能回應法國的價值，也因此他們在一八七〇年大批歸化為法籍。[14]官方的心證是不論你原本在西西里務農，還是在西班牙種葡萄釀酒，你都與生俱來地有能力欣賞伏爾泰的機鋒、能懂得尊重天賦人權，也能享受奧芬巴哈⑫的歌劇。這些東西都被認為是阿拉伯勞工的心智所無法高攀，而這也排除了日後同化阿拉伯人的可能性。

V

阿爾及利亞形同歷經一場由上而下的「文化大革命」，但法國又從征服中得到什麼呢？法軍士兵的英勇傳統得到了確認，阿爾及利亞的戰場成了軍官平步青雲的梯階，軍事勝利增添了國家

---

⑪ 普法戰爭於一八七〇年七月開打，普魯士大勝，但普魯士並不滿足於法國皇帝的投降，繼續大舉進攻法國。一八七〇年九月十九日，普軍合圍巴黎。為了捍衛首都，巴黎市民自建國民自衛軍，並由市民選舉產生的國民自衛軍中央委員會領導，形成與第三共和對峙的政治力量。一八七一年一月二十八日，普法協議停戰；二月二十六日，兩造草簽法蘭克福條約；三月十八日，巴黎市民占領市政廳，第三共和政府遷往凡爾賽宮；三月二十六日，巴黎市民投票產生巴黎公社。五月十日，普法政府正式簽署法蘭克福條約，雙方同意以法國賠款加上割讓洛林、亞爾薩斯兩省為條件，換取普魯士撤軍並釋放十萬名法國戰俘，並隨即用於鎮壓巴黎公社。最後巴黎公社不敵法國政府，共產黨員大多被處決。

⑫ 雅克・奧芬巴哈（Jacques Offenbach），法國作曲家，代表作為《霍夫曼的故事》（*Les Contes d'Hoffmann*）。

的顏面，也強化了軍方主張自己代表法國精神的正當性。一八七〇年的七月，就在法國對日耳曼邦聯⑬宣戰，普法戰爭開打的前夕，《費加洛報》公開說：「法軍，就是法國。」大部分的法國人，特別是法國的右派，都篤信這樣的看法。但開打不到三個月，法軍就成了日耳曼人的手下敗將。比起之前面對的是阿拉伯人，是裝備殘破的烏合之眾，法軍沒能在歐陸強鄰面前通過現代化戰爭的考驗。新成立的法蘭西第三共和政府被迫投降並割讓洛林與亞爾薩斯。法蘭西的榮光再度歸於黯淡，法國的民心士氣，承受了歷史上一次重大的打擊。

至少在法國自身眼裡，他們在阿爾及利亞的行動占有道德的制高點。穿梭在山丘與谷地的行伍是文明任務的先鋒。法國的文明站在世界的頂端，是普遍的常識。法國文明按照一八七〇年一份報紙的說法，展示著「法國不證自明的偉大與繁華」，其星光熠熠的組成包括（男性）的普選權⑭、工業技術與科學知識的進展，乃至於美術、音樂與文學上的瑰麗作品。[15]

這樣的文明，搬到阿爾及利亞後變成了什麼模樣呢？受益者又是哪些人呢？文明任務的支持者強調文明任務讓殖民地獲得文明進步最大的特權：良好的治安。一八四五年七月，在新投降的馬斯卡拉鎮（Mascara）上，一名法國將領在部落民眾的集會上就是這麼說的。他向面前的「新法國人」保證了身家安全：車隊不會再被匪徒劫掠、商人不會再被擄人勒贖、所有人的財產都可以得到保障。他說有了安全，普世的繁榮就會隨之而來。[16]

阿爾及利亞人或許得到了安全，但繁榮距離他們還是很遙遠。阿爾及利亞新獲的財富，大多流入移民的口袋，因為沃土多在他們的手中。財富就算了，阿拉伯人也沒分享到法國文化的果實。一八七九年，代表高等教育的多所高等學院⑮成立了，但六十年過去了，總計兩千名學生裡還是只有寥寥九十七名穆斯林。[17] 法國不僅未分享多少文化與智識上的菁華，分享的對象還僅限於被叫做「黑腳」的科隆人後裔。⑯

對法國來說，經濟上的獲利匪淺，主要是墾民們引入資本主義的農耕與葡萄種植法，而兩方面的產品都完全倚賴法國市場。一八八〇年，法國是阿爾及利亞九成出口的目的地。其中葡萄酒部分，新開闢的阿爾及利亞葡萄園是生產的主力，其每年供應法國達七百五十萬加侖（約兩千八百萬公升），且幾乎全數都拿來跟法國本土的產品調配成每天必喝的廉價餐酒（vin ordinaire）。

就這樣，阿爾及利亞成了非洲第一個現代的歐洲殖民地。阿爾及利亞創造經濟財富給法國，且發揮法國需要的社會功能，吸納在大城市惹事的部分下層階級，讓他們到新天地裡變身為自耕農。曾經捍衛過路障的男女「暴民」也被送到這裡，法國政府希望他們能跟墾殖的移民一起凝聚成以獨立農民為核心的繁榮社區。在屬於「舶來品」的社會秩序中，這些農耕的成員們構成社區的中堅，他們上有軍方領銜的統治菁英，下有占多數的阿拉伯人。墾民得指望上頭的統治階層保護，因為他們懼怕阿拉伯人，畢竟墾民的生計是從不少阿拉伯人的財產裡搶來的。奪財之恨，讓

⑬ 日耳曼邦聯（German Confederation），一八一五年在維也納會議後成立的鬆散政治組織，主要是把神聖羅馬帝國被廢之後的日耳曼諸國框在一起，奧地利帝國與普魯士王國為當中的兩強。

⑭ 一八四八年，法國成為第一個賦予男性普選權的國家，但法國女性要到二次大戰尾聲的一九四四年才獲此權利。

⑮ 高等學院（écoles supérieures），法國為培育菁英而設置的獨立特殊學制。

⑯ 黑腳（pieds-noirs）或科隆人（colons）是指生活在法屬阿爾及利亞的法國或歐洲公民。自一八三〇年法國入侵，到一九六二年阿爾及利亞獨立戰爭結束，阿爾及利亞一直處於法國統治下。科隆人源自colonist，也就是早來的歐洲殖民者。

同化變得不可能，也為日後必然的劍拔弩張埋下了大大的伏筆。

法國占領阿爾及利亞的方式，以後果來看可以說是兩敗俱傷。法國的殖民產生有階級之分的墾殖社區，而這些社區能依靠的只有四面樹敵的軍隊與官僚。對於任何形式的異議與反抗，暴力是廣獲接受的反射動作。暴力已是生活的一部分，而且也不是非洲才如此。在一八四八年的起事（指法國二月革命）被鎮壓之後，革命分子就指控「非洲系統」的將軍們使用對付阿爾及利亞人的血腥手段來對付巴黎的工人階級。[18]一八七一年，這些有非洲背景的將領又在對付巴黎公社時使出如出一轍的政府暴力，而且就規模而言可說是變本加厲。

第五章　白人的國家（二）：南非

你這條狗……我是你的酋長，也是你的主人。誰要與女王陛下為敵，我就是這樣處理。

——哈利．史密斯將軍

I

兩張照片，說明了一切：英國為什麼要占領南非？又為什麼要大費周章地投入人力、物力把南非留在手裡。第一張照片攝於一八七〇年代，上頭有一輛馬車。馬車上滿載一綑綑在英格蘭威特尼（Witney）編織出的毯子。這些即將出發的馬車會把毯子送到倫敦，然後從倫敦經銷到英國與外國市場。有些批次的貨會送到開普殖民地，那兒有不少原住民男女會搶著披上威特尼出產的毯子，畢竟那毯子不但暖，而且條紋之色彩鮮豔也非傳統的「卡羅斯」（kaross）可以比擬。卡羅斯是用獸皮做成的斗篷。

非洲人為了購買這些量產的服飾，當然得付錢，但他們付的現金，其實也是（他們擔任僕役、農場工人與工匠所賺到的）一種新鮮玩意兒。做為白人墾殖者的消費者兼員工，遍布殖民地的原住民也算慢慢融入仍遭英國出口獨霸的國際經濟。

第二張照片，攝於一八九〇年代，上頭顯示是開普敦南方約三十英里（四十八公里）處的賽門灣（Simon's Bay），更精確地說是賽門灣供船下錨之處。照片的前景是三艘砲艇，分別是英國皇家海軍的「埋怨者號」（Griper）、「牛虻號」（Gadfly），與「搔癢者號」（Tickler）。這麼特別的船名，擺明就是要用騷擾、叮咬與讓人不堪其擾的方式來對付大英帝國的敵人。其他在前景可以瞥見的物件還有碼頭、吊車。會有這些東西，是因為這裡是一片遼闊的園區，其範圍內有倉庫、船塢、軍火庫、運煤的泊船，以及一間廠房可用來整備、武裝、修繕以此處為母港的軍艦。這裡是英國海軍在非洲的基地。

這兩張照片說明了英國兩項基本而互補的國力基礎：商業與海權。英國的繁榮，繫於全球的市場與資源，而市場與資源又需要海權的保障，皇家海軍得負責保護全球的航路與英國在海外的資產與投資。同樣靠制霸海權撐起來的，還有大英帝國不斷擴張但又甚為分散的疆土。截至一八五〇年，英國已經控制了印度，同時還穩定地輸出人口到加拿大、澳洲與紐西蘭等地殖民。

為了能乘風破浪，在海上呼風喚雨，英國必須建立一個船艦的基地網，這些基地就是主要航道上的驛站。賽門灣的位置就跨在大西洋與印度洋的交會處，以亞洲跟遠東為目的地，出入歐洲的所有船隻都必須途經開普敦，而且每一艘船都登記在倫敦。「大英商船隊」（The British Merchant Navy）是當時全球最具規模的商貿船隊。一八七〇年，該船隊的船隻總數是四千艘，當中九成是帆船。而這也代表即便在一八六九年蘇伊士運河開通後，繞行好望角的航道仍沒有喪失其重要性，這主要是蘇伊士運河只能供蒸汽船通行，而且對船東來說所費不貲。

II

就海權與貿易的戰略而言，開普殖民地儼然是一項資產，但一扯上政治，這兒卻無疑是個是非之地。混居的黑人與白人在經過荷蘭人無所作為地統治若干年後，竟突然發現自己頭上冒出個什麼都要管的新主人，而且這新主人還想把「英國價值」烙印在這片初入手的殖民地上。英國的帝國主義心態在經過「印度經驗」給形塑出來後，一整個轉化為「維穩」的執念。英帝國無止境地擔心未劃定的疆界會無孔不入地遭到滲透，同時又對於地方勢力的權力來源十分眼紅。這些地方勢力成了帝國的眼中釘，令英國亟欲閹割或除之而後快。與帝國合作者得到溫暖的擁抱，唯英國官員間很愛誇大有頭有臉的酋長對其下屬與子民的控制力。英人統治開普的終極目標，是讓這塊殖民地在人道的英國法律下成為安詳寧靜的殖民地，他們希望底下能是一群順民，然後眾人能在英國提供的良好治安裡追求富裕。

開普的白人普遍不買英國統治的帳。他們是荷蘭、德國與法國新教徒的後裔，而他們的祖先早在十七世紀就來到這裡墾殖。他們在短時間內產生了本土認同，並自稱是「阿非利卡人」（Afrikaner）。大部分的阿非利卡人（也就是波耳人）有幾個共同的特色：務農、具有平等主義的精神、思想保守，行事謹遵嚴峻的喀爾文主義（Calvinism），而這種信仰將他們塑造成神選者，就跟與他們一樣是農業專家，舊約聖經裡的猶太人一樣。阿非利卡人跟英國人之間有一點最大的差異：給予殖民地黑人的待遇與法律權利。阿非利卡人對於這個問題的看法，是根據聖經裡的《創世記》：做為遵從上帝旨意的回報，祂給予了阿非利卡人對於黑人種族的至高控制權，讓兩者間存在絕對的主從關係，因為黑人的先祖是含，而含的後裔遭耶和華譴責並下令要永世為奴。舊約聖經容許這種經濟上的必要做法，對南非白人來說非常方便，畢竟奴工是阿非利卡人的經濟命脈。

英國人看待黑人又是另外一種態度。在英國人眼裡，黑人是女王陛下的子民，法律上的權利義務與英國人一模一樣。開普殖民地（與日後納塔爾）的法律，就是英國本土的法律。這些法律的大前提是：「法律不可以有膚色、出身、種族、或信仰的歧視」，並且「法律的保護傘……必須公正不阿地及於所有人」。[1]一八二五年，當英國墾民在南非初來乍到時，上述的道理都有人解釋給他們聽。他們在新住民訓練裡被告知在地人「不容欺侮、搶奪或射殺」。[2]在公平法律的保障下，南非的黑人可以在有呵護之心的父權統治中改善自己的生活。英政府視黑人為孩子，而天真的孩子有可能變好，也可能變壞，就看你怎麼教。只要在公平與紀律之間找到平衡點，英國人覺得黑人也能教育成受管控且勤奮的女王陛下臣民。

人道原則是政府宣傳的重點，但在日常應用中，傳教士才是站在第一線且內建有切身利益的人員。更重要，而且也對官方立場深具影響力的一點，是傳教士可以動員在英國老家的慈善遊說團體。對於任何一絲的不公不義、虐待或剝削，這些團體都隨時樂於發聲抗議。

波耳人與他們的白人統治者，雖然外表看起來很像，但在社會與文化上根本無法拉近距離。英國的執法者與官僚都出身自貴族菁英，他們眼中的波耳人士粗魯無文、脾氣暴躁，而且還死抱著陳腐的世界觀不肯探出頭來。一名英國作家在一八二〇年代來到開普，並且在筆下總結了其英國同胞的意見。他形容典型的波耳人「冷漠、無動於衷，（是）對凡事都無感的一群」。事實上，官方敦促著英國的墾民則要盡其所能把「文明」帶到非洲人與波耳人身邊。[3]

法律之前，（不同種族）人人平等的觀念，被波耳人視為牛鬼蛇神。每當官方插手主奴之間的關係，波耳人就會大肆抗議。他們覺得省下了「仙巴克」①，孩子就會被慣壞。他們覺得懷柔與縱容，只會通往在地人反叛的惡夢。一八二六年，有人寫道「破壞之火」會吞噬波耳人的家，還說：「我們的妻女……會被奴隸迫害，會被禽獸強暴或開苞。」[4]

波耳人與英國人之間的摩擦漸增，就這樣到了一八二〇年代中期之後，波耳人開始小規模集結，然後從北境與東境溜出開普殖民地，波耳人想藉此逃離英帝國，從他們無法容忍的種族政策中解脫。一八三四年，隨著英國正式宣告奴隸制非法，事態也來到無法視而不見的境地。這之後的十年間，波耳人人口的外流從涓涓細流變成滔滔洪流。不想讓人管，而向非洲腹地挺進來尋求獨立自主的波耳人人數，累計達到一萬四千人。這些逃犯自稱為「先鋒者」（Voortrekkers），而當中有些人跑到了東北方的納塔爾。英國以國家安全為由，在一八四三年併吞了納塔爾，結果大部分先鋒者又跑到了更內陸。波耳人人口的擴散史，證實了他們的確是上帝的選民。他們的遷徙是一篇集「堅忍、信仰與跟命運背水一戰」於一身的史詩。雖然第一波的先鋒者有敗於祖魯人跟

---

① 仙巴克（sjambok）是犀牛皮製成的鞭子，傳統上為下重手矯正行為的工具。南非警方一直沿用這種裝備到種族隔離時期（apartheid）結束。

恩德貝勒人者，但波耳人的體格與意志力還是克服了一道道的難關。恩德貝勒人與祖魯人對入侵的波耳人展開攻擊，但結局卻是遭到迎頭痛擊，尤其祖魯人更是在一八三八年十二月的血河之役（Battle of Blood River）敗得徹底。不足五百名的波耳人僅持來福槍，就打敗以二十倍（上萬）兵力形成馬車圓陣的祖魯軍團。損失慘重的祖魯人只能倉皇退兵。

上帝站在波耳人這邊的另外一個證據，是祂給了波耳人兩處新家：川斯瓦（Transvaal）與橘自由邦。這兩者都是小政府（行政體系與民選議會都壓縮到最小）的共和政體。兩個新國家的邊界均由英國劃定；英國在一八五〇年代初期承認了兩者的獨立。

III

波耳問題一下子不成了問題，至少短期間內不需要急著處理，於是英帝國空出了手來綏靖開普東部的科薩族與納塔爾的祖魯王國。開普東部是個是非之地，主要是祖魯王國自十九世紀初的崛起，造成人口分布上的紛擾與後遺症。祖魯酋長沙卡的征略，將原生的部落連根拔起，並將科薩居民向南方驅趕至部落衝突原本就很氾濫的區域。畢竟新的人口一來，放牧地爭奪的壓力之大不可言喻。

科薩對英國統治的反抗一直未曾歇息。從一八一八到一八七八年，兩造之間一共打了五場邊境戰爭。跟波耳人一樣，科薩把英國人當成心頭之恨。他們恨英帝國入侵他們的家園，改變他們的傳統生活，還大手大腳地鼓勵歐洲人來落地生根。在一八三五年的戰事之後，開普殖民地的大法官（Attorney General）察覺反叛勢力中存在一種「愚蠢的『兩國論』」，而這種觀念讓叛軍深信自己有權擁有自己的土地。大法官還發現叛軍對白人殖民者的「勤勉與富裕」心懷「妒羨之情」。白人新開墾的聚落與農場因此經常遭受破壞與襲擊。

科薩人是叢林戰的專家。他們會敏捷而無聲無息地在其中飄忽移動，然後視情況在熟悉的崎嶇丘陵、河流流域或狹隘溪谷間發動突襲戰。對英國士兵來說，那是一片危機四伏的險地。工人出身的湯瑪斯・史考特（Thomas Scott）曾在第十二軍團②中服役。他回憶在一八五〇年的巡邏任務中腹瀉：「我肚子拉得很嚴重，因此不得不在樹林中最可怕的那一段脫隊兩三回。我真的很害怕，所以拉一拉就趕緊入列。」[5]

史考特的指揮官經常絞盡腦汁也不知道該如何對付神龍見首不見尾的難纏敵人。身為將軍，哈利・史密斯（Harry Smith，一八四七至一八五二年間曾任開普總督）爵士憤恨地咒罵科薩人：「（這些）野人……希望上帝賜福，讓這些人滅族。」但在稍微冷靜，把恨意吞回去後，他又改口說：「我會好生研究，希望想出個辦法讓他們洗心革面、自我提升，最終能過上幸福的生活。」英國自由派的良心（也可能是怕屠殺科薩族會被國會與媒體叮得滿頭包的恐懼），成為勝利的一方。但儘管如此，史密斯將軍仍要求科薩族要徹底歸順。他曾經把腳踩在某位「硬頸」科薩酋長的脖子上說：「你這條狗……我是你的酋長，也是你的主人。誰要與女王陛下為敵，我就是這樣處理。」

讓科薩人卑躬屈膝，是英國正規軍的使命。正規軍的組成，是志願從軍的社會邊緣人。正所

② 又名薩福克軍團（Suffolk）。

謂「好男不當兵，好鐵不打釘」，當兵也是英國人走投無路才會選擇的職涯，軍伍當中不乏雞鳴狗盜之輩、混吃等死的失業工人，還有就是單純的窮人。愛爾蘭四處都是這樣的貨色，乃至於在一八四〇年，英軍有超過三分之一是愛爾蘭人，再來就是也同樣一窮二白的鄉下地方，蘇格蘭的高地地區，那兒也同樣是募兵的熱區。高地部隊最出名的，就是擁有在殖民地執勤必須擁有的耐力與勇氣，所以他們也是最常被用來對付科薩人的主力。

衝鋒陷陣時誰領導來自下層階級的士兵，答案自然是上層階級的軍官。只要是軍官，就代表他們生於貴族之家。在一八七一年之前，這些貴族之家都還會出錢讓自己的子弟受階入伍。軍官所受到的期待，是要在戰場上做士兵的表率、武勇的示範。但不打仗的時候，他們過的日子就跟悠閒的公子哥在鄉間度假一般，不是跟狐群狗黨們開趴、喝酒、賭博，就是拿著槍去狩獵。（很可能符合史實的）普遍認知是阿兵哥很崇拜風流倜儻、想幹麼就幹麼的長官。對很多軍官，特別是家裡或自己拿得出錢的軍官來說，前往殖民地服役是一種投資。殖民地的軍職只是跳板，他們的目標是在政府裡擔任高薪的文職官員。像哈利·史密斯爵士就打過半島戰爭、一八一二年的英美戰爭③、一八三五年的邊境戰爭④與一八四五到一八四六年的第一次英帝國與錫克王國之戰（Anglo-Sikh War）。跟法國一樣，英帝國在非洲的擴張之路也從一開始就是職業軍人的事業。

當地人的加入在歐洲人的指揮下，補充了英軍的力量。這些出身當地的助拳人包含戰力出眾的開普騎兵來福槍隊（Cape Mounted Rifles），這是支從歐洲人、科伊科伊人與開普有色人種（Cape coloureds，混血男性）中招募來的多種族部隊。正式名稱為「姆丰古」的芬戈族人構成了原住民兵的主力，而事實證明他們具有十足戰力。芬戈做為一個俗名跟統稱，其指涉對象包括逃離沙卡統治的一支支大宗族。這些相互獨立的大宗族，裡頭容納的是彼此相關的小宗族。他們之所以離鄉背井，是因為祖魯王國開疆闢土，而他們被科薩人討厭，是因為科薩人覺得他們要來搶地。

英國人不僅提供芬戈人庇護，甚至還加碼讓他們有機會能報仇雪恨。芬戈人是擔當斥候的好手，在叢林裡作戰也十分得心應手。對芬戈人來說，打仗是賺錢的良機，而英國人則對非洲的戰爭傳統睜一隻眼、閉一隻眼，於是乎科薩人的村落會被芬戈人洗劫一空，牲畜則會被沒收。一八七七年在一次短兵相接之後，芬戈人奪走了三千五百頭牛，以及「什麼都有，什麼都不奇怪」的一大堆戰利品。[6]英國人與芬戈人的互惠證明歐洲人與原住民「合則兩利」，而日後在非洲各地，英國也繼續沿用這樣的行動策略。

某些芬戈人身上會帶著老古董般的火槍。就跟在阿爾及利亞一樣，優勢火力是西方征服者的一項樂趣。在一八七七至一八七八年的卡菲爾戰爭裡，英軍的裝備包括屬於後膛槍，且射程超過八百碼（約七百二十公尺）的馬丁尼來福槍（Martini rifles）、一款新的火箭砲，還有極其先進的

---

③ 英美戰爭（Anglo-American War）亦稱「第二次獨立戰爭」，美國獨立戰爭勝利後向北擴張，意欲「解放」加拿大，因而與英方產生衝突，此役的「英軍」主力其實是加拿大本地的民兵。

④ 這裡說的開普邊境戰爭（Cape Frontier Wars），是從一七七九到一八七九年，英國與科薩人之間大大小小共計九次的軍事衝突，也稱為科薩戰爭（Xhosa Wars）或卡菲爾戰爭（Kaffir Wars），其他地方出現這些戰爭的名號，指的也是這段期間的某一輪戰役。卡菲爾源自阿拉伯語，直譯為「拒絕的人」、「忘恩負義的人」，做為伊斯蘭教用語則指「不信者、異教徒」。卡菲爾曾被英國人用來稱呼南非黑人，也指英國人設立用來遏止牛隻竊案的黑人地方警力，戰事中曾倒戈與黑人同胞並肩作戰。如今在南非，用卡菲爾來稱呼黑人就跟在美國用 nigger 一樣具有強烈的歧視意味。

加特林機關槍（Gatling machine-guns）。

在英國不斷蠶食下，科薩族的獨立地位終告瓦解。科薩酋長的權威會遭到削弱，是因為英帝國指派了行政官員來執行英國的法律，由此英國法律凌駕於荷蘭人帶來的羅馬法與原住民的習俗之上。不聽話或搞破壞的酋長會被流放到稱為「海豹島」的羅本島（Robben Island）。相隔近百年後，這裡還囚禁過曼德拉⑤，而他也是科薩人。

不屈不撓的科薩人為了混淆敵人視聽，讓敵人無法捉摸，還使出謠言與預言這兩種無形的武器。一八五四年，克里米亞戰爭爆發，結果謠言四起說俄軍即將登陸來解放科薩人。兩年之後，一位名喚「諾基斯」（Nongqawuse）的女先知號召科薩同胞群起屠盡豢養的牛隻，她說這樣的犧牲將可以換得歐洲人的滅絕，讓新的黃金時代露出曙光。她與其他的預言者口徑一致，取得了眾人的信服，於是倒楣的就成了四十萬頭牛隻。這場牛群的浩劫，剛好與一場造成一萬五千人死亡的旱災同時，結果數以千計的科薩人被迫到開普的其他地方謀生。綿延的戰火、集體的瘋狂、天降的饑荒與人口組成的分崩離析，成了瓦解科薩族力量的最後數根稻草，自此他們也就慢慢被融合進了英帝國的秩序裡。

IV

科薩人所加入的新時代裡有一項特色是廢除了傳統的金錢交易。在開普與納塔爾萌芽的資本主義經濟體裡，以物易物成為一種效果好得出奇的轉型潤滑劑。⑥開普與納塔爾都是「以農立國」的殖民地，吸引來的英國移民有限，而這當中的兩名便是礦業大亨塞希爾・羅茲跟他的哥哥賀伯・羅茲（Herbert Rhodes）。他們的父親是出身赫特福德郡（Hertfordshire）的一名牧師，而兄弟倆曾嘗試在納塔爾建立棉花農園，但最終沒有成功。到了一八八〇年，納塔爾的白人人口是一萬七千人，但黑人人口卻有三十萬人，而且後者已經無畏戰爭與饑荒而連續穩定成長了五十年。但儘管如此，墾殖的白人還是不斷抱怨人手不足。

白人率先進入納塔爾，其動機不外乎尋求在母國得不到的翻身機會，再不然就是家道中落者希望在此另起爐灶。如水手出身的喬治・羅素（George Russell）於一八五〇年落腳在納塔爾，就是因為炒作鐵路股票讓他們家傾家蕩產。跟法國在阿爾及利亞的做法如出一轍，殖民政府也把無人認領跟充公的土地統統收歸國有。當時在英國跟官方租地的行情落在每英畝六便士到一先令之間，而納塔爾一塊一萬三千英畝的農場年租金才三十英鎊。[7]⑦殖民者的開墾事業背後都有私人與企業資金挹注，因為殖民政府在同意租地前會要求個人出具財力證明。

經濟成長有賴於中、低階勞動力的穩定供應，而白人墾民常掛在嘴邊的抱怨也正是缺工。而

---

⑤ 尼爾森・曼德拉（Nelson Mandela），曼德拉因推動反種族隔離政策而於一九九三年獲頒諾貝爾和平獎，一九九三至一九九七年擔任南非總統。

⑥ 牛隻、銅、鐵、珠子都是科薩人在交易時接受的「貨幣」。

⑦ 當時一英鎊等於二十先令、兩百四十便士，納塔爾一英畝租地約為零點五五便士，在英國租地官方行情一英畝約六便士到十二便士，兩者相差達十一到二十二倍。

為了因應這股人力需求，殖民政府開始雇用印度人。第一批三百名簽了賣身契的印度人，在一八六〇年來到納塔爾。接下來共六年的時間，抵達南非打工的印度男女跟孩童共計六千四百四十五人。再後來又有更多的印度人來到此地，而他們也成了日後南非印度社區的核心。

黑人勞工會領到現金當作薪酬，代價是他們必須適應非常嚴格的勞動條件。對黑人來說一個很難理解也很難吞下去的新規定，就是雇主要他們學會並遵循工業社會的時間觀念。在這之前，他們都是日出而作，日落而息，但如今每逢甘蔗收成，他們就會被逼著要在夜裡上工。在彼得馬里茨堡（Pietermaritzburg），有雇主會在早上八點施放火砲來召集員工。在地的一名詩人曾抱怨說自己「被時鐘先生霸凌」[8]，算是傳達了眾人的心聲。

身為主人，白人期待黑人乖得像小綿羊，然後工作起來像拚命三郎。一八六〇年代，在一本賣給白人墾民的科薩語課本裡，你會看到這樣的例句：「你真的講不聽耶」、「我要沒收你的毯子」。懶散與犯上會被在地的行政長官責罰。官僚有權以勞役或鞭笞來教訓不服管教者。法律條文裡的平等只是理論，而不是黑人用來偷懶的擋箭牌。傳教士宣揚的是新教徒尊崇的勤奮與節約等倫理，他們放棄用教誨好言相勸，抓起了「仙巴克」這種犀牛皮鞭。不少本地人把白人這套聽了進去，開始在白人主導的新經濟裡力爭上游。在一八六〇與一八七〇年代，教會學校教育的需求飆升。在教會學校開不了的地方，有心的白人店家會開英文班，學費大概是一個月二點五先令。[9]

把本地人馴化進現代的資本主義世界，在納塔爾是屬於西奧菲勒斯・謝普史東（Theophilus Shepstone）爵士的工作。謝普史東爵士從一八五六到一八七七年擔任納塔爾的原住民事務大臣

（Secretary for Native Affairs）。他是殖民政府官員中的表率，剛正不阿且勤於政務，統領原民徵兵的歷練更讓他對非洲人的想法了然於胸。他很明智且務實地遵循了艾德蒙・柏克⑧的一項原則主張：做為精巧的有機體，社會會自然演化來符合自身需求。

按照這種原則的精神，他堅持「酋長制與部落主義」必須經修改來符合帝國的利益。他認為「暴力手段」絕對無法根除「蠻風」，也肯定無法「讓文明的精神沾染到蠻人身上」。[10]他的結論與在歐洲廣為流傳的假設一致，那就是通往文明的歷史路徑，會按照經濟活動的發展而分為四個階段。狩獵會被畜牧取代，畜牧又會被農耕取代，最後才是由工商業（生產與貿易）的發展揭開文明的序幕，就像維多利亞時代的英國那樣。

可以妥協，就絕對不脅迫。所以對於傳教士們吵著要廢除一夫多妻制，謝普史東說了個「不」字。按照一名傳教士的說法，一夫多妻制是「奴隸的系統，而且牽涉以牛隻為代價的女性人口交易」。謝普史東之所以不肯「從善如流」，是因為他覺得一夫多妻是本土文化的核心，而且也是男性社會霸權的一環。至於當中的弊病，自然有現行的社會機制去糾正。「男人打女人，」謝普史東說，「自然是因為他有權懲戒她，但社會輿論總是會不利於這個男的，畢竟對女性動粗總是會引人非議。」跟謝普史東看法一致的還有柯倫索主教，他也覺得廢止一夫多妻制會動搖祖魯的家庭倫理。[11]這個爭議最終獲得化解，是在一八六九年，當時的結論是：一夫多妻的婚姻必須向行政長官報備登記，然後新娘的嫁妝必須要被課稅來剝一層皮。[12]

⑧艾德蒙・柏克（Edmund Burke），愛爾蘭政治人物與哲學家，保守主義代表人物。

能賺的錢，納塔爾一毛都不能少，因為英國的期望是殖民地要能自給自足。英國財政部要出錢養當地的駐軍，但老大不情願就是了。棚屋稅是納塔爾主要的財源，也是政府為何得努力把原住民融入現金經濟的主要原因。在大規模的經濟改革下，勞動市場於一八七〇年代大幅擴張，主要是一八六七年，現今的金伯利（Kimberley）近郊發現了鑽石礦脈，「掏金」的熱潮引來超過一萬名礦商（包括一百二十名黑人礦商）。這些大多都是小型的礦商，而他們創造出三萬餘工作機會給遷徙到周遭地區的黑人。不少工人拿到的報酬不是錢，而是他們會帶回家鄉的來福槍。小型的礦商很快就被一個個買下，而收購他們的是背後有倫敦金融圈撐腰的大公司。

短短十年間，鑽石就讓開普從三餐不繼的落後殖民地，搖身一變成為具有現代化基礎建設的繁榮國度。投資陸續湧入，在一八七四到一八八五年間，殖民地鐵路網的擴建與港埠的現代化就募得兩千萬英鎊的資金。白人移入人數從一八六〇年代的一萬兩千人，暴增到一八七〇年代的四萬七千人。黑人勞工供不應求，不足的部分還得從莫三比克召募來補充。

開普一下子在經濟上繁榮起來，英國對此區域的政治規劃也起了化學反應。一八七二年，開普獲准建立自治政府，包括可以跟加拿大與澳洲一樣擁有民選的州議會。白廳⑨的官僚希望南非可以採行「加拿大模式」來建立一個集開普、納塔爾、川斯瓦與橘自由邦於一體的南非聯邦。隨著白人人口逼近二十五萬人，加上有鑽石礦的營收與投資潛力，開普儼然將成為新自治領⑩的中流砥柱。但波耳人的各政府對此意興闌珊。從內陸的草原看向南方，這個聯邦的芻議比較像是要壓抑波耳人的獨立、確立英帝國霸業的一項工具。

V

一八七六年，南非的大規模政改被迫遭到擱置，主要是接下來的四年當中，川斯瓦、納塔爾與祖魯蘭都陷入一系列戰爭與動盪中。這當中包括科薩人最後一次反叛、川斯瓦與相鄰巴佩迪（Bapedi）王國的國王西庫庫內一世（Sekhukhune I）間爆發領土爭端，然後就是英國入侵祖魯蘭。從白人的角度來看，一場叛變跟獨立兩強的交鋒在同一時間發生，真的很像是合謀要顛覆歐洲強權，逆轉白人的勢力擴散。

而這其實是白人的「被迫害妄想」，因為這些對白人霸權的挑戰都是「各自為政」，並不存在橫向的聯繫。甚至於祖魯人的「叛意」根本是白人軍方與官員緊張過度而幻想出來的東西。但話又說回來，白人也確實唯恐天下不亂，因為他們很希望有機會可以師出有名，然後一舉消滅所有由強人控制的獨立土邦。跟祖魯的沙卡一樣，西庫庫內也一心想從一樣「求（領）土若渴」的

---

⑨白廳（Whitehall）是英國倫敦西敏市內的一條大道，範圍從特拉法加廣場（Trafalgar Square）向南延伸至國會廣場（Parliamentary Square）。白廳是英國政府中樞的所在地，包括國防部、內閣辦公室等諸多部門均坐落於此，因此白廳一詞亦成為英國中央政府的代稱。白廳得名源自白廳宮（Whitehall Palace），白廳宮從一五三〇至一六九八年間都是英國國王在倫敦的主要居所。白廳宮在十七世紀末被焚毀之前是歐洲最大的皇家宮殿，擁有超過一千五百間房間，其中僅國宴廳獲得保存至今。

⑩自治領（dominion）是英帝國殖民制度下一種特殊國家體制，可視為殖民地邁向獨立前的型態。十九世紀時所有自治或半自治的英國殖民地，特別是已具有自身憲政體制者如加拿大、澳洲等都稱為自治領。

波耳人手中擴大自己的王國。有好幾年的時間，西庫庫內不斷整軍經武，這包括他持續進口現代化的槍枝，同時也鼓勵巴佩迪的戰士去鑽石坑打工帶回來福槍。波耳人雖然訓練了一萬名黑人徵兵，同時還在鑽石場花錢雇走投無路的白人來擔任傭兵，但真的打起來還是屈居下風。這筆開銷，正好強碰到川斯瓦的財政危機。這回的財政危機，主要是川斯瓦才在阿姆斯特丹的金融市場裡募資興建通往德拉戈亞灣（Delagoa Bay）的鐵路。這麼一來，川斯瓦就面臨超過十萬英鎊的赤字，而波耳人的農民也不肯多繳稅。到了一八七六年的年尾，川斯瓦已經走到內爆的懸崖邊緣。

解除川斯瓦危機的重責大任，落在了巴托・符瑞爾爵士的肩上，因為他是新任的南非高級專員（High Commissioner），職責是要落實英國對於南非地區的宏大擘劃。符瑞爾爵士是帝國的忠僕。身為一個出生於英國鄉間中產階級的孩子，他在哈利伯瑞中學（Haileybury School）與東印度公司的帝國後勤學院（Imperial Service College）習得如何為帝國盡忠，然後在印度傑出地學以致用。英帝國在符瑞爾心目中代表自由、開明、進步，至少他一八七八年在彼得馬里茨堡的一場盛宴上是這麼介紹的。他長期與原住民相處的經驗，讓他真心希望「黑人可以成功脫離野蠻狀態」，就像英國人近千年來的發展歷程一樣。[13]符瑞爾無法坐視巴佩迪人趁虛而入，挺進外強中乾的川斯瓦，他擔心川斯瓦一旦崩潰，會引發歐洲在南非霸權垮台的骨牌效應。一八七七年初，謝普史東經授權兼併了川斯瓦。除了承接其債務以外，英帝國也承諾提供軍事援助。在此同時，開普東部的英軍與納塔爾的祖魯王國間爆發了血戰，四千人戰死，俘虜則大舉被流放到開普西部勞改，主要是當成公共建設的免錢勞工。

符瑞爾的印度經驗，決定他對這些危機的反應。帝國的統治者必須大權在握，有人不服從或不願意合作，那就是潛在的敵人，而敵人就必須加以顛覆。當時的主流看法是印度人吃硬不吃軟，而符瑞爾推定非洲人也如出一轍。在分析過區域的權力平衡後，他認定塞奇瓦約治下的祖魯王國是英國稱霸南非的最大障礙，所以自然也會是南非文明進步的阻力。此時已高升為川斯瓦行政長官的謝普史東也在這點上與符瑞爾心意相通。在謝普史東的眼裡，祖魯蘭彷彿古希臘的斯巴達，每個成年男性都「有如角鬥士一般」，是「清心寡欲的殺人機器」。只有一舉擊潰祖魯軍，才是英國在南非長治久安的唯一保證。

但其實這兩位長官，都遭到與事實不符的軍情誤導。軍方的情報宣稱塞奇瓦約是個嗜血而好戰的暴君，且領有四萬大軍。這是胡說八道，因為祖魯王國並無兵多將廣的常備軍，他們的傳統是全民皆兵。真要說常備的祖魯兵團，塞奇瓦約手下只有一支由未婚年輕與中年男性組成的「王老五」部隊。他們只要當完兵，國王就會賞給他們年輕的新娘。祖魯軍中另有「娘子軍」，那是三個負責拱衛「皇居」棚屋的女性兵團。

塞奇瓦約並不想與英國兵戎相見。他一向欣然接受英國的贊助，也誠心希望透過和解來維繫友好的雙邊關係。但符瑞爾與謝普史東已經決心要透過戰爭展現力量，原本可以讓符、謝兩人懸崖勒馬的迪斯雷利內閣也被錯誤的訊息蒙蔽，失去了煞車皮的作用。為了逼塞奇瓦約出手，符、謝一方面在外交上進行威嚇，一方面試圖推翻祖魯的顯赫貴族，另外還使出經過精算的挑釁行為。一八七八到一八七九年的冬天，英軍集結在祖魯蘭的邊界，心生畏懼而毫無頭緒的國王塞奇瓦約也只得動員他的戰士。時至一月，塞奇瓦約召集了約兩萬九千名士兵整裝待命。

國王此舉可說正中符瑞爾下懷，因為祖魯大軍的出現，讓他得以名正言順地指控對方向自己宣戰。一八七九年一月初，英軍派出（半數為本地徵兵的）近八千名軍力入侵祖魯王國，至於其龐大後勤部隊則包含三萬名黑人軍夫、兩萬七千頭牛，以及五千五百隻驢子。如此尾大不掉的大軍被分成五支縱隊，五路人馬同時朝祖魯蘭挺進。

對符瑞爾與謝普史東而言，這是一場豪賭，但他們會賭就是覺得自己穩贏，現代化的英軍將以迅雷不及掩耳的速度讓祖魯滅國。但他們千算萬算，就是沒算到自己麾下有切爾姆斯福德（Chelmsford）爵士這麼個笨手笨腳的蠢蛋指揮官。切爾姆斯福德人笨就算了，運氣又很差。他對情勢的誤判造成中央縱隊在伊散德爾瓦納（Isandlwana）遭祖魯軍襲擊，超過一千名皇家陸軍死於非命，唯祖魯軍的損失也至少是英軍的兩倍。這對祖魯一方而言是場慘勝，這點塞奇瓦約國王也不諱言，畢竟他親眼看著阿色該長矛插進他子弟兵的肚子裡。儘管國王三令五申，還是有支祖魯部隊想直取納塔爾，果不其然在羅克渡口（Rorke's Drift）遭英軍第二十四軍團（華威郡，Warwickshire）驅逐。這對英方來說是光榮的一役，十一名守軍因此獲頒維多利亞十字勳章的殊榮。⑪切爾姆斯福德在被痛擊後逃回納塔爾，並下令其他單位也一併收隊。

英軍在伊散德爾瓦納兵敗的消息傳到倫敦，是二十天之後的事了。這場慘敗的官方檢討得出兩個結論，一是切爾姆斯福德真的不適任，二是符瑞爾跟謝普史東師心自用、欺上瞞下挑起這場惡戰。兩人都被低調地摘掉烏紗帽，切爾姆斯福德則把兵符讓給了嘉內德．沃爾斯利（Garnet Wolseley）爵士。英國並派了部隊馳援納塔爾。

在此同時，切爾姆斯福德很努力地想要扳回顏面，他腦中盤算著的是重打一場侵略戰爭。這一次，他的運氣來了，而好運也彌補他在統兵修為上的嚴重不足。考量到英軍是大部隊，軍令傳遞是大工程，塞奇瓦約很明智地建議將領以游擊戰見縫插針，唯祖魯將軍們沒有採納國王的金玉良言，他們還是守著傳統的戰法，打算用人海戰術加上阿色該長矛來包圍敵人。祖魯人在烏倫迪（Ulundi）發動衝鋒，但切爾姆斯福德的部隊早在那兒備好方陣。目擊者描述祖魯的攻勢顯得漫不經心，並且扎扎實實地被大砲、長槍、加特林機槍的火網給打得潰不成軍。此役之後塞奇瓦約出逃，但追擊的英軍還是逮到了他。他的下場是王位遭到罷黜，王國遭到併吞。

收拾爛攤子的工作落在了沃爾斯利頭上。他是個冰冷、傲慢、營私，以「效率」聞名的將軍，他就是吉伯特與蘇利文⑫在《彭贊斯的海盜》（*The Pirates of Penzance*）一劇中的現代大將軍角色原型。沃爾斯利身上還看得到同期法國將軍的心狠手辣：前往南非赴任的他剛下船，就考慮起兩件事情。一件是要不要把祖魯全族斬草除根，另一件是把親英的史瓦濟人（Swazi）放出去對付他們的宿敵巴佩迪人。他陰沉而不悅地承認自己之所以沒這麼做，是因為英國本土有「同情黑人的社團在大呼小叫」[14]，扯他的後腿。不過正統的作戰已足以讓他擊敗巴佩迪人，拿下川斯瓦。

沃爾斯利透過撕裂族群來治理祖魯蘭。為了讓祖魯蘭無法團結，他創立了十二個酋邦（chiefdom），十二名酋長都是他控制的傀儡，而酋邦間大、小衝突不斷。塞奇瓦約曾於一八八二年短暫復位為英國的附庸國王，但不久他還是遭到驅逐然後一命嗚呼。跟他照過面的人，包括維

---

⑪ 作者注：一九六四年的史詩電影《戰血染征袍》（*Zulu*）對此役有精采的刻畫。

⑫ 這裡指的是維多利亞時代的戲劇創作搭檔，兩人分別是幽默劇作家威廉・吉伯特（William S. Gilbert）與作曲家亞瑟・蘇利文（Arthur Sullivan）。

多利亞女王，都覺得他相貌堂堂，有王者之風。接下來的幾年，祖魯蘭沒了軍隊，偶發的騷亂算是一點小小的代價，不值一哂。另外一點不論是符瑞爾或謝普史東都會覺得是件好事，那就是祖魯人加入了勞動力的寶庫，而這對經濟成長有著莫大的幫助。

川斯瓦的政治前景也塵埃落定，但那要先經過另外一場短暫的戰爭。隨著巴佩迪人與祖魯人都不再構成威脅，波耳人這會兒希望能拿回自己的獨立地位。英國的搪塞與舉棋不定，引發了波耳民兵舉後膛槍起兵對抗英軍。平亂的任務交給了喬治・考利（George Colley）將軍，而他的另外一個身分是沃爾斯利的寵臣與傳人。不過比起切爾姆斯福德，喬治・考利是個更大的草包。為免冤枉他，我們就拿一八八一年來說好了。那年的二月，他派了近五百名步兵孤軍深入馬茹巴丘（Majuba Hill）這塊險地，結果變成波耳人火力展示的活靶。考利自己中彈倒地不說，過半的弟兄也在波耳人的槍口下非死即傷，再不然就是被俘。這之後沒多久，兩造便協議停戰。

事實上在一八八〇年大選選出格萊斯頓與自由派掌權之後，英國選民就已經決定了川斯瓦問題的命運。在競選過程中，格萊斯頓就很反對英國率爾以擴張帝國疆域的理由開戰，他尤其對好大喜功，喜歡「餓虎撲羊」的殖民地總督反感。符瑞爾與謝普史東玷汙了英國的道德聲譽，虛擲人命與民脂民膏。祖魯戰爭的軍費消耗達四百九十萬英鎊，其中大部分都花在糧草上。[15]

格萊斯頓的政府恢復了川斯瓦的獨立地位，這代表川斯瓦共和國重新要為自身的債務負責，至於英國則成為川斯瓦的宗主國，唯該宗主權的定義並未明確劃定。

一八七七到一八八〇年的戰事，確立日後百年的權力配置。南非原本最強大的各本土政體均已灰飛煙滅，其黑人人口盡皆進入歸順的狀態，白皮膚主人的主宰力量繼續不受挑戰。

第六章　剝削與探索

大占領計畫。

——探險家德．布拉札

I

白人霸權在南非最終站穩腳步後，非洲的其他各隅也開始面臨到既深且廣的劇變，唯改變的方向與規模是後來才為人所知。在接續的二十年內，非洲幾乎整片大陸都將陷入歐洲直接或間接的掌控當中，但這樣的轉變在一八七九年，是眾人所沒有料想到的。但話又說回來，這場日後被稱為「非洲大獵」（Scramble for Africa）的歷史發展，其實所有需要的歷史力量都已經齊備而且羽翼漸豐，這點我之後會加以詳述。在出發點上，染指非洲的歐洲強權基本上還是以法國為主，英國次之。

不論是法國或英國，都快速累積了科技、醫學與後勤上的能量而足以派遣白人部隊深入非洲內陸。一八六七年，一支一萬三千餘人的英印部隊入侵阿比西尼亞，營救落入特沃德羅斯二世之手，以傳教士為主的歐洲人質。結果是特沃德羅斯二世在馬格達拉（Magdala）的要塞被攻堅突破，皇帝飲彈自盡、囚犯盡皆獲釋，英軍凱旋而回。

英國展現其深入能力的另外一個案例，發生在一八七四年。當時的時空背景是「阿散蒂赫內」柯菲．卡瑞卡威（Kofi Karikawi）意欲說服方提國，說自己才是他們的主公，不需要搭理黃金海岸的英國總督。結果英軍與來自西印度群島的士兵一出手，便拿下了卡瑞卡威的首都庫瑪西（Kumasi），這位阿散蒂赫內被推翻，另一位對英國言聽計從的繼承者被扶持上位。英國不會任由愛找麻煩的本土頭目胡來，尤其是那些仗著距離與地形天險就以為自己可以隨心所欲、英國人拿自己沒轍的傢伙。

放大到非洲歷史的尺度上來看，這些軍事行動的突出處在於熱病等惡疾造成的死亡率極低。不到百分之一的白人士兵在阿比西尼亞死於水土不服，在黃金海岸的兩千兵士中更僅有四十人遭瘟疫奪命。如此令人振奮的存活率，得歸功完備的醫療後勤，其中如淨水系統就管了大用。但話又說回來，采采蠅、蚊子、微生物仍舊在一旁虎視眈眈。一八七八年，法國從塞內加爾派兵前往尼日河上游去證明自己的武力沒有鞭長莫及的問題，結果這支「黑白相間」的部隊竟因黃熱病而死傷逾半。[1]

II

在這之前的二十五年間，非洲未經探索的面積已經巨幅縮小。前仆後繼的探險家四處跋涉，廣泛標記下東非與中非的各個座標，這包括剛果盆地的七十萬平方英里（約一百八十萬平方公里）與非洲大湖區的腹地。新一批的探險家用色彩繽紛乃至於渲染而聳動的異色文字敘述他們發現的人事物，揪住了大眾的想像力。掀開蓋頭的非洲風貌，迷住了歐洲人。大自然的驚奇、矮黑人（pygmies）等非我族類的人種，剛果森林裡的大猩猩（金剛的原型），乃至於各種奇形怪狀、匪夷所思的動物，讓白人覺得非洲活脫脫是太初之始的宇宙洪荒。很多歐洲讀者會看著探險家的文字，納悶自己是否乘著時光機，回到了過去，他們會弄不清自己是來到伊甸園，還是來到襁褓裡的地球。就以挑動想像力的能力而言，維多利亞時代中期的非洲探險，差可比擬為百年之後的太空航行。

探險家除了會手撰第一人稱的歷史跟著作，還會（搭配魔術燈籠的幻燈片跟標本）公開巡迴演講，這讓他們舉世皆知，躋身名人之列。他們很享受這些名氣，因為他們多多少少都極其自我而且相互妒羨。他們都同意一件事情：靠自己的雙腳或讓人抬轎在非洲四處移動，會刺激他們的腎上腺素分泌。一八五六年，在柏頓爵士探索尼羅河源頭的旅程出發之前，他興奮到發抖：「我的血液奔騰，就像回到兒時一樣……也像人生開端照入第一道曙光。」對他的旅伴約翰・漢寧・史佩克（John Hanning Speke）來說，前往非洲壯遊是苦悶人生的解藥。他曾自承活膩了的自己，就是希望能葬身在非洲。同樣潛心尼羅河探源的塞繆爾・貝克爵士則覺得自己像是亞瑟王的騎士在出任務，雲遊四海只為尋找聖杯。就在接近艾伯特湖（Lake Albert）的時候，一股堪稱狂喜的滿足感朝著貝克爵士襲來。透過「辛勤工作與堅持到底的精神」，他的研究終於有了回報，他脫口而出的結論是：「在下一次落日前，我將飲水於神妙的湧泉處。」[2]

執念與虛榮，使身心的舟車勞頓都消失得無影無蹤。疲憊至極但仍不放棄的探險家們撐過了瘧疾與瘟疫、不畏好戰的原住民與飛禽走獸，還忍下了嚮導、挑夫與保鑣那在史坦利口中令人氣結而「無法節制的傲氣」。凡此種種，讓他們一而再、再而三地歷經怒火的試煉與內心的鬱氣糾結。但「撐過去就是你的」，這些體驗在事後成了探險家的寫作資本，也鞏固他們在社會上的勇者形象。輿論因此肯定他們鋼鐵般的意志。

讓李文斯頓撐下來的，是他的信仰。一八七一年，李文斯頓在烏吉吉（Ujiji）與史坦利有場歷史留名的英雄會，當時他對史坦利說自己是神諭的僕人，因此他遭到「放逐」是「上帝所為」。史坦利貼心地送上以嘲諷漫畫聞名的《潘趣週報》（*Punch*），這是李文斯頓久違了的休閒活動。但在稍事放鬆後，他還是堅持要在坦干伊喀湖四周探訪尼羅河的源頭。兩年後，李文斯頓的死訊傳來，他的遺體被運回英國，獲得了國葬的禮遇。《泰晤士報》公開讚揚李文斯頓在非洲所到之處，「他都讓英國的國號不僅受到尊重，還獲得了敬愛」。事隔沒多久，他的作品就被選為英國小學的課文，當局盼望著這能在貧童的心目中生出對帝國的認同。

同樣身為探險家，史坦利的行為與心性就不適合做為年輕一代的模範，至少大英帝國不這麼覺得。找到李文斯頓的下落，是他做為探險者的初試啼聲之作，但這也充分證明他身為記者除了會寫新聞，還很會編新聞。史坦利渴望出名，渴望被眾人簇擁。他私生子的身分、他在威爾斯一間濟貧工廠①度過的童年、他讓人搖頭的應對進退、他在「黃色報刊」（yellow press，也就是八卦報）工作過的經歷，都讓他身上沾滿了汙名。要洗刷這些汙名，他只能期待某種豐功偉業能讓他一舉成名天下知。

繼失蹤的李文斯頓被他尋獲之後，獨家新聞的機會又再次找上門。史坦利第二次帶領探險隊出發，這一次贊助他的是《紐約先鋒報》（*New York Herald*）的負責人詹姆士・戈登・班尼特（James Gordon Bennett）。這支橫貫非洲的探險隊東自三蘭港（Dar-es-Salaam）出發，西抵剛果河口。一八七四年動身後，史坦利先繞了點路到維多利亞湖沿岸，然後便沿著干戈四起的剛果河一路向西。史坦利在一八七七年返英，接著就把一路上的見聞寫成甫出版便洛陽紙貴的《橫越黑暗大陸》（*Through the Dark Continent*）。在這部壯闊的紀實裡，你會看到堅毅的主人翁史坦利手握上膛的獵（象）槍，艱辛地掃除各種人事物的阻礙，完成這趟東、西非洲之旅。但其中他對付原住民的手段，讓柏頓爵士忍不住仗義執言：「他（史坦利）拿槍射黑人，就像在射猴子似的。」[3]

皮耶・薩沃尼昂・德・布拉札（Pierre Savorgnan de Brazza）跟史坦利有著天壤之別。身為義大利貴族之子的布拉札是個自信、慷慨而有禮貌的紳士。在成為法國人之後，愛國的布拉札入伍成為海軍軍官。一八七四年，二十二歲的他志願率領探險隊去繪製下剛果（剛果河下游）與其各支流的地圖位置。當時法國的海軍部長蒙田（Montaignac）將軍同意了他的提議，就先撥款一萬

---

① 濟貧工廠（workhouse）是以一八三四年的新版濟貧法，即《伊莉莎白濟貧法》（*Elizabethan Poor Law*）做為法源，設置在英格蘭與威爾斯的濟貧院，是收容窮人，讓他們有地方住、有工作做的地方

法郎來應付布拉札的開支。

與同時期英國探險家不同的是，布拉札的探險是政治任命，具有政府的授權。他與剛果河沿岸政體的非洲酋長們進行談判，達成一筆筆協議。酋長們同意下令讓順流而下到奧果韋河（Ogooué）的貨物免稅，而象牙正是這些貨物裡的大宗。港區的貿易愈熱絡，巴黎就愈不需要掏錢來補貼非洲的殖民地。布拉札也為法國日後在這個區域的主權打下了基礎。他承諾將終結奴隸貿易，而且每當在營地升起法國的三色旗，他都會「詔告天下」說凡能摸到三色旗者，就能恢復自由之身。他手裡有些華麗衣裳是從杜樂麗宮②的皇家劇院衣櫃裡被丟出來的，他將之分給非洲的酋長。至於對酋長的子民，他則用煙火表演讓他們開了眼界。[4]

III

在一八七七年回到法國後，布拉札除領到法國榮譽軍團勳章（Légion d'Honneur）以外，還獲得巴黎地理協會（Société de Géographie）的褒揚。巴黎街頭巷尾談論的都是如何在非洲建立法蘭西帝國，布拉札很自然在這樣的城市裡受到熱烈的歡迎。塞內加爾的戰役雖然剛踢到鐵板，但國民議會還是核准修築鐵路的預算，希望藉此為法商與法軍打通尼日河上游。一八八〇年，國民議會的代表們下放更多資源來評估一項野心更大的建設計畫：一條穿越撒哈拉沙漠，足以將阿爾及利亞與法屬西非殖民地連結起來的鐵路縱貫線。工程師保羅．弗拉特斯（Paul Flatters）上校得到的指示是規劃出一條適合的路線，但他所帶領的勘查隊伍卻遭到圖瓦雷克族（Tuareg）突襲而幾近全滅。

回到十年前，如此宏大而又所費不貲的工程根本不會被當回事。這些大手筆的規劃證明歐洲人對於非洲與其未來的態度大轉變。新思維在英、法都吸引支持者與追隨者不說，還傳播到德國。於是乎在一八八二年，德國出現了德意志殖民事業協會（Deutscher Kolonialverein）來遊說爭取海外建設。協會在短期間內就匯集三千餘名會員，其中商業界更是其中的主力。就像法商與英商一樣，德商也要求政府以嶄新的態度積極經營非洲。

在此期間的知識與政治發酵過程中，有一項核心的主觀假設，那就是：非洲正在走下坡。或者從另外一個角度來看：非洲正在走下坡，而這是歐洲的錯。在此前的百年間，歐洲帶給非洲大陸正面影響寥寥可數，但這也不需要大驚小怪，畢竟歐洲對非洲的經略既沒有放手去做，同時也欠缺一個完整的規劃。非洲看似對新事物的反應遲鈍，各種傳統又難以撼動。阿拉伯與非洲本土的奴隸貿易持續興盛，而這些貿易所代表的無政府狀態，也在探險家的文字裡得到第一手的佐證。傳教士氣餒於非洲人怎麼教都教不會，皈依基督教的速度也慢得可憐。一八八一年，一名法國神職人員宣稱有統計顯示百年來擁抱伊斯蘭教的非洲人口高達一千五百萬人。[5]基督教顯然並沒有為非洲推開文明的大門。

錯到底出在哪兒？歐洲輿論的一支洪流把錯怪到非洲人頭上，他們主張是有眼無珠的非洲人不知好歹，人在福中不知福。就這樣，舊時代的種族理論死灰復燃，並且開始集結在上述的輿論

② 杜樂麗宮（Tuileries），原本是法國的皇宮，一八七一年遭巴黎公社焚毀。

看法背後。湯瑪斯・卡萊爾（Thomas Carlyle）是維多利亞時代中產階級的「御用」哲學家。按照他的看法，黑人從來沒有真正掌握到「工作」是「人類永恆職責」的概念精髓。在其一八四九年的《黑人問題隨筆》（*Occasional Disclosure on the Negro Question*）一書中，他嘲諷了鴿派慈善家認為黑人族群可以改頭換面的觀點。他並且點名黑人要「放下南瓜，為了生活打拚」③。法國歷史學者約瑟夫－阿瑟・德・戈平瑙（Joseph-Arthur de Gobineau）把話說得更狠，他覺得黑人放不放下南瓜去勞動都沒差。在一八五五年的《人種不平等論》（*The Inequality of Human Races*）書中，戈平瑙主張種族與血統確定了歷史的命運，並認為白人或亞利安人的表現就是最好的證明。他形容白人或亞利安人具備高人一等且有創造力的血脈，因而推動世界上各高等文明的發展。類似看法在接下來的五十年間發展出各種變形，而這也為希特勒的種族歧視謬論埋下了伏筆。

顱相學（phrenology）這種風行的偽科學，開始被用來給種族可分高低的胡說八道撐腰。一八六一年，巴黎人類學學會（Paris Société d'Anthropologie）的會長保羅・布洛卡（Paul Broca）在檢視過會內收集的黑人顱骨後，宣布說這些頭顱的主人屬於最低等的人類種族。[6]五年之後，他又補了一刀說：「任何人種只要是黑皮膚、（毛髮）自然捲，然後有張（下巴發達、額頭退縮的）戽斗臉，就不可能輕鬆地提升到文明的境界。」布洛卡認為黑人原本還是能做得到的，但永無寧日的環境動盪，阻斷他們的進化之路。[7]達爾文的理論遭到誤用，他學說裡的「物競天擇」與「適者生存」硬是被搬來給布洛卡之流的看法背書。在舉世各種族努力變強的「人定勝天」之路上，黑人確實脫隊得很嚴重。

關於黑人到底有什麼缺陷，象牙塔裡的學者做了一些推測，而他們的理論根據除了圖書館的藏書，就是霉味十足的民族學博物館。但話說回來，探險家的體驗還是稍微呼應了學者的主張。柏頓爵士與史佩克在相信諾亞兒子「含」的傳說為真之餘，就對非洲人的進步潛力毫無信心。貝克爵士則認為黑人要進步，還是得靠白人在後頭下指導棋，黑人就是要乖乖聽令。對此史坦利也是同道中人：黑人不聽話，他就是用鞭子抽，甚至用槍打。如此違反人道的暴行引發了部分輿論譁然，但《紐約先鋒報》竟在回應中貶低他的受害者是「人類中的害蟲」，還說黑人的「蠻風」是文明進步的阻礙。[8]

身為基督徒，李文斯頓排斥這些對黑人的成見，並選擇與不把非洲人當人的偽科學站在對立面。李文斯頓堅持黑人「與未受教育的歐洲窮人資質一致」，而且也跟歐洲的窮人一樣有重生的潛質。[9]李文斯頓的同志還有巴托．符瑞爾爵士，他也覺得非洲人在能力上一點也不遜於其他人種。符瑞爾爵士主張非洲人做為一支民族，「正等著文明與商貿」讓屬於他們的非洲大陸上誕生出「一個個可以對世界財富做出顯著貢獻的富庶國度」。[10]

按照跟符瑞爾一樣樂觀者的看法，造成非洲現狀的是歐洲政府、商人與銀行家的怠惰與想像力匱乏。在當年英國龐大的國際投資組合裡（一八七五年的投資報酬高達七千五百萬英鎊），僅有百分之二流入非洲。就國際貿易而言，非洲大陸的地位仍舊處於邊緣，唯史坦利與布拉札會逢人就鼓吹非洲不缺消費者也不缺天然資源，他們說那兒充滿了投資的機會，唯一缺的就是有眼光的投資人。終於到了一八七〇年代尾聲，這兩人發現自己終於不再對牛談琴了。

---

③卡萊爾指的是南瓜在熱帶國家便宜得跟雜草一樣，吃肥美的南瓜就能飽，所以黑人的工作意願低落。

歐洲景氣變化，也讓歐洲的實業家與投資人願意考慮當時仍陷於五里霧中的非洲內陸商機。在這之前的二十年間，歐洲的經濟成長可說突飛猛進。截至一八八〇年，歐洲掌握了全球六成的製造業產能，產出一飛沖天。在這二十年間，英國的外銷產值從一億六千四百萬英鎊飆升至兩億兩千三百萬英鎊，法國的表現則從九千一百萬英鎊擴大到一億三千九百萬英鎊。兩國都有資金投放到國境以外。英、法的投資對象以開發中的現代經濟體為主，如北美、南美、澳大拉西亞與俄羅斯都有英、法金主的身影。

成長數字當然不代表事情的全貌，主要是數據沒有考慮到生產的效率、新科技的應用，以及科學的發明。以上這三點，都是德國與美國產業界的優勢，而這也說明何以德、美會緊追在英國的腳跟後，乃至於能超越法國。壓制了祖魯人的加特林機關槍就是美國人設計並製造出來的，另外像留聲機等各種電子器械，也都在短時間內讓非洲的王公貴族看得瞠目結舌。

壞消息是在一八七九年後，歐洲的經濟成長開始經歷景氣循環的交替起伏，並如此一路延續到一八九六年。一次次階段性的經濟衰退，引發了不確定性，而政府開始有壓力要擬定政策來捍衛製造與出口廠商。這所謂的政策，就是保護性的進口關稅，乃至於有利於壟斷市場與確保原物料來源的措施。共和制的法國與帝制的德國分別在一八七九年與一八八二年採行上述的保護措施，但英國則堅守自由貿易的原則，畢竟那是他們此前經濟霸權的根基。

在以往，英國會容忍外國競爭者來本土與帝國各殖民地發展。英國與非洲統治者所簽訂的雙邊貿易協定，向來都容許外籍貿易商與英商一較高下。在一八六〇年代初期，由漢堡商人蒸餾出的伏特加可以在廣大的西非與英國的松子酒互別苗頭，西非的英國領事甚至會在德商與在地貿易商或酋長產生爭端時提供協助。但相隔二十年後，英國商人得付出百分之二十的稅款才能在象牙海岸販賣棉花製品，法國政府之所以課此重稅，其用意就是要保護自家的廠商。[11]

產能的提升，讓市場的開發成了當務之急，而且是再小的市場都不嫌小了。英國的商人不惜窮盡所有手段來因應全球化貿易的新局，但儘管如此，他們的商業頭腦還是很清楚地知道該在最大程度上維持自由貿易在全球的通行，即便這代表英國得永久性占領尚未落入外國控制之手的所有區域。英國堅信長期而言，非洲人民將受益於市場競爭與貨暢其流。一八八〇年，在英國與葡萄牙針對下剛果進行的貿易談判中，英國駐里斯本公使就預測說協議只要談成，那今日還是「臭不可聞之潟湖」的地點，明日就會變成「生機、健康與財富薈萃的寶地」。[12]

IV

在此同時，法國也對非洲其他「臭不可聞之潟湖」，乃至於其周邊居民抱有極大的興趣。這些化外之地（民）會突然讓法國人產生興趣，是因為法國此時在歐洲的地位相對低迷，畢竟在一八五九至一八七一年間，歐洲的戲劇化權力重組中，法國堪稱最大的輸家。隨著德意志帝國與義大利這兩個新國家誕生，法國在列強中被降格為二流的角色。一八七一年的普法戰爭之後，遭到羞辱的法國被迫割讓洛林、亞爾薩斯兩省，而這兩省的人口多達一百三十萬人。這對出生率低於其他歐陸國家的法國而言，是一記沉重的打擊。德國此時已崛起成為歐洲強權中的第一把交椅，一八七九年更透過德奧同盟鞏固了自身的霸業。

法國人不分政治色彩，此時都熱衷於回復國家的盛世榮光。問題是這點要如何辦到？就跟在一八一五年時一樣，此時的歐洲已經關閉了法國擴張的大門，只剩下非洲可供法國彌補國力的損失，重振其國際地位，增強國勢到可以擊敗德國的程度，乃至於收復洛林與亞爾薩斯的失土。勝利之路，必須途經非洲，非洲像一把鑰匙，可以讓法國重返榮耀與富強。或者如某帝國擴張的倡議者所言，建立殖民地是「生死交關的事」，因為缺了殖民地，「法國就會沉淪到羅馬尼亞與希臘之流的層級」。[13]

出於復仇夙願的愛國主義，讓法國有了擁抱（新）帝國主義的動機跟引信，於是乎在一八七〇年代，帝國主義開始取得政治上的影響力，其中說少不少、說多不多的一群資深軍官與外交人員，變成令人最值得振奮的新血。這些軍官與外交官動用人脈，說服政治人物支持擴張主義的政策方案。其中尼日河上游與跨撒哈拉的鐵路興建計畫背後有一名推手是擔任過塞內加爾總督，一八七九年起任海軍部長一職的尚・焦雷貝格里（Jean Jauréguiberry）上將。他有很優異的條件可以影響政策的走向，因為就跟與他背景類似的人物一樣，焦雷貝格里上將在階級分明的法國政壇上是固定班底般的存在，而你要知道在那個年代，民選的政治家多如過江之鯽，但也如候鳥般來來去去。單是在一八七六至一八八〇年間，法國的政府部會就換過七屆，大多數都僅維持了區區數月。但不論怎麼換，焦雷貝格里上將都穩如泰山，照樣老神在在地在他的辦公桌前發號施令（法國在西非的國家資產，盡歸海軍部管）、動用關係，以及對施政有諸多意見參與。他與志同道合者有幾道靠山，這包括同情他們立場的報社編輯、商人，以及天主教會，其中天主教會一向篤信基督教信仰是文明任務中的一大核心。

說到核心，法蘭西第三共和的精神核心非帝國主義莫屬。帝國主義代表著進步，也說明了「獨特而優異」的法國文化在共和黨人內心的地位，他們覺得把這麼美好而獨一無二的文化輸出到世界各地，真的是剛好而已。這真的是一種很有號召力的主張，而且也大大地將戰略、政治與商業三方面的正面論述打好蘋果光，然後整軍在支持擴張主義的大纛之下。針對拓展殖民地進行的遊說工作，在國民議會裡掌握了許多使得上力的盟友，這包括各為前後任總理的三位共和黨人大老：夏爾·德·弗雷西內（Charles de Freycinet）、茹·費理（Jules Ferry）與激進的萊昂·甘必大（Léon Gambetta），其中後者最晚認同帝國之路是法國的天命，但他的熱情卻絲毫不落人後。

透過新進報紙的聳動內容與大量流通，尋常的法國百姓也被捲入帝國主義運動的旋風。這些報紙的影響力，來自於其讀者群所代表的新民意。主要是一八七五年，選舉的投票權開始及於所有成年男性。雖然當時的成年男子中有上千萬的人不識字，但識字率已進入陡升期。支持擴張主義的《小日報》（*Le Petit Journal*）在一八七三年有每天三十五萬份的發行量，流通在以中、下工薪階層為主的讀者群裡，而報社的訴求是由殖民地進口的廉價食物來提升他們的生活水準。

布拉札主張下剛果與其由英國人或德國人敲開大門，還不如讓法國人先到要好得多，而熱衷於帝國主義者都覺得他說得太好了。[14] 布拉札撩撥起過去的慘痛教訓，因為在這之前的一世紀，英國一路在北美、印度跟加勒比海都壓著法國打。「狡詐的阿爾比恩」④會再次讓法蘭西吃癟，是法國人內心深處揮之不去的恐懼。但英國這個唯利是圖而不擇手段的狡猾對手，倒也為法國人

---

④ 狡猾的阿爾比恩（La perfide Albion），阿爾比恩是不列顛的古稱，「狡詐的英國人」在法文裡是「恐英症」的代表性說法。

的前途指出一條明路，《商會日報》（*Journal des Chambres de Commerce*）預測：「英國人能把印度怎麼了，我們在非洲也能如法炮製。」[15]

到了一八八〇年，法國已經做好在非洲擴張的心理準備。一如其外交部長對義大利駐法大使解釋時的說詞：「法國的影響力在歐洲遭到俾斯麥親王⑤的放逐，所以我們將精力轉向非洲。」[16]但在這話說出口的同時，法國的這些「精力」確切要如何運用跟用在非洲何處，還沒有一個很清晰的輪廓。最後突尼斯成為法國首先出手的目標，原因是時任法國總理的費理察覺到當地的局勢並不安定，於是便下狠手占了突尼斯的便宜。

有一定發展程度的突尼斯是鄂圖曼帝國一個自治行省的省會，人口組成有七萬名穆斯林，外加猶太人、馬爾他人、希臘人與義大利人共約四萬，當中不少是新進的移民。在歐洲各國領事施加的壓力下，每一任被尊稱為「貝伊」（bey）的突尼斯總督均鼓勵外資投資現代化的都會基礎建設，包括鐵路與天然氣的管路。唯一連串的瘟疫與饑荒，動搖了突尼斯的經濟，然後到一八八〇年，突尼斯的「省庫」終於見底到無法償債的境地。財政危機掏空了政府的統治基礎，何況突尼斯政府從來沒有確實控制過撒哈拉內地的各部落。一八八一年四月，突尼斯已經步入膏肓，橫豎看起來都是個現代人眼中的「失能國家」，而這也使其成為強國眼中「有花堪折直須折」的兼併對象。又或者如總理費理所說，突尼斯是他們必須要去「營救」的對象。

此時庫米爾地區（Khoumir）的部落由阿爾及利亞東境入侵，而這正好給了費理內閣出兵的「大義」，來遂行侵略的目的：《小日報》稱庫米爾部落的突擊是「天賜良機」。[17]就跟英國一樣，法國的帝國主義者也把一丁點的騷亂都視為洪水猛獸。他們認為阿爾及利亞邊境的動亂會一不小心就外溢到殖民地的其他地方，就像十年前發生過的狀況一樣。於是乎在出兵突尼斯之前，法國先做好了萬全的準備，就怕阿爾及利亞的其他地方會出亂子。[18]至於英國對於法國併吞突尼斯的疑慮，也事先得到安撫，因為法國私下保證英方將享有在比塞大（Bizerta）建立海軍基地的好處。[19]

在一八八一年四月底，法國軍隊越過阿爾及利亞邊界，而無兵可派也無力抵抗的貝伊下令地方官吏投降。「我們輸了。」他直言。但庫米爾的部落倒是沒有那麼容易洩氣，他們進行了反擊，數千名族人拖住一支法軍縱隊七個小時。在經過四週的戰鬥後，突尼斯落入法軍之手，期間法軍因水土不服而病死的人數極少。貝伊被迫退位，法國宣布突尼斯成為她的保護國，意思是法國官僚將進駐來主宰行政部門，而他們的人身安全將由駐地法軍來確保。法國出手如此迅雷不及掩耳，激怒了義大利人。義大利的突尼斯領事甚至譴責法軍屠殺平民。[20]

就在「非洲獵兵」部隊小跑步進入突尼斯的同時，布拉札也低調地在下剛果的岸邊進行另一種不那麼招搖的建（立帝）國大業。在海軍部的庇護下，他於一八八〇年六月帶著國民議會投票通過的十萬法郎預算，回到了下剛果，他被授權的任務是要推行他口中的「大占領計畫」（un vaste plan d'occupation）。[21]他找了當地的酋長，而酋長們也把手放在他的手上，承諾說會盡其所能來協助法國。其中一名年長的酋長馬柯柯（Makoko）宣誓他名下所有的土地都立刻歸新的主

⑤ 奧托·馮·俾斯麥（Otto von Bismarck），政治家，德意志帝國首任宰相，有「鐵血宰相」之稱，帶領普魯士王國變身為德意志帝國的要角。

人支配。在他一路向前的過程中，布拉札沿河岸建立起一個個的小根據地。每一處的頭目都望風披靡，立馬承諾土地未來會供農園植栽之用，而且也答應不會跟法國以外的對象交易。

V

但歐洲還是有一個敵人想與法國爭奪剛果，即比利時國王李奧波德二世。直至今日，李奧波德都是歷史上最令人生厭的反派，德意志皇帝威廉二世（Wilhelm II）總結他是「集撒旦與瑪門⑥於一身的傢伙」（Satan and Mammon in one person）[22]。李奧波德是個奴隸，但統馭他的不是主人，而是貪婪。你在他身上感受不到人的良知，而這樣的他也確實對自身經營剛果所造成的苦難無動於衷。但你以為這樣的衣冠禽獸會在其國內遭到唾棄嗎？不好意思，沒有，事實上他在比利時國內可受尊敬了，展現他馬上英姿的雕像共有兩座屹立在布魯塞爾與奧斯滕德（Ostend）。二〇〇四年，比利時的外交部長曾嘗試對國營電視台施壓，主要是希望他們能禁播一部影片，因為影片的內容細數以李奧波德之名在剛果犯下的種種暴行。[23]

李奧波德的人生有一個最大的意義，就是從海外撈錢。他動不動就搞一推在東印度群島與南美洲的投資計畫，但到了一八七〇年代中期，他又換了顆腦袋認為非洲可以讓自己發財。李奧波德的行事作風可以說一不光明磊落，二不直接了當。他首先裝模作樣地擺出一副科學之友與慈善家的模樣。靠著這樣的保護色跟皇家的地位，他爭取到足夠的正當性在一八七六年召開一場會議。這場會議要討論的主題不是別的，正是如何殖民非洲的中部。這場會議的結論，是成立了一個「笑裡藏刀」的組織來當作殖民中非的幌子，那就是「國際非洲協會」（Association Internationale Africaine）。事隔不久，國際非洲協會就突變成「上剛果研究委員會」（Comité d'Études du Haut Congo），然後繼續很虛偽地把人道工作當成染指中非的理由。

做為受李奧波德指揮的傀儡組織，上剛果研究委員會在一八七八年露出了真面目，主要是李奧波德以五萬法郎的年俸聘請史坦利來擔任該組織的代表人。收了這些錢，史坦利得到的指示是返回剛果造橋鋪路，並且要與酋長們接觸來簽署協議，重點是國王要求協議「必須盡可能簡單明瞭，最好隨便列個兩條就好，然後對方的財產就要盡數歸我」。四百五十名酋長在協議上打了個「叉叉」當作簽名，畢竟他們這輩子都沒有見過「文件」這種東西。至於歐洲人腦中存有的土地法觀念，他們更是完全沒有概念。至於這些酋長的子民，李奧波德要史坦利將他們視為「士兵與勞工」的預備隊。[24]比利時採取了軟硬兼施的兩手策略，閃閃發光的小玩意兒被塞到酋長們的手中來當作賄賂，但三心二意的人則得擔心被一旁的機關槍跟大砲伺候。就這樣短短五年，史坦利成功為李奧波德奪下廣大的私人資產。

布拉札在比利時身上看到競爭對手，而他與史坦利的陣營間出現一觸即發的緊張關係。身為法國人，布拉札看清李奧波德與史坦利是一組見錢眼開的資本主義信徒。他明瞭李、史二人一心一意要賺到所有能賺到的錢，剛果人的死活他們全不放在心上。「我是法國人，也是海軍軍官。對於各國連袂來促進非洲的文明發展，我都願意舉杯向他們致敬，我尊重大家升起各自的旗

⑥ 聖經中象徵財富和貪婪的偽神。

幟。」這是一八八二年，布拉札在巴黎一場公開會議上當史坦利的面所說出的話。[25]他希望瓜分非洲的主權國家可以著眼於創造一個更好的非洲。他以這席甚為崇高的談話，再一次闡述了文明任務的理想，而在場的人應該都聽得心花怒放，畢竟在這之前的六個月，眾人都只能眼巴巴地看著英國將埃及納入控制，心裡恨得牙癢癢但也拿不出辦法。

第二部

1882至1918年

第七章　埃及與蘇丹的政權更迭，一八八二至一八八九年

能打起來最好。

——英國地中海艦隊指揮官波尚・西摩爵士

I

一八八二年，英國以雷霆手段拿下了埃及。至於這要解讀為符合比例原則，成功反將對方一軍的高明政治手腕，還是該被視為「你先對我不仁，休怪我對你不義」的卑鄙詐騙手法，就要看每個人的立場與效忠的國籍而定了。英國入侵並占領埃及的前置作業，可以用幾個字眼來形容，那就是迅速、果決與不擇手段。首相格萊斯頓在暗地裡指揮若定，該統籌的統籌，該監督的監督，而他願意這麼搞，是因為他堅信自己是在維護國家的核心利益。但說到出兵攻伐，與在道德標準上苟且行事、避重就輕，實在不是一位言必稱按神的旨意，人格良心也廣獲肯定之英國首相所該做的事。更別提在此之前，他才不以為然地用他出了名的說教口吻，狠狠批評過到處肆虐的

帝國主義。話說在一八八〇年選戰中，他曾公開譴責破壞祖魯族村落的人畜安寧是一種犯罪的行為。但言猶在耳不過兩年，英國的鐵甲戰船就已經兵臨亞歷山大港外海，埃及的要塞隔海遭到猛烈的砲轟。

埃及算是非洲國家裡的成功典範。在英國入侵前的四十年間，歷任的赫迪夫都盡了份力量，要讓埃及少些鄂圖曼帝國自治行省的色彩，多朝向現代歐洲國家的型態靠近。一八七一年，《阿伊達》（*Aida*）就在新落成於開羅赫迪夫歌劇院（Khedival Opera House）首演，而這也象徵了埃及的脫胎換骨。《阿伊達》的劇本，是時任赫迪夫的伊斯美爾請朱塞佩．威爾第（Giuseppe Verdi）創作，而他把這部愛情悲劇的時空背景設於法老治下的埃及，至於首演的場景則把史實考究地極其詳實。透過排場的設定，古埃及的榮光在十九世紀重生，而這也讓觀眾不可自拔地入戲甚深。

伊斯美爾是個在恣意妄為之餘，還算是個開明進步的統治者。他一方面改造埃及，一方面建立一個希望有朝一日能延伸到印度洋海岸的帝國疆域。伊斯美爾手裡的計畫是要建立一條鐵路沿尼羅河抵達喀土穆，藉此鞏固埃及對蘇丹的控制力。埃及在國內有鐵路網連結各大城市，電報系統也已經順利成形，而就跟古埃及的法老一樣，伊斯美爾也認為宏大的建築可以彰顯國家與王朝的地位尊貴。就外觀而言，開羅愈來愈有歐洲大都會的格局，林蔭大道、廣場、商辦與證券交易所等功能都一應俱全，而且全數都展現十足誇張的義大利式資本主義風格，就像歐洲金融街區所偏好的那樣。在開羅稱得上布爾喬亞的中產階級，將很快也能逛到在倫敦與巴黎如雨後春筍般冒出的百貨公司。

一八六九年，蘇伊士運河開通。其資金來源是歐洲的金融市場，設計者是法國人費迪南．

德・雷賽布（Ferdinand de Lesseps），至於動手挖掘的則是被強迫徵集的貧農工人。埃及此時已經是歐洲與東方的貿易必經之地。每五艘通過蘇伊士運河的蒸汽船，就有四艘屬於英國籍。

埃及的復興，是外資出的錢，但到了一八七六年，這些資源便已用罄。埃及在歐洲的資本市場募得九千一百萬英鎊。這些錢是從歐洲人手中借來的，利息是每年七百四十萬英鎊，但埃及全國每年的歲入也不過九百五十萬英鎊。說起來，埃及有將近半數的稅收來自最底層的「費拉辛」（fellahin），也就是為數四百九十萬人的鄉居農民，這也相當於埃及總人口的十分之九。[1]沒想到天有不測風雲，一八七六與一八七七年的歉收重擊了貧農繳稅的餘裕。

埃及已然走到破產邊緣，若是埃及果真還不出錢而違約，歐洲的金融業者將蒙受巨大的損失，金融危機迫在眉睫。冷汗直流的歐洲政府集結起來給他們的銀行家跟不事生產的專業投資人（rentier）撐腰，於是在一八七九年，歐洲當局決定埃及的財政大權必須要掌握在由英、法技術官僚所組成的委員會手中，由這些官僚來負責保證不論發生什麼事情，歐洲的股東或債權人都可以領到他們的分紅或利息。在替歐洲銀行與金主辦事的同時，埃及這群新的主宰者也沒忘了自肥，他們每年可以領到四十萬英鎊的薪水。

伊斯美爾被迫遜位，由兒子陶菲克（Tewfiq）取而代之。歐洲人對陶菲克的期待是他能扮演一個任新政權擺布的公仔。一八七九年的埃及處境，就像是二〇〇九年次貸金融海嘯之後的希臘財政，被歐元區（Eurozone）跟國際貨幣基金（International Montary Fund）的官員給掐在手裡一樣。撙節措施實施到極致，其政治上的效應不論在埃及或現代的希臘，都一樣引發民眾滿腔的怒火、悶燒的社會不安，乃至於最後串連成一股全國性的動盪。憤恨之情在軍隊中尤其深刻，因為他們的預算被埃及的政壇新貴砍到見骨。高階的職缺幾乎成了切爾克斯裔①土耳其人的禁臠，而這也讓埃及土生土長的基層軍官升遷無望，心生不滿。從這群本土軍官中，誕生了一位民族主義者需要的領袖——有帕夏頭銜的艾哈邁德・阿拉比（Ahmed Urabi）。他曾自稱是「埃及版的喬治・華盛頓」。

反抗新秩序的各股勢力，集結在「埃及是埃及人的」這句口號下。而其中戰鬥力最強的一支，就是阿拉比的兄弟，這包括中、低階的行政官員與費拉辛。在鄉間，穆斯林的傳道者預言著赫迪夫的敗亡。這些神職者說阿拉比將會上位，所有的異族都將遭到驅逐。[2]

歐洲政壇對突然冒出來的埃及民族運動感到丈二金剛，摸不著頭腦。有些人的態度是不以為意。約瑟夫・張伯倫（Joseph Chamberlain）這位曾經的激進自由派，此時是格萊斯頓手下的貿易委員會主席。他不屑一顧地貶低阿拉比是個軍伍出身的投機分子，並堅稱「埃及根本不存在所謂的民族黨派」。[3]另外萊昂・甘必大則認為「民族主義的情操」根本超乎埃及貧農所能理解的範疇。但法國位於開羅的總領事警告母國政府說埃及的民族主義熱情扎根甚深，而且從晚近的外來壓迫中取得「十足的正當性」。[4]統帥過埃及士兵的查爾斯・戈登將軍認為阿拉比會是個「千秋萬載活在百姓心中」的國家領導人。[5]到了一八八一年的九月，阿拉比在政治上已經是一股不容小覷的勢力。他首先憑實力要求陶菲克命其閣員總辭，因為他覺得陶菲克「把埃及賣給了歐洲人」，然後又要求民選議會，並主張清洗軍隊與官僚體系中的外族元素。陶菲克不會不懂如何當

① 切爾克斯人（Circassians）是北高加索人的一支。十九世紀由於沙俄進行種族清洗，大量切爾克斯人進入鄂圖曼帝國定居。

枝牆頭草，他在一八八二年任命阿拉比出任戰爭部長一職。

英、法兩國擔心情況失控，於是在同年五月下令陶菲克放逐阿拉比與所有異議軍官。但這種外交恫嚇反而強化了阿拉比的精神領袖地位，讓他處於更好的位置可以跟外國惡霸賭一把誰才是真貨。到了這個份上，埃及人已有理由相信並擔心起自己的國家會被「整碗捧去」，就像一年前的突尼斯那樣。一八八二年五月底，阿拉比在實質上控制了埃及政府，這讓駐開羅的英國大臣覺得阿拉比不久就會推翻陶菲克。[6]

一如其他的民族主義運動，埃及人也有他們專屬的替罪羔羊與眾矢之的。這些倒楣的出氣筒是埃及境內二十萬名外國居民，其中法國人、義大利人、奧地利人與英國人合占兩萬一千人，其餘的則有希臘人、馬爾他人、亞美尼亞人、黎巴嫩人與猶太人。這些外國人大多經商，且所有人都在埃及享有治外法權，不受埃及司法的管轄。如馬爾他人在埃及被起訴，負責審判與懲戒的會是英國領事，而不是埃及政府。

六月十一日在亞歷山大港，埃及與外國勢力間的劍拔弩張終於理智斷線，至於事情一發不可收拾，肇因於街頭的一場打鬥，埃及一名看驢子的少年死於某位馬爾他人之手。事端一起，義憤填膺的埃及人開始見歐洲人就打，歐洲人的財產也紛紛遭到破壞。希臘人與馬爾他人不甘示弱地回擊，埃及暴民於是開始挨起槍子兒。英國政府譴責阿拉比在背後煽動，但其實社會脫序最傷的就是阿拉比。埃及人指控英國勢力的代理人把狙擊手用的長槍供應給希臘人跟馬爾他人。[7]英國媒體宣稱穆斯林中的狂熱分子在鼓動暴民，因為群眾中聽得見喊聲說要毀滅「邪惡的異教徒」。

II

阿拉比日益讓英國政府戒慎恐懼，而亞歷山大港的暴動就像是老天爺賞給英國政府的一份大禮。格萊斯頓有三分之一的個人投資組合都砸在埃及股市裡，而他同時也篤信財務紀律，所以他另一腳也跨進債券投資者的陣營裡頭。[8]不過真正讓他與他的內閣決定以亞歷山大港的動亂當作藉口來出手推翻阿拉比，進而占領埃及的，還得算是他對於英帝國國祚能否長期延續下去的擔心。

埃及不拿下來，蘇伊士運河就無法確保，而蘇伊士運河是說什麼也不能有所閃失的帝國命脈。蘇伊士運河的戰略重要性已經在一八七七至一八七八年與俄羅斯的衝突中獲得了證實，當時一支印度大軍就是取道蘇伊士運河，才解了馬爾他之危。時間更近一點，則有另一隊運兵船帶援兵經過蘇伊士運河，反向從英國抵達了阿富汗。另外蘇伊士運河也對英國的國際貿易至關要緊，途經蘇伊士運河的貿易量占英國出口的百分之二十一跟進口的百分之十六。[9]

初生的埃及民族主義、不肯當個順民的阿拉比，以及反歐動亂在埃及城市中再起的可能性，在在都危及了運河將來的安全性。格萊斯頓必須趕緊有所回應，主要是土耳其的蘇丹與法國可能即將承認阿拉比是實質上的統治者，屆時阿拉比將順利得到政治上的正當性。果真如此，法國的影響力在埃及將會抬頭，而英國的地位將會蒙受打擊。

格萊斯頓因此當機立斷在一八八二年六月二十日發電報到西姆拉（Shimla），他打算動員印度軍力來劍指埃及。在六月二十三到六月三十日之間，英國海軍高層令其地中海艦隊中含戰艦在內的各單位集結在亞歷山大港與塞得港（Port Said）外海。七月一日，第一海軍大臣（First Lord of the Admiralty）發電報給海軍上將暨地中海艦隊指揮官波尚・西摩（Beauchamp Seymour）爵士，內容是授權他要求拆卸護衛亞歷山大港城的砲台來向埃及挑釁，「能打起來最好」。四天之後，情報傳來說法國即將與阿拉比進入協商程序，自此英、埃雙方已無化干戈為玉帛的轉圜空間。歐洲強權的大使紛紛收到英國即將單邊向埃及採取行動的警示，而也就在七月九日，格萊斯頓點頭讓英軍轟炸亞歷山大港的堡壘，名義上是「自衛」。[10]

取得轟炸命令的隔天，西摩爵士向埃及當局發出最後通牒，重點再度是要他們解除亞歷山大港的砲台防禦。埃及自然不可能自廢武功，於是英國在七月十一日拂曉後即刻展開轟炸，為時十個小時出頭，至於轟炸的範圍並不僅限於濱海要塞，而是就連市區也未能幸免於難。英艦發射超過三千枚砲彈，遭擊中的目標不少是住宅與商業區，事後不久所拍攝的照片顯示建築物被炸到僅存斷垣殘壁。[11]英國的官方與媒體都把錯賴到阿拉比頭上，他們說是阿拉比差人在市區縱火破壞。但法國與義大利的報紙都大篇幅指證歷歷，這就是西摩艦隊的所作所為，與其他人無涉。[12]

此番轟炸引發新一波鎖定歐洲人的侵擾、劫掠與攻擊，最後逼得英國軍艦不得不派遣陸戰隊與水兵上岸來鎮壓動亂。另外在轟炸隔天，原本在賽普勒斯待命的兩個步兵營也一併登岸。縱火與暴動是英國求之不得的宣傳材料，他們說若非英軍上岸平亂，埃及全境將陷入無政府狀態。

從六月的暴動以來，英國的輿論便像是殺紅了眼似地萬分嗜血。按照外交大臣之下的外交事務次官（Under-Secretary of State for Foreign Affairs）查爾斯・迪爾克（Charles Dilke）爵士觀察，他的議員同僚一個個暴怒到忘我：「他們是真的想大開殺戒，（只是）不知道可以殺誰。」他後來還說「轟炸亞歷山大港，就跟任何的殺戮一樣，都非常受歡迎」。[13]但問題是大家也不想放棄自己的道德高度，於是乎就變成英國全國都一致支持格萊斯頓的說詞，那就是英國用兵是在「拯救埃及脫離無政府的失序狀態，讓他們重獲自由」。

經過八個星期，埃及終於順利「獲救」。雖然阿拉比已經承諾不會插手蘇伊士運河的事務，但到了七月底，他在塞得港的辦公處還是遭到占領，運河也一併落入英軍的手裡。四萬餘英埃聯軍在沃爾斯利（祖魯戰爭中英軍指揮官）的指揮下，於泰勒凱比爾（Tel-el-Kebir）一役擊敗阿拉比的正規軍，但雖說是正規軍，裡頭還是有兩萬名貝都因人跟貧農志願軍充數。[14]為了國家，不少埃及人英勇作戰，一名美軍觀察員讚許了蘇丹士兵與英軍步兵肉搏的「奮戰精神」。[15]

初嘗勝果後，沃爾斯利朝開羅趁勝追擊，他希望能在開羅「斬斷阿拉比的鼻子」，然後送給老婆當成禮物。戰功讓他獲頒子爵的爵位與兩千英鎊的獎賞，但他覺得這樣很委屈。[16]阿拉比後來的命運是投降、受審，然後被流放到錫蘭。數以百計的支持者遭到囚禁或驅逐，當中又以軍官為主。陶菲克保住了他的王座，埃及的行政體系則由英國官僚進駐來達成兩個任務，一是平衡財政預算，二是鏟除貪腐。在此同時，英國軍官也掌控埃及部隊。按照格萊斯頓的講法，這些措施的意旨是要讓獨立的埃及能獲得一個穩定、廉明與財政有其餘裕的政府。他說只要這些目的達成了，英國就會退場。

像這樣的「心跡」，英國在接下來的四十年內共重複表明過六十六次。歐洲各國的外交部會自然不會被騙，但埃及境內的外國人倒是很欣慰格萊斯頓領導的英國能速戰速決，沒有讓戰事擴大。貧農們甚至誤以為英國政府會終結徵兵制，一開始還歡天喜地。[17]

III

歷史學者們曾推測是英國占領埃及起了個頭，因此法國、義大利與德國人才會有樣學樣，爭先恐後地開始在接下來的三十年間逐鹿非洲，瓜分這片黑色大陸。但這樣的說法多少有點一廂情願。因為埃及的變天固然如晴天霹靂般震撼了歐陸，但當時法國的帝國主義者早已對突尼斯跟剛果掀了底牌；德意志帝國中的遊說團體持續對慢熱的俾斯麥施壓；義大利的利益團體則鼓吹著吞併在紅海沿岸的義屬殖民地。埃及變天要說產生了什麼效應，那就是讓還在猶豫的其他政府覺得著急：時間拖愈久，代表肥肉剩得愈少，分一杯羹的國家則會變多。但如果以為英國不對埃及下手，歐洲的兼併主義就會銷聲匿跡，那就未免太過天真了。

一八八二年發生在埃及的事件，具有非常濃厚的英國色彩，主要是這反映了英國本身一種非常強烈的執念：英國在印度的資產安全，乃至於英國在遠東與澳洲的身家安全。埃及保住了，運河就保住了，而更遠處的資產也就保住了。而為確保運河的安全，英國派駐五千名英軍，外加人數比這更多，且經過英國軍官調教的埃及徵兵。面對普羅大眾，英國政府對內的說法是這些改變可以惠及尋常的埃及百姓。在英國拿下開羅後不久，其國內的《潘趣週報》就發表一幀漫畫上畫著埃及街頭上有身著紅色外套的英國正規軍在行軍，下頭的文案是「有力的朋友」。這是在為英國擦脂抹粉。英國大兵來到的，是日後會被他們稱為「沙子、糞便與梅毒」橫行之處的地方。他們來到這的使命，是要保護帝國的交通命脈，畢竟英國與遠東跟太平洋地區的貿易不能中斷。

法國是埃及變天的輸家，而為此他們恨得牙癢癢。法國政府被擺了一道，調兵遣將也輸英國一籌。法國舉國處於一片低氣壓，對此有海軍軍官身分的小說家皮耶・羅提（Pierre Loti）筆下如此描述：

> 可嘆啊！可嘆！與我們為敵百年的國家，她無可動搖的謀略讓我們在驚嚇中嘆服，而這樣的一個國家正踩著我們的失敗，追尋著屬於她的榮耀，畢竟她一心就是要成為在伊斯蘭世界中至高且僅有的強權。不論在任何地方，我們的地位都只能拱手相讓於她。[18]

事實上，法國總理弗雷西內在這場危機中始終欠缺決斷。他的幕僚態度算不上鷹派，而他本人一開始也巴望能與英國合作，但在此同時，弗雷西內也動過想要跟阿拉比和解的念頭。唯最終英國設計出並徹底執行政治與軍事雙管齊下的計畫，而在世事難料的變化之下，法國就這樣成了既吃驚又憤怒的旁觀者，除乾瞪眼也束手無策。法國的報紙痛斥英國人卑鄙凶殘。左翼的極端分子把埃及被英國占領的帳算到國際銀行家的陰謀算計頭上，而這個指控其實與實情相去不遠。[19]法國頗自豪於自身在埃及的文化與經濟影響力，話說法國經營埃及可一路回溯到拿破崙於一七九八年進入埃及。一名帝國主義的官員艾都瓦・拉克洛伊（Édouard Lockroy）曾大言不慚地說：「埃及與其說是英國的埃及，她更是法國的埃及。」[20]自此之後，英國在法國的眼裡就成了狡猾跟無所不用其極的代名詞，雙方勢不兩立。

IV

就在埃及內部發生危機的同時，其屬國蘇丹正好也鬧起了革命。領導蘇丹革命的是穆罕默德．艾哈瑪德．馬赫迪（Muhammad Ahmad al-Mahdi）這位信奉彌賽亞的穆斯林聖者與先知。身為一位先知，他從阿拉那兒接獲的任務是要復興並純化穆斯林的信仰與儀典。棄教、偏離正信，或信仰鬆懈等亂象在蘇丹蔓延，罪魁禍首是在蘇丹被稱為「（鄂圖曼）土耳其人」的埃及人，於是乎原本的宗教復興運動暗暗染上了國族主義色彩。「土耳其人」與其共犯的驅逐或消滅，成為馬赫迪信仰改革中的核心。

埃及底下那個高壓統治而受人唾棄的蘇丹帝國，在一八八二與一八八三年間土崩瓦解。馬赫迪的聖戰橫掃了蘇丹全境，逐一拔除埃及的軍事據點，擊潰來平亂的埃軍。馬赫迪吸引到廣泛的支持，其中包括埃及與蘇丹的逃兵，包括此前受雇於奴隸主的民間騎兵，也包括在奴隸貿易受打壓時一敗塗地的巴加拉族（Baggara）等部落。[21]在戰場上，馬赫迪的軍隊高舉題寫著古蘭經經文的旗幟，同時自馬赫迪以降，所有人都身穿有補丁的穆斯林長袍（jibbah），這象徵他們對俗世的棄絕。美酒、哈希什②與菸草都在禁止之列，犯戒者會因為褻瀆信仰而被處以鞭刑。

每累積一場擊敗埃及軍隊的勝績，馬赫迪就多累積一筆神蹟可以佐證他是阿拉欽點的使者。最輝煌的一場戰役發生在一八八三年十一月的歐拜伊德（El Obeid），而慘遭他擊潰的埃軍指揮官是一位上校威廉．希克斯（William Hicks）。埃軍其實配備有克虜伯（Krupp）火砲與機關槍，但這最終只是跟數千支現代步槍一同成為馬赫迪的戰利品，讓馬赫迪的彈藥庫顯得更加充實。到了一八八四年初的喀土穆之圍時，這些槍砲都派上了用場。

面對蘇丹的亂局，英國政府拿不出一個確切的說法。格萊斯頓覺得不論是因為治理無方而瀕臨崩潰邊緣的埃及帝國，抑或是駐埃官僚與士兵的人身安全，乃至於位於喀土穆的歐洲僑民社區，在在他都應該負起責任。讓希克斯上校帶兵剿匪的做法既已踢到鐵板，英國內閣於是決定徹底放棄蘇丹。唯即便如此，相應的措施還是得拿出來阻擋馬赫迪主義擴散到埃及或甚至飄洋過海到紅海的彼岸。一八五七年印度叛變③的慘痛教訓後，英國官方可說一朝被蛇咬，十年怕草繩。民族主義與伊斯蘭武力的任何一點藕斷絲連，都足以讓他們感到風聲鶴唳。

一八八四年初，戈登將軍奉命前往喀土穆撤僑。但他無視這樣的命令，還豪氣干雲地說：「我不帶一兵一卒前來，但有上帝與我為伴，我還是要撥亂反正，我不能放任邪惡橫行蘇丹。」戈登的勇氣、堅定與信念，令其敵人也不得不折服。在他死後，馬赫迪陣營的評論是：「將軍若為吾人之一員，則他必將是位完人。」[22]終其一生，戈登都是一位鬥士，他尋尋覓覓的是一場公義之戰，而喀土穆就是上帝給他的舞台。他最後選擇履行守城之責，但身為一位職業軍人，他心

---

② 哈希什（hashish）是一種以大麻為原料做成的油脂製品。

③ 這指的是一八五七年的印度民族主義起事，也就是歐洲學術界通稱的「印度叛亂」（Indian Rebellion）。事情的起因是信奉伊斯蘭教的士兵間盛傳飲食中摻了豬油，進而渲染成東印度公司對印度士兵和英國正規軍給予差別待遇。東印度公司集二十一個土邦聯手剿滅了叛軍，但公司在事後已無力有效管理印度，英國內閣因此設立印度大臣總理各項事務，維多利亞女王身兼印度女皇，早已名存實亡的蒙兀兒帝國自此灰飛煙滅。

知肚明的是不調動正規的英軍，他沒有機會擊退馬赫迪。他的想法是自己只要留在喀土穆，英國就有可能良心發現。他期待輿論壓力會迫使格萊斯頓收回成命，進而發兵解喀土穆之圍。他期待英國能以文明之名拯救蘇丹。

但其實英軍已經在蘇丹了，因為一八八四年的三月，海軍、陸戰隊與陸軍就開始湧入紅海沿岸的薩瓦金（Sawakin），畢竟英國不希望這港都落入奧斯曼・迪格納（Osman Digna）指揮的馬赫迪軍之手。薩瓦金的英軍並非孤軍，與他們並肩作戰的還有來自印度的分遣隊。這點醒了我們除皇家海軍外，英國的印度辦公室（India Office，即東印度公司的後繼者）也希望紅海能繼續是由英國控制的航道。於是在記者與戰爭畫家的見證下，馬赫迪的軍隊遭接連的奮戰擊退。而戰場的寫生，讓英國民眾彷彿身歷其境地震懾於在薩瓦金周遭燥熱而塵土飛揚的稀疏灌木原上，雙方曾經發生過什麼樣的慘烈戰鬥。若干年後，芙羅拉・湯普森（Flora Thompson）這名出身工人階級家庭且居住在牛津郡偏鄉的女學生，回憶起她兒時的見聞：「他們過的，是與刺刀跟機關槍為伍的日子，是馬拉砲車跟氣球觀測的日子，是穿著高領緋紅制服與敵人短兵相接的日子。」當時還很年輕的溫斯頓・邱吉爾（Winston Churchill）曾欽羨過他的同學有一箱箱的模型士兵，穿著新穎的駐蘇丹卡其步兵制服。

唯真正在英國動見觀瞻並能打動人心的，仍舊是戈登將軍。在他身上，英國人看到一位基督教的英雄，一位打擊奴隸貿易的急先鋒，而地位如此崇高的一位人物，如今正在千里外的城市裡一邊浴血奮戰，一邊呼籲英國同胞能不分男女老幼伸出援手。他的策略果然有用，格萊斯頓不情願地同意派援軍前往尼羅河上游赴險。這支援軍的冒險犯難，包括在阿布克雷亞之役（Battle of

Abu Klea）中被馬赫迪軍突破方陣後才逆轉打退敵人，都讓遠在英國的老百姓們熱血沸騰。可歌可泣的此役觸發了亨利．紐伯特（Henry Newbolt）爵士的靈感，讓他寫出「生命火炬」（Vitaï Lampada）一詩：

> 大漠本黃沙，今成一片紅，
> 方陣現已破，徒留血泊中，
> 機槍鋒芒挫，官長英勇歿，
> 硝煙伴遲暮，兵士眼朦朧。

一八八五年一月二十六日，喀土穆被突破占領，戈登壯烈殉國。沃爾斯利的探子回報說將軍戰到最後一口氣，死時左輪配槍都還握在手裡，而這些回報後來也獲得目擊者的證實。[23] 馬革裹屍固然是軍人的榮耀，但英國百姓希望他能死得像個基督教的烈士，於是喬治．威廉．喬伊（George William Joy）便順應民意讓畫作中的戈登將軍著軍裝在樓梯間與惡賊交手，一邊是基督教的英雄高高在上，一邊是野蠻人在底下伺機行凶。

戈登之死被認為是英國政府的錯，焦頭爛額的格萊斯頓內閣被迫要出兵為民族英雄復仇。但此復仇之役最終未能成行，因為人算不如天算，俄羅斯突然於此時入侵阿富汗，英屬印度為之震動，所有的英軍與印度兵都得優先用來確保印度的安全無虞。英國於是撤軍至埃及與蘇丹邊境，唯薩瓦金仍保留一處英軍基地。

馬赫迪在同年六月亡故，他的繼承人哈里發阿布杜拉（Abdullahi）控制蘇丹這個伊斯蘭國度。阿布杜拉是個極權的領導人，其治理的正當性源自宗教的道統。阿布杜拉公開說：「馬赫迪是先知的哈里發（繼承者），而我是馬赫迪的哈里發，因此地表上再沒比我更偉大、更神聖的人了。」[24]

蕭規曹隨，阿布杜拉延續原本埃及統治蘇丹時期的擴張政策。以伊斯蘭之名，他在一八八七年對阿比西尼亞的皇帝約翰尼斯四世（Yohannes IV）開戰，理由是他把基督教信仰強加在穆斯林的子民身上。約翰尼斯四世在一八八九年的卡拉巴特之役（Battle of al-Qallabat）中被殺，同年馬赫迪軍企圖侵略埃及，但在塔斯基（Tuski）被擊敗。當時的戰況，按照某英國軍官的說法，是衝鋒的苦行僧遭步槍與機槍的火網「成百地撂倒」。戰術思想與信仰一樣古老的馬赫迪軍堅持以矛兵、騎兵與駱駝騎兵衝鋒的戰法，幾年前繳獲的軍火則幾乎棄而不用。對於被告知信仰就可以化解子彈的戰士來說，這些槍彈顯得有些多餘。

哈里發還另外把目光射向蘇丹南部的尼羅特族（Nilotic people）部落，這一帶是埃及人從未徹底征服過，同時部落也派過戰士去加入馬赫迪軍的地區。唯原本的埃及主人心狠手辣，新的主人也不遑多讓。哈里發以武力滲透這個地區，迫使居民在宗教上改信，強推伊斯蘭教法④，並且把男童、女童當成稅款來徵收，然後推進奴隸市場的火坑裡。[25]

尼羅特的各分支群起反抗。一八九〇年代初期，被認為有神力的女先知奇登（Kiden）帶領有著女性領導人與女戰士傳統的巴里人（Bari）。她宣稱自己的神比阿拉強大，且事實上她也成功迫使馬赫迪勢力後撤。[26]此前就對埃及帝國寸土不讓的阿桑德人（Azande）也拒絕向馬赫迪的哈里發叩首。[27]馬赫迪軍另外還派分遣隊向更南邊投石問路，結果跟李奧波德國王的剛果自由邦（Congo Free State）部隊短兵相接。[28]

④ 伊斯蘭教法（sharia law），sharia的意思是「道路」，伊斯蘭教法是以伊斯蘭教教義馬首是瞻的法律，亦即根據古蘭經與聖訓內容對百姓的生活與行為舉止加以規定。

第八章 瓜分非洲，一八八二至一九一四年

一個成功的殖民者，其理想的內心應該要是意志與力量的結合。

——探險家卡爾・彼得斯

I

一八九五年，小型的衝突出現在馬赫迪勢力與剛果自由邦的「公共部隊」（Force Publique）之間，而這只是非洲遭到瓜分過程中的一小段插曲。非洲遭到瓜分的過程始於一八八二年，終於一九一四年，之後就見到歐洲國家的非洲之爭演變成第一次世界大戰的一環。這裡所說參與瓜分的歐洲強權有英國、法國、德國、義大利，而推動他們冒進的動力，其實就是一股爭先恐後的心情。這些國家深怕因為手腳太慢或未能當機立斷而全盤皆輸。在這樣的過程中，非洲本土政體的領土若非遭到兼併，就是被宣稱是歐洲強權的屬國，也就是保護國，而這跟被吞併只有名義上的差別。有些君主原本統治得好好的，一夕之間就被踢下王座，有些人則被留下來，但那只是因為

歐洲人需要傀儡來耍猴戲。在西非的塞古（Segu），蘇丹艾哈瑪杜（Ahmadu）被想要殺雞儆猴的法國人驅逐，而英國人則在北奈及利亞讓世襲的統治者繼續幹活。少數的例外是賴比瑞亞因為立國之初就是美洲黑奴獲解放後的庇護所，所以得以享受美國的庇蔭。另外就是阿比西尼亞倖存了下來。但阿比西尼亞的獨立地位也只是苟延殘喘罷了，因為到一九〇六年，義大利就取得英、法的首肯，準備要在日後將其大卸八塊。[1]

非洲在這個階段所歷經的政治變革，會對其日後的歷史發展產生天翻地覆的影響，新邊界會就此定下來，再也回不去了。但即便經過權力的轉移，原本已普及的社會與政治結構仍會大致維持原樣，而歐洲人選擇如此有很充分的理由。「每個社會，都有一個統治階層，其生來就是要對各種人事物發號施令。」法國軍政雙棲的于貝爾・利奧泰（Hubert Lyautey）將軍（後來晉升為元帥）寫下過這樣的文字。他說因此統御之道的一大重點就是「讓固有的統治階級為自身所用」。[2]也算實事求是的帝國主義者願意在這點上「從善如流」，但凡有合作者稍微踩線就會被棄如敝屣。

非洲全新的政治利益分配，是一系列妥協發生在倫敦、巴黎、柏林與羅馬後的結果，至於施壓者除身處非洲現地的那些人以外，也包括這群人在歐洲政治圈乃至於新聞界的盟友。其中新聞界為所欲為的程度，算是頗為令人側目：為數不多的自大狂在愛國主義與權力欲的驅使下產生強大的偏執心，非洲地圖上的全新邊境就此劃定。

塞希爾・羅茲、法國一票軍人出身的官僚，乃至於德國的探險家兼殖民者卡爾・彼得斯（Carl Peters），都說服了自己一件事情，那就是他們都身負創造偉大歷史的天命。他們的行事都依循著對嶄新非洲一種理想化的願景：亂世已定，天下太平，奴隸交易已然掃淨，經濟進步即將來臨。

羅茲與彼得斯都眼巴巴期待著歐洲能大舉移民到非洲風土比較溫和的地區；兩人希望歐洲人能在此落地生根，進而賦予非洲土地新的生命，因為他們認為歐洲人能在非洲做到三件事情：以科學的方式務農、創業做買賣、帶來交通建設與行政體系。「非洲的大好河山仍在等著我們，」羅茲曾說，「前去大展身手是我們的天職。」為了履行他口中的這份職責，羅茲投射他強大的意志力，賭上他私人的家產，使出與生俱來的政治謀略，也顯露對盎格魯－撒克遜民族歷史天命的一腔熱血。羅茲初試啼聲就取得一些成功，讓他的眼界拉得更高。他開始計劃拉一條鐵路從開普頓連到開羅，沿路盡皆（女）王土。這樣的羅茲在一八九二年《潘趣週報》裡一幅知名的漫畫裡被描繪成跨在非洲之上的巨人。他對南非的經營與所造成的影響，會是下一章的部分內容。

羅茲的拚勁，啟發了于貝爾・利奧泰。一八九七年，利奧泰曾經在新任馬達加斯加總督約瑟夫・加利埃尼（Joseph Gallieni）將軍的身邊當幕僚。當時他若是有機會可以力行一些他口中有「塞希爾・羅茲之風」的行為，都會讓他內心相當欣喜。[3]羅茲的精神，也喚醒其他法國軍系背景官員在勇氣與格局上與羅茲並駕齊驅。法國自此將成從西非跨越撒哈拉，東抵尼羅河流域，南至剛果自由邦邊境的遼闊土地之主。至於英國有橫越非洲大陸的鐵路，法國自然也不能落於人後。

卡爾・彼得斯身為德意志非洲帝國的「總工程師」，胸中的丘壑也自然不容小覷。一八八七年在彼得斯第二趟考察東非時，他的心境「很接近於對權力的飢渴」，而他的思緒中則迴響著從尚比西到白尼羅河源頭都是德國殖民地，疆域大到可以形成一個集團的夢想。跟羅茲與法國帝國主義者如出一轍的一點，是彼得斯也認為自己獨具想像力、精力與眼光，成大業非自個兒莫屬。多年後他寫道「一個成功的殖民者，其理想的內心應該要是意志與力量的結合」。這樣的一個人，他說，「將不會被任何的婦人之仁左右」。[4]

這些人物雖然壯志凌雲且有志一同，但他們卻全無一人得償所願。這是因為做夢很簡單，但外交實務會像程咬金一樣跳出來當攔路虎。再來就是歐洲列強再怎麼驕傲，最終都還是會對互惠的原則低頭。妥協與遠見，肩並肩地陳列在一九一四年的非洲政治版圖上。非洲大地從南邊的南非到北邊的埃及，被一條淡胭脂紅的寬廣地帶給切成兩半，那是英國領土的代表色。那上頭並沒有開普到開羅的縱貫線鐵路，因為這條紅帶子中間有兩個斷點：德屬的東非與比利時的剛果。

德國也沒有如彼得斯所想的在非洲大展鴻圖，不過他的祖國還是在第一次世界大戰的前夕拿下現在屬於坦尚尼亞、納米比亞（Namibia）與多哥共和國（Togo）的地方，另外還在購買葡屬安哥拉與莫三比克的事情上取得英國的首肯。按照《經濟學人》的報導，德國這樣做是合情合理的，因為如果德國「想要在歷史上以強權之姿留名，那（它）就必須占到點像樣的非洲領土」。[5]《經濟學人》的文章裡還提到德國近期有意興建從喀麥隆到德屬東非的非洲鐵路。

赤道以北的非洲是法國老大的地盤，他們的勢力範圍從撒哈拉開始，最遠到蘇丹的西部邊境，另外還有南邊一大塊今天構成中非共和國、剛果與幾內亞的地方。法國掌控的非洲沒有橫貫鐵路連結大西洋與紅海，主要是英國不可能坐視這種建設發生。但失之東隅，收之桑榆，法國在另一頭得到摩洛哥這個保護國，藉此強化自身對馬格里布①地區的控制力。義大利的收穫算是符

---

① 馬格里布（Maghreb），非洲西北部地名，中國古稱「默伽獵」，阿拉伯語直譯為「日落之地」。馬格里布自古包括阿特拉斯山脈（Atlas）至地中海海岸之間的地區，後逐漸成為摩洛哥、阿爾及利亞和突尼西亞三國的代稱。一九八九年，摩洛哥、阿爾及利亞、突尼西亞和利比亞四國聯合成立了阿拉伯馬格里布聯盟，後來茅利塔尼亞也成為其中一員。

合其身為二線強權的地位：厄利垂亞（Eritrea）沾到點邊、索馬利亞，然後就是還有待征服的利比亞。

西非是個是非之地，法國領地固然自成一個集團，但其結構卻危如累卵，主要是見縫插針的英國與德國殖民地讓法國勢力的連結變得鬆散。看一眼甘比亞、獅子山、黃金海岸、奈及利亞、多哥蘭（Togoland）與喀麥隆，你就會知道歐洲列強全都不願意放棄堪稱暴利的棕櫚油貿易，也沒有任何一方會（或膽敢）棄其國籍的商人於不顧，畢竟這些生意人都在英國下議院或德國的國會大廈（Reichstag）裡有很高的民意代表性。

II

不論是分配土地，還是劃定非洲的新國界，都是個會讓人如履薄冰的複雜過程，這可以分成上、下兩個層面來說。首先，高高在上的內閣大臣、部長、外交官員們會為了各種相沖的主權宣示而陷入角力，也會達成精心設計的妥協條件來避免無謂地造成相關國家的自尊心受傷。說到妥協，就不能不提辦在俾斯麥威廉大街（Wilhelmstrasse）官邸內的柏林會議（Berlin Conference）。一八八四跨到一八八五年的冬天，俾斯麥邀集垂涎非洲土地的列強代表不說，甚至連跟非洲有點八竿子打不著的俄羅斯、美國與瑞典都獲邀前來。既然是個「群賢畢至」的國際場合，柏林會議的決議也顯得份量十足。與會代表的結論，代表「文明」世界的集體意志，而光是「文明」一詞，就賦予他們在國際法上的正當性。在柏林會議的磋商中，完全沒有非洲本地代表的參與。

柏林會議的本體關心的是西非的利益，還有就是剛果盆地所代表的棘手問題。最終剛果盆地被分給了李奧波德國王的貿易公司。這個決議惹怒了法國，但讓英國竊喜，因為英國人希望的就是法國人在此不得其門而入，好讓自由貿易可以在這個地方繼續進行。這場會議還確立未來主權宣示的基本原則，那就是歐洲國家需要有「實質主權」做為前提，才可以主張要在法律上併入或占領某個地區，但事實證明「實質主權」要如何定義，充滿了爭議。「實質主權」的本質與所需證據，在後來一有兩國利益衝突就必須召開的一系列層峰談判中被擬成白紙黑字，但基本上「禮尚往來」成為外交上的主流。比方說在一八九〇年，英國首相索爾斯伯利（Salisbury）爵士同意由法國占領馬達加斯加島、廷巴克圖與查德，而法國則接受由英國控制索柯托酋長國。索爾斯伯利伯爵酸法國說他們不知道在開心什麼，因為他們拿到的是「會被農夫嫌棄為『輕如鴻毛』的土地，也就是撒哈拉的沙漠」。法國跟後來的義大利都做過自己可以讓沙漠變良田的美夢，畢竟古羅馬人辦到過。

同一年，索爾斯伯利伯爵點頭讓德國在東非建立墾殖區。德國在現今坦尚尼亞的主權獲得認定，同時德國又以承認英國在烏干達、肯亞與尚吉巴的主導權為代價，在北海上換得只有丁點大的黑爾戈蘭島（Heligoland）。一九〇二年，義大利向英國爭取到一個密約，那就是英國將默許義大利在法國將摩洛哥納為保護國時，入侵當時仍是鄂圖曼帝國行省的利比亞。之後法國果然在一九一一年拿下摩洛哥，而義大利佬也毫不客氣地登陸的黎波里。

之前的所有權，不論多麼虛無飄渺或僅僅藕斷絲連，都是外交上討價還價的重要籌碼。一大票跟土著酋長簽下的協議、在非洲大陸內地建立的貿易據點、巡弋河流的砲艇，以及駐軍的邊境要塞，都是在會議桌上可以打出來的王牌。

而這就帶我們來到非洲遭瓜分的第二種層次。這個草根層次的瓜分過程真的稱得上是一場「爭食」，因為這當中牽扯到一心想冒險的年輕人在非洲大陸上橫衝直撞，四處為了自己的祖國插旗。對於想要替帝國開疆闢土的勇士來說，投機主義是一種美德，好勇鬥狠是必備的條件，太過客氣是絕對的禁忌。以上述的人格特質來看，這些在現地闖蕩的傢伙會時不時以下犯上，實在也是預料中的事。一八九三年，德國總理李奧・馮・卡普里維（Leo von Caprivi）堅持德國必須在「不流血」的前提下整頓其對非洲西南部的掌控，但寇特・馮・弗朗索瓦（Curt von François）上尉對這樣的命令置若罔聞。他還是自顧自地跟在邊境上的維特布伊②勢力打得天昏地暗。柏林還是派了增援，但對於軍費帳單頗有微詞。經此一事，弗朗索瓦上尉慢慢被架空而讓出軍權，但他的仕途卻自此大開。[6]

心高氣傲地想在非洲殖民地的邊陲爭取戰功，進而飛黃騰達的年輕軍官，不單只有順利達標的弗朗索瓦上尉一人。這群野馬只消上級對他們稍稍點個頭或微微一眨眼，就會豪不猶豫地掙脫韁繩。一八八八年，時任塞內加爾總司令的加利埃尼將軍就曾要求路易・阿奇南（Louis Archinand）上校無視巴黎發來的命令。加利埃尼將軍讓阿奇南臨機應變，但任何酋長阻礙法國在西撒哈拉的擴張腳步，都要予以迎頭痛擊。[7]阿奇南上校領命之後也全無猶豫，甚至他趕盡殺絕的徹底程度，連下令的加利埃尼將軍也為之訝然。對這些殺紅了眼的少壯軍人來說，擺明了「將在外，君命有所不受」的心態果然收到效果。雖然相去何止千里，但法國媒體還是把尚武的他們捧上了天，而他們的魯莽作風也確實有利於法國投射其軍事威懾。弗瑞德里克・魯嘉（Frederick Lugard）

上校覺得像阿奇南這種人實在非常危險，而他會有這種體會，是因為在上尼羅河的波爾古區（Borgu）跟年輕法國軍官硬碰硬過，那年是一八九七年。「他們自由不羈，是因為肆無忌憚，」他說。他還說這些人自信滿滿，是因為他們知道「只要攻擊我，就可以得到整個法國的掌聲」。[8]魯嘉不會不理解這些初生之犢的心態，因為他在精神上根本也是他們其中的一員。在這之前的十年，他曾在尼亞薩湖上與奴隸主廝殺，曾代表帝國東非公司（Imperial East Africa Company）在烏干達維持秩序，也曾不假顏色地狠踩法國傳教士的利益。他愛下重手之聲名遠播，法國人簡直把他一八九七年被指派為西非護境軍（West African Frontier Force）的任命，視為是跟宣戰沒兩樣的事。魯嘉有如喪屍般的五官以及吊車吊臂般粗大的鬍鬚，讓他根本成了隻會呼吸的妖怪。

英國、法國與德國的邊疆部隊會使用恐怖手段，或至少威脅要使用恐怖手段來嚇阻任何挑戰不平等條約的本土領袖。一八八四年，在第一次派駐東非時，卡爾．彼得斯會每回從本土酋長處那兒簽回協議時都要求全體為德意志帝國皇帝歡呼，另外他還會發砲三輪來「示範給黑人知道出爾反爾會有何下場」。[9]阿爾及利亞的「拉吉亞」突襲戰術也被搬到西非，用來對付村莊與成群的反抗者。

一八九三年，猶魯巴人被誘騙簽下協議，主要是拉哥斯總督吉伯特．卡特（Gilbert Carter）爵士「導演」了一場武力展示。卡特爵士令由豪薩人（Hausa）組成的部隊成一路縱隊在猶魯巴人的土地上行軍，並由軍樂隊奏著「天佑女王」（God Save the Queen）來當作背景音樂，另外還

② 亨德里克．維特布伊（Hendrik Witbooi），與德國殖民勢力作戰的納米比亞民族英雄。

派人把兩挺馬克沁（Maxim）機槍扛在肩上。這些武裝曾在前一年重創與猶魯巴人相鄰，但面對卡特爵士不肯乖乖就範的部落。事實證明遇到對付簽了協議卻又囉哩八嗦的傢伙，祭出鐵腕給他們點教訓就對了，這點我們還會在下一章繼續看到。

私人企業也參與分割非洲這塊蛋糕的過程，他們經常雇用像魯嘉這樣的人來「跑腿」，由這些能人來負責收集協議跟綏靖地方反抗勢力。另外想盡可能省錢的各國政府也樂得把建立帝國的工作外包給民間企業，英國人管這些業者叫作「特許公司」。這些特許公司會被賦予行政與財政管理上的職責，藉以換取經商時的特權。他們懷抱著自己會成為上世紀東印度公司翻版的美夢。

如此各取所需的安排，最終讓跳進去的公司失望了，其中最主要的原因是投資人不捧場。法國的赤道非洲法國公司（The Compagnie Française de l’Afrique Équatoriale）跟塞內加爾與東非海岸公司（Compagnie du Sénégal et la Côte Occidentale de l’Afrique）都在短時間內因為周轉不靈而難以為繼。德國成立於一八八四年的德意志東非公司（Deutsch-Ostafrikanische Gesellschaft）因為資金籌措失利而疲態盡顯。[10]破產風暴席捲帝國東非公司，因為他們發現要管理烏干達成本太高，經商根本賺不回來。一八九四年，帝國東非公司的權責被甚為不情願的英國政府給接了回來。

當然凡事都有例外，此處的例外就是塞希爾．羅茲的英國南非公司（British South Africa Company）。英國南非公司得以在財務上屹立不搖，是因為羅茲的鑽石礦挹注了源源不絕的資金活血。戴比爾斯公司（De Beers Corporation）間接地金援了拓荒者需要的馬車與農具，再來就是維安武力所需要的機關槍跟長槍也變得供應無虞。李奧波德二世的剛果自由邦勉強在一八八五到一八九〇年間沒有滅頂，是因為約翰．登祿普（John Dunlop）發明了充氣輪胎，進而戲劇化地增加國際上對剛果產橡膠的需求。單純的好運，讓橡膠生意從賠一屁股變成日進斗金。

相對之下，聯合非洲公司（United African Company）的業績能蒸蒸日上，是因為真的懂生意經，是因為敢拚又知道如何評估風險，是因為城市的興起有利於其炒房，也是因為其創辦人喬治．哥迪（George Goldie）在政壇左右逢源。從一八八六到一八九九年，聯合非洲公司強勢將英國的利益推出拉哥斯保護國的範疇以外。公司在下尼日（河）與貝努埃河（Benue）沿岸的營運雙雙突破英國的勢力所及，為其股東帶來（百分之六到八的）誘人報酬率。③

公司一方面排斥以紡織品與酒精為主的外國進口，同時享有棕櫚油與棕櫚籽外銷的獨占地位，其中棕櫚籽做為一種原料，可以用來製造當時問世不久但實在不討人喜歡的乳瑪琳④。礙事的酋長與本地商人不敢造次，主要是哥迪有武裝汽船跟豪薩族維安部隊在水上與岸上巡弋。就算事情真鬧大了，公司也還有皇家海軍砲艇撐腰。

III

真正讓哥迪踢到鐵板的，是法國的反撲。從一八八二年埃及政局變天到一九〇四年的英法友

③ 作者注：這在當時算是高標，因為英國諸鐵路公司僅能提供百分之二到四的投資報酬率。

④ 一八六九年由法國人發明的乳瑪琳是植物性的人造奶油，其在歷史上登場的契機是拿破崙三世徵求易保存奶油替代品，供士兵與下層百姓使用。

好協約（Entente Cordiale）為止，英、法都一直是水火不容的死敵，兩造一路從西非鬥到上尼羅河地區。在雙方僵局的背後，你可以看到政客與記者投射出極端愛國主義的身影。

法國自認處於守勢，而且覺得眼前橫著的是個存心要阻礙其在非洲發展的狡猾敵人。一八九〇年代當過幾任外交部長的加布里埃・安諾托（Gabriel Hanotaux）認為自己的祖國是被大型陰謀論鎖定的目標。當時英國除暗地裡謀劃要竊取葡萄牙的財產，也設法要在埃及落地生根，還有就是想要推翻由波耳人建立的諸共和國。更糟糕的是，安諾托宣稱英國在擬定「一個發想、一宗雄圖大略、一項無愧於莎士比亞同胞身分的壯舉……一條從開普到開羅的鐵路」。另外按照安諾托的觀點，英語也是英國這個雙面人說一套、做一套的幫凶，「英文只知道答應，卻什麼都不解釋」。[11]

英國的內閣大臣、公務員與記者把姿態放得很高，他們是不定期發作的「恐英症」來源，也是法國人有被迫害妄想跟容易歇斯底里的證明。[12] 一八八三年，《泰晤士報》把法國比擬是無所事事又難以管教的小兒。該報說法國「老愛在世上一些無主的角落裡自娛自樂」。[13]

法國帝國主義者的灰暗想像，在諸多謠言的烘托下顯得煞有介事。一八八四年，塞內加爾總督譴責「英國的威脅利誘」是地方勢力反抗法國的主因。同時間不斷有未經證實的消息傳出說英國私運槍砲給黑人部落。在這許多繪聲繪影的說法中，最令人難以置信是一八九八年，有人指稱英國動員兩千名祖魯人到奈及利亞來幫助英軍驅逐位在波爾古地區的法國人。[14]

這些祖魯戰士或許子虛烏有，但貨真價實的是一八九六到一八九八年的一系列危機。英、法這時期爭的是尼日河沿岸某地區的所有權，須知兩國的青壯派軍官正在那兒爭著跟土著簽合約，雙方為了「爭業績」而勢如水火。時任殖民事務大臣（Colonial Secretary）的約瑟夫・張伯倫為此非常緊張，於是便下令把電報線從拉哥斯延長到魯嘉在西非護境軍位於傑巴（Jebba）的前進基地。他的法國對手安諾托也十分不安於「個案軍官的火爆脾氣造成擦槍走火」的可能性。[15]法國軍官在塞內加爾籍地陪的偕同下進入村莊，行禮如儀地升起旗幟，然後英國軍官也會與豪薩、猶魯巴族士兵升他們的旗。雙方得到的命令都是不能示弱，但也得避免挑釁。

擦槍走火最終沒有發生，但兩造巡邏時總會狹路相逢，彼此叫囂在所難免。一名由印度調來的英國軍官詹姆士．威爾考克斯（James Willcocks）上校回憶說法國最終還是朋友。「雖然關係充滿張力，我們跟法國人的言詞交鋒也一副風雨欲來、雷電交加的模樣，但其實我們對法國人並沒有敵意。相反地，只要沒有勤務在身時……我們都是好朋友、好同志。」法國聖西爾軍校（St-Cyr）與桑德赫斯特皇家軍事學院（Sandhurst）的校友會在營火邊並肩而坐，抽雪茄的抽雪茄，並且你拿酒敬我的英國聯邦旗，我也舉杯回敬你的法國三色旗。[16]隨著酒過三巡，蘇格蘭威士忌與法國干邑舒緩了在非洲前線的英、法關係，於是兩邊的政府也就同意奈及利亞與法屬西非的邊界劃定，而那也就是如今奈及利亞與貝南共和國（Benin）的國界。

一八九八年的「法紹達事件」（Fashoda incident）是英、法間比較嚴重的衝突，主要是英、法的戰略走向在此正面對撞。英國在全球層次上的國家安全有賴於掌控埃及，而埃及的經濟命脈又繫於尼羅河，因此對英國來說，整條尼羅河的主權必須寸土不讓。白尼羅河上游流域也是法國擴張主義者所垂涎的地方，因為他們也希望此處可以成為法屬撒哈拉帝國繼續成長而觸及的東緣。法國只要在南蘇丹順利立足，就可以肆無忌憚地開始興建其從達卡（Dakar）到吉布地（Djibuti）的非洲橫貫鐵路。

英國對法國在尼羅河上建立據點絕對是零容忍，於是在一八九五年，愛德華．葛雷（Edward Grey）爵士以外交事務次官之身分公開警告法國不得妄入該區域，否則就會被視為「不友善的行為」。隔年，一支英埃聯軍浩浩蕩蕩地在將軍賀伯．基奇納（Herbert Kitchener）爵士的率領下開啟對蘇丹的蠶食征服之旅。

一小群法國內閣部長、資深軍官與殖民地官僚在經過閉門磋商後，決定法蘭西可不能被英國給嚇倒。他們精心策劃了法紹達計畫，希望藉此能讓法國在上尼羅河的存在感大增。[17]他們這麼做算是下了重注，但只要能贏，那麼英國獨占地區控制權的計畫就會翻船，而法國的力量便能橫跨上尼羅河兩岸，進而讓在埃及的英國人如坐針氈。

從一開始，法紹達計畫就是一場豪賭、一步險棋。馬赫迪分子的地盤上有至少五萬大軍，基奇納正帶著一萬五千名軍力向南奔來，而法國派駐在尼羅河邊插旗，並主張法國擁有數千平方英里沙漠與沼澤主權的人數，竟然連一百五十人都不到。法國這百餘人的分遣隊由尚－巴蒂斯特．馬爾尚（Jean-Baptiste Marchand）上尉指揮，而做為一位三十來歲，而且在非洲諸猛將麾下有過實戰經驗的軍官，他在法紹達等待一批人數更少的使節團。會師之後，馬爾尚會保護這批人到吉布地與阿比西尼亞皇帝孟尼利克二世（Menelik II）會面，目的是說服阿比西尼亞與法國結盟。

巴黎當局可能覺得此舉聰明絕倫，但事實證明卻是災難一場。馬爾尚的縱隊在從法屬剛果出發，歷經十四個月的長途跋涉後，終於在一八九八年的七月抵達蘇丹東南部，白尼羅河畔的法紹達，期間他曾經騎著實心輪胎的腳踏車前進。⑤到達之後，馬爾尚上尉便捲起袖子建立「實質主權」：三色旗被升上急就章重建成的馬赫迪軍河畔堡壘上，而法方也與在地的酋長們簽下一份份協議。到了八月底，馬爾尚的任務遭到馬赫迪軍汽船的干擾而中斷，主要是對方對馬爾尚的堡壘發動攻擊，但他們後來也被馬爾尚驅離。

到了九月十日，馬爾尚覺得實在無計可施了。基奇納剛在恩圖曼（Omdurman）擊潰了馬赫迪分子的軍隊，而英國政府也通知法方說英埃聯合政府現在已經是蘇丹的合法政權。基奇納將軍當面把這消息告知了馬爾尚，並拿報導德雷福斯⑥醜聞發展的法國報紙來給他難堪。最後基奇納將軍質問了馬爾尚。他問馬爾尚是不是被派來要反對埃及政府收復其固有疆域。馬爾尚很乾脆地說是，但面對陪同基奇納前來的小型砲艇艦隊與數百名蘇丹暨（蘇格蘭）高地步兵，馬爾尚承認自己無能為力。

法國的「實質主權」瞬間煙消雲散，現地改升起了埃及的國旗。而在基奇納的好言請求下，馬爾尚同意乘汽船前往喀土穆，然後從那兒返回巴黎。遊說阿比西尼亞皇帝的任務也無疾而終。孟尼利克二世不笨，他知道風水輪流轉，現在的風向已經吹到英國這一邊來。

一看到馬爾尚被趕回巴黎的新聞，愛國愛到失去判斷力的法國人瞬間暴怒。他們一下子遺忘法紹達計畫原先就是個有勇無謀的圖謀，只憑著一股愛國心就抗議起國家受辱。腦充血的法國人

---

⑤ 作者注：這台腳踏車曾是法國聖西爾軍校內博物館的館藏。

⑥ 阿弗雷德．德雷福斯（Alfred Dreyfus）是遭指控叛國的猶太裔法國軍官。他在一八九四年遭控對德洩密，結果形成史稱「德雷福斯事件」（Dreyfus Affair）的醜聞暨冤案，期間歷經一九〇二年左派政府上台、一九〇六年德雷福斯獲得平反，期間的風風雨雨引發法國社會與政壇的動盪。認為德雷福斯有罪的一方支持軍方並以天主教人士為主，主張德雷福斯清白的則以反對教會的共和派人士為主。法國國內因此衍生激烈對立。

吵著要宣戰來捍衛法國的榮譽，而政府則用一個跟戰爭很像的表示來滿足了民意：十月十七日，法國動員海軍的土倫（Toulon）分艦隊。英國對此的回應是強化其在地中海的艦隊戰力，同時由海軍軍部擬定備戰方案，其中可能的手段包括轟炸法國位於本土與阿爾及利亞的港口，以及鎖定法屬西非殖民地進行海上攻擊。[18]

在這之後，法國政壇慢慢失去與英國爭鋒的熱度，至於原因看報紙頭條就會知道。綜觀一八九八年秋天，報紙頭版講的都是德雷福斯叛國的醜聞，而法紹達的消息則被擠到了第二排。時間推回四年前，德雷福斯上尉被認定通敵有罪，法庭判決他須單獨監禁於惡魔島（Devil's Island）。四年後的今天，法國舉國爭辯著要不要重啟調查。左派宣稱他是遭到構陷（後來證明果然如此），而右派、軍方與天主教會則希望可以維持原判，因為如此才能維護軍隊的榮譽與地位。雙方的緊張對峙升高為暴力行為，最後九月的巴黎爆發了暴動，謠言滿天飛說軍事政變已不可免。

再說法國根本無力與英國作戰，英國的海軍軍容壯盛，想重創法國殖民地絕非難事，而法國幾乎無力還手。再者，一場殺傷力十足的道德與政治危機正不斷升高，沒有個幾年解決不了，而這就已經讓法國百姓吃不太消。德雷福斯事件造成一個很常被忽略的影響，那就是法國因此少打一場完全沒有勝算的國際大戰。剛進入十一月，法國內閣正式召回馬爾尚，等於實質上放棄對上尼羅河的權利主張。之後的外交和解，確立了埃及與蘇丹都是英國的囊中之物。

法紹達事件與其後續有三重的效應。首先，帝國主義的「對戰組合」並沒有如帝國主義的反對者所預期地引發歐洲內戰；傳統的外交折衝戰勝了民粹的熱火。唯殖民地的爭奪，很顯然還是能讓民族主義者遭到煽動，這點我們後頭會再多談。第二，法紹達事件證明英國的海上霸權是

「真貨」，而海權讓英國得以在跟任何殖民地爭議中搶占先機，他們永遠可以把軍隊運到海外，讓敵方的殖民地陷入孤立。海權的重要性，說明法、德、義何以在一八八〇與一八九〇年代不斷像下餃子似地讓軍艦下水，而英國也拚了老命要守住這項優勢。

IV

不過說到法紹達事件，真正影響至深的是第三點，那就是法紹達事件證明帝國主義的狂熱分子有多容易陶醉於自身的願景。與塞希爾．羅茲如出一轍，馬爾尚跟他的支持者都覺得精誠所至，金石為開，只要發揮血性，加上為數無需太多的士兵協助，他們就可以以主宰之姿「君臨」廣大的區域。野心蒙蔽他們的理性，誘使或甚至推動著這些人直逼瘋狂的臨界點。「我們在非洲的行為無異於瘋癲……牽著我們鼻子走的那群殖民主義者，毫無責任感可言。」法蘭西第三共和的第六任總統菲力克斯．福爾（Félix Faure）在法紹達事件塵埃落定後，下了這樣的結論。[19]

福爾這麼說，是試著在掩蓋自己做過的事，因為他曾經覺得殖民主義者那群「瘋子」的計畫很棒。此外他國的政治領袖，則寧可打壓國內理性的聲音，也要對殖民主義者伸出援手，因為他們（跟不少選民）不知哪來的信心，總覺得只要手裡揣著大片大片的非洲土地，自己的國家就會豐衣足食，世界文明也會突飛猛進，堪稱雙贏。塞希爾．羅茲、喬治．哥迪、卡爾．彼得斯，與一干軍人出身的法國官僚都懂得把民粹的民族主義當成資源，讓這當中的猖狂、不服輸，與自認高人一等的傲氣為他們所用。國家天命讓人聽得暈頭轉向，達爾文的優勝劣敗、適者生存之說也把帝國主義包裝得既有可行性，同時豐碩的戰利品又很值得一拚。

帝國主義左看像一股歷史進程的力量，右看像歐洲國家的職責所在，於是這玩意兒就這樣融入當時的時代精神。一八七〇年，畫家暨思想家約翰．魯斯金（John Ruskin）告訴牛津大學的大學生說：「如今，我們的命運出現一個可能性，一個我們全民族可以選擇接下或推拒的至高目標。」逃避這個天命，英國便會「敗亡，而如果她承擔起這項挑戰去兼併土地、派出殖民者到現場，那麼她的國力便能增長」。羅茲從這鏗鏘有力的話語中得到啟發，事實上魯斯金的發言被譯成德文、法文與義大利文，成功打動不少人。

尤其能滿足人虛榮心，讓人欲罷不能的一種想法，是自己的國家占據了道德上的制高點，並且歷史冥冥之中就是偏心於特定的國家。一九一一年，就在義大利入侵利比亞的前夕，羅馬帝國的榮光又被喚起。「我們回來了。」加布里埃爾．鄧南遮（Gabriele D'Annunzio）這名準法西斯的鐵桿民族主義者是這麼說的。類似的聲音，壯大了瓜分非洲的聲勢，並且在一段時期內沛然莫之能禦。

V

若說思考到非洲遭瓜分的主題，最後都會遇到一個不得不問的問題：這是人類歷史上一條必經之路嗎？事情的發展必然如此嗎？或者更重要的是，若是歷史發展不同，非洲的命運又會是如何？不論我們如何放任架空的歷史幻想，都改變不了一件史實，那就是在遭到瓜分的前夕，非洲早已是無數勢力競逐利益的場域。馬赫迪分子的帝國正在向南擴張勢力，西非、東非與中非也分別存在蓄奴、販奴的小型政體，而且彼此間也為了地盤而傾軋對戰。埃及所擘劃的東非帝國，有可能興盛而與崛起中的尚吉巴政權在烏干達的某處正面對撞嗎？尋求拓展疆域的川斯瓦與橘自由邦能向北深入貝專納蘭（Bechuanaland，今波札那）與恩德貝勒王國到何種境地？

這些權力爭奪中的每一位主角，都迫不及待地想要入手現代化的歐洲武器。一八八八年，恩德貝勒的羅班古拉國王對尋求合作的羅茲提出以下要求：一千支馬丁尼來福槍（不到十年前擊敗祖魯人的那種長槍），外加尚比西河上一艘砲艇。一年之後地點換到東非，德國的「保安部隊」（Schutztruppen，也就是殖民地的駐軍）與一名蓄奴的酋長發生戰鬥，而德軍赫然發現對方配備跟自己一模一樣的步槍。一八九四年在貝努埃河邊，兩門砲與一挺機關槍守住布拉斯曼族（Brassmen）納納（Nana）酋長的堡壘。[20]從一九〇九到一九一五年，法國當局在達荷美王國沒入超過十萬支步槍，多半是早期抗戰時由其國王們進口而來。[21]

武器競賽在前，非洲遭到瓜分在後。若非非洲後來遭到瓜分，我們有絕對的理由相信非洲的統治者們會繼續往自己的軍火庫裡塞最新式的長槍、機關槍與火砲。納納酋長的機關槍，指向一個非洲內戰將更容易一觸即發的未來，但歐洲瓜分勢力的進駐，讓非洲原生的割據戰爭戛然而止。若非如此，非洲搞不好會重蹈歐洲在中世紀初期的覆轍，那可真是一段為了政權與領土而遍地烽火的黑暗時代。⑦

⑦ 歐洲歷史上羅馬帝國滅亡到文藝復興啟動，一段文明倒退乃至於社會制度崩解的時代，時序上大致落在中世紀前期。

第九章 南非之爭，一八八二至一九一四年

看到那個粉紅色了嗎，比爾？那是我們。然後那個綠色，看到了嗎？那是他們的。但很快，就會一片粉紅色了！

——《潘趣週報》

I

南非遭到瓜分，是個一面倒的過程。英國訂定全部的規則，設定前進的速度，確保自身能夠權傾開普到上尚比西（尚比西河上游）的整片地帶。一棒傳一棒的自由黨與托利黨內閣擺明英國不惜一切代價，包括戰爭，也要在非洲的一隅為所欲為。一八九四年，英國的外交大臣對德國總理提出了警語，他說萬一英國在南非的霸主地位遭到挑戰，那他們肯定不會「怯戰」。按照這位外交大臣的說法，南非可說是「英國最核心的利益所在，因為只要將南非控制在手裡，那英國與印度之間的各種交通就暢行無虞」。[1]事實上英國在八十年前會想要占領開普，理由也是這樣。

面對英國撂狠話叫陣，德國只得悻悻然地避其鋒芒。但德國並沒有就此罷手，他們仍持續在南非製造事端來騷擾英國，讓英國有如芒刺在背。但德國沒辦法正面迎戰英國，是沒有選擇的選擇，誰叫他們當時的海軍相當孱弱。德國要是太過於在太歲頭上動土，那英國大可箝制住德國的海運貿易，孤立德國在世界各地包含非洲的殖民地，甚至直接將其搶過來都可以。法國就是懼於英國的海軍威名，才會在一八九八年的法紹達事件中選擇退讓。而也是從一八九八年開始，德國才略顯慢半拍地開始充實自身海軍的實力。

到頭來，英國在南非最難纏的對手不是德國人，而是波耳人。英國與波耳人是一對宿敵，而他們一路以來的纏鬥在一八八六年進入一個嶄新而（日後證明）相當關鍵的階段，當時的背景是約翰尼斯堡因發現廣大金礦而崛起。於是乎突然間，川斯瓦成為非洲最富甲一方的獨立邦國。在這之前，波耳人或許算是個揮之不去的討厭鬼，而如今，波耳的民族主義已經形成一股勢力，不容英帝國小覷。

維特瓦特斯蘭德（Witwatersrand）金礦的現身，觸發了經濟上的變革，也改變南非的權力平衡。川斯瓦對投資的熱錢產生了磁吸效應（大部分是來自倫敦金融圈的資金），川斯瓦的國庫得以每年獲得高達四百萬英鎊的礦權資金收入。一八九五年，川斯瓦經由從約翰尼斯堡與洛倫索－馬貴斯（Lourenço Marques，今馬布多，Maputo）之間的鐵路，打通與外界的聯繫，一切就等洛倫索－馬貴斯的新港建成。自此，川斯瓦的交通與對外商貿將不再因為沒有鐵路與商港而仰英國之鼻息。

數以千計的外籍「掏金客」群聚到約翰尼斯堡，每個人都懷抱著短期間致富的美夢，而這當中包括招搖的帳房、礦業經理人、工程師，乃至於（按現代說法）屬於服務業的各種雇員。市容一邊是新成立的股市、銀行與飯店，另一邊是酒吧、音樂廳與妓院。屬於喀爾文教派的波耳人發現自己的家鄉竟成了現代巴比倫①，他們對這些「外國人」（Uitlanders）有著藏不住的不屑。高調的證券從業人員會在華美的飯店裡牛飲香檳，成群喧譁的酒鬼與娼妓是川斯瓦為繁榮與獨立所付出的代價。[2]

除了經貿與交通，川斯瓦也長出軍事上的羽翼，洛倫索－馬貴斯港卸貨的德製與法製火砲、機槍與長槍，讓他們獲得能力捍衛自己。有了這些武器進口來充實軍火庫，川斯瓦的四萬名志願役騎兵部隊不再赤手空拳。每年九萬英鎊的預算會撥給情報單位，包括其中一部分的錢會用來補貼波耳人向北與向東遷徙，這些人的目的地包含史瓦濟蘭、貝專納蘭與當時稱為尚比西亞之地。[3]

暗地裡付錢給這些需地若渴的拓荒者，是時任川斯瓦總統的保羅・克魯格（Paul Kruger）認同的做法。[4]生於一八二五年的克魯格，是十九世紀初類似大遷徙的「學長」，這樣的克魯格是他川斯瓦同胞堅忍不拔的精神象徵。克魯格是個不怎麼好相處的老人。他只讀一本書，那本書叫做聖經。他過的是草原農夫般的斯巴達生活。他會坐在自家的露台上，然後在黑咖啡與菸斗的陪伴下夢想一個偉大的阿非利卡國可以橫跨整片南非的土地，不受英國勢力的干預。有了錢之後，川斯瓦便開始串連在開普、納塔爾與橘自由邦的波耳人，其中英國拓荒者在開普跟納塔爾都占多數。

II

克魯格心心念念的阿非利卡國美夢，卻是羅茲的惡夢。我們在前一章講過羅茲想實現英國的世界帝國天命，他認為英國的主權應該要從開普延伸到剛果自由邦的邊境，同時假以時日，他認為新取得的土地要交由英國移民來開墾。英國工業貧民窟裡的窮人將在非洲土地上重獲健康、財富與幸福。英國國內的階級鬥爭將獲得扭轉，盎格魯－撒克遜民族將稱霸南非，一如他們稱霸了澳大拉西亞與北美。

羅茲生性貪心。一八八四年，他曾在去貝專納蘭勘查時與後來任英國野戰元帥的艾德蒙・艾倫比（Edmund Allenby）睡同一頂帳篷，蓋同一張毛毯。但艾倫比發現自己每天早上都會冷醒，原來也不知怎的，羅茲就是有本事可以把整張毯子都據為己有。艾倫比是跟羅茲有緊密合作過的人，而經驗告訴他羅茲這人陰晴不定、善變，而且羅茲在非洲的行事態度「傲慢而不耐煩」，回到倫敦卻一副既隨和、又和藹的模樣，完全是雙面人。[5]在西敏寺與白廳裡裝好人或許管用，但真正要在英國或開普的政治圈裡化不可能為可能，沒錢是萬萬不能，而羅茲有的是錢。他其實不排斥仗勢欺人，但把錢塞給地方才是他行事的首選。每當他遇到難關或需要盟友時，羅茲就會賣些股票換現。[6]靠著財富，也靠著跟資本家以及以農民為主的波耳社區結盟，他在開普殖民地建立了政治基地。他向這些盟友們保證英國會永遠把他們的權益放在心上，同時也會尊重他們的文

---

① 西方文學中的罪惡之城。

化。於是在波耳人的支持下，羅茲當上開普殖民地的首相，任期從一八九〇年延續到一八九六年的一月。

波耳人的親善與合作，讓英國女王權杖下的南非聯盟基礎得以穩固。但隨著川斯瓦成為新富，一個新的選項浮出水面：一個偉大的阿非利卡國度，在這樣的國度裡，波耳人將高人一等，波耳人的價值將獲得伸張。

要（威脅或）利誘波耳人成為英屬南非的一部分，他們的擴張主義野心就必須先獲得節制。羅茲的首要目標是讓地理因素有利於他，而這具體而言就是得設法將波耳人的擴張一方面逼往德屬西南非（German South West Africa）的殖民地邊境，一方面向北趕進廣大而無主的尚比西亞高地。一八八四年，羅茲會那麼辛苦地跑去貝專納蘭睡帳篷，就是為了勘查地形。羅茲力促英國政府批准在貝專納蘭建立保護國，但這其實也沒花他多少力氣，因為英國外交部本來就深怕分屬貝專納蘭左右的德屬西南非與川斯瓦會串連成一氣來威脅自己。[7]贊成帝國以仁政統治的聲音，從非洲傳教士與其英國盟友口中傳了出來，這些人擔心非洲土著人口會被波耳人打壓成一群奴隸。一八八五年，貝專納蘭正式納入英國殖民地版圖，其大致上算是溫和的統治由英國外交部跟殖民地辦公室共同負責。

貝專納蘭到手後，羅茲便騰出手來開始滲透羅班古拉國王的恩德貝勒王國，也就是瑪塔貝萊蘭（Matabeleland）這個地方。恩德貝勒王國並非弱者，須知其國土也在擴大中，況且被逼急了，羅班古拉也動員得了少則一萬五，多則兩萬人的戰士為其效力。[8]跟祖魯人一樣，恩德貝勒人也是戰鬥民族。但儘管如此，他們的國王也從一八八〇年代開始苦於自身南境的門戶洞開，這些侵門踏戶的傢伙主要是波耳的遷徙者與葡萄牙人。某種程度上，焦急的心情把羅班古拉推向了「親英」的方向，於是在一八八八年，羅班古拉開口向維多利亞女王求助，葡萄牙人是他想要對付的對象。

至於英方的回應，可以用「暖心」二字來形容。首相索爾斯伯利爵士除在立場上挺身支持羅班古拉，也在行動上拿海軍的「大棒子」來威嚇葡萄牙，畢竟皇家海軍的兩艘戰艦就停泊在葡萄牙本土的太加斯河口（Tagus），最後葡萄牙人也很識相地知難而退。[9] 相對之下，法、德僅口惠而實不至地表達了同情，而英帝國的媒體自不會放棄這個成王敗寇、落井下石的良機。葡萄牙是「世界上最不堪的白人政府」，《旁觀者》（*Spectator*）雜誌話說得很不客氣。[10]

就在這樣的時空背景下，羅班古拉跟塞希爾．羅茲簽下了前者以為的商業條約，時間是一八八八年。羅茲承諾羅班古拉的好處包括一筆年金、一千支馬丁尼步槍，以及在尚比西河面上一艘全副武裝的砲艇來讓葡萄牙人退避三舍。②至於交換條件則是羅班古拉得把礦權交給由將來英國南非公司（British South Africa Company）成立後所授權的勘礦人。羅茲在這兒所使出的是「商皮政骨」的帝國主義，他效法的正是把這招用到淋漓盡致的皇家尼日公司（Royal Niger Company）。

羅茲趕赴倫敦，然後在那兒說服索爾斯伯利政府同意組建他想要的特許公司。闊氣捐錢到保守黨、自由黨與愛爾蘭自治黨（Irish Home Rule）等勢力的黨庫，讓羅茲需要的法案在國會順利過關。默許的英國政府，是羅茲成就其功業的幕後夥伴，但一如羅茲內心知道要是公司濫權或虐

---

②作者注：槍枝跟砲艇最後都連個影兒都沒見著。

待土著，那英國政府也保留了撤照的權利。這是羅茲不願面對但也只能接受的真相。但話又說回來，羅茲有自信可以把公司做起來，他強調「英國必須這麼做……英國對文明就是有這麼一份責任要盡」。[11]

在一滴血都沒有流的狀況下，文明就滲進了瑪塔貝萊蘭，而這也是羅茲的希望。一八八九年，他宣稱「一家公司若僅有一百萬英鎊的資本，能用來周轉的錢也不多，那就不可能，也決計不應該蠢到一開門就先打一場仗；好好建設，好好採得金礦，才是開公司的正道」。[12]但話說成這樣，羅茲公司一行兩百名的探險者仍在騎警陪同下抵達羅班古拉國王的都城布拉瓦約（Bulawayo），而且他們帶來的貨品還是軍用火箭砲與機關槍。他們還帶了由攜帶式發電機供電的探照燈，而這也讓恩德貝勒人大開眼界。當時那種把黑暗趕走的魔法之精采，直到事隔將近八十年後都還有人難以忘懷。[13]

經濟成長，在一八九三年時已經被稱作羅德西亞的這個地方，顯得有一搭沒一搭，令人無法振奮起來。礦藏挖了半天，得到的收穫只能算是涓涓細流，唯布拉瓦約的黑人仍盼望著能不用長途跋涉到金伯利的鑽石礦場去打工賺錢。[14]抱著這種想法的他們失望了，因為金礦並沒有讓地方上的人們變成暴發戶，只不過金礦的產出還是有慢慢提升。到了一九一四年，羅德西亞的金礦出口產值已經平均達到每年將近一百萬英鎊的水準，而且進一步的探勘還顯示地底下埋著的不僅僅有金礦，就連煤、鉻、石綿等物質都有蘊藏。

物產豐隆的羅德西亞，其基本面潛質確實不差，但要資本市場掏出錢來投資，金主們會希望能多看到一些具體的保障。一八九一年，英國南非公司的股價出現振盪，金流周轉困難造成梅富根（Mafeking）到布拉瓦約這條堪稱生命線的鐵道遲遲無法建成。同一時間，與恩德貝勒之戰事在即的謠言四起，動搖著人心。官方的補貼救回了鐵路，而在羅德西亞，羅茲則開始找尋其他出路。一八九一年十一月，羅班古拉被說服讓白人墾民在原本配給探勘金礦者的地方耕作。[15] 這是場賭博，因為這會增加殖民者與土著間因為土地而產生戰鬥的機率，而這就等於是重蹈東開普與納塔爾的覆轍。會有這種政策，是因為英國南非公司駐布拉瓦約的主管李安德・史達・詹姆森（Leander Starr Jameson）博士有個瘋狂的想法。他認為在審慎評估過風險後，打一場邊境戰爭可以刺激公司股價，因為一場勝仗將證明這地區完全在公司的掌控之下。[16]

詹姆森得償所願，引發了戰爭。對恩德貝勒人來說，定期掠奪臣屬於他們的修納人（Shona）村莊，搶走對方的財物與牲口，是很正常的事情。而在一八九三年夏天一場這樣的事件中，有修納族逃到布拉瓦約尋求庇護，而追擊而來的恩德貝勒軍也因此跟英國南非公司的騎警發生衝突。恩德貝勒沒討到什麼便宜，但這也應該是他們預料中事就是了。四年前，羅班古拉曾組了一隊有著印督納③頭銜的使臣到英格蘭去向維多利亞女王請願，而在各項行程中，他們也參觀了馬克沁機槍的實彈展演。一名目擊者說那幅光景「讓他們（非洲人）驚叫出『啊呼』的聲音」。[17]

這場戰爭後，羅茲徵詢了英國政府的意見，他提出的要求是想從外交部手中接管貝專納蘭保護國的行政權。對於這樣的可能性，貝專納蘭名義上的統治者卡瑪三世（Khama III）與他底下的酋長都強烈反對：「難道偉大的女王沒辦法保護我們不被特許公司所害嗎？」他們會這麼問，當

③印督納（induna），有幕僚、朝臣、謀士、談判者、幹部等多重意義的非洲頭銜。

然是希望女王可以保護他們，因為他們認為英國南非公司的意圖是「要把我們搞到吃不上飯，然後逼著我們去供白人使喚。白人要我們去幫他們挖礦、斂財」。[18]這麼坦率的分析，非常接近事實的真相，同時其結論也不斷與傳教士與人道遊說團體的呼聲相互激盪，畢竟教會與人道團體都訝然失色於羅德西亞近期戰事中的大屠殺報導。在如此群情激憤下，羅茲的請求被女王打了回票。

一八九三年瑪塔貝萊之戰短則短矣，過程卻讓人非常震撼，而且此役只是個序曲，後續的衝突從一八九六年七月一路打到一八九七年十月，期間恩德貝勒與修納人聯手與英國皇家公司過不去。被剝奪與欺壓的土著們這次揭竿而起，其實是六年來積怨的一次反應。以殺戮跟驅趕做為手段，他們的目標是讓時間回到歐洲人不存在的過去。羅班古拉於一八九四年初死後，群龍無首的反抗軍便開始以靈媒與巫醫馬首是瞻，這當中有人信誓旦旦說法術可以擋下子彈。[19]但凡傳統社會秩序開始崩解之際，先知就會跳出來說世界即將「改朝換代」。這次是有人說等英國南非公司被滅掉之後，一位「新神」就會現身來統治這片土地。[20]

戰事進行到一八九七年的十月，白人累計死了四百五十人，而這也引發無情的血腥報復。專打大型動物的獵人弗瑞德里克．西魯斯（Frederick Selous）覺得這種程度的屠戮完全不過分，他事後曾寫道這些叛軍是「一群蠻子，他們一心想讓羅德西亞的白人一個個血濺五步，他們的語言裡找不到單字可形容憐憫或慈悲」。[21]面對這些「蠻子」，地方上的白人軍警慢慢站得上風，但最終要鞏固勝果還是得靠來自於開普營區的正規英軍出馬。

衝突告一段落後，英國南非公司仍舊文風不動，羅德西亞又恢復成移民的安全地帶。為了增加移民遷入的誘因，英國南非公司祭出超划算的帳篷費用，每英畝（約一千兩百二十四坪）的處女地只收四先令。另外想蓋農場但一下子拿不出錢來的，公司這兒也提供貸款方案。但費了這麼大勁兒，提供這麼多的優惠，市場的反應還是相當溫吞。一九一四年，羅德西亞的白人人口僅兩萬三千人，黑人則將近七十五萬人。

恩德貝勒與修納聯軍被擊垮的一個意外收穫，是世界童子軍運動。在兩軍對陣過程中，特種的斥候單位與若干專業的獵人如西魯斯成了對付游擊隊反抗的利器，而這些斥候與獵人都非常熟稔於在叢林中求生與掌握敵蹤的奧妙與技藝。在這些堪稱「神鬼獵人」的童軍老祖宗中，名氣最響亮的一位堪稱羅伯特・貝登堡（Robert Baden-Powell）少校，這位在同僚眼中愛老王賣瓜到無可救藥的軍官。是他，把跟蹤非洲戰士所需要的體能與德行，灌注到童子軍運動的信條中。他的希望，是透過這些要求，讓愛德華④時代的年輕一代可以鍛鍊出屬於基督徒的陽剛、貞潔與屬於帝國子民的傲氣。貝登堡讓他的童軍穿上卡其衣跟闊邊帽，因為羅德西亞叢林裡的斥候就是如此打扮。

III

羅茲圖謀波耳人土地的那段歷史，就像是烏龍不斷的愛麗絲夢遊「險」境。在讓開普的波耳

④ 接續維多利亞時代，從一九〇一到一九一〇年間由英皇愛德華七世（Edward VII）在位的時期。維多利亞與愛德華時代被認為是英國近代史上的黃金時期。

人相信自己是個與他們心靈相通的朋友後，羅茲便開始謀劃要跟這些白人兄弟在川斯瓦開戰，將他們的國家占為己有。在一八九五年的下半年，羅茲在約翰尼斯堡策劃了一場政變，目標是推翻克魯格，讓川斯瓦納入英帝國的版圖。這場行動以外國移民在約翰尼斯堡叛變揭開序幕，而背後出錢的是羅茲，出計畫的是羅茲的代理人。這些反叛者想要奪權，背後可是有實力在支持，這包括由羅茲出錢募得的六百名騎兵，而且當中不乏英國南非公司的騎警。這樣一支武力，被全盤交由詹姆森來節制統御。

十二月二十九日，在聽取完貝專納蘭警方的葛雷上校說明（羅茲）希望達成的戰果之後，這支小部隊便踏上了征途。「老實說，你們不是奉女王之命而戰，但你們還是可以為了在南非飄揚的英國國旗而戰。」[22]但自此事情的發展就顯得烏龍不斷，川斯瓦的情報網截獲了政變的陰謀，外國移民臨時打了退堂鼓而龜縮在家，然後羅茲的小部隊也在多恩克普（Doornkop）遭到波耳人的優勢武力圍困，死的死、被俘的被俘。帶兵的將領，包含詹姆森在內，一併被遣返回英國受審。他們在老家坐了六個月的牢，罪名是違反《外國徵募法》（*Foreign Enlistment Act*）。⑤

羅茲身敗名裂，自此在南非政壇變得乏人問津。有人強烈懷疑他會如此孤注一擲，是因為受到開普高級專員的慫恿。甚至雖然始終沒有確切的證據，但也有人認為殖民事務大臣約瑟夫・張伯倫是幕後的黑手。英國的帝國主義者讚揚詹姆森一夥人的英勇。對於桂冠詩人阿弗雷德・奧斯汀（Alfred Austin）而言，詹姆森等人是現代版的聖騎士⑥，他在「詹姆森之騎」（Jameson's Ride）的詩作裡是這麼寫的：

黃金礦脈的城市⑦裡除弱女子，
還有一對對母與子！
眾人呼喊：「快來啊，求你了！」
身為勇者豈能坐視？
我們若敗，他們將唏噓悲嘆，
但許多人名揚於世，
只因他們明知不可為而為之。

雖然遭到官方撇清關係，但詹姆森的這一役算是被川斯瓦拿來當成了把柄，他們認為這證明英國為打壓川斯瓦的獨立可說是無所不用其極，即便動武也在所不惜。到了一八九七年，川斯瓦的軍事預算已經來到二十五萬六千英鎊，這是原本的四倍。此外他們還跟橘自由邦建立了防衛同盟。[23]詹姆森來犯的危機解除後，克魯格便收到德國皇帝的賀電，但英國海權仍舊讓波耳人在作戰時得不到任何實質的外援。

⑤ 作者注：《外國徵募法》明令禁止英國臣民應募加入外國軍隊，此法迄今仍持續生效。
⑥ 聖騎士（paladin），在歐洲歷史上是指西元八〇〇年前後跟隨查理曼（Charlemagne，又譯作查理大帝）東征北討的十二名勇士。經由民俗文學與歌謠的傳頌，他們成了歐洲人心目中基督教精神的捍衛者。
⑦ 指約翰尼斯堡。

一八九七年被指派為開普高級專員的阿弗雷德．米爾納（Alfred Milner）爵士自視為「不帶槍的帝國士兵」。經手南非事務一年之後，他私底下對張伯倫說他不樂觀於「我們與川斯瓦你來我往」的結果。「我不確定，」他的結論是，「我們可以不打仗就成為他們的主人。」米爾納曾是牛津大學一位傑出的學者。他是一位懂方法的行政官僚，也是一名要魅力有魅力，要手腕有手腕的領袖，所以英國才會（一廂情願地）寄希望於他，才會期待他說不定可以讓波耳人轉念。米爾納的辦法是把在川斯瓦的外國移民當成特洛伊的木馬來使用，英國以這些移民的保護者自居，藉此要求川斯瓦要保障這些人完整的政治權力，包括投票權。川、英兩造都認為讓外國移民投票，就會選出一個親英，乃至於對英國百依百順的政府。

雙邊談判在一八九九年的秋天破局。《潘趣週報》上的一則漫畫很直白地總結了英國想動武的理由。一群男性工人瞪著書商櫥窗上的一張南非地圖，其中一人當起了小老師，解釋起地圖上的顏色：「看到那個粉紅色了嗎，比爾？那是我們。然後那個綠色，看到了嗎？那是他們的。但很快，就會一片粉紅色了！」[24]後來英國花了將近三年的時間，才把粉紅色的面積變大，而歷史也詳細記錄下這場武裝衝突。[25]

在這場衝突中，雙方的將領們都持續著烏龍的基調。波耳這邊浪費了一開始的優勢去包圍雷地史密斯（Ladysmith）、金伯利與梅富根，沒有想到要用他們的機動化部隊去占領鐵路要衝與港口等戰略據點。這樣的誤判給了英國引進援軍並完成部署的時間。但反過來說，數量上的優勢並沒有能彌補英軍指揮官的顢頇，乃至於到了十二月，英國寫下在一週內吃下三場敗仗的難堪紀錄。所幸在包括由帝國義勇兵⑧與自治領騎兵在內的援軍馳援下，局勢獲得逆轉。一小批疑懼英國人的愛爾蘭人、德國人與俄羅斯人加入了波耳人的陣營，另外波耳人還從對黑人地位看法與他們一致的美國內戰老兵那兒收到了南方邦聯旗，算是得到遙遠的聲援。

傳統戰爭打到一九〇〇年的二月，以波耳人最大的一支野戰軍在帕爾德柏格（Paardeberg）投降劃下句點。接下來的兩年，波耳人像打不死的蟑螂一樣打起了游擊戰，他們希望英國人會因為不堪其擾而崩潰退場。但英國人也一副吃軟不吃硬的模樣，他們開始焚毀農場跟大肆搜捕波耳人。

一九〇二年的五月，波耳人跟英國在弗里尼欣（Vereeniging）簽下了和約，自此的一系列協議啟動了川斯瓦與橘自由邦過渡到英國統治下、獲得自治地位，然後在一九一〇年加入納塔爾與開普殖民地，共同形成南非自治領的進程。波耳人在新國家裡構成了多數，而許多人都在內心暗暗地期望這會是將來建立阿非利卡人國度的雛型與基礎。英國慶幸自己有能力可以成功安撫宿敵，而普利托利亞（Pretoria）的新國會則建置確保白人霸權的法律架構。嚴格的資產門檻，實質上剝奪了人口集中在開普的黑人的投票權，至於在川斯瓦跟橘自由邦則連一個黑人都看不到。白人立法者一上任的第一波行動，就是強徵黑人土地。而這種粗暴的行為也促使南非原住民民族議會（South African Native National Congress）在一九一二年成立。該組織的宗旨在於爭取非洲人的政治與法律權利，而這也就是非洲民族議會（African National Congress）的前身。

---

⑧帝國義勇兵（Imperial Yeomanry）存在於一八九九至一九〇八年，主要活躍於第二次波耳戰爭中，屬於英國陸軍中的騎兵。義勇兵中有常備役的成員，唯其主力也包含眾多來自英國中上階層的志願者。

黑人成了白人相爭下的輸家，因為白人間的政治和解將投票權給了南非的百萬白人，有色人種與黑人選民的數量少得可憐。但其實在波耳人與英國人相持不下的過程中，兩邊都動員大量的非洲黑人。以英方而言，部隊裡擔任間諜、斥候、駕駛、僕役與軍夫的黑人人數就超過十萬人，這還不算武裝輔助人員也有上萬名。[26]波耳人的部隊裡也搭配黑僕來處理紮營的種種雜務。大量的需求帶動薪資飆漲，老經驗的斥候與駕駛可以賺到五英鎊的月薪，一流工匠在英國本土也就是賺這樣的錢。

不少白人對黑人參戰感到惶惶不安，因為戰爭初期這是不允許的。在納塔爾，黑人與白人的比例是十比一，所以白人政府擔心黑人打了仗，就會「莫名其妙滋生出信心」，然後一種想要獨立的情緒就會得到鼓動。波耳戰俘在走向監禁的路上會被非洲人噴垃圾話，黑人大喊的是：「老闆，通行證呢？」他們口中的通行證，是黑奴去到哪兒都必須隨身攜帶的身分證明。自此之後的八十年左右，通行證都是一種奴役的象徵，也是黑人抗議的焦點。英軍的黑人輔助部隊只要被波耳人逮到，二話不說就是一槍斃掉。[27]

在以簽署弗里尼欣條約（Vereeniging Treaty）告終的談判過程中，波耳人的代表堅持他們必須獲准繼續持有長槍。波耳人說黑人會幹出什麼誰也不知道，他們需要武器自保。總司令基奇納同意了這個要求，並保證這場戰爭的結果不會有分毫影響到白人至上的原則。而白人也就如此高高在上地處於支配地位，直到二十世紀末。

第十章　綏靖，一八八五至一九一四年

要出手，就要下重手。

——塞希爾．羅茲

I

外交人員之間的討價還價告一段落，非洲的新疆界也塵埃落定後，接下來就是將軍們的事了。將軍們得到的命令是將瓜分非洲決議加以執行，是「獎善罰惡」，是爭取合作者的民心而嚴懲不照規矩來的搗蛋鬼。不分國籍，士兵們都遵照羅茲在一八九三年恩德貝勒戰爭前夕那句言簡意賅的戰術說明：「要出手，就要下重手。」[1]

羅茲說下重手的意思是把最先進也最致命的武器科技都用上的現代全面戰爭。有火力在前方開路，新的政治協商走得一路通暢，非洲人要是不服氣，就等著被長程火砲轟炸，或被機關槍與附彈匣的長槍形成的火網夾殺。這些武器會構成一片縱深超過一英里長的死亡地帶。歷經過這般彈如雨下，東非一道木柵防線上有名德國攻勢的倖存者回憶了恐怖的當下：「我手不論往哪兒伸，都有子彈飛過。」[2]每當有致命武器問世，都會很快地被引進到非洲的戰場上，如一九一二年法國與義大利人在摩洛哥跟利比亞部署了空軍來轟炸薩努西族人。優勢武力讓人產生了「大頭症」，像英國南非公司的國家憲兵部隊裡有名年輕新兵，就犯了這個毛病。英國南非公司自備武力，是為了要將羅茲的理論貫徹到底，而這名新兵跟他爸媽說：「當兵不是露營野餐，但我想馬克沁機槍可以三兩下就讓黑鬼們清潔溜溜。」[3]

機關槍的表現自然不會讓人失望，但武器再強，也會被將軍們的愚蠢給抵消。所以時不時，非洲人還是可以打場勝仗。其中最耀眼的一役要算是一八九六年有一支義大利三萬大軍，其中三分之二以上是來自厄垂利亞的「阿斯卡利」①，也就是本土的黑人士兵，在阿杜瓦（Adwa）遭到阿比西尼亞皇帝孟尼利克二世痛擊。傲慢、顢頇與對地形的無知，成了壓倒義大利軍隊的三根稻草。但這對阿比西尼亞軍來說是場慘勝，大量的死傷讓乘勝追擊到義屬厄垂利亞殖民地境內變得不可能。若說到稍微遜色於阿杜瓦一役的例子，姆克瓦納（Mkwana）這名東非酋長兼奴隸主在一八九一年圍困了一支德國的懲亂縱隊，殺死三百名德國殖民地的保安部隊隊員，但姆克瓦納本身的損失也是德方死亡人數的三倍。兩挺機槍成了他的戰利品，只不過因為沒有彈藥、沒有零件，加上沒有訓練有素的槍手可以操作，所以這兩挺機槍也幾乎等於廢鐵。事隔兩年不到，德國捲土重來，這次姆克瓦納就敗下陣來。[4]羅茲對於非洲作戰所持的理論，被應用在整片非洲大陸上。重鎚不斷地落下，唯唯諾諾的順民應運而生。歐洲戰爭武器的致命與效率使人無語，慘重的傷亡讓人洩氣，非洲人因此低頭了，合作了。②槍砲彈藥所到之處盡是屍橫遍野，抵抗已然徹底絕望，因為那等於自投羅網，等於集體自殺。

確實有些人在戰敗後寧死不屈。在東非，為數眾多的胡圖人（Hutu）在確定不敵德軍後自戕。[5]哈里發阿布杜拉在恩圖曼敗陣後與近萬且三分之二是婦孺的追隨者一起逃走，並且計劃要在喀土穆進行反擊。一八九九年十一月，他的部隊被圍困在翁姆－德布雷卡特（Um Debreikat）後遭英埃部隊擊潰。就在兵敗如山倒之際，阿布杜拉召集親信一起跪著祈禱，然後靜待被子彈打得粉身碎骨，算是以死明志。此外有六百名托缽僧兵與他們一同殞命，至於英方僅陣亡四人。[6]

發動全面性戰爭的能力，確保了帝國統治力的核心：白人的崇高地位。在歐洲人的想像中，非洲人會因為你的拳頭比較大而尊敬你，而你要是有所遲疑或太過節制，就只會被認定統治的意志不夠堅定。這個教訓，英國人在印度學到過，法國人也在阿爾及利亞學到過。在理想的狀態下，歐洲國家會希望能畢其功於一役，但不少時候你必須要多打個幾下才能讓黑人學乖。從一八八九到一九〇三年間，德屬東非就進行了三百餘回的懲亂行動，另外在黃金海岸的阿散蒂王國則歷經了一八九五跟一九〇〇年的兩次會戰才俯首稱臣。

---

① 阿斯卡利（askari），來自阿拉伯文的外來語，意即「士兵」。

② 作者注：一九五〇年代，英國在殖民地的各區區理民官（district officer）會在巡視肯亞北部偏遠地區時奉命以火力展示來震懾在地居民。他們會用機槍掃射來把樹木「腰斬」。這個典故得感謝已故的凱．麥凱佛（Kay McIver）提供。

II

從一八八五到一九一四年間，白人逼黑人就範或黑人向白人報復的小型戰爭，在整個非洲大陸上屢見不鮮，動武的理由真的俯拾即是。新的政權，帶來了令某些人忍無可忍的規定。販奴與蓄奴都變得法所不容，東非、中非與西非的蓄奴政體與其阿拉伯的同謀被逼急了，只得狗急跳牆地捍衛自身的利益。最終這些靠奴隸制過活的政體終於在非洲銷聲匿跡，而受害者都很樂見他們的倒台。一九〇〇年在巴格西里米（Baghirimi，今查德），當蓄奴軍閥拉巴．祖巴爾（Rabah Zubayr）在拉米堡（Fort-Lamy，今查德首都恩將美納，N'Djamena），遭到法國人擊敗、逮捕並且正法之時，當地百姓都是發自內心的開心這個暴君能來到末日。[7]

話說黑白開戰有一個很常見的理由，那就是酋長們恍然大悟自己之前跟彼得斯跟羅茲之流所簽下的，盡是些吃大虧的不平等條約。為了拿回自主權的戰爭看在明明理虧的白人統治者眼中，成了一種叛變。黑人起義還有一項風行的原因是被課稅，精確一點說是棚屋稅跟人頭稅這兩種巧立名目、人見人恨的稅賦。在歐洲老家，許多鄉親對這些小規模的戰爭點頭稱是，因為他們覺得這是文明壓過野蠻的一種勝利。一八九一年，《小日報》把上塞內加爾的托柯洛爾人（Tokolors）罵成是「一群欲求不滿，不靠戰爭與奴隸就活不下去的寄生蟲。他們不事畜養與耕作，一心只想著販奴與強取豪奪，就連馬車車隊都會被他們勒索」。[8]德國征服喀麥隆的過程在一個同名的德文冒險故事《喀麥隆》（*Kamerun*）裡被描寫成文明世界與杜阿拉族人（Duala）之間的鬥爭，故事裡的杜阿拉人是「地球上最不堪的蠻人」。

歐洲人覺得像非洲人這種畜牲，沒有資格享受人道的考量。他們會用砲彈跟子彈把非洲軍隊打得血肉橫飛，沒被槍砲打死的傷者則用刺刀送他們上路。非洲土著的村莊被焚燒、水井被封死、牲畜被扣押、莊稼被毀滅，歐洲人想藉此警告他們反抗只是徒勞跟自討苦吃。現地的人最清楚狀況，所以他們有權限可因地制宜來鎮壓反抗者。一八八八年，法國將軍約瑟夫・加利埃尼就曾要下屬別管巴黎說過什麼，儘管把托柯洛爾的酋長統統幹掉就是了，畢竟這些人不除掉，法國統治起來就礙手礙腳，而法國的手腳施展不開，文明的推展就會掉拍。[9]一九〇九年，靠偷牛跟打劫查德東境營生的游牧民族被正式貼上「天生盜匪」的標籤。既然是盜匪，那其男丁自然應當趕盡殺絕，其居住的綠洲要加以摧毀，至於其婦孺則應統統綁走。[10]

各種不擇手段的作風，都被殖民列強合理化為令人難過但又不得不為的必要之惡。為了傳播文明，他們也是被逼的，誰叫被陳腐非洲秩序所蒙蔽的那些人那麼難以教化呢？他們講不聽，那我們也只好來硬的了。只要除弊的工作完成，改革照著歐洲的價值告一段落，非洲人就可以取得啟蒙跟繁榮所需要的寧靜與契機。在一九〇〇到一九〇四年間，英國士兵凡參與非洲綏靖行動者，都可以領到一面執行任務的獎牌，而牌子正面的意像就傳遞著這樣的訊息。那上頭設計的是不列顛女神（Britannia）高舉桂冠花圈的模樣，背景則是旭日東升。

III

非洲的每一場戰役不論規模大小，都足以吸引雄心萬丈的年輕軍官，他們都希望透過戰鬥為自己闖出名號，另外就是出任務的軍餉也相當可觀，值得一賺。在東非服役的德軍軍官有四分之一獲准在其姓氏中加入「馮」（von），這除了是一種幸運的象徵，也等於正式讓他們獲得貴族的身分，由此他們的薪餉也會隨之提高。[11]基奇納與魯嘉都因為他們在非洲為國效命而晉身為貴族，法國有參與非洲戰役的退伍軍人如加利埃尼將軍跟（在一八九三年拿下廷巴克圖地）夏爾・賈佛（Charles Joffre），後來都在第一次世界大戰中運籌帷幄。

躍躍欲試的年輕軍官，並不是英國小說家為討在學青少年讀者歡心而憑空想像出來的東西。他們在非洲可以說是俯拾即是。其中最具代表性的莫過於身為伊頓公學（Eton College）老學長的「波波」・傑爾夫斯（'Bobo' Jelfs）少尉。他於一八九九那年在雷地史密斯遭到圍困。他在家書裡問母親：我們是「軟柿子」還是「英雄」，還說他相信「我們有好好比賽」，意思是他們的認真作戰讓波耳人窮於應付。[12]這批維多利亞時代公學的畢業生都沒忘記崇拜運動的校風，也都沒忘了要在派駐要塞或帶領縱隊於叢林裡衝鋒陷陣時拿出態度：板球比賽遇到急轉彎變化球③，或是橄欖球比賽時擒殺大隻佬前鋒時那種高亢的態度。

這些運動健將在學時熱愛運動，穿上軍服則熱愛戰鬥。兩者能夠合而為一更是讓他們求之不得，但這樣的心態也導致一八九三年在恩德貝勒戰爭裡一宗令人寒毛直豎的事件：有幾名軍官把戰爭視為競技，以至於他們直接把某場接戰當成大型獵物的打獵比賽。事後為分勝負，他們便把各自「獵物袋」裡的敵軍屍體倒出來數數兒。同樣病態的舉止還包括敵方一名戰士展現了運動員般的身手，連續躲過四挺機槍的火網，最後被擊斃時竟獲得英軍鼓掌叫好。有人想替「好樣的這傢伙」的遺體拍張照，但沒有成功，擊斃他的那些人也就因此少了一樣可以炫耀的寶貝，就像獵人打到傲人獵物但沒能拍照存證似的。[13] Tally Ho！意思是「有了，在那兒！」，這是獵狐時發現狐蹤的術語，而這樣的呼聲竟也在戰場上的年輕皇家義勇兵之間此起彼落。這些義勇兵所屬的部隊是「諾森伯蘭驃騎兵團」（Northumberland Hussars），而被他們追捕的「狐狸」則是波耳人的游擊隊員，時間是一九〇〇年。一名身著卡其制服的「獵人」曾自承難忘「那衝鋒，那把『波耳兄弟』當成獵物追捕時的無比亢奮」。[14]

對於打獵是一種必要經濟來源的非洲人而言，會對能順利摸近「大型獵物」，並對在叢林求生是一把好手的矯健軍官產生敬意，也算是很自然的反應。媲美寧錄④的技術加上大無畏的態度，讓軍官贏得了尊敬與地位。英國、德國與法國的軍官都自認擁有足以贏得黑人士兵景仰與信任的特質與人品。

歐洲國家的黑人部隊，其兵員乃是招募自官方認定的戰鬥民族裡，其基因與成長背景都讓他們天生就是打仗的料。夏爾・曼根（Charles Mangin）上校身為西非作戰的老兵，就宣稱「戰士本能」在「原始部族中保存得非常強大」。他認為原始民族有特殊的神經系統，所以較能「忍痛」。[15]代代相傳的原始衝動，若能輔以紀律的管控，誰說非洲新兵不能調教成不輸歐洲人的硬漢跟勇士。透過反覆操演，黑人士兵將能如反射般聽令行事。至於練兵時的課表，就是攸關武器火力最大化的複雜動作。

③ 急轉彎變化球（leg-break）是板球中一種旋轉球體產生的變化球，落地後會在打者的腳前快速變化方向，因而得名。

④ 寧錄（Nimrod），聖經中的人物，是挪亞的曾孫，也是極其有力量的出色獵人。

正所謂帶兵帶心，歐洲軍官非常自豪於他們與非洲士兵交心的能力。不少歐洲軍官都自認有眼光可以看穿非洲士兵的秉性，他們相信天性使然讓黑人士兵狂野、天真爛漫、三心二意，但他們也絕對有潛力可以忠心耿耿。歐洲人深信不疑的一點是非洲兵員流著戰士的血液，以既嚴厲又公平的嚴父態度善待他們，他們就會回報以戰場上的驍勇。過人的勇氣，是歐洲軍官讓黑人士兵心悅誠服並樂於追隨的不二法門。在北非統御穆斯林軍隊的法國與西班牙的軍官都很自豪的一點，就是擁有一種罕見而難以言喻的「巴拉卡」特質，這是一種勇者會有如神助而倖存下來的神祕體質。摩洛哥的步兵在目睹年輕的法蘭西斯科・佛朗哥（Francisco Franco）在戰場上九死一生後，都相信在那兒從一九一二服役到一九一七年的他有上帝恩賜「巴拉卡」。

不論有神幫忙也好，沒有神插手也罷，歐洲軍官都被賦予一項義務是要照顧到麾下弟兄的福祉，但這一點，獅子山軍團（Sierra Leone Regiment）的柏洛斯（Burroughs）上校就沒有做到。一九〇一年，他未能體察軍心加上鐵石心腸，結果引發部隊叛變並大舉出走。「他只會處罰，而且動不動就用鞭子抽。」一名士兵不滿地說。柏洛斯在英國陸軍部⑤的上級也認同這樣的怨言，他們判定柏洛斯「不適於領導統御」，然後讓他捲鋪蓋走人。[16]在德國殖民地的保安部隊裡，黑人兵士與德籍軍官間的水乳交融全生動地被寫在一八九〇年代的進行曲裡。「我們在此肩並肩，黑夜裡，向前行……你是兄，我是弟，你除害，我殺敵。不分你是軍官、阿斯卡利，還是負責挑行李，大家一起向前行。」按照這當中一名軍官的說法，士兵們會在部隊裡經由去族裔化與去阿拉伯化的過程，重生為「德意志化的黑人」。[17]占到德屬東非兵力五分之一的蘇丹傭兵，在這裡找到了新家。他們的子孫，乃至於就地招募的阿斯卡利子弟，都從幼稚園起就接受軍訓，以便長大成人後承接父兄的衣缽從軍。

法國對他們的黑人士兵也很大方。非裔的塞內加爾步兵團可以領到十五法郎的優渥月薪，而且還可以擁有最多四名由他們自由處置的妾（épouses libres）。需要她們，這些妾可以在征途中為他們排解寂寞，不需要她們，士兵也可以將這些女人出售牟利。如果需要真正有名分的「正室」，部隊也會在部隊推進中設法替兵士「徵用」到正式的妻子。服役結束後，退伍軍人可以領到退休俸，而且免稅、免傜役，士官退役者會被派任到村裡擔任可以服眾的頭目。[18]在奈及利亞，豪薩人會被鄰居們戴著「有色眼鏡」對待，畢竟豪薩人雖然是黑人，但他們也是殖民軍警的骨幹。[19]

因為戰爭，非洲出現了一群新貴。當然，士兵肯定是有一定地位的，當兵的會在鄉里間受到眾人的尊敬（與畏懼），而新政權也沒忘記利用這一點。每個殖民政權都首先以高效率建立起軍警，而後非洲的野心家則意會到與新勢力「合則兩利」。在地方上掌握勢力，很順手就可以轉為私利。一九〇一年，在喀麥隆負責收稅的本土部隊可不是只有乖乖收稅而已，他們會欺壓百姓，會強取豪奪。一名傳教士狗吠火車地抱怨：「不公不義、殘酷至極。」[20]

一九〇六年，豪薩人的軍隊與在地被徵兵的「義務役」在北奈及利亞鎮壓完馬赫迪勢力起義之後，「順手」將薩蒂魯鎮（Satiru）劫掠一空後燒個精光，一路上狂造殺孽，反抗者都成了他們

---

⑤ 陸軍部（War Office），從一八五七年起主掌英國陸軍事務的行政單位，一九六四年改制為英國國防部（Ministry of Defense）。

的手下冤魂。[21]為了遂行任務，白人軍官對軍紀淪喪也選擇睜一隻眼、閉一隻眼，反正白人部隊也是一丘之貉，好不了多少。像一九〇〇年，英軍科諾特突擊隊（Connaught Rangers）在行軍前往圖蓋拉河（Tugela）的途上，就把所到之處的村莊當成「自己家」。他們取走了村民的「豬隻、馬鈴薯、雞隻，還有我們用來當成毯子蓋的生（獸）皮」。波耳人的農莊有更高檔的乳豬仔，軍隊照拿不誤。軍官時而束手縱容，時而自己也同流合汙。[22]

在瘧疾導致騾子跟牛隻難以存活的地區，非洲人的肌肉就成了推動征服齒輪的動力來源。平均而言，一名戰士需要一到兩名挑夫來背負他所需的糧食與彈藥，而挑夫微薄的配給當然也是自己得挑。測試顯示一名結實的挑夫可以用頭頂起四十磅（約莫十八公斤）的東西，這相當於兩百五十發彈藥。如果是兩名挑夫，那馬克沁機槍的基座與槍管都可以順利移動。

非洲本土的勞動力鋪設了蘇丹與南非的鐵軌，還搞定基地營裡無數繁重的雜務。這些本土勞工與挑夫們有因為做別人不想做的苦工而獲得報酬，且因為供不應求是常態，所以薪水也隨之水漲船高。在波耳戰爭期間，英軍給的行情是要高於在金礦打工，結果造成大量的非洲工人從礦坑出走。擅離職守是老問題，而這也說明何以負責後勤的官員會隨時隨地都在想辦法把勞工從遠方運來。如果老家遠，勞工就不容易隨意閃人。

「被迫下海」的非自願勞工也經常獲得雇用。一八八五年，在亞歷山大港暴動中遭判刑的埃及人被運到薩瓦金去負責給船隻卸貨。在烈日下卸貨是很磨人的工作，有名卸貨工寧願殺害英國長官來讓自己被吊死，也不想做這工作。在惡劣的勞動條件下，白人只能用鞭子祭出嚴刑。在波耳戰爭中，不服管教的工人會被賞十二下鞭子。[23]在索馬利蘭的戰事中，女性會被聚集起來去給駱駝上貨，主要是男性按地方習俗是不用幹這些繁瑣的粗活。問題是流汗的是女人，但領錢的卻是她們的老公，而這自然又是地方上的陋習。[24]

在沒有瘧疾橫行的地區，負重的牲畜會是糧草、設備、彈藥與自身補給的運輸主力。負責餵食、送水跟照顧這些動物的是從現地雇來的駱駝騎士與騾夫。折損率一般都高得嚇人：一九〇〇年在阿爾及利亞南境的行動中，法國人徵用來的三萬五千頭駱駝幾乎無一倖免，而且幾乎都是活活累死。超過四十萬匹馬、騾與驢在波耳戰爭中「陣亡」，而牠們很多都是從歐洲與美國漂洋過海而來。[25]

IV

為了擊敗武裝變強的非洲大國，還是得以白人部隊為骨幹的大軍出馬。一八九〇年代，法國部署一萬兩千名軍力在達荷美；從一八九四到一九〇五年間，法國派出一萬八千名兵力到馬達加斯加去對付梅里納（Merina）王國。然後在一九一二年，他們又投入了兩萬餘大軍，硬將摩洛哥納為自身的保護國。一八九六年，義大利在阿比尼西亞踢到鐵板，但那回他們也派了三萬人過去；一九一一年，義大利侵略利比亞用上了三萬五千人。一向秉持「小心駛得萬年船」態度的基奇納將軍能「收復」蘇丹，靠的是共計一萬五千名的英國、印度、埃及與蘇丹部隊。

不過要說到白人部隊在非洲土地上的集結，上頭這些都還是小巫見大巫。真正破紀錄的場面，發生在一八九九到一九〇二年間的南非。多達四十四萬五千名英國、澳洲、紐西蘭與加拿大士兵外加一大隊「投誠」過來的波耳人，才合力壓制住川斯瓦跟橘自由邦，然後還緊接著打趴了想以游擊戰方式起義的勢力。

南非自由領的部隊是由志願者構成，就像帝國義勇兵一樣。其中帝國義勇兵是在一八九九年招募來的熱血年輕騎士與愛國者。他們曾在來到開普敦時被要求簽到，然後離開時又要再簽一回。其中一名志願者說他加入的理由是「愛國的狂熱」，至於他離營的理由則是「腸熱」，也就是傷寒。[26]白人士兵間的病死率在十九世紀的最後十年下降，主因是預防醫學的進步。一八九二年在達荷美一場疫情之後，西非法軍奉命水源必須過濾，而且人人必須注射天花疫苗。[27]怪的是，接種疫苗在駐南非英軍是看個人意願，但其實汙水在南非造成了傷寒疫情廣布。

征服非洲的過程一路進行到一九一四年之後，這包括法國與西班牙都在一九二〇年代初期於摩洛哥進行大規模的軍事行動，另外義大利則在一九三五年入侵阿比西尼亞。此時與較早期的征服與綏靖戰爭，都讓歐洲強權到手他們心之所向的戰利品：住著順民的安泰殖民地。這些戰爭也佐證了非洲人世世代代早就懷疑的一件事情果然為真：槍桿子出政權。

第十一章　黑暗之心

活在這樣的暴政下，我們倦了。妻子兒女被帶離，我們無法承受被這些白皮膚的野蠻人玩弄。我們不惜一戰……我們知道會死，但我們也只求一死。

——非洲民謠

I

在喀麥隆對付「吃人的馬卡族人（Maka）」期間，卡爾・柯赫（Carl Koch）觀察過一名囚犯。「從他的眼中，我看到我們人類心中被壓抑的巨獸，這隻巨獸如今已經控制了我。」這話說完的二十多年後，柯赫在納粹衝鋒隊①裡平步青雲。柯赫日後在衝鋒隊裡的一名鐵血弟兄，也同

① 全稱Sturmabteilung，簡稱ＳＡ，是希特勒成立於一九二三年納粹黨內武裝組織，後為惡名昭彰的納粹親衛隊（ＳＳ）取代。

樣歷經過沙場的洗禮。這名弟兄對這段「脫胎換骨」的過程曾有非常詳細的描述。「一開始，那種感覺是慢慢爬到你的心上，然後加速進入你的腦。那種獸性源自一隻嗜血、嗜殺的怪獸。」他說他落入了戰士們都會被吸住的「磁場」中。「大家都只有一個念頭：『殺！』」[1]

在某個層次上，這些自剖並不令人訝異。人在戰爭中發掘出、釋放出自己的獸性，是必然而非偶然。莎士比亞筆下的亨利五世（Henry V）也要他在哈弗勒爾②的將士們化身為猛虎，他要他們顯露出「最恐怖的一面」。而在另一個層次上，上述這兩名德軍軍官的心路歷程可說讓人聽了惴惴不安，因為這些經驗讓當代人看到非洲戰事中暗藏的人性黑暗面。環境與敵人的野蠻，真有能力讓歐洲人的心防崩解嗎？

在剛果、法屬西非與德屬西南非與東非，一連串駭人聽聞的事件都強烈指向事實確實就是這般不堪。上述各地區無一例外，歐洲人不僅體能被非洲的烈日與傷寒給掏空，就連道德良知也像被心癌給啃食光一般地喪心病狂。這些歐洲人自然也包括英國人。波耳戰爭的最後階段發生了一系列小規模的殺戮，其中的一個案子導致兩名澳洲軍官遭到處決，他們犯的正是現代法律觀念中的「戰爭罪」。成了非洲遭瓜分過程中汙點的各種暴行，還有一個比較內在的原因，那就是到非洲分杯羹的強權間有個不成文的默契。對他們來說，雖然歐洲法律的執行面也會有漏網之魚，但非洲是化外之地，所以也是連理論上都不適用歐洲法律的地區。

首先我們必須記住一點，那就是非洲戰爭中的所有暴行，都是在眾目睽睽下進行。這些暴行會登上報紙，會在英、法、比、德各自的國會中被深究與爭辯。但各國都會合理化自己的行為，他們會說自己也是出於無奈。為了延續在非洲的經營，他們必須狠下心，這是出於一種高尚的動機，是出於想將文明推廣出去的心情。換句話說，受難者都是活該，誰叫他們寧死也不識相地要對進步的文明說「不」。

II

歐洲人在非洲犯行累累，但其中最令人髮指與難以置信的犯罪現場要算是剛果自由邦。從一八九一年，橡膠開始採收，到一九〇八年，比利時直接統治為止，該區域歷經一連串的震撼教育，相互牽扯不清的人禍接踵而至。鎮壓行動看似沒有終點，殺人放火，毀人農作都只是當中的頓點，而家鄉遭摧殘過後的便是人為的饑荒。餓到一定程度，人要麼直接沒命，要麼對疾病少了分抵抗力，天花與昏睡病的疫情像長了腳似地四處擴散。更嚴重的是，這裡是李奧波德國王私人的資本主義國度，而在地居民就是其中被追殺的獵物，他們在上層唯利是圖的過程中死傷無數。直接跟間接加起來，李奧波德奪走百萬餘黑人子民的性命，此外亦有千萬人喪命的說法。

李奧波德的統治全無道德感的指引。他唯一在乎的是「維穩」跟獲利成長。他的僕役會抱著使命必達的心情去回應他的命令，即便李奧波德的要求冷血無情、人神共憤。貿易站點中的各白人管理者是這種態度，底下黑皮膚的「公共部隊」跟監督勞工採收橡膠的配合者們就會上行下

② 哈弗勒爾（Harfleur），法國西北諾曼第沿海的港口城市，為中世紀的商貿重鎮。亨利五世重啟英法百年戰爭後便選擇於此入侵法國，時為一四一五年，史稱哈弗勒爾之圍。

效。橡膠是剛果殖民地的主要收入來源，在林子裡工作的黑人得每十四天採滿八公斤的樹汁。達不到額度，回來之後就會被砍斷手腳。這種慘無人道的做法，是剛果殖民地的經濟命脈所繫，畢竟只有不間斷的恐嚇，才能讓人像機器一樣天天運轉。[2]

在這樣一個暴力是日常的世界裡，人的求生意志常會隨之凋萎。一八九四年，一名瑞典傳教士翻譯了一首非洲歌謠，歌詞中便表達了被剝削者的死意：

活在這樣的暴政下，我們倦了，
妻子兒女被帶離，我們無法承受
被這些白皮膚的野蠻人玩弄。
我們不惜一戰……
我們知道會死，但我們也只求一死。[3]

不令人意外的是女子拒絕生育，這是美國奴隸農園也發生過的現象。這裡是無法無天的法律真空地帶，一名剛果自由邦的雇員在殺害了非洲人後還大言不慚地說：「我一點也不擔心，法官還不都是我的白人兄弟。」[4]

絕對的權力掌握在「庫爾茲先生」（Mr. Kurtz）之流的手裡。這位先生在約瑟夫．康拉德（Joseph Conrad）出版於一八九九年的小說《黑暗之心》（*Heart of Darkness*）裡負責中央貿易站的管理，並以李奧波德國王之僕的身分受到景仰。他曾經相信「帝國主義的良善」，但那已是過去之事，此時的他認為文明的傳布「只能在白人扮演上帝的狀況下完成」。懷抱這種觀念的讀書人庫爾茲寫了本冊子談土著的教化，書末他以潦草的字跡表達了內心的無望：「還是除掉這些蠻子吧。」書中擔任旁白的汽船船長馬爾洛（Marlow）遇到他時，庫爾茲已經無可救藥地陷入瘋狂中。「他的靈魂已然癲狂。」摧殘他的是荒野的封閉與他所背負的職責。就跟他在當地的同僚與下屬一般，他的工作是「壓榨」剛果百姓。庫爾茲所負責的園區四周豎著竿子，至於竿子上則插著一顆顆頭顱。

就在這些文字出於康拉德筆下的同時，外面的世界也開始注意到李奧波德政權的暴虐本質。在負責吹哨的人裡有把實情報導出去的傳教士，有非裔美籍律師喬治·華盛頓·威廉斯（George Washington Williams），還有英國改革者艾德蒙·莫瑞爾（Edmund Morel）。其中莫瑞爾的另外一個身分是老丹普斯特船運公司（Elder Dempster）的員工，而他也因此目擊不少駭人的場面。另外像後來成為愛爾蘭民族主義者的羅傑·凱斯曼（Roger Casement）爵士曾於一九〇一年以英國領事的身分派駐剛果，而他也留下許多科學犯罪紀錄。凱斯曼爵士的資料，讓大英剛果改革協會（British Congo Reform Association）有了發聲的著力點。在莫瑞爾的指揮下，該協會敦促英國政府對李奧波德施壓。說到這個協會，其成員們可說都有著人道關懷的「家學淵源」，因為他們的祖輩正是百年前曾經為反奴隸制運動提供過政治影響力的那群英國人。當年的祖父、祖母是以中產階級為主的人道主義者，如今他們的孫兒、孫女也算繼承這樣的衣缽。

面對國際上的抗議聲浪，李奧波德的反應是要把公關工作做好。一八九七年，他的宣傳人員拍出一部紀錄片，裡頭的殖民地既和平、又幸福。同年他還在布魯塞爾東南方的特爾菲倫

（Tervuren）舉辦了萬國博覽會③。破百萬的遊客在此看到的是老掉牙的歌功頌德跟表面功夫：雄大的事業體有著人道的管理，光明的前景可期。模擬出的剛果村落裡住著超過兩百五十名不同族的居民，加上茅屋還有牲畜，成了現場最吸睛的展點。訪客會朝著土著扔糖果，糖果讓土著生病，於是主辦單位貼出了「請勿餵食」的告示。[5]

但不論是人類動物園還是其他的公關噱頭，都沒能澆熄國際輿論對剛果自由邦的批判怒火。在比利時本土，天主教的保守派與左派勢力聯手譴責了自己的國王；一九〇〇年，一名社會主義的民意代表對全體國會喊話說：「挺黑人就是挺你們自己……這不僅僅因為大家都是人，這更是因為你們都是勞工，都是工人。」[6]雖然不太情願，但李奧波德還是慢慢地屈服在排山倒海的壓力之下。一九〇八年，他終於同意把殖民地的所有權轉給比利時政府。他在剛果賺進四千七百五十萬法郎，有些被他揮霍在情婦與裝潢極盡俗氣之能事的一間間宮殿上。[7]但說到最後，他從未對自己的所作所為流露過一絲悔意。

III

一如剛果，德屬西南非也是一門投資生意，不同處在於後者有歐洲的行政與司法體系，柏林可以直接管理。德屬西南非在一八八四年被吞併之時，德國的帝國主義者懷抱著此處可以滿布移民來為祖國生產糧食、順勢提振國威的希望。「德國國旗飄揚在哪裡，我們的心就在哪裡。」《科隆報》（*Kölnische Zeitung*）在聽聞德國首次占領西南非時說得慷慨激昂。自此，德國移民果然開始追隨自家的旗幟。一八八八年登基為德意志皇帝的威廉二世也昭告子民：「我這兒有七千萬人要顧……我們總得找地方給他們住。」但威廉二世的如意算盤打得太快了，一晃到了一八九六年，德屬西南非還是只有寥寥兩千名德國同胞。就算到了一九一四年，移民的人口總數仍以非常緩慢的速度，爬升到僅一萬四千人，但這其實也不需要驚訝，畢竟從無到有把農場蓋起來養牛，一口氣至少要投入兩萬馬克（約兩千英鎊）的巨資。

聽話的本地勞動力是殖民地要繁榮，外來資金要敢投資的關鍵。一個新的經濟體系要同化完成，需要所有人對國家的資源採取新的態度，至少總督希奧多・馮・羅特凡（Theodor von Leutwein）對著一群赫雷羅族（Herero）的酋長們是這麼說的：「牛如果老死，那就是沒有盡到牠的天命。」因為這位總督覺得牛生來就是要給人養著、賣掉、吃掉。[8]羅特凡希望「好好講」就可以讓土著聽話，然後乖乖接受自己的新身分是為了資本主義農業效力的農奴，就像又回到了斯巴達的時代一樣。但白人移民還是覺得剛硬的拳頭比較好用，看不慣羅特凡如此懷柔的他們痛批總督的政策是「一廂情願又軟爛的人道主義作風」。

但不論總督對於原住民是什麼態度，黑白最後都免不了一場衝突。土著眼中的殖民者是一群不速之客。對於那些要他們繳出槍械、停止偷竊（牛隻）的新法，他們怨氣沖天；對於強迫把他們擔任免洗勞工的規定，他們恨意滿點。當地人對土地有一種謎樣的眷戀：德高望重的納馬族

③作者注：此場址在會後改成李奧波德的皇家中非博物館（Royal Museum for Central Africa）而存留至今。特爾菲倫跟有集中營歷史的德國達赫奧（Dachou）結成姊妹市。

（Nama）酋長維特布伊主張達瑪拉蘭（Damaraland）屬於他的子民，而他跟歐洲皇帝一樣是一「神」之下，萬民之上的獨立國度君主。一名赫雷羅人問德國貿易商的父親葬於何處，對方回答說在德國。「所以你家應該在德國才對啊！」土著這麼吐槽他。[9]

也就是在這樣的意識型態基礎上，赫雷羅人在一九〇四年起兵抗德。赫雷羅人此舉是一種出於虛無主義，一種什麼都無所謂了的情緒爆炸。他們第一波攻擊目標是白人農場，男性墾民連同其妻兒子女都被屠殺殆盡，且部分凶手其實就是農場主人的家僕或雇工。這讓恐懼、反胃與慌亂的複雜心情在德裔社區裡餘波盪漾。

在地軍事指揮官出身的繼任總督洛薩・馮・托塔（Lothar von Trotha）將軍改弦易轍，用上他一九〇〇年在中國鎮壓義和拳之亂與在東非從軍時所習得的技巧。他總結自己的策略是對目標祭出「純粹的恐懼與殘酷」。他宣稱叛軍既已捨棄自己德國公民的身分，就該趕盡殺絕。[10]托塔說到做到。在八月於瓦爾特堡（Wartburg）擊敗叛軍後，他便俐落地下令把男性戰俘統統處決，剩餘的赫雷羅男性、他們的妻子、子女則被趕進沙漠渴死、餓死或被動物咬死。同樣的手段也被用來懲戒納馬族人，因為他們先是投靠了德國，之後卻又倒戈去為赫雷羅族人助陣。整個算下來，非洲土著死了六到七萬人，僥倖在沙漠中活下來的又被集中到鯊魚島（Shark Island）上的營區去承受虐待跟勞改，一個月死兩百人是島上的日常。

德國的輿論先是對托塔的決斷佳評如潮，但隨著他對赫雷羅人大開殺戒的報導公諸於世，同胞對他的看法也轉為難過與失望。德皇本人出於人道考量，也對托塔的做法存有質疑，由此他要求托塔要對已投降的叛軍網開一面。德國總理伯恩哈德・馮・比洛（Bernhard von Bülow）譴責托塔的手段與「人性跟基督教信仰的原則」背道而馳。此外比洛說托塔的這些做法「讓德國在文明國際之間身敗名裂，徒增外人對德國的敵意」。[11]德國的社會民主黨（Social Democrats）為左派報紙筆下「我們（在西南非）的黑人德國工人同胞」站了出來。德屬西南非黑人近乎被托塔滅族一事也讓墾民緊張了起來，擔心勞動力不足的他們也呼籲西南非主事者要「刀下留人」。

這場仗從開始到一九〇八年正式結束，托塔與其力排眾議的支持者都覺得自己是在打一場「種族戰爭」，而且德國人的生存在此一戰。黑人揭竿而起後不久便有兩篇小說問世且風行，這兩部深入人心的作品都足以讓我們窺得此役的本質與發動此役者的心態。在一九〇六年的《彼得・摩爾的西南非之行》（*Peter Moor's Journey to Southwest Africa*）裡，主人翁對土著的境遇下了這樣的評語：「他們不是我們的手足兄弟，他們是我們的僕役，我們對待他們應該要人道但不失嚴厲！」這弦外之音是日後隨著黑人學會掘井、務農、蓋屋，因此有資格被我們以兄弟手足視之後，雙方的關係或許會有所質變。但德國殖民地保安部隊一名軍官對此嗤之以鼻，他認為這種想法有夠天真爛漫：

> 在上帝與人類面前，這些黑人死有餘辜，但這並不是因為他們手刃兩百名農夫來造反，而是因為他們不懂得怎麼蓋房子、挖水井。這個世界屬於優秀的人、警醒的人，上帝的正義就是如此。[12]

同樣的訊息也出現在當時寫給青少年看的長篇冒險故事《當心！赫雷羅人來了！》

(*Muhérero rikárera*)裡。在這第二本書裡，黑人的反叛被視為是達爾文主義描述的種族衝突。「上帝容許我們在此得勝，是因為我們比較高尚，比較進步……這個世界就屬於最強大、最警醒的人。」[13]這兩本小說的銷路都好到一路再刷到納粹時期。

種族的優越感，快速地在白人墾民的心田上生根發芽。跨民族的婚姻在殖民初期不被祝福就算了，一九〇五年更是直接被禁。在反對黑白通婚的陣營中，有人說這種婚姻「賞了德國自尊一個大巴掌」，還有人說這麼做會玷汙「德意志人種的純淨」。[14]身為主子，優勢民族有著不容挑戰的絕對權威：一名農夫在法庭上主張他有權合法鞭打一名僕人，而且還是一名懷了身孕的僕人。

在地的種族成見，以及托塔想把赫雷羅人趕盡殺絕的做法，曾在歷史上被連結到希特勒為求剷除猶太人所發動的「種族清洗」(genocide)之戰。但這樣的連結顯得有些牽強，因為雖然都有預謀的成分，但兩場暴行的時空環境與目標都有差異。托塔的屠殺是出於對突發狀況的回應，慌亂與憤怒是其基調，速戰速決為其目標。納粹屠殺猶太人是根源於希特勒對於人類種族的狂想，其計畫縝密且執行甚有耐心，方法極具紀律，但納粹殺猶太人既不具備戰略價值，也無法左右二次大戰的結果。

要說赫雷羅的戰事與納粹的種族政策有什麼搶眼的共通點，那就是兩件事都以種族間有絕對的優劣為出發點。非洲人(與猶太人)既已被認定低人一等，那他們的人性與生存權也就不復存在。「你還沒有開槍打過黑鬼嗎？」卡爾．彼得斯曾這麼問過一名初來乍到的東非新兵。[15]一八八〇年代，當他與他的同僚正忙著為德意志東非公司建立農園的時候，把黑人當活靶的機會是很多的。周轉困難又經營不善的德意志東非公司快速陷入泥淖，為求脫困的他們於是學起了剛果的壞榜樣，開始把腦筋動到奴工跟恐怖手段上。

大方向掌握在彼得斯的手中，而他的狀況一天比一天失控。他自認如非洲版的拿破崙一般肩負著個人與國家的天命。為國，他要將東非改造成德國的印度；為己，他要打響自己民族英雄的旗號。在此同時，彼得斯的言行一副自己是非洲土霸王的模樣，除了子民的生殺大權盡在他的手中之外，自己還不受任何道德與法律的規範。他讓一座絞刑台在自家住處外架設完成，那是彼得斯權力的象徵。

一八九四年，一位民眾膽大包天地闖入彼得斯的後宮，睡了他一名小妾，偷了他幾根雪茄。這名竊賊被捕之後，氣炸了的彼得斯宣布：「這隻豬玀今天就要吊死！」此外他還補了一句「心底話」，說這是任何非洲酋長都會做的事情。這名竊賊的所作所為挑戰了歐洲人的不凡地位，畢竟在彼得斯看來，「搞上公使大人的女人，是要掉腦袋的大罪。」他的妻妾集體逃到一名地方酋長馬拉米亞（Malamia）的村莊，但又被抓了回來，然後全體當著彼得斯的面被施以鞭刑。其中一位名喚賈迪喬（Jagodjo），且跟馬拉米亞好過的小妾在第二次出逃時被馬拉米亞「遣返」，結果彼得斯宣判了她的死刑。彼得斯的說法是自己按照非洲習俗已經跟她存在婚姻關係，而這也賦予他「送她上路」的權利。[16]

彼得斯的倒施逆行，惹毛一票當地的傳教士，結果一名社會民主黨的議員把他的醜事傳回德國的國會大廈。彼得斯在一八九五年被召回柏林，然後在行為經過調查之後遭到了解職。他退隱到倫敦，然後在那兒攬和上一場瘋狂的尋寶計畫，目標是所羅門王傳說中的非洲礦藏。彼得斯死於一九一八年，納粹上台後將他平反成民族英雄，替他出了紀念郵票，還在電影裡把他描繪成剛正不阿但遭英國人惡意誣陷的愛國者。

在德國人的眼裡，或許彼得斯最不可寬恕的罪行不是殘殺非洲人，而是讓祖國蒙羞，讓德意志的自尊受挫。德國人向來自詡是一支正直、有教養、信仰堅定、創新而勤勉的民族，是這些美德賦予德國成為文明傳播者與殖民者的正當性。彼得斯曾經就是符合上述所有條件的天之驕子：他是路德宗（Lutheran）牧師之子，是哥廷根大學（Göttingen University）的畢業生，也是嫁給了大日耳曼理想的愛國主義者。但在非洲待了才不過十年多一點，他就背棄了祖國的美德，墮落成一個殘暴、善變，甚至是瀕臨瘋狂的暴君。

IV

侵蝕彼得斯心智的同一批鬼魂，也一併讓另外兩名法國軍官的良心崩壞，他們分別是朱利恩·夏努恩（Julien Chanoine）少尉與保羅·伍雷（Paul Voulet）上尉。其中前者有軍人背景，也是貴族之後，至於後者則是扎扎實實草根的布爾喬亞階級出身。兩人都在一八九〇年代的撒哈拉戰事中展現了雄厚的潛力。在那兒的經驗對他們來說是很好的經歷，因為他們除了學會在非洲作戰該如何因地制宜，也懂得了敵人的心理。夏努恩曾說「在穆斯林的土地上，人只有怕才會聽話」，還說「在蘇丹，身分地位就是我們的衣食父母」。他心中還認為很重要的一點，是要用敵人的那一套去打擊敵人，正所謂「以其人之道還治其人之身」。[17]

經過一番歷練，這組搭檔終於在一八九八年有了「學以致用」的機會。那一年，他們被遴選去指揮三支精銳縱隊的其中一支，而他們接獲的命令是要打通西撒哈拉，藉此讓當地人知道自己現在歸法國人管。這些任務跟法紹達事件一併，都是在巴黎的帝國主義將領與閣員們所設計出的「建（帝）國方略」，其最終目的是要讓其非洲主權能綿延到尼羅河邊，甚至若馬爾尚的縱隊能夠告捷，則法國的海外疆界還能推得更遠。若能就此得償所願，那法國將笑納四百萬新增子民與不怎麼光明正大的經濟利益。雖然雄心或許會突破天際，但資金有限會逼著人腳踏實地。因為政府沒錢，所以夏努恩跟伍雷也只能跟他們申請的機關槍緣慳一面。

這兩位主官共統領九名軍士官、六百名塞內加爾步兵團士兵、八百名挑夫、兩百名女性（士兵的妻子）、一百頭驢跟騾，外加二十頭駱駝。這支縱隊要四十噸的水才能撐過一天，而糧草也以驚人的速度見底。飢寒起盜心，部隊開始沿途大肆劫掠。但即便如此，脫水與疲倦所造成的死傷仍舊相當慘重，同時部隊裡的歐洲成員還盡數被熱病、貧血與腹瀉輪番襲擊。對於水土不服的軍士官來說，最方便的解脫之道就在於營裡倒是不缺的酒，這包括香檳有一百二十瓶，當時頗流行而喝了會讓人軟趴趴的苦艾酒④也有二十瓶。這支首尾無法呼應，行動無法隨心所欲的部隊在一八九九年出發，然後向東跋涉穿過今天的尼日南部，一路上拖著暴力與毀滅的痕跡：村里被燒的被燒，數以百計的男女老幼被抽的被抽，被殺的被殺，更別說還有八百名女子被擄走。這些都是經過精心計劃的暴行。進入四月，隨著屍體愈堆愈高，伍雷很有自信地認為「當地人會開始把我們當回事」。路易．佩托（Louis Péteau）少尉看法與伍雷相左，提出了抗議，結果下場是被勒

④ 苦艾有麻醉與致幻的效果。

令回國。

縱隊草菅人命的消息傳到了正在附近統領一隻小部隊的阿爾獻・克拉伯（Arsène Klobb）上校耳裡。上校策馬打算要到現地調查，沒想到卻遭伍雷率分隊攔截擊斃。伍雷事後在他的軍官兄弟間慷慨陳詞：

> 如今我成了罪犯，我棄絕了自己的家族、祖國，我不再是法國人，我是個黑人的領袖。非洲很大；我一槍在手，子彈一堆，還有六百位兄弟一心一意聽我調遣。我們會在非洲建立帝國，一個我會在荒煙蔓草中圍成，任誰也撼動不了的強大帝國……要是我人在法國，我就會是法國之主。[18]

夏努恩並沒有質疑這位「拿破崙再世」的雄心壯志，但其餘的軍官則隔天就呈鳥獸散。本土的兵士也覺得很氣餒，他們覺得前途茫茫，不知該為何而戰。最後的結局是叛變一場，夏努恩跟伍雷分別飲彈身亡。不過這之後也有多年的傳言說他們僅以身免，然後隱姓埋名，深居簡出在沙漠中的某處。

到了八月的最後一週，整起事情已經傳回巴黎，包括法籍生還者的證詞也一應俱全。在雷恩（Rennes），德雷福斯的重審剛好在此時來到最後階段，但媒體還是擠出了篇幅來刊登克拉伯被謀害的官方報告。一家保守派的報紙總結了這次的事件是駭人聽聞且令人不知所措的一件憾事。[19]在此同時，佩托少尉的家書曝了光，其字裡行間的屠殺細節被《費加洛報》形容為「令人髮指的行徑」。[20]

遭到輿論圍剿而顏面盡失的軍方對此輕描淡寫，他們說這是個例外。若干資深的軍官在對佩托跟擅離職守的其他人口誅筆伐之餘，還給他們安上不忠與犯上的罪名。軍方大事化小地說這次的事件是「譫妄造成的個案」，不值得國人大驚小怪。但政壇上依舊掀起了波瀾，主要是軍方這邊有極右派的衛道人士站出來替他們說話，這些右派提出的陰謀論是德雷福斯派利用伍雷－夏努恩案來打擊敵人的可信度。[21]須知夏努恩的父親茹．夏努恩（Jules Chanoine）將軍，正好就是德雷福斯一案的關鍵證人。

B咖醜聞去跟A咖醜聞攪和在一起，B咖的新聞就被淹沒掉了。軍方所在意的是年輕軍官會不會在任何狀況下都絕對服從長官的命令，至於法帝國的任務值不值得不擇手段、草菅人命去執行，他們絲毫不放在心上。一般民眾因為德雷福斯案太過精采而看戲看得入迷，對夏努恩跟伍雷的行為便顯得麻痺。唯儘管如此，左派仍有人疾呼要大家注意眾多資深軍官在一八七一年巴黎公社血腥鎮壓中所扮演的要角，須知當時有一萬五千名反抗者遭草率槍斃，而這也說明了法蘭西第三共和的國家暴力並不限於非洲這個海外之地。

伍雷、夏努恩，乃至於托塔都想到要利用「法律真空」來發動反擊，主要是歐洲強權當時的共識是戰爭的準則在非洲並不適用，其中處置戰俘的規定更是例外中的例外。再者，外交官與軍方都不承認非洲本土政體的存在，目的是讓自己享有跟在歐洲一樣的主權國家地位。

V

波耳人建立的川斯瓦與橘自由邦共和國是兩個例外。在一八九九到一九〇二年間的（第二次）波耳戰爭（Anglo-Boer War）中，被英國活逮的波耳人獲得了符合歐洲標準的待遇，這些戰俘老大不情願地被送至聖海蓮娜⑤跟錫蘭的俘虜營。唯英國的態度在一九〇〇年的夏天丕變，主要是英國與波耳人間衝突的性質也從根本上有了改變。這之後的兩年，英國人面對到冗長的戰事，這包括前線有馳騁馬上的一支支游擊隊令他們窮於應付，而敵人的後勤則由留在農場上的波耳婦人們提供糧草來維繫。

想擊敗這樣一支志在必得且神出鬼沒的敵軍，就不能不斷斷他們的後勤補給，於是身為指揮官的基奇納將軍下令搗毀農場，沒入牲畜，並扣留白人婦孺與黑人奴僕。驅離波耳婦孺是「令人作嘔，但是我們不得不為的至惡」。一名義勇兵如此寫道。而他的一名同袍則注意到「再怎麼鐵石心腸的士兵也無法直視波耳人婦孺那充滿指控與令人不捨的面容」。但這位同袍還是咬著牙只為忠於職守，畢竟「這是想速戰速決的唯一途徑」。[22]

到了一九〇二年的一月，十一萬七千名波耳婦孺與十一萬九千名非洲人被拘禁在鐵絲網圍成的營地內，吃得差，衛生條件更差，以傷寒為大宗的腸胃道傳染病四起。兩萬八千名波耳人命喪營內，其中八成是孩子，非洲人則有一萬四千人喪命。害死他們的不是人心險惡，而是官僚無能加上醫學上的無知。死於相同疾病的英軍冤魂也一樣有兩萬八千人。

人命賤如草芥的慘況傳回了英國本土，引發英國國會裡一片譁然，議員間質疑與不滿的聲浪四起，其中又以激進的自由派議員最為激憤。他們問英國不是以人道精神跟道德上的剛正不阿甚為自豪嗎？這樣的英國怎麼會忍心對婦孺兵戎相向？前往這些「集中營」進行的現地視察，證實了人道主義者最大的恐懼。這些人道主義者中最活躍的一位艾蜜莉．哈柏豪斯（Emily Hobhouse）在一九〇一年四月帶著一長串罪狀返回英國。首相索爾斯伯利爵士的政府如坐針氈，補救措施也推了出來，只不過動作還是很慢。

一九〇一年的十二月，基奇納下令中止火攻農場，並指示前線軍官放過農舍裡的女人跟小孩，他們的福祉就讓他們在南非稀樹草原上作戰的丈夫們去管。對已經在恩圖曼之戰後因冷血對待托缽僧兵傷患而飽受抨擊的基奇納而言，這樣的命令使其幹勁為之一挫。基奇納鄙視著波耳人，他曾私下對陸軍大臣（Secretary for War）說波耳人是「粗野無文的阿非利卡蠻人，只不過肉上披了一層薄薄的白人外皮」。[23]但在此同時，基奇納對自身野蠻下屬的行事不羈卻採取了睜一隻眼、閉一隻眼的輕率態度。史坦奈克騎兵隊（Steinaecker's Horse）是在川斯瓦與莫三比克邊境活動的混種非正規軍，而其大肆劫掠的做法遭到了申訴，但基奇納的祕書，綽號「火箭砲」（Squibby）的華特．康格里夫（Walter Congreve）少校⑥卻不當回事，僅輕描淡寫地說：「沒有人覺得史坦奈克是天使，但他有他的用處。」[24]但再怎麼想要文過飾非，兩名澳洲志願軍莫蘭

⑤ 聖海蓮娜（St. Helena），主權屬於英國的大西洋島嶼，位置離非洲西岸一千九百公里，離南美洲東岸也有三千四百公里之遙。

⑥ 他會有火箭砲的外號是承接自先祖威廉．康格里夫（William Congreve），也就是康格里夫火箭的發明人。

（Morant）與漢考克（Handcock）少尉的罪行也沒辦法大事化小、小事化無。莫蘭與漢考克隸屬於另外一支臨時分隊，布什維爾特卡拉賓騎兵（Bushveldt Carabineers）⑦，而他們的兵士指控這兩位少尉殺害了至少十二名有名有姓的波耳囚犯，無名黑人更是於一九〇一年的掃蕩行動中大量死於他們之手。目擊者指證歷歷，軍法法庭下達了死刑判決，兩人最終由火槍隊處決。莫蘭與漢考克辯說他們以為殺戮行為有某種官方的默許，但那完全是他們無中生有的脫罪之詞。[25]⑧

⑦ 卡拉賓騎兵就是配備卡賓槍的騎兵。

⑧ 作者注：一九七三年，澳洲拍了一部電影來講述這件慘劇，但劇中將莫蘭與漢考克刻劃成英雄豪傑，只是遭傲慢的英軍高層以小人之心度君子之腹且密謀陷害。二〇一〇年，英國政府拒絕了澳方欲翻案的請求。

第十二章　傳教會與其強敵

我們就像圈養的牛，人往何處領，我們便向何處行，只要他們說這是為了政府。

——皈依基督教的非洲人

I

現代非洲的宗教邊界是劃定於瓜分年代。兩種相互較勁的信仰，基督教與伊斯蘭教，稱霸了非洲大陸，且各自宣稱代表著唯一的真理。光這一點，就不難想像兩支信仰何以一路上滿是齟齬。

現今的非洲可以用一條線一分為二，這條線橫著從非洲大陸中心劃過然後驟然向南包圍著非洲之角①。這條線以北是穆斯林占大宗的土地，以南則是基督教的領域。造成這條隔閡的因素有

① 非洲之角（Horn of Africa）位於非洲東北部，又稱索馬利亞半島，其位置在亞丁灣南岸，且向東伸入阿拉伯海數百公里。非洲之角是非陸極東的部分。

二：地中海沿岸與撒哈拉的內陸自古是伊斯蘭教的地盤，至於晚近的基督教傳教士活動則集中在剛果盆地與東非、南非。有些區域則比較一言難盡，兩種宗教的信徒人數在此大致不分軒輊：穆斯林與基督徒會在西非的市區、城鎮與鄉間摩肩接踵。在奈及利亞與蘇丹，基督徒與穆斯林都大致上一南一北分庭抗禮。

政治版圖經常會切斷宗教的邊界。當政者在劃分國土之餘，也天真地以為只要統治得夠牢靠，兩支世仇般的一神教徒就能和平相處。帝國主義政府能夠讓兩方安分那麼久，也算奇蹟一樁。英、法在理論上是基督教的強權，而他們的民選政府始終有壓力要給基督教的傳教士協助與方便。但在非洲現地的實況會逼著兩國官方在與穆斯林子民互動時如履薄冰，主要是非洲的穆斯林擔心帝國統治會是要他們改信的序曲。再者對他們來說，基督徒才是對阿拉跟先知穆罕默德的教誨說不的異教徒。

非洲大陸的瓜分，對傳教士在非洲的擴散是一股不可言喻的助力，傳教團體紛至沓來且日益興盛。諸多教派的傳教士都體認到自己的工作因為新的殖民政體而變得更容易了。從非洲的觀點來看，傳教士形同帝國的探子，由此不少非洲人恐怕都認同當時亞洲一種苦中作樂的說法：「傳教士完了就換領事，領事完了就換將軍。」

但實情從來不會這麼單純，因為不同的身分就算不各懷鬼胎，也至少會有不同的目的，更別說政客、商人與傳教士間還會相互猜疑，那有時候也會形成一股針鋒相對、彼此忌恨的暗流。但他們之間從未真正形成死對頭的僵局，而這主要是出於現實上的考量，畢竟到了最後，他們還是需要彼此的合作與支持，特別是在歐洲權威還不穩的階段。再者對歐洲人來說，非洲的新局面需要識字的非洲人來出任基層的公務員與企業文職，而教會學校的畢業生就是很重要的人才庫。

II

雖然傳教會與政府的看法不時相左，加上有伊斯蘭教的競爭與威脅，但這都沒有擊潰傳教活動的滿懷希望與一腔熱血。一九一〇年，超過一千兩百名代表聚集在愛丁堡參加第一屆世界傳教士大會（World Missionary Conference），現場的氣氛高昂有如慶典。一名蘇格蘭的傳教士做了很有代表性的發言，他認為基督教百年來在各個大陸上的推展成果，顯示著「王的國度」即將君臨世界每個角落。[1]但至少在非洲，基督與聖徒要掌權仍是幻夢一場，皈依率的比較顯示另外一位代表預測的比較準確，他預測非洲大陸將朝著伊斯蘭信仰傾斜。

儘管如此，希望仍舊存在，因為多神的異教信仰似乎走到了窮途末路，而非洲的神職人員數也穩定提高。許多人對新教中的「名門正派」心存懷疑，他們於是乎放棄了一些新教教派，然後又自創了一些獨立教會。基督教信仰這種「化整為零」的狀況首見於南非，然後一九〇〇年隨迷你的五旬節諸教派（Pentecostal sects）與各早期基督教會（Early Christian churches）的擴散而累積動能，其中五旬節教派自認是舊約中以色列人的後裔。這些信仰的溯源反映在如使徒拿撒勒·耶路撒冷·哥林多教會（Apostolic Nazareth Jerusalem Corinthian Church）[2]這樣的奇妙名號當中。同樣的教派分裂模式也出現在二十世紀初期的肯亞，且分裂腳步還因為美國復興教派主義者（American revivalists）[3]的到來而加速。凡此種種，都顯現非洲正朝著獨具地方色彩的基督教信仰邁進。

主流的天主教與新教教會蓬勃發展。三不五時，國家與教派間的對抗會介入到勸人皈依的工作中。兩名衛理宗的傳教士被從阿爾及利亞遣送出境，原因是他們遭控對卡拜爾族人說在英國的統治下，他們會發財，會過得幸福快樂。[4]但即便是在法紹達事件後的低迷氣氛中，法國天主教徒也沒有不對英國征服蘇丹額手稱慶，因為前者仍視其為基督教文明的勝利。[5]

歐洲的善款捐輸是傳教士活動的命脈。在一九〇〇年代，也就是二十世紀前十年的初期，法國的天主教會眾能每年樂捐三百萬法郎來給海外的傳教會使用。基督教徒能慷慨解囊到這種程度，全得歸功於教會有發聲管道可及於歐洲各國與不同教派。這類宣傳撩撥了良知，推進了對非洲現況的意識，也讓歐洲人知道非洲居民的日常生活與讓他們皈依上帝的好處。但影響最大的，是宣傳中強調拯救異教徒之靈魂於地獄的詛咒，是基督徒的本分與義務。信仰虔誠而堅定的信徒能不分男女在非洲創造奇蹟，是因為他們追隨著聖保羅等使徒的腳步前進。

傳教團體一面把基督教介紹給非洲異教徒，一面也把非洲介紹給歐洲數以百萬計信仰虔誠的中產階級與工人階級。畫報、「造神」的人物傳記、傳單、手冊、兒童讀物等一干發行量巨大的印刷品，都描述著個別傳教士的旅程與一路上邂逅的人物。這些文獻有著龐大的讀者群。一九〇〇年，天主教週刊《年鑑》（*Annales*）累積出單期一百五十萬本的流通量。這些出版品一以貫之的訊息，就是精神的救贖是讓文明與進步滲入非洲的關鍵。這些書刊中亦有以感性訴求人心者。《保羅．拉柯托，一個馬拉加西孩子的故事》（*Paul Rakoto, A Malagasy Story*）刊載在一八九〇年的《小年鑑》（*Petit Almanch*）上，當中講述的是牧童在改信上帝後的愉悅生活。這本書被拱成是「我們歐洲孩子們該學習的模範」。[6]

媒體大篇幅的另外一個重點，自然是傳教士面對疾病、極端氣候與原住民敵意時那堅忍不拔的毅力。一八九九年，《天主教傳教會》（*Les Missions Catholiques*）報導一名傳教士神父在烏班吉沙立（Ubangi-Shari）遭「背叛謀害」之事。烏班吉沙立是剛被法國兼併的中非殖民地，而那兒住著「凶性十足的蠻人與食人族」。未及多久，讀者又看到來自馬達加斯加，一位神父在某蝗蟲肆虐村落中寫下的第一手描述，內文說的是作物如何遭到毀壞，嗷嗷待哺的飢童又如何哀求食物。

傳教士的文獻也「貢獻」歐洲原已不在少數的種族成見。在《中非歷險記：給家鄉年輕人的插圖信》（*Peril and Adventure in Central Africa: Being Illustrated Letters to the Youngsters at Home*, 1886）書裡，詹姆士．漢寧頓（James Hannington）這位未來的東赤道非洲主教（Bishop of Eastern Equatorial Africa）與殉教者描述他遇到的一個部落如下：「身形瘦高，整體而言極為怯懦，好分派別而難於團結。再怎麼遭到寵溺的兒童，都比這個部落的住民易於管理。」這類的觀察無一例外，都會提及一名獅子山傳教士所稱「受恐懼所蒙蔽的愚昧宗教信仰」，這些宗教信仰就像枷鎖一樣，桎梏了非洲之心。

三不五時就會有出版品以揭露非洲多神信仰的精神面為題，目的是讓讀者知悉傳教士面對著什麼樣的強敵。一九〇七年，《天主教任務》發表《一名蠻人的回憶錄》（*Les Mémoires d’un Sauvage*）一書。這本自傳的主人翁是一名年輕的馬賽族（Masai）戰士，而內容便是他口述給肯亞一名約瑟夫．凱拉克（Joseph Cayrac）神父的記憶。這當中涉及令人不忍卒讀的巫術，包括一名巫師在遭宰公羊「還霧氣蒸騰的內臟」上預測年輕人的前途，另外也講到馬賽族的舞蹈與其意義。部落中伴隨著迷信的，是凱拉克神父所欽佩的政治體制，因為這套政體的基石正是「民有、民治、民享」。[7]這樣的褒揚，算是例外中的例外，畢竟到頭來，傳教士的文獻免不了要隱善揚惡，盡量去凸顯非洲人物與風俗的黑暗面，那才是傳教士書寫的宗旨。

一八九〇年代，照片開始在報章雜誌上轉印，而照片上的人事物則為傳教士設置的教堂、學校、醫院，乃至於皈依基督信仰的非洲人。在教會的指導下，這些非洲的基督徒不再赤身露體，照片上的黑人男女換上了歐洲人的衣物。其中毫無曲線可言的白色洋裝不僅反映歐洲主流對於保守端莊的想像，那更是一種非洲人精神獲得重生的外顯表徵。一八八〇年代，東開普的龐杜族人（Pondos）把代代相傳的赭紅染料從毯子上洗滌掉，亦即用行動來彰顯他們接納耶穌基督為新的救主。英國國教的傳教士戈弗雷·卡勒維（Godfrey Callaway）認為這象徵著土著揮別他們過往的劣行，如「喝（啤）酒、鬥毆、從事異教的儀典」。[8]龐杜族的女人改穿卡勒維所說「輕薄的歐洲裝扮，包括腳上的高跟靴與頭上的洋傘都不缺」，至於傳統的服飾則遭到棄絕。

人在非洲的卡勒維很認同歐洲時尚的「空降」。外傳傳教士在消滅「如畫一般」的傳統服飾與習俗，他只當耳邊風沒放心上。卡勒維說傳統的消失是為了更美好的未來，是為了徹底與過去一刀兩斷，因為洗心革面正是聖經中救贖教條的骨幹。有些觀察家比較客觀，他們擔心這樣的教條主義會造成傷害。一九〇二年，一名殖民地的公務員表達了意見，他認為把非洲人的傳統觀念連根拔起，是一種錯誤；他認為把非洲人講得一無是處，也是一種錯誤。他說「讓或許下流的眾神照顧眾生」，讓非洲人從中得到一點安慰，跟瞬間讓非洲人變得「孑然一身什麼都不剩」，前者難道不會更加仁慈嗎？[9]

這種事緩則圓，希望讓非洲人慢慢從多神異教過渡到基督教信仰的想法，恐怕會讓身為傳教士助手的女執事瑪麗亞・柏頓（Maria Burton）覺得是邪說異端。一八九〇年代隸屬於馬賽盧（Maseru）一支傳教會的柏頓曾瞠目結舌地目睹年輕的巴蘇托（Basuto）少女喝本地啤酒還舞動身體。明明已經皈依的少女連忙賠不是，她說她只是「用腳在唱歌」。女執事不為所動之餘還警告少女要在新信仰與酒精之間做出慎重的抉擇。[10]最終她放棄了啤酒。英國窮人經三令五申而絕對不會陌生的禁酒呼籲，飄洋過海來到了非洲。同時清醒也是「法國文明」中不可少的一環。一九〇〇年代初期在塞內加爾傳教的傑佛瑞（Joffrey）神父就說他在教眾間宣導著要人保持清醒。至於法國文明的其他成分還包括要身著歐服，吃飯要在餐桌前坐定。[11]

III

有人指控傑佛瑞神父說他的愛國主義是半吊子，而他也為此不斷為自身辯護。傳教士運動經常與政治藕斷絲連，特別是遇到帝國主義的目標與道德性引發爭辯之時。多數的傳教士與他們的支持者都篤信人道主義是歐洲文明的特色，而基督信仰是人道主義的基礎。這就是為什麼不分教派，傳教士都堅持非洲人有權獲得公正而人道的待遇。非洲人若遭到虐待或剝削，傳教士會站出來仗義執言，而傳教士的抗議自有其政壇上的影響力。以在英國而言，傳教士與其盟友會定期動員在聖壇中的選民。一八九三年四月，一名衛理宗傳教士去函自由派的《每日紀事報》（*Daily Chronicle*），內容是一名脫逃女奴被英國東非公司的警察抓到，然後拖到一名行政官員前的悲慘遭遇。官員判決女奴必須要被遣返回主人的後宮，除非她能支付十一英鎊的罰金。短短幾天，這宗醜聞就在下議院成為話題，官方立即提出了救濟。女奴獲釋，抨擊英國東非公司者的擔心獲得了證實，這果然是間管理鬆散而腐敗的企業。[12]

英國政治人物很以英國是個有良知的國家而自豪。在英國海外傳道會②成立的一百週年時，首相索爾斯伯利爵士形容這個組織的誕生代表著「人道主義熱誠的覺醒」。同年，帶有自由主義傾向的《旁觀者》雜誌分析了英國國格中的這項元素，社方的結論是：「一般的英國選民與本社一樣，都認為人類的秉賦才能永遠有高低之分，但蓄奴絕非人權，為私利以酷刑加諸同為人類者，亦絕非人權。」四海之內任何不人道的行為，都會觸怒英國人「到能左右基督教世界輿論的程度」。[13]英國政府不會對這股聲音充耳不聞，但實際的作為不見得都那麼發自內心就是了。

集體意識到守護非洲人權的責任後，諸傳教士與他們在非洲本地的盟友開始對白人墾民與特許殖民地公司的動機與行為產生戒心。在下議院針對第一次瑪塔貝萊戰爭進行的某次辯論當中，一名激進的自由派議員威廉．拜爾斯（William Byles）將英國傳教士在貝專納蘭擘劃的願景，與英國南非公司所設想的未來做了對比，其中前者「指導非洲民眾使用犁等農具與各種文明的利器」，而後者則跟原住民爭執不下，甚至「搬出馬克沁機槍來剷除他們」。這樣的發言激怒了一名托利黨人，他讚揚羅茲的部隊是「英勇的英國人」，捍衛「祖國的利益」。[14]在一九〇六年針對剛果暴行進行的辯論中，另一名自由派的議員提醒同僚勿忘國家過去所做所為的汙點。他提到近期有納塔爾的祖魯反抗者遭到墾民的民兵屠殺，他表示那是「一連串不光榮的殺戮，簡直像是在射殺烏鴉，能光榮到哪裡？」[15]

難以平息的嫌隙，開始在人道主義遊說團體與商業利益間擴大。對於商人來說，非洲人有著消費者與生產力的雙重身分。整體而言，傳教士並不反對非洲人工作賺取薪資或跟外人貿易，事實上不少傳教會都在經營農場。在肯亞的卡維隆多（Kavirondot），一支美國貴格會的傳教會打算培養非洲人「勤勉工作的習慣」，希望讓其收入足以挹注「一間自給自足的本土基督教會」。首先是蓋了一間由水力推動的鋸木廠，然後在一九〇三年，持同情立場的殖民地當局撥了一千英畝（約四平方公里）的土地給了這項計畫。[16] 一九一四年，初來乍到的德屬東非指揮官保羅・馮・萊托－福爾貝克（Paul von Lettow-Vorbeck）喜見傳教會多方介紹「歐洲的工藝」到非洲。「四下可見木匠、鞋匠與磚廠。」指揮官說。[17]

人道主義者會按捺不住躁動，是因為另一方已經在經濟作物、鐵道修築與礦坑運作都需要奴工才能成功的想法上形成共識。一九〇〇年代初期，肯亞墾民社會中有一位深受愛戴的艾沃特・葛羅根（Ewart Grogan）。做為移民中的意見領袖，他說非洲經濟要發展起來，奴工必不可少。說出這話的他是個靜不下來的年輕人。雖然他就讀過溫徹斯特公學（Winchester College）與劍橋大學等名門③，但他對冒險的渴望還是「絲毫無損」，而他最後也得償所願地在一八九八年完成從開普縱貫非洲大陸到開羅的壯行。遊畢他將經歷寫成文字出版，但內容大多僅為他沿途信手射殺的動物名冊（包括一隻豪豬）。

---

② 英國海外傳道會（Church Missionary Society），成立於一七九九年四月十二日。

③ 他兩間學校都沒有畢業，事實上兩間學校都將他退學。

此外葛羅根倒也擠出一些篇幅對可惡的傳教士與其非洲盟友開砲，他不滿的是這些人竟敢對羅茲，對在羅德西亞與肯亞的先進們窮追不捨，話說羅茲可是他的英雄。對他而言，智勇雙全的羅茲等人只要有大批受控的黑人勞工供其驅策，那麼非洲一定能富庶起來。問題是他心目中受教的黑人有如鳳毛麟角。葛羅根與眾多殖民者都認為非洲人遺傳有會傳染的懶散基因，不來硬的治不好這種病。

既然要來硬的，當然不能少了鞭子，鞭子可是新經濟的引擎。葛羅根只趁壯遊時拿不夠機靈的挑夫皮肉練習一番，便很快上手了。他說有些部落的男人只能挨二十五下，有些人則能撐更多下。[18]「波瓦納」④永遠是對的，葛羅根不假顏色地痛斥那種將原住民美化為寵物的「傳教士心態」。黑人在他口中是「被喜愛黑人者選中的人」、是「傳教士的人生支柱」、是「無腦慈善家的心肝寶貝」，他覺得這些人就是欠磨練、欠教訓。[19]另外一名有頭有臉的肯亞墾民兼大型獵物迷克雷恩沃斯（Cranworth）爵士則哀嘆，「好手好腳的年輕基庫尤族（Kikuyu）戰士」竟然拒絕工作，而英國老家那些「婦人之仁者」竟還稱頌基庫尤族男性的獨立思考精神。[20]上述的偏差觀念已經深植南非人心，開始在肯亞跟羅德西亞生根，並且毫無意外地在阿爾及利亞的歐洲社區中顯得理所當然。

IV

在能冷靜觀察傳教士與世俗勢力間關係的目光中，有雙眼睛的主人是愛德華·布萊登

（Edward Blyden），他是一位才華過人的自由派非洲人。身為獅子山殖民政府的雇員，他體認到傳教士與殖民統治者間的衝突在於追求的目標不同。「帝國主義汲汲營營，」他寫於一九〇二年，「並非要造就人，而是要製造奴隸，他們不是要拯救人的靈魂，而是要提升人的體魄。」[21]馬達加斯加的一名傳教士費迪南·布魯尼提耶（Ferdinand Brunetière）看不出這當中的差別。不同於英國人、德國人（只是要人改信），「法國人是把土著轉變成跟我們同一個民族，我們創造的是跟我們平起平坐的骨肉兄弟。」[22]

種族平等原本就是很敏感的議題，基督徒遇到這事更是手足無措。關於這點，我們會在第十五章詳談，但不過分地說到了一九一四年，由傳教會教育出來的非洲人已經對平等有所期待，而這也使種族地位問題醞釀著詭譎的氣息。其中最感到不安的是軍人出身的治理階層，畢竟他們已經太習慣於非洲士兵對他們畢恭畢敬。弗瑞德里克·魯嘉爵士就抱怨過在他的立法會上有唸過兩天書的奈及利亞人「聲音又大，態度又傲慢」。他堅持政府在北奈及利亞所辦理的新學校要避免推廣「與非洲風土格格不入的歐洲服飾與習俗」。[23]

討厭西化非洲人，討厭這些人對平等有所期待的，不是只有魯嘉一個人。魯嘉手下有名瘋瘋癲癲的法蘭克·克羅茲爾（Frank Crozier）上尉隸屬於西非護境軍。一九〇一年，他鞭笞了十二名他口中「出身拉哥斯與沿海各地，操英語、有文化、已受洗，但被慣壞到骨子裡的一群木匠」，克羅茲爾出手是為了懲罰這些人罷工。但之後讓克羅茲爾感到毛骨悚然的是這些「厚顏無

---

④波瓦納（Bwana），見於東非的一種頭銜，意思是老闆或主人。

恥」的傢伙雇了「一名黑人訴訟律師」發訴狀要告他傷害。[24]要不是他在高層有朋友，他還真不知道能不能脫身。⑤

不論如克羅茲爾之流如何不情願，受過教育的非洲人已經是他們生活的一部分，也是新殖民政府執政跟非洲商業運作不可或缺的人才。一九〇五年，蘇丹當局發現他們得盡快擴大就學人口，理由是「每天太陽升起，他們都深切感受到蘇丹需要下層階級的人能夠識字並通曉道理，否則基層公務員的缺根本補不齊」。[25]

話說傳統的古蘭經穆斯林學校並不傳授就業需要的知識。不論你想在郵局櫃台當差，還是當個電報員，穆斯林學校都沒辦法讓你得償所願。為此官方只得跳出來提供基本的教育。其中酋長們的子嗣們更有政治考量上的迫切需求得接受教育，畢竟他們是殖民地政府等著要合作的對象。一九一一年在北奈及利亞，酋長兒子們的課表包括基本的三個R（讀、寫、算）、繪畫入門、健康教育、自然史、非洲地理，而且他們上的不是一般的學校，而是為他們精心開設的特殊學校。據傳「思想較為開明的酋長」為這樣的課程安排拍手叫好。[26]另外為了讓商業上的需求獲得滿足，肯亞在一九一四年有了一家公辦的學校，木工、農耕、印刷與石作是學校教授的科目。[27]

非洲教育效法著現代歐洲的運作模式，亦即政府會出資廣設小學來供男女學童就讀。在英國，國家願意補貼舊教的教會學校，這一點殖民政府也依樣畫葫蘆。時至一九一三年，尼亞沙蘭（Nyasaland）的教會學校已經能拿到每年一千英鎊的官方補助。這樣的補助在可預見的未來有其必要，原因是要從頭建立一個國立的教育體系所費不貲。教育的普及顯得牛步，畢竟缺錢自然讓事情難辦。一九一九年，整個北奈及利亞僅十八所公學校，學生人數勉強破千。相較之下古蘭經學校卻多達三萬所，學生人數更高達二十萬人。[28]

五十年下來，傳教會還是累積了若干成果，只不過非洲大陸上的教會學校分布不均，因此識字率的高低有著顯著的地域差距。尼亞沙蘭跟烏干達的識字率高，因為這兩處殖民地的老牌傳教會密度較高。一九一三年，尼亞沙蘭有一百三十名白人教師在一千五百所學校裡指導十一萬九千名學生，而烏干達的就學人口則於此時達到八萬三千人。相形之下肯亞僅五十九間傳教會對應兩千兩百餘名男女學童。[29]但其實這樣已經不錯了，因為一九〇八年，肯亞殖民政府僅勉強撥付一千五百英鎊的經費給公立學校，同一年肯亞殖民地的軍事預算高達五萬六千英鎊，醫療服務的準備金也有兩萬英鎊的額度。[30]

在馬達加斯加，所有八到十一歲的孩子都要接受義務教育，當地有將近一千一百間學校裡就讀著十萬零七千名學生。在法屬西非，三分之一是女生的一萬名學生在公設與教會學校中就讀，但當時法屬西非的人口估計有一千一百萬人。

---

⑤作者注：克羅茲爾出身北愛爾蘭的阿爾斯特省（Ulster），而這人最值得一提的是他鼓吹用機關槍來處決罪犯。他在一戰時的西部戰線統領一營部隊，而他也不諱言自己當時會射殺同屬協約國的葡萄牙逃兵。後來在一九一九到一九二一年的愛爾蘭內戰（一九一九年一月到一九二一年七月屬於愛爾蘭獨立戰爭）中，他短暫主掌過惡名昭彰的輔警部隊（Auxiliary Police）。這之後他便成了「軍事綏靖主義」（militant pacifism）的信徒。

V

關於該由誰來教什麼東西，造成了政治上冗長且激烈的紛紛擾擾，結果便是法屬殖民地的教育受到阻礙。而不同意見會如此爭執不下，其直接原因便是德雷福斯事件，期間天主教的神職人員群起反對他，而且往往昧於證據顯示的事實而情緒高漲。這證明了天主教仍舊是共和國理想的一大阻力。一九〇〇到一九〇五年間在選舉勝出的民氣可用下，持續連任的共和黨政府推出廣泛生效的「世俗化」（laïcisation）計畫來限縮天主教會在公眾事務上的影響力。此一政策也一體適用於殖民地，自此天主教神父在法國的「文明任務」中已無角色可言。

截至一九一四年，塞內加爾所有的學校都已經回歸世俗，修女退出醫療院所的工作，部分傳教士則被迫成為領薪而必須對殖民地總督負責的公務員。由於護理人員短缺，因此修女以令人感佩的使命感留在了崗位上，現實生活則靠兼差縫紉、洗衣支撐過去。[31]不論在塞內加爾還是其他地區，現實考量都令人難以迴避，最終地方政府都還是採取了彈性的態度。

象牙海岸的總督經過一番唇舌，終於說服巴黎當局認同教在地人法文的教會學校是一項資產。至於其他的地方首長也紛紛打出「因地制宜」牌或打馬虎眼來迴避世俗化的中央政策。[32]許多傳教士都重申愛國來當作幌子。在馬達加斯加，耶穌會的法籍戴蒙（Delmont）神父跟他的羊群（會眾）說他們要新建一間教會來「盡一份對政府的責任」，但其實他根本是自己要建教堂而已。這些神職者顯然明白使徒保羅曾訓令信徒要聽從俗世的政權，因為就像戴蒙的一名皈依者對官員所說：「我們就像圈養的牛，人往何處領，我們便向何處行，只要他們說這是為了政府。」[33]

尚—維克多・奧加尼厄（Jean-Victor Augagneur）這名共和—社會黨（Republican Socialist）的民代兼共濟會會員⑥在一九〇五年被指派為馬達加斯加的總督。他恐怕寧可島民都是無神論者然後大方招認。他說新教傳教會是「對法國權威的一大威脅」，還說「本土牧師」喜歡找碴，而且「腦中充滿傾向於反抗我們統治的想法」。[34]非洲神職人員間持有自由派觀點且拒絕接受帝國現況的這種現象已經在南非生根，不久還將傳播到肯亞。

像戴蒙神父這樣的人物與他們的教眾之所以重要，是因為他們相信英、法所視若珍寶的個人自由權與參政權應該及於兩國的殖民地。在一八八〇年代尾聲，開普的黑人獨立教區已經辦起自己的報紙，完成黑人選民的造冊，並且向維多利亞女王提出想獲得投票權的訴願。他們以令人動容的愛國情操宣稱自己這麼做，才對得起「英勇而慷慨的大英帝國」精神。[35]他們最終失望了，但以衣索比亞各教派為主的教會仍堅持不懈。後來在一九一〇年南非立憲並將部落土地充公時，黑人教會也站在了反對的最前線。

在肯亞，五旬節教派的教眾也有積極參與政治活動的跡象，過程中他們也慢慢地建立起在非洲的政治身分。這其實是必然的進程，因為既是獨立的教會，宣揚的又是精神上的自由，這不就是培育政治自由觀念的最佳場所。[36]但這些觀念在某人身上遭到扭曲，那就是約翰・齊藍布威（John Chilembwe）這名上過維吉尼亞神學院（Virginia Theological Seminary）的尼亞沙蘭浸信會黑人牧師。在神學院就讀期間，他受到剛萌芽的美國黑人政治運動影響；接著到了一九一五年初，

⑥ 共濟會（Freemasonry），非宗教性的猶太人兄弟會組織，起源與石匠有關，第一處會所於一七一七年在英格蘭設立。

齊藍布威加入聚焦農園工人遭粗暴對待且非洲子弟遭強徵去德屬東非作戰的抗議行列，這時的他正式從一名激進分子「升級」為革命分子。他短暫領導一場空有民族主義外殼，但本質上卻是虛無而毫無中心思想的起事：他帶領的群眾殺了些歐洲人，還毀壞包含一間傳教會在內的白人財產。齊藍布威最終命喪一場械鬥中，而他的追隨者被甕中捉鱉，有數人最後遭到吊刑處死。白人社區嚇壞了，這場反叛對他們來說就像晴天霹靂，出了人命更是讓他們痛心。

這次的事件自然是個特例，但這也戲劇化地凸顯致力平等的獨立黑人教會與偏鋒政治之間的關聯。唯同一時間，不少非洲神職者都呼籲教眾要按照耶穌跟保羅的訓諭，也就是在俗世的事務上聽從凱撒（政府）的權威。⑦只不過話又說回來，我們還是不能忘記帝國主義現狀所面臨的第一波挑戰，來源就是教會。不那麼訴諸暴力的「弱化版」齊藍布威，還在後頭等著前仆後繼。

⑦ 曾有人指望耶穌能領導起義來對抗強大的羅馬帝國。於是有人問他：我們應該納人頭稅給羅馬嗎？耶穌回答，拿個銀幣給我看，並問那上頭是什麼圖案。對方回答是凱撒的頭像。耶穌於是順著說：「讓上帝的歸上帝，凱撒的歸凱撒。」

第十三章　伊斯蘭教與帝國

基督徒的禮物有毒。

——某非洲穆斯林

I

伊斯蘭信仰的政治力量，在十九世紀與二十世紀初出現了嚴重的鬆動。以迅雷不及掩耳的速度，與摧枯拉朽、輾壓過反對力量的聲勢，英、法、俄、義的大軍橫掃亞、非，兼併一路上的穆斯林國家。這幾國的基督教領袖知道自己是不速之客，因此從未小看伊斯蘭教的韌性，也未曾對伊斯蘭信仰煽動反抗星火的能力放下戒心。為此歐洲領袖如履薄冰，也承諾要以尊重與理解對待穆斯林的信仰。一九〇一年，阿爾及爾的殖民地長官向穆斯林保證，「只要在三色旗的影子下，各位可以放心地讓你們的綠旗飄揚」。[1]或許吧，但不變的是身為穆斯林，你就無法享有法國的公民權。唯同樣的公民權，法國早就開放給為數幾十萬的基督教移民。

法國覺得這樣的差別待遇合理，是因為穆斯林大眾悍然拒絕接受為他們好的安排。穆斯林寧可過自己的日子，也不願讓看伊斯蘭不順眼的異教徒強加所謂的「現代化」在自個兒身上。從歐洲的觀點看來，穆斯林這樣的反應是肇因於伊斯蘭教非理性的愚民之舉。一八九四年，在分析英國統治埃及成就的文字中，阿弗雷德．米爾納爵士嚴辭批判了伊斯蘭教法中的「中世紀蠻風與謬論」，他說執迷不悟的穆斯林「只因基督教之故就對革新抱持敵意」。[2]事隔數年，聖公會（也就是英國國教）的尚吉巴主教堅稱「伊斯蘭把奴隸制看得非常自然」。[3]穆斯林的心思將科學新知拒於門外。一九〇七年，馬拉喀什（Marrakech）一名法國醫師遭到一群暴民殺害，原因只不過是他想要以現代醫藥治療罹病的市民。法國外交部長高呼這名醫師是「為文明獻身的烈士」。[4]

非洲原本的穆斯林國家都是獨裁政體，政權一路向下世襲。因此從表面上看，穆斯林應該對帝國統治習以為常才是，但對基督教主人言聽計從總是讓他們渾身不對勁。在神職者與窮人之間最根深柢固的宗教保守主義，加上對所有異教徒的反感，都讓穆斯林對改變戒慎恐懼，尤其讓伊斯蘭教吃虧那更是不行。一顆心懸在空中的穆斯林很好挑撥，他們動輒就會被宗教狂熱的狂風給左右，而興風作浪者的目的便是要發動聖戰。確實，英、法在北非與西非都得面對零星的聖戰。德意志帝國能逃過一劫是因為東非的穆斯林相對少。

只要不至於窒礙難行，英、法都盡量不去更動殖民地傳統的社會結構。帝國的權威被嫁接在願意合作的世襲大公上，藉此讓新政權獲得統治上的延續性與正當性。不論是埃及的赫迪夫，還是摩洛哥的蘇丹，都維持大權在握的門面。他們會負責出席或主持儀典，會與子民們一同在清真寺裡禱告，會在閱兵時接受士兵致敬。但真正指揮這些軍隊的不是他們，而是歐洲的軍官；把稅收進來跟花出去的也不是他們，而是歐洲的官僚。他們只消稍微有一點躍躍欲試的感覺，就會當不成傀儡。他們會被罷黜，會被聽話的人取代。

埃及與摩洛哥都曾經是鄂圖曼帝國的屬國，畢竟鄂圖曼是唯一一個擺得出大國架勢的穆斯林國度。但到了一九一四年，這副架勢也差不多消磨殆盡了。鄂圖曼帝國的非洲行省已經被英、法、義席捲，而土耳其統治者蘇丹也才剛拱手將在南方半島上的立錐之地，讓給背後有俄羅斯撐腰的巴爾幹民族主義者。禍不單行的是法、英、俄已經起心動念要瓜分鄂圖曼帝國的中東行省。話說從第一次十字軍東征以來，伊斯蘭世界就沒有這樣兵敗如山倒過了。

II

雖然百年來一直是異教徒的手下敗將，但伊斯蘭並沒有鬥志全失。伊斯蘭教在追隨者身上配備了百折不撓、堅忍不拔的精神力量，而這股力量（與希望）的來源便是伊斯蘭教義的精髓：「沒有力量或權柄存在於阿拉之外。」古蘭經賦予全能的神主宰古往今來所有的力量，包括那些祂的指揮讓信徒不理解或不痛快的力量。稍堪告慰的是古蘭經裡有「今世」①教條容許穆斯林與敵對的異教徒談條件，藉此在現實中得到喘息空間來恢復力量。伊斯蘭留得了青山尚在，而假以時日透過忍辱負重，伊斯蘭將可恢復往日的力量。

① 阿拉伯語，古蘭經裡有「今世」（dunya）與「後世」（akhira）這兩個相對的概念。

但在那之前，穆斯林仍得在基督教的統治之下過活。但要是實在忍無可忍，就會有人搬出聖戰的教條來號召信徒討伐伊斯蘭之敵。成為聖戰士，就是把命運託付給阿拉。聖戰士要是戰死，也會化身殉道者，而殉道者可以順利進入天堂與美女翻雲覆雨。信仰讓士兵怕死的本能遭到壓抑，而不怕死的聖戰士是會讓人退避三舍的強敵。一八五〇年代在塞內加爾與聖戰士三番兩次交手之後，費岱爾布將軍的心得是：「最可怕的敵人，乃秉持著先知的大義步向我們。」這些戰士的士氣難以撼動，因為他們踏上的不是戰場，而是「殉道之路」。[5]

合作，按照「今世」原則裡所言，確實能吸引非洲（與印度）的穆斯林大公們接受，因為選擇合作，就是選擇以實權為代價將身分地位與榮華富貴給保存下來。與異教徒合作還有一點說得通，那就是他們在戰場上的勝利很明顯是阿拉的旨意。這就像一八九〇年代尾聲，穆斯林軍在塞內加爾與北奈及利亞一敗再敗，背後也是昭昭天命，或至少一九〇三年，神學家在設法說服索柯托蘇丹穆哈瑪度．阿塔西魯二世（Muhammadu Attahiru II）臣服英國時是這麼說的。

阿塔西魯的彈性，讓他跟高級專員弗瑞德里克．魯嘉搭上了線。而魯嘉馬上認出眼前的蘇丹是個理想的合作夥伴。魯嘉盤算著可以透過阿塔西魯來垂簾統治北奈及利亞的多個伊斯蘭國度。魯嘉的計畫精神是世俗務實取向，且根據的是艾德蒙．柏克的社會有機發展概念：本土社會與他們的政府形式是在地歷史演進的結果，值得保存下來加以培育，因為這樣的制度可以滿足民眾的需求。固有的權力結構反映了原住民的價值，稍加調整便能順利且令人滿意地為帝國統治所用。但最重要的是，間接統治可以降低宗教摩擦的機率。

當然，像廢奴這類的改變必須要做，否則在地的人道主義聲浪將難以平息，但這是非洲王侯願意付出的代價，畢竟不聽話什麼都沒有，聽話的話還有些許權力可以掌握。再者，蘇丹身邊會有國師般的角色提醒他別忘了這些安排都只是權宜之計：阿拉的意旨將來還是有機會改變一切。

在索柯托，權力的轉移進行了公開的儀式，阿塔西魯在典禮中即位。傳統的儀式強調朝代的延續，而魯嘉的出席則提醒觀禮者一件事情，那就是他們的蘇丹現在有了個新的上皇要伺候，那就是英王愛德華七世。這場登基與權力共享的大戲依循著縝密的劇本演出，看戲的則有蘇丹的謀士、鎧甲騎士、次級的酋長、肩負神職的穆斯林，當然還有索柯托的尋常百姓。近距離站在一旁的有身穿卡其制服與土耳其毯帽的豪薩人步兵行伍，有英國軍官跟馬克沁機槍，而這些都是英國展現力量的活動道具。

排場如此浩大的軍力與武器大觀，是很客氣地提醒著本土軍隊別忘記近期才吞下的大敗。觀禮者中肯定有從這些大敗中倖存的人，他們一定記得敵方的步槍兵與「撒尿槍」（馬克沁機槍的渾名）是如何射殺數以百計的戰友。這場大戲的終曲是由魯嘉致詞。他事後很滿意地說當他宣示完宗教信仰「不會受到任何干預」後，台下傳出「竊竊私語般的肯定聲」。[6]但魯嘉話只說了一半。近期的妥協已經改變了伊斯蘭世界的做法：蓄奴遭禁、聖戰主義變得法所不容、伊斯蘭教法中動輒將人斷手斷腳的刑法（根據某英國官員的說法）也獲得修改，來符合「現代的環境，與宗教的寬容精神」。[7]這意味著偷兒不會再斷手，婦人通姦不再會被亂石砸死，伊斯蘭的法庭被置於嚴格的監督之下。實在到了最後關頭，還有大英律例可以撥亂反正。基本教義派的穆斯林覺得這簡直駭人聽聞。事實上事前已經有人警告過蘇丹：「基督徒的禮物有毒。」[8]

在非洲的穆斯林世界裡，間接統治不能光靠一個大咖，「挾蘇丹以令全境」，還得靠一票小咖配合方能成事。所幸不論你需要不甘於平凡的職業軍人、基層官員，還是技術官僚，他們都不難找，任何人只要付得起薪水，能帶給他們前途，他們都很樂於為其服務。就拿生於一八六四年的哈桑．里德萬（Hasan Ridwan）來講，他加入埃及軍隊後習得工程與槍砲之術。他是率先支持帕夏艾哈邁德．阿拉比②的其中一名年輕民族主義者兼軍官，在泰勒凱比爾之役中負傷後獲得赫迪夫的赦免，重新加入赫迪夫陶菲克的部隊，然後在英國指揮下參加一八八五年對馬赫迪作戰。這之後他開始把才華發揮在行政工作上。三十歲出頭，他就已經被指派擔任「馬穆爾」（mamur），也就是地方的行政首長，並且積極參與城鎮的規劃。[9]

埃及與蘇丹政府的基層職位上盡是負責收稅、主持下級法庭、登記出生死亡、管理郵務、進行通譯，以及擔任各類接待文員的穆斯林。提供這些勞務，他們換得的是人身安全與像樣的薪水，而這也是何以米爾納會說「在政府手下當差仍舊是埃及人受過教育後……的第一志願」。[10]科普特人③在埃及跟蘇丹官僚體系裡比例甚高，但穆斯林也不少。所有進入政府工作的人，最後都成了有頭有臉有一定身家的人物。一名英國官員則溫馨地回憶起這些帝國的初階公務員，「豐足、體面、戴著眼鏡、令人尊敬（且）知識淵博。」[11]

III

只要情況允許，法國也盡量希望能採取間接統治，包括他們會啟用一名官員口中「派得上用場而不可或缺的貴族」。[12]在西非，某些法國官員甚至會嘗試召募穆斯林的神職者來為其所用，但他們很快就發現這是自找麻煩。伊斯蘭並不像基督教那樣有著階級分明的神職體系；你找不到等同索柯托蘇丹那樣的頭領可以打交道或談條件。唯儘管如此，法國政府還是堅持了下來，並且在一八九一年說服聖城麥加的「謝里夫」④發布伊斯蘭敕令（fatwa），內容是要法屬蘇丹的穆斯林聽從新統治者的指揮。但這道敕令就像石沉大海毫無迴響，因為他們壓根不知道麥加那位謝里夫的修為，也不清楚謝里夫是如何奉命守護著穆斯林的諸聖祠，而且身上流的血可以上溯至先知穆罕默德。[13]麥加的謝里夫身上洋溢著信仰帶來的魅力，但他不像教廷的教宗有定義教條與執行教條的權柄。

神職系統的官僚叫不動穆斯林，因為穆斯林追求的是從獨立的傳道者與學者那兒獲得精神上的啟迪與指引，而這些傳道者與學者的過人之處在於他們信仰的熾熱，乃至於他們對古蘭經與對禁欲苦行之道理解的入木三分。這些傳道者與學者的組成有穆拉（mullah）、馬拉博（marabout）與蘇菲（sufi）三種，分別是靈媒、學者與教師之意。而這些人會興學、會投身聖祠、會深入村鎮傳道。而在這樣的過程中，他們會在地方上累積龐大的聲望。帝國精美壁畫外的真實世界，才是他們發光發熱的地方。對法國的共和國官員來說，這些自由的靈魂並不值得信任。看到這些穆斯林雲遊的身影，他們會想到那些哄騙老實法國貧農的天主教士。在塞內加爾，統治者會嘗試下放

② 關於艾哈邁德·阿拉比可見本書頁一三七的描述，人稱「埃及版的喬治·華盛頓」。

③ 信奉基督教的埃及人後裔。

④ 謝里夫（Sharif），傳統的阿拉伯頭銜，有「貴族出身」之意。

權力給馬拉博，但成效不彰，至於伊斯蘭學校則彷彿統治者的眼中釘，學生不到二十人者就會被當局要求收掉。[14]場景換到埃及，統治者會對伊斯蘭學校睜隻眼、閉隻眼，而這讓米爾納爵士為之氣結。米爾納認為背誦古蘭經是識字率拉不起來的禍首。

英國與法國的殖民地總督都有志一同地希望他們的俗世盟友可以讓魯嘉口中「狂熱的叛亂煽動者」噤聲。這些人是聖戰主義者，他們破壞局面的潛力讓統治者寢食難安到疑神疑鬼。穆斯林之間有任何一絲不滿都不容小覷，否則你就是粗枝大葉。鎮壓叛意有一絲遲疑也是在犯傻、在玩命。「任何人只要多想哪怕一下下，才按照你的意思做，都得毫不遲疑地殺無赦。」是開羅總領事（Consul-General）伊弗林．貝令（Evelyn Baring）爵士在一九〇〇年喀土穆蘇丹人軍營發生滋擾後所下的命令。[15]事實證明貝令爵士是稍微多慮了，主要是營區內的阿斯卡利黑人士兵之所以騷動，並不是因為聖戰主義者的宣傳與煽動，而是因為英軍在南非傳來敗績，以至於叛亂者以為蘇丹與埃及的英國統治要垮了。

像這樣的事件，坐實了歐洲人認為穆斯林好利用、好撩撥的偏見。密探會耳聽八方，他們的目標是任何可能點燃宗教熱情乃至於誘發聖戰的謠言。繪聲繪影的各種風聲會口耳相傳，而且速度快得出奇，一件事不一會兒已經在鄉野間無人不知、無人不曉，另外像商旅、市集、清真寺內也都是未經證實消息的集散地。一九一二年，義軍在利比亞踢到鐵板的報告花了數星期才抵達北奈及利亞，但這事在法屬茅利塔尼亞早就傳得沸沸揚揚。茅利塔尼亞的統治者們深感不安：義大利所處的窘況損及了歐洲強權的光環，因為這顯示帝國軍隊並非不能打敗。這將在穆斯林心田中埋下鋌而走險的種子，有一天他們或許都會是聖戰士。[16]

英、法官員這麼跳腳，其來有自。一九〇五年跨到一九〇六年的冬季，這一帶才剛被毫無徵兆的大型聖戰起事給攪了個翻天覆地。薩希布（Sahibu）這名來自塞內加爾且一呼百應的馬拉博（學者），要大家發動聖戰來驅逐基督徒，以便為伊斯蘭的太平盛世揭開序幕。成千上萬的人響應後跨過了邊界，進入才剛獲得平靜的北奈及利亞。魯嘉覺得這些人「就像俄羅斯的貧農」，他們「要砸毀一切，這樣稅就都不用繳了，社會階級也可以打破」。[17]他說的基本上符合事實。這些起事者屬於社會的邊緣人，有些是因為主人付不出薪水，而被逐出家門的原奴隸，有些是一窮二白的貧農。就跟非洲其他各隅的反叛者一樣，這些人也是在時代巨變中被沖散而沉浮其中。這群聖戰士先集結在薩蒂魯，然後才出發去攻擊一支五百人的英軍分隊。這支分隊以豪薩族為主力且正朝著薩蒂魯而來。克羅茲爾上尉相當驚嘆於這群對手的難纏程度：「這些人癲狂而英勇地死在大鼓與筒鼓的擊點聲中，死在尖銳激爆的號角聲中，也死在古蘭經文摘要複誦聲中。」[18]接著發生的是一場大屠殺，聖戰士的弓箭與尖矛齊發，但這些冷兵器面對火砲、機槍、長槍顯得不堪一擊。聖戰士戰死的有六百人，活下來的則逃回了薩蒂魯，但薩蒂魯隨即遭到砲轟與劫掠，為此索柯托的蘇丹還募集了補充兵來支援豪薩軍。索柯托的蘇丹斥責薩希布是名「偽先知」，而他的朝廷也判處落網的薩希布徒眾死刑。[19]這起事件一方面顯示聖戰士反叛是揮之不去的威脅，一方面也讓間接統治獲得了平反。

薩蒂魯的戰士為了信仰而戰，也為了國家的疆域而戰。成功將愛國情操跟宗教信仰結合為一體的，還有薩伊德·穆罕默德·阿布杜拉·哈桑（Sayyid Muhammad Abdullah al-Hasan）這名最打死不退，戰果也最可圈可點的非洲聖戰運動領袖。他從一八九九到一九二〇年發動間歇性的游擊戰來打擊英國人、阿比西尼亞人，乃至於那些與異教徒共謀出賣非洲的部落。與他為敵且對他很不屑的英國人喊他是索馬利蘭的「瘋狂穆拉」，而他本尊是個活力十足且極善於游擊作戰與宣傳的良將。他曾寫詩自陳心跡，字句中看得見他的信念、他的自戀，與他的家國之愛：

是我，發自內心，選擇與異教徒拚搏，
是我，面對汙穢的異教徒說出：這不是你們的地頭。
若不讓英國狗倉皇出走，
便讓我非真正穆斯林的汙名加諸於我。

薩伊德·阿布杜拉把他的戰士比喻成「向前迫進的閃電」，而推著他們挺進的是「熱血與信念」。[20]這些戰士的決心能錘煉成鋼，是因為有他們的領袖擁有神奇的力量；就像其他主張聖戰的先知們一樣，薩伊德·阿布杜拉也曾大言不慚地說他可以把子彈變成清水。就連近海英國軍艦的探照燈，都曾被他在徒眾面前說成是阿拉的雙眼在見證他的凱旋。[21]薩伊德·阿布杜拉的打帶跑戰術讓英軍不堪其擾，同時圍堵他的代價實在太高，英國人於是在一九〇八年舉白旗示好。薩伊德·阿布杜拉退至內陸的一串城堡中，並從那兒統治起一個小小的伊斯蘭國度。「瘋狂穆拉」孤掌難鳴，否則他或許可以不僅於此。一九一六年，薩伊德·阿布杜拉曾試圖接觸（據稱改信了伊斯蘭教的）阿比西尼亞皇帝李基·伊亞蘇（Lij Iyasu），希望能透過他從德國與土耳其處獲得援助。[22]

IV

大部分的非洲穆斯林都是遜尼派，他們景仰的是身為穆罕默德後裔鄂圖曼蘇丹——哈里發，意即鄂圖曼蘇丹是他們理論上的精神領袖。這種象徵性且遠距離的孺慕之情，大致上是出於感性，但這當中也涉及一些政治性的動機。一九〇六年，同情民族主義的埃及穆斯林群起反對英國對蘇丹的恫嚇，畢竟蘇丹支持埃及對於西奈半島的主權聲索。做為回應，英國開始資助報紙以文章來挑戰蘇丹的哈里發頭銜。[23]這個動作，反映英國長久以來擔心蘇丹會不會哪天突然使出哈里發的權威來發動聖戰，進而以護教的大義將全體穆斯林團結起來。

在英國與法國的官員之間，全球性的泛伊斯蘭陣線已經是引發諸多揣測的一大威脅。海軍上將約翰．費雪（John Fisher）爵士以第一海務大臣⑤的身分，提出聳動的警語。費雪爵士說伊斯蘭只消「動一下小指頭」，大英帝國在亞非的穆斯林民情就會地動山搖。他曾在埃及服役，也曾經統率過英國的地中海艦隊，所以他這麼說絕非信口開河。

伊斯蘭這顆炸彈會以何種形式引爆，從摩洛哥跟利比亞晚近的事件已經可以看出端倪。一九〇七年，法國政府以醫生遇害（本章開始提到的）為名出兵占領了烏季達（Oujda）與卡薩布蘭加（Casablanca）。法國垂涎摩洛哥已久，並曾經使出過放款等經濟入侵手段來侵蝕其獨立的根

⑤ 一八〇九年之前，第一海軍大臣由海軍軍官兼任。一八〇九年之後，第一海軍大臣改為政治任命之文官出任，且長時間兼為英國內閣成員。至於第一海務大臣則為職業海軍軍官之最高職位，受第一海軍大臣節制。

基。緊接著的便是政治上的直接控制，然後在一九〇八年，阿布達爾・阿齊茲（Abdal Aziz）蘇丹被迫遜位並遭到「可塑性高」的弟弟阿布達爾・哈菲德・阿齊茲（Abdal Hafid Aziz）取代。弟弟阿齊茲後來投誠到反抗運動陣營中，然後也在一九一二年八月退位。這次換他的弟弟尤瑟夫（Yusuf）被安插繼任。尤瑟夫接受了成為法國間接統治的傀儡，當然兩萬餘名兵力的駐軍更是法國插旗摩洛哥的一大籌碼。

法國侵害摩洛哥主權之舉可謂司馬昭之心昭然若揭，但如此激發出的反抗行動也獲得偏鄉部落與都會工商階層的廣泛聲援，而這當中的伊斯蘭元素可說不但深入人心，而且體質強勁。反抗者堅信自己的國家是廣大伊斯蘭世界中不可分割的一部分，於是有些人推動成立一個泛伊斯蘭聯盟並附帶有自己的報社。不只一位蘇菲（導師）高調地參與了反抗活動，而法國的情報網也因穆斯林的祕密結社而感到芒刺在背，這包括有個名號讓人深感不安的「馬格里布團結聯盟」（Maghreb Unity）。雪上加霜的是土耳其政府私下與反抗勢力串連，他們不但提供軍火武器，甚至還派軍官去訓練叛軍。[24]

阿布達爾・哈菲德・阿齊茲的一些舊部帶槍投靠了叛軍。一九一二年四月，摩洛哥的費茲（Fez）軍營造反，圍困皇宮，殺害歐洲人，並劫掠了商家跟民居。治安恢復靠的是法軍，但法軍也蒙受上百人的傷亡，包括調自阿爾及利亞的塞內加爾步兵團。法國各家報紙譴責穆斯林的「狂熱主義」是叛變的禍因，其中《費加洛報》更指稱法國示弱助長了叛軍的氣焰。[25]祭出鐵腕是唯一的辦法，而法國也真在接下來的數月中下了重手。這招果然奏效，摩洛哥戰端平息，列強也承認法國對摩洛哥的宗主國地位，唯在里夫地區（Rif）的戰鬥又多打了十年。

摩洛哥抗法的意義在於這提供一種新的選擇：集傳統聖戰抗暴與現代國族主義的一種新組合。再者，由平面媒體宣傳與地下祕密組織所構成的「反抗機器」，模倣的正是歐洲民族主義與革命的原型。摩洛哥人還從土耳其方面得到外援，至於埃及則在精神上支持他們。

埃及的民族主義在一八八二年被英國撚熄，但進入二十世紀初又死灰復燃，其中熱烈地跑在最前面的是埃及的年輕一代。一九〇九年，一份立場倒向英國的報紙責怪埃及醫學系學生的學位考試成績欠佳，是因為他們花太多時間在搞政治。一名學生經常不去聽課，而跑去參加熱血許多的民族主義社團（包括一些跟摩洛哥一樣類型的祕密會社）。這些社團裡有辯論、有會議，而他們探討的主題是一個自由的新埃及。有人會撰寫手冊，還有人辦理示威遊行來號召被禁錮的國民能站出來驅除傲慢又貪婪的英國政權。其中埃及人甚早提出的一個要求就是蘇伊士運河國家化。從一開始，穆斯林的神職者就與民族主義運動過從甚密，只不過穆斯林的抗議行動著重在異教徒的行為不得體與德行低劣，包括他們覺得英國人太好杯中物。

這支民族運動就彷彿初生之犢，年紀輕卻甚具活力，而運動也很快就把手伸向開羅與亞歷山大港等都會區的勞工與鄉間的費拉辛（小農）。伊布拉辛．那席夫．瓦爾達尼（Ibrahim Nasif al-Wardani）是一名藥理學的學生。他曾經待過洛桑（Lausanne）一段時間並與無政府主義者往來，回故鄉後他滿腦子都是計劃動員群眾並組織工會。無政府主義者的另外一項武器是暗殺，而他也把這武器用在了埃及。一九一〇年初，他開槍擊斃時任埃及總理的布托斯．帕夏．賈里（Boutros Pasha Ghali），畢竟與英國人合作的布托斯早就是他認定的叛國賊。民族主義的報紙報導伊布拉辛被吊死，並說他的遺言是「偉大的神，只有祂能給人自由」，或有另外一個版本是「權力的自由與人身的自由要神才能給」。[26]總之，新興的世俗民族主義圍繞著伊斯蘭信仰的核心。

V

弔詭的是，就在埃及人與摩洛哥人探索並採用歐洲政治理念與方法的同時，一九一二到一九二五年駐摩洛哥的利奧泰將軍卻推行起他對該國所謂的「和平滲透」（pénétration pacifique）。在共和國進步精神的推動下，這項計畫設計是要讓現代科技帶來的種種福祉都能澤被摩洛哥百姓。不言可喻的是伊斯蘭對草根民眾的掌握力將會在這樣的過程中凋零，主要是民眾會親身體認到科學與啟蒙的好處。

在這張「良性帝國主義」的招牌底下，利奧泰將軍大舉造橋鋪路，同時也靠法國軍醫做為人力、地方稅做為財源來推行宏大的公辦醫療方案。時至一九二二年，當地醫療服務的年度預算已經達到一千兩百萬法郎的規模。純水與腺鼠疫⑥、傷寒、霍亂等傳染病的預防都應該是摩洛哥每個子民的權利，利奧泰如此相信。

無知與深入人心的宗教偏見，阻礙了利奧泰的工作，要知道在這個國家裡，摻了水的聖人尿液是一種大家認為有效的消毒劑。到了鄉下，機動的衛生單位得用強迫力來為不情願的民眾除蝨，接種疫苗甚至得在槍口下進行。[27]法國醫師想辦法融合不少民俗療法，才克服過程中的種種難關。醫師採用無害的穆斯林安慰劑來讓緊張的患者放鬆心情，進而能順利進行現代療法，醫院與藥局也會特意蓋成穆斯林聖祠的風格。忐忑不安的病人會一方面「鋌而走險」地接受現代醫學的治療，一方面拿動物當祭品，並去聖祠朝聖來當作「買保險」。[28]

像這類求心安的做法，其實在歐洲也看得到，而且是自古至今的基督徒之間都有類似的習俗。穆斯林逐步接受了白人的醫學，但對於白人的宗教他們還是存有敵意。基督教與伊斯蘭教在非洲許多地方都是互為競爭的關係，基督信仰的傳教士經常得跟伊斯蘭上演搶人大戰，而當中伊斯蘭教最有力的訴求就是種族與社會的包容性：古蘭經強調凡信徒皆為骨肉兄弟。西非一名基督徒的講法是「伊斯蘭……會為所有人騰出空間」，所以獅子山的穆斯林來到利物浦，也一樣會在清真寺裡受到賓至如歸的款待。[29]再者皈依伊斯蘭教的過程也比信基督教容易，你只需要當下承認阿拉的崇高地位，至於你之前有過什麼信仰或什麼習性，伊斯蘭教統統「既往不咎」。跟基督徒不同的是穆斯林可以保留對某傳教士口中「舊日護身符與迷信」的心理依戀，不需要跟自己的過去一刀兩斷。[30]白人的上帝可不讓人有這麼大的自由，服事祂的神父也沒辦法自在而親暱地與黑人教眾打成一片。

一九〇六年，尼亞沙蘭主教注意到伊斯蘭的「傳教業績」似乎在民亂期間特別傲人。原來老百姓在「用信仰投票」，因為接納阿拉為神，就等於是對帝國統治的一種無言抗議。尼亞沙蘭的高級專員哈瑞．強斯頓（Harry Johnston）爵士查覺到這個態勢，得出以下令人憂心忡忡的結論：「過去從未能捻成一股繩的人，未來將很可能以穆罕默德之名團結成祕密的兄弟會。」。[31]帝國在非洲大部扎根未深，統治基礎仍舊脆弱，正因為他們腳下有對普羅大眾號召力甚強的另一個選擇在蠢蠢欲動。

⑥ 腺鼠疫（bubonic plague），即中世紀流行的黑死病。

第十四章　非洲對歐洲所造成的影響

棕櫚樹、大花朵、黑人、動物與冒險所構成的遙遠熱帶大陸。

——皮耶·羅提

I

到了一九一四這年，歐洲與非洲的歷史已經交纏不清，兩個大陸的居民都愈來愈意識到彼此與另外一個世界的存在。這種意識非常複雜，而且正如同瞎子摸象，不同的立場會讓人看到不同的非洲。當時有傳教士的非洲、政治人物的非洲、投資者與商人的非洲，乃至於有人心繫非洲大陸未來將在全球宗教與政經秩序中扮演什麼角色，這些重要人物看到的又是另外一個非洲。再來就是尋常百姓看到的非洲。對歐洲的普羅大眾來說，非洲時而讓他們目瞪口呆，時而讓他們莞爾開懷。聽到非洲，歐洲人會想到萊德·哈格（Rider Haggard）與皮耶·羅提等知名小說家筆下那片神祕且浪漫的大陸，會想到精采商業與文化展覽，會想到廣告、孩子的玩具、令人愛不釋手的郵票、報紙與畫刊上令人難以置信的畫面與消息。非洲這個「娛樂大帝國」的吸引力，自然還是在有非洲殖民地的歐洲國家裡最強。撒哈拉的零星衝突即便在歐洲報導出來，維也納或雅典的輿情也不會掀起一絲漣漪。

非洲的浪漫風情，像一塊磁鐵吸引著熱情無法按捺的年輕一代，他們心中一種飢渴叫做冒險。在一八六〇年代的兒提時期，皮耶・羅提就已經傾心於非洲這個「棕櫚樹、大花朵、黑人、動物與冒險所構成的遙遠熱帶大陸」。他入伍成為海軍學徒，就是懷抱著希望能親身體驗非洲各種神奇的人事物。代代的年輕人不斷追隨羅提的腳步，包括有人是看了羅提與茹・凡爾納（Jules Verne）的冒險故事而深受感召。[1]報紙上對於恩圖曼之役與對法紹達衝突的報導讓人讀了血脈賁張，也讓拉爾夫・費爾斯（Ralph Furse）爵士的想像力振翅高飛。欲罷不能的他最終踏上了往非洲的旅途，並落腳在愛德華國王殖民地辦公室中一個基層但不太需要體能操勞的職位上。他心目中的英雄是當代的帝國行政骨幹如克羅麥（Cromer）、米爾納與利奧泰。[2]還好這些夢想家都還有年輕可恃，因為年輕，所以他們禁得起現實的震撼教育。一八九六年隨軍造訪過馬達加斯加的一名法國記者說：「你必須要有年輕人的天真爛漫，才能真覺得自己在這裡能有勝算。」[3]

非洲闖入歐洲人意識的大門，正好與四大帝國主義強權國內的政治與社會巨變發生在同個時期。英、法、德、義分別在此期間成為民主國家，其國內開始有以眾多黨員為基礎的政黨政治。政黨傾向經常會與階級區隔重疊：整體而言，上流社會與中產階級會分別倒向保守主義與自由主義，至於底下的工人階級則會受到新興且赤化程度深淺不一的社會主義政黨吸引。所有政治議題的社會對話都在公開透明上達到史上最高的程度，主要是日益普及的教育政策創造出一批識字的選民，其中僅義大利在這方面表現比較落後：一九一四年，義大利的識字率還只有百分之三十八。

帝國體制的利弊得失，便是當時爭辯很激烈的政治議題。一般而言，英、法、德的保守派與自由派都支持並自豪於帝國主義的擴張。帝國的興盛與不斷擴大的版圖，有助於強化母國的國際地位，且按照有著高尚情操的帝國主義者所說，強大的帝國有助於將民眾團結在把文明傳播出去的集體責任感之下。一八九八年，有這種想法的其中一位年輕人溫斯頓・邱吉爾堅稱他不分階級的每一位同胞都是大英帝國國土與臣民的小股東，他形容這是「帝國式的民主」（imperial democracy）。當時的法國帝國主義者，則搬出利他主義來合理化自家殖民地。他們說因為法帝國，受殖民者才能接觸到共和國啟蒙展現的種種好處。法國在一九一一年用計染指摩洛哥的過程，被《小日報》大肆宣揚成天大的好消息，他們為此特別設計的封面是一名上圍豐滿的女性頭戴自由之帽①、踏出海水，然後手拿金色的豐饒之角，把金幣倒在蹲坐著的摩洛哥人身上，其中一人還拉著女子的袍子，至於標題文字則宣告這人的同胞們將收到「文明、財富與和平」的大禮。

在世紀之交，民粹式的帝國主義是一杯醉人的美酒，讓極端的民族沙文主義與想像力亂竄到了荒唐乃至於荒謬的境地。一九一二年，在走訪利比亞的義大利駐軍之後，未來主義詩人菲力波・馬里內蒂（Filippo Marinetti）陷入了譫妄之中，他幾近於幻聽地覺得自己聽到的不是騎兵隊馬匹的嘶叫聲，而是「義大利亞」（Italia）的發音。[4]稍微有所節制的勝利主義，則表現在為英王愛德華七世加冕所寫的頌詩中，話說這詩配上的還是出自名家艾爾加②之手，甚具感染力的旋律：

希望與榮耀的土地，自由之民的母親，

我們要如何讚美您？我們是您的子民，
廣大還會更加廣大，那疆界無邊無際，
上帝讓您如此強大，一天天更加無敵。

大放厥詞最適合用來詆毀敵對的帝國。還在為法紹達之辱療傷的法國大眾媒體不會放過任何一絲機會來詆毀在進行波耳戰爭的英國。川斯瓦領袖克魯格被美化成一代雄主，英軍被說成「野蠻的英國人」（Barbarie Anglaise），燒殺擄掠，一個個都是強暴犯，戰俘落在他們手中也性命難保，至於英軍的挫敗則被寫得天花亂墜。[5]是可忍，孰不可忍，英國的《每日郵報》（*Daily Mail*）在一九〇一年二月宣稱其法國對手如果繼續這樣出言不遜且無的放矢，那麼法國終將「在泥濘與血汙中無法自拔」，並將被剝奪所有的殖民地來轉交義、德。經過遊樂場時被輕蔑地叫嚷或許讓政治人物覺得尷尬（索爾斯伯利爵士痛陳《每日郵報》是工讀生寫給工讀生看的垃圾），但他們心裡也清楚這些民粹叫囂出自被稱為「黃色報業」（yellow press）的八卦小報之口，會在選民間

---

① 自由之帽（Cap of liberty），即源自古小亞細亞弗里基亞人的弗里基亞帽（Phrygian cap）。卡通《藍色小精靈》裡的白帽原型就是弗里基亞帽，唯在現實中，自由之帽最典型的顏色是紅色，就跟藍色小精靈的老爹所戴的一樣。在十八世紀的美國革命和法國大革命中，弗里基亞帽成為自由和解放的象徵，名畫《自由引導人民》（*La Liberté guidant le peuple*）中的自由女神就佩戴著弗里基亞帽。法國的象徵瑪麗安娜（Marianna）也戴自由之帽。

② 愛德華・艾爾加（Edward Elgar），英國知名作曲家，較為人所知的作品包括《愛的禮讚》（*Salut d'amour*）與《威風凜凜進行曲》（*Pomp and Circumstance March*）。

掀起何等波瀾。帝國主義的政治人物與遊說團體開始鎖定工人階級選民來努力，畢竟他們此時已經是英、法、德等國的社會骨幹。社會主義者說帝國建立是貪婪資本主義老闆們的斂財工具，但事實是工人階級扎扎實實因為帝國受益。廣大的非洲沃土只消管理得當，便能提供工人便宜的食物，而非洲的百姓便是現成的消費者，他們對歐洲工廠做出來的產品趨之若鶩，所以不會生產過剩，更不會需要裁員。《小日報》所說「肥沃程度令人感佩，且市場潛力龐大的處女地」，講的正是一八九一年剛剛落入法國之手的上尼日。[6]

左派對這樣的說法嗤之以鼻。在左派的理論家眼中，帝國主義是資本主義怕自己如馬克思所預測般內爆而採取的孤注一擲。愛國主義下的搖旗吶喊與報紙上的疲勞轟炸，是用來迷惑勞工的工具，是希望勞動者忘記自己該鬥爭的是資本家，是跟資本家一搭一唱的投機政客。波耳戰爭的捷報讓人沉浸在愛國主義的歡愉中，但這也讓工會運動要角彼得・庫藍（Peter Curran）跳出來潑冷水：「愛國沙文主義③者或許歡欣鼓舞於英國已成為偉大的日不落國，但我必須要說英國本土尚有數以千計的家庭從未見到太陽升起。」知識圈的左派人士對於帝國主義態度曖昧，他們認為整體而言，帝國主義提供了社會實驗的機會。碧兒翠絲・韋伯（Beatrice Webb）覺得殖民地跟只能逆來順受的殖民地百姓可以被視為測試啟蒙社會工程的實驗室；喬治・伯納・蕭（George Bernard Shaw）則肯定波耳戰爭懲戒了他看不順眼的阿非利卡人。法國的社會主義者認為帝國主義是一種破壞團結的意識型態，他們認為帝國主義會混淆勞工的腦袋，讓他們忘記要從事階級鬥爭。一九一二年八月，法國社會主義黨（French Socialist Party）黨魁尚・饒勒斯（Jean Jaurès）痛批政府「摩洛哥的冒險」與用「粗暴的武力」進行軍事占領，他說這些做法都與共和的理想背道而馳。一個月後，法國工會運動成員群起抗議年輕的工人階級被徵集到阿爾及利亞跟摩洛哥。7 這些年輕工人為資本主義去拚命在前，被窮兵黷武的軍事主義扭曲心靈在後，而這些都會侵蝕勞動階級團結跟國際工人間的兄弟情誼。部分社會主義者認為被剝奪者的兄弟之情可以延續到法國的殖民地；比利時與德國的社會主義民代都譴責在剛果發生的暴行，與赫雷羅族人起義所遭受的鎮壓。

II

對於歐洲的人口問題，非洲等於是提出了一個解答。以美國為目的地的向外移民已經在世紀之交累積出沛然莫之能禦的動能。大規模的人口外流，降低了失業率，但政府又開始擔心起勞動力、消費者與徵兵兵源出現不可逆的流失會削弱國力。一九〇二年，《旁觀者》雜誌直言「我們當中的菁英流失」令人憂心，唯稍可堪慰的是有極大比例的英國移民落腳在加、澳、紐等白人自治領，並且在情感上與祖國藕斷絲連。同一年，南非殖民協會（South African Colonisation Society）

③沙文主義（Jingoism），這字眼是一八七七到一八七八年代俄土戰爭期間，英國用來表示其無懼於對俄羅斯用兵的用語。當時在英國酒館與音樂廳裡有一首膾炙人口的歌詞裡提到「英國不想出手，但要打的話英國要船有船，要人有人，要錢有錢，加上俄羅斯熊他們之前也不是沒教訓過。只要英國出手，那君士坦丁堡就不會有俄羅斯的份。」歌詞中有提到 by Jingo，是想發誓但又避諱說出 by Jesus 的權宜做法，而 Jingoism 後來就形成了愛國沙文主義或愛國侵略主義的代稱。

成立，創會主席米爾納希望穩定流入的英國移民能有朝一日讓英裔人口超越波耳人。[8]

殖民聚落的人口需求在義大利顯得更為急迫。法蘭切斯科・克里斯匹（Francesco Crispi）伯爵在一八七〇年後便稱霸義大利政壇，而他便惋惜過義大利「讓肥水流入外人田」。讓他有感而發的是大量出發前往美國與阿根廷的義大利移民，畢竟義大利的向外移民人數從一八八〇年代的二十萬人驟升到一九一二年的八十萬人。克里斯匹希望移民總人數可以下降，而讓他抱持希望的是義大利家庭可以殖民尚未完全征服的利比亞，畢竟舉家遷居利比亞的民眾可以獲贈肥沃的耕地。但更重要的是殖民利比亞的義大利人仍能保持義大利的子民身分，而且殖民可以將利比亞改造成另一個阿爾及利亞。說到阿爾及利亞，那兒已經是七十五萬名科隆人的新家。

對於一文不名又欠缺一技之長的移民來說，非洲其實也不是什麼遍地黃金的地方，但美國的工業界對移民卻是「欲求不滿」。聽從克里斯匹去非洲披荊斬棘的義大利人，基本上注定要經營農場，而務農需要吃苦、需要投資。因為有投資門檻，所以非洲殖民地吸引不到太多的英國移民。一九一四年，羅德西亞的白人僅寥寥兩萬三千人，肯亞的白人墾民更只有零頭的三千人，且大多務農。在非洲樣樣都需要錢，想在肯亞種咖啡，你得先砸一千六百七十英鎊來搞定通行費、工具、種子與二十頭牛的費用，接著你還得再花一百五十英鎊來支付工頭加二十名「孩子」（工人）共八個月的薪水。即便你是銀行行員或鐵路公司經理，你也得先把旅費付清，然後到了非洲你得向當局出示你持有五十英鎊現金並已獲得正職聘雇的證明。[9]

肯亞的農人因此多為英國貴族或中上階層的小兒子。在家族的金援之下，原本在英國念公立學校的他們開始在非洲種起咖啡。這樣的他們不但社會地位不低，而且還有機會能更上層樓。羅德西亞也有跟他們類似背景者的身影。一八九七年，《開普時報》（*Cape Times*）形容這些公立學校畢業生、大學畢業生跟退役軍警是「典型的英國男人……不容易從他們身上賺到錢，但他們『跟土著交涉時倒是相當強悍』」。[10]

脫離這些屯墾的農業殖民地，歐洲人就多如候鳥般接受政府、工程包商、銀行、貿易公司、船運業者等雇主的聘用。這些歐洲人最集中的地區是埃及，那兒在一九一四年有超過一萬三千名的英國人，其中十分之一是掛階的軍警，其餘則是行政官僚。這些人全部都享有高薪跟豐厚的退休金，日子過得也相當愜意。一九〇一年，塞希爾．史普林－萊斯（Cecil Spring-Rice）這名未來的駐美大使還只是當時埃及公債處（Egyptian Public Debt Department）的一名專員，但他已經對他的家人說過：「這裡的熱天我喜歡，其實沒那麼糟糕，只是人會忍不住發懶。」午後他會打個盹，讀點書，等溫度降一點再去打場高爾夫或換衣服去吃晚餐。[11]不論是在肯亞還是埃及，歐洲人都有一票僕役前呼後擁，這跟在英國老家沒有兩樣。

話說不論到了任何地方，英國人的社群都還是會巴著他們在英國故鄉的習慣與嗜好。波伊斯瑞岡（Boisragon）上尉曾於一八九〇年代駐紮在奈及利亞沿岸的舊卡拉巴爾（Old Calabar），而他的紀錄顯示英裔居民不分軍民都愛好板球，並且大夥兒會一邊聽著地方警隊的樂團演奏音樂劇《一個快樂的小妞》（*A Gaiety Girl*）的曲目，一邊享用由醫院跟傳教會女士所奉上的英國茶。[12]在波耳戰爭期間，駐紮於彼得馬里茨堡的軍官會打馬球跟網球，會出席茶宴，也會主動開舞會來尋個熱鬧。但按照密德薩斯軍團（Middlesex Regiment）裡一個小兵拉特蘭（Rutland）所言，尋常百姓並不受這些場合歡迎，所幸像他這樣的阿兵哥在鎮上還有一間過得去的音樂廳可以尋歡取樂。

[13]歐洲人在把休閒娛樂移植到非洲的同時，也沒忘了把固有的社會階級複製貼上。

III

姑且不論有無付梓，廣大的非洲文獻都是數以千計歐洲人的共同創作，波伊斯瑞岡與拉特蘭僅僅只是其中的兩位。這當中有士兵、傳教士與墾民的記憶拾綴、有行旅的見聞與私人日記或隨筆、有時空設定於非洲的架空文學、也有漂流在外者的家書。有些文字源自書寫者的起心動念，有些則是不得不為。在祖魯與蘇丹戰爭中，士兵的家書會登在地方報上公諸於世，而其中內容之戲劇化既令人難以置信，卻又是歷歷在目。信中常見的「戲碼」包括毛骨悚然的土著習俗，包括血腥的叢林與沙漠會戰，當然也少不了「基本款」的狩獵大型獵物歷程，話說打獵那可是非常刺激的一幕。這些「非洲印象」所拼湊出的是一個長時間百無聊賴中，穿插著短暫刺激與危險的異鄉世界。

在廣大民眾的心中，戰爭與非洲已經是秤不離砣、砣不離秤的一體兩面。歐洲軍隊不論征服到哪兒，都不會缺漏隨軍的特派記者、藝術家，以及從一八九八年開始出現的攝影師。恩圖曼行動的拍攝工作出了點岔，但隔沒多久，英國觀眾就在影帶上看到波耳戰爭的片段紀實。接著在一九一一年，義大利民眾在如燭光晃動的新聞影片裡目睹利比亞外海的無畏艦（dreadnoughts）與大批士兵搶灘登岸的畫面。[14]

在軍事上，帝國的一舉一動都動見觀瞻。帝國派報紙《小巴黎人》（*Petit Parisien*）在一八九九〇年有四十萬份的週發行量，而該報紙的老闆們跟眾家報業大亨都注意一件事情，那就是戰爭報愈多，報紙就賣愈好，而常人沒有把錢往外推的道理。[15]一八九〇與一九〇〇年代，《小巴黎人》的對手紛紛跟進在版面上登出法軍在非洲作戰的「現場」畫面。後來甚至連對手的英勇都可以分到一些版面。一八九一年，《小日報》刊出東非一支德國縱隊堅守最後一道壕溝的驚人瞬間。[16]法國讀者完全震懾於禿鷹啄食遺體的畫面、以人做為祭禮牲品的畫面、巫術會所的畫面，以及法國國旗在所征服的城市裡升起，整齊劃一的黑白士兵一併行注目禮的畫面。但或許最令人起雞皮疙瘩的一幕，還得算是非洲獵兵團一名法軍軍官，追擊叛軍領袖薩摩瑞·杜爾（Samory Touré），然後將張大眼睛不可置信的逃犯手到擒來的畫面。那對法國人來說是極其振奮人心的一幅光景。

廣告寫手與設計師賴以維生的，是他們辨識與追逐消費者口味的能力，而當年的他們認為非洲是當紅炸子雞。非洲的主題，乃至於任何跟海外新帝國扯上一點邊的東西，都可以挖掘出正向的愛國主義商機。士兵與墾民的背書或代言，在當年有著不輸今日名人的影響力。一八八五年，坎普咖啡精④的廣告裡就是一名埃及士兵帶著一杯杯咖啡去給身著熱帶制服，人坐在帳棚外頭的軍官。⑤保衛爾（Bovril，「我們帝國的力量來源」）牛肉精，在波耳戰爭裡餵飽了許多阿兵哥的

---

④坎普咖啡（Camp）是一八七六年由帕德森父子有限公司（Paterson & Sons Ltd.）在格拉斯哥（Glasgow）開始生產的蘇格蘭食品。坎普咖啡是一種棕色的液體，成分有水、糖跟百分之四不含咖啡因的咖啡精，另外還有百分之二十六的菊苣精。坎普咖啡主要是拿來沖泡溫牛奶，做為咖啡的替代品，或者是當成烤咖啡蛋糕時的咖啡風味來源。

⑤作者注：後來的版本變成印度士兵服侍英軍軍官，更後來則隨著帝國與殖民地關係趨於平等，轉變為本地士兵與英國軍官共享咖啡。

胃袋。一九〇四年的西南非作戰也被德國企業拿來做生意，這些生意人確信他們的客人並不關心那場戰役中濫殺無辜的報導。德國殖民地保安部隊的形象仍照常出現在香菸與雪茄的包裝盒上，某家雪茄廠商甚至把裸身的赫雷羅族女子當成了品牌形象。[17]

但這還不是更過分的，更誇張的是川普勒牌（Trampler）菊苣⑥印了一幀廣告卡片，上頭描述德軍轟炸非洲村莊的情景。一九一二年，比爾餐前酒（Byrrh aperitif）的各酒廠為了訴諸酒鬼的愛國心，因此別出心裁地選用法國軍官與摩洛哥謝赫舉杯共飲，而一架飛機盤旋在他們頭上的畫面。另外一家香菸公司的廣告是法國士兵多半喝比爾餐前酒壯膽，再朝著逃竄的阿拉伯人衝鋒。菸酒這些男性產品會偏好以帝國形象做為廣告的主題，並不是一時興起的三分鐘熱度而已，普雷爾海軍裁切牌香菸（Player's Navy Cut）包裝上至今仍是一名英國水手襯著鐵甲船艦背景的圖片。⑦

IV

一個國家想要實踐其帝國的天命，就必須先讓年輕人站在帝國這邊。年輕人要清楚自己未來將繼承那些土地，也要培養好足夠的德性來治理並引導殖民地的居民前進。帝國的宣傳工作一不遮遮掩掩、二不單調無聊。而且只要一逮到機會，帝國就會使出「寓教於樂」的招數。至少在學校課綱的部分，帝國主義是官方的教育立場無誤。一八九九年的一本英國小學教科書，針對以工人階級學童為主的學生傳達：「我們的民族具有法國人、西班牙人與德國人都沒有的殖民精神。」

按照課文所說，這種殖民精神的組成有「敢於涉險的勇氣」，有「打死不退的堅忍」，有「身為人主的氣度」，有「黑白分明的正義」。一九一三年，法國學童受的教育是法國「希望阿拉伯小朋友可以跟法國小朋友一樣受教育」，因為法國「就是對她所征服的百姓那麼慷慨大方」。[18]

英國小學的教室裡一邊傳授著英國人的優越美德，一邊裝飾著彩色的世界地圖，其中英帝國的版圖會用紅色標明。五彩繽紛的殖民地郵票會成為孩童們集郵冊裡的收藏；帝國的郵票不只是通郵資費的證明，這些郵票也是政治宣示的工具。英國或許可以在埃及橫著走，但亞歷山大港與塞得港的郵局都還在法國人手裡。法國會在這兩個地方賣加蓋的法國郵票⑧。同批發行但另外加蓋而拿去摩洛哥使用的郵票，則透露法國勢力對摩洛哥的滲透與興趣。英國與德國也很快就在殖民地建立了郵局體系，加蓋的郵票也因此得以發行。

集郵在十九世紀末到二十世紀初很流行，這尤其是中產階級的興趣。而對於殖民地的政府而言，賣郵票給集郵者是很普遍的生財工具。肯亞在一九〇七年靠某款新郵大賺了一筆，塞席爾群島（Seychelles）的教育體系運作則全靠賣郵票來籌措財源。到了一九〇〇年代，法國人、葡萄牙人、剛果自由邦與羅德西亞都已經發行起圖片郵票：法屬西非的郵票圖片上有一隻騰躍的獵豹，

---

⑥ 一種植物，根部磨碎曬乾烘焙過的製品可做為咖啡的添加物或替代品。

⑦ 此產品二〇一六年已經在英國停賣。

⑧ 加蓋郵票（overprint）就是在已經印刷好的郵票上加蓋郵戳來改變其面值或用途，常見於政權更替、通貨膨脹或限定某地專用的情境。

有棕櫚樹，還有一八五〇年代為塞內加爾開疆闢土的費岱爾布將軍尊容。以此類推吉布地的郵票上印了艘砲艇。面額僅一生丁⑨的郵票被弄成一小包便宜賣給小孩。加拿大把其他殖民地都比了下去，因為他們在一八九八年出了一款郵票上畫的是世界地圖，其中大英帝國的疆域不但被標成紅色，而且還下了一個標題：「我們偉大的帝國版圖曠古鑠金」。

對於學齡兒童而言，非洲是供想像力馳騁的戰場，在其中對打的是量產的玩具兵跟拿手持矛盾、頭頂羽毛的土著戰士。這些玩具商對市場判斷極為精準，而且按照戰事發展來與時俱進，推陳出新的速度很快。一九〇〇年代初期，德國少年玩的是殖民地白人警備隊與非裔的阿斯卡利兵，他們會配備機槍來對付敵對土著。英、法的玩具商則推出穿阿拉伯袍的北非輕騎兵「斯帕伊」⑩、穿卡其制服的英軍士兵，以及戴著無邊絨帽（tarboosh）的駱駝騎兵。我父親的兒時記憶就包括聖誕節收過一份禮物，是一盒英國駱駝兵團玩具。當時幼稚園的嬰孩都喜愛以黑人為模板的「哥利娃」（Golliwog），那是最讓寶寶們開心又安心的玩伴，而如今哥利娃已經因為象徵種族歧視，而遭受口誅筆伐。

對於年輕人來說，帝國也有比較嚴肅的一面，這可以從雜誌或青少年的冒險故事中尋得。揣度雜誌的名稱，你就不難推想刊物的精神與內容。這類刊物的元老是創刊於一八七九年的《專屬男孩的報紙》（*Boy's Own Paper*）。這本雜誌背後有倫敦聖教書會（Religious Tract Society）與主日學聯盟（Sunday School Union）的支持，因此很自然地有某期的內容是教人如何洗冷水澡。[19]這之後的二十年間，陸陸續續又有《英國國旗》（*Union Jack*）、《勇氣》（*Pluck*）、《隊長》（*The Captain*）與《好朋友》（*Chums*）等雜誌風靡中產階級與工人階級中日子比較好過的子弟。其中

《好朋友》雜誌看得到鼓勵英國人移民到帝國自治領的廣告，也看得到大型動物獵人與在帝國邊疆作戰的故事。波耳戰爭讓這些雜誌有了很多靈感發揮，而且執筆人都把故事渲染得既陽剛又活潑。這些故事的標題會這樣下：活躍於稀樹草原上的殖民地斥候、開普的加拿大諸同志、浴火救旗。[20]

這類兒童文學中的巨匠如亨堤（G. A. Henty）與布雷列頓（Frederick Brereton）有如文字的水龍頭，有他們就有節奏明快而主人翁水裡來、火裡去的冒險故事。勇氣過人且足智多謀的年輕男主角會為帝國出征，而且永遠都是凱旋而歸。這些盡是虛虛實實，交雜著文學、史實與文宣的小說。布雷列頓在一九〇三年寫過一篇《穆拉的手掌心》（*In the Grip of teh Mullah*），其中索馬利蘭的總督告訴兩位主角：「我們英國人是舉世皆知的善戰民族，但我們熱愛的是自由，讓我們恨之入骨的是壓迫者。」在這個故事裡，壓迫者是為達目的不擇手段的惡棍「瘋狂穆拉」。一九〇一年，亨堤在《連闖三戰役》（*Through Three Campaigns*）的故事結論裡平反了一九〇〇年英國對庫瑪西用兵，作者說「英國給阿散蒂族跟鄰近的部落都上了難忘的一課」，由此「文明」將可向前邁進，和平也隨之降臨。

---

⑨ 一生丁（centime）就是法文的一分錢，相當於百分之一法郎。

⑩ 斯帕伊（Spahi）是法軍主要從阿爾及利亞、突尼西亞與摩洛哥本地人口中招募組成的輕騎兵軍團。現存法國仍有以斯帕伊為名的一支裝甲軍團，但人員自然已經來自法國本土。斯帕伊之名源自鄂圖曼土耳其語中的Sepâhi，意思同樣是騎兵，而sipahi又源自於波斯語Sepâh，意思是蒙兀兒帝國的軍隊。

萊德・哈格曾於一八七〇年代在謝普史東的麾下服役，由此他曾親眼見證當時讓南非翻天覆地的種種巨變，而他也沒忘了要質疑這些變動所代表的文明本質。在一八八七年的《阿倫・夸特曼》（*Allan Quatermain*）裡，主人翁斥責「所謂文明在進入有文化底蘊的非洲民族時，是多麼貪婪、多麼擁槍自重、多麼道德淪喪與頹廢」。哈格筆下的主角們，按照夸特曼的用語，是在非洲「搜尋新冒險與新天地」。不過他們也在搜尋另外一項東西，那就是一夜致富。同樣以夸特曼為主角的《所羅門王的寶藏與貝妮塔》（*King Solomon's Mines and Benita*）講的就是這樣的故事，他們要找的是蘊藏在非洲大陸深處的寶藏屋。這類故事談的是非洲不會讓有決心跟勇氣的冒險者空手而回，那是一個塞希爾・羅茲的世界。

種族刻板印象充斥於流行的小說中，萊德・哈格也不例外。他形容虛構的瓦克瓦非人（*Wakwafi*）是「一支雄壯威武的民族，除擁有許多祖魯族的優點外，接受文明洗禮的潛力也更大」。布雷列頓筆下的索馬利族「殘酷又善變」。亨堤警告讀者在西非，「異族通婚的淺色皮膚孩子會難逃夭折厄運」，這代表如此的結合違反自然。這三位作家都出了不少暢銷書，亨堤與布雷列頓的書甚至會在小學或主日學中被當成學生的獎品，而這點也不難理解，畢竟這些書的內容都既「健全」又洋溢著愛國的情操。

與少年文學分進合擊的，還有帝國中的民間劇場。一八八五年，柏林人被亮度十足的全景圖給吸住了目光，上頭描述的是不久前在喀麥隆發生的若干事件。德國士兵「在棕櫚樹與香蕉樹遮蔽的穹蒼下」對抗著部落戰士。[21]羅德西亞的事件被當成腳本，寫成一八九五年的狂想曲《歡呼，少年們，歡呼》（*Cheer, Boys, Cheer*），劇中角色設定包括凶殘且詭計多端的原住民，包括波耳人（「懦夫般的獵犬」）與愛炒股票的城市鄉巴佬。[22]

劇場的各種元素是公眾教育的利器，而這所謂公眾教育包括辦在歐洲各大城市裡盛大的國際展覽，或是在私人企業辦在小城或鄉鎮的眾多小型活動。為了賺錢，這些活動都會伴隨聳動而俗艷的海報。一八九六年，瑞士國家展覽（Swiss National Exhibition）中一處以「黑色大陸」（Le Continent Noir）為題的展示區就用上符合這種描述的一張海報。那海報上手持弓弩的戰士外加一群身著白袍的非洲人，在敬拜某個看不見的神祇或神靈。這類展覽都是無所不用其極地刺激人的窺探欲望。像一八九三年在柏林環形監獄⑪舉行的展覽就主打訪客可以看到「亞馬遜女戰士」，也就是達荷美歷代國王身邊的女性皇家衛士。實際上展出的是蠟像，但你想看血肉之軀的亞馬遜女戰士，巴黎、漢堡、布拉格、聖彼得堡與芝加哥的展覽都有「進口」執矛的黑人女性。[23]不方便親臨現場看這些珍奇異寶的人也不用擔心，他們可以去電影院一償夙願。一八九〇年代，盧米耶兄弟⑫在里昂一次展覽的模擬村落中，拍攝了非洲男女沐浴與工作的場景。[24]這些影片會連同非洲的動物奇觀一起播出。

此一時期精采的民間展覽，會對民族、工業與帝國的成就歌功頌德，同時有相當的規模可以

---

⑪ 環形監獄（Panopticon），由哲學家邊沁（Jeremy Bentham）所設計，由中央觀測塔負責監視周圍環狀牢房的監獄，因為囚犯不知道中央的獄卒何時在看，所以只能時時提心吊膽，而這也大大減少了獄卒的人力需求。

⑫ 十九世紀中生於法國的奧古斯特·盧米耶（Auguste Lumière）與路易·盧米耶（Louis Lumière）是最早期的電影人，愛迪生的電影拍攝與觀賞器材在他們手中獲得了大幅的改進。

吸引到數以百萬計的參訪人數。只要來到這些展覽，民眾就可以第一手體驗到展示在攤位上的非洲，這包括他們可以親炙非洲的一草一木、珍奇動物，乃至於從非洲進口且作平日打扮的土著（男女都袒胸露乳）。這些非洲人會在仿造的村落中從事他們習以為常的作息。這些展覽就是所謂的「人類動物園」，而批評者對此非常不以為然，他們非常反感的認為這嚴重貶低了非洲人的人格，畢竟非洲人不是動物，怎麼能跟動物一樣說關籠就關籠？

這類展覽是由專業的策展人或經紀人一手策劃出來，目的是要賺錢。這些將本求利的商人很清楚都市中的受薪與中下階級家庭會想在一日遊中看到什麼，而他們也會很精準地投其所好。就以伊姆雷．奇拉希（Imre Kiralfy）這名匈牙利裔移民來說，他創立了大英展覽會（Greater Britain Exhibition）這個以倫敦奧林匹亞展覽中心（Olympia）為根據地的盛會。在一八九九年的春天，兩百名祖魯人外加少數南非士兵與警察被雇用並船運到南安普敦（Southampton），而他們下船的過程被拍成一分鐘的宣傳短片，結果一砲而紅。這個展覽後來轉移陣地到西倫敦的牧羊人叢林（Shepherd's Bush），然後在那兒人氣夯了八年。

祖魯人是這當中的明星，是能吸引人潮的賣點。某些祖魯人會一天兩場表演舞蹈，有些祖魯人會在近期瑪塔貝萊戰爭的重現中，飾演在戰場上「吆喝」聲此起彼落的戰士，且重點是最後要被同個「劇組」的軍警打敗。還有些祖魯人演出的是被動的角色，譬如某個卡菲爾祖魯村落的居民。八卦報上有流言傳得沸沸揚揚，大意是有白人女性備了厚禮進到展場土著的茅屋中，交換祖魯男性的「服務」。[25]德國漢堡一次展覽上也有類似行為不檢的風聲，而且這種說法最後還被畫在一九一二年的一張漫畫明信片上：一名打扮入時的淑女在原住民村落的門口被警察攔了下來，而且還被警告說「非禮勿近」。[26]大型的國際展覽只要不偏離拓展民眾視野的初衷，基本上都還算是挺正經的場合，事實上不少展覽都是由官方贊助。這些活動的規模都很浩大。一九〇〇年的世界博覽會（Exposition Universelle）占用了巴黎市中心兩百英畝（超過二十四萬坪）的土地，且七個月內累積五千萬人次的觀展流量。其中殖民主題的各攤位複製了非洲的城鎮與地景，同時場景中還有滿滿的非洲人。日後的小說家，但當時年僅十二歲的保羅·莫朗（Paul Morand）迷上了阿爾及利亞的複製品，他對那種異國風情與感官刺激毫無抵抗力。「那兒的山坡散發著香水、香氛、香草氣味，以及芳香的藥錠在後宮焚燒的煙霧」，同時背景還是「阿拉伯笛的細緻哀鳴」。達荷美村落的複製品，激發歐洲遊客的好奇心與民族自尊心。展區裡滿是「挺拔但仍粗野的黑人」，他們「赤足走路的步伐中流露著驕傲與節奏感」，而女性則槌敲著非洲小米。這些生物是我們「既古老又新進的敵人」，但如今他們已經是「帝國的子民」。[27]相形之下，另外一名未來的作家鮑里斯·巴斯特納克（Boris Pasternak）因為在一九〇一年聖彼得堡展覽中看到的「亞馬遜女戰士」而悲從中來。那是他第一次看到女性的裸體，但他卻因為那些女子失去自由且受虐而開心不起來。[28]唯這些惻隱之心，在人類動物園的觀賞人潮中只是鳳毛麟角。

第十五章　種族態度、情欲流動與非洲的未來

統治民族的榮耀。

——《傳道會訊》

I

人類動物園，傳遞了一個極其黑暗的訊息：非洲人做為一種物種不但落後、原始，而且是連演化階梯的最低門檻都沒有達到。動物園的訪客會盯著非洲人瞧，是因為他們的心中已經有了成見，畢竟百年來的科學家與哲學家都致力於根據先天的智力與道德潛能評估，來給全球的種族位階排序。這種分類中的科學色彩，讓相關的人種理論變得正當性大增而難以駁倒，由此大眾的接受也水到渠成。從這種基因命定論出發所衍生的各種假設，固然已經被現代的我們鄙棄、流放、譴責，但這類種族歧視在當年是理所當然的事，事實上這樣的觀念會勢如破竹地延續到二十世紀。

一九〇〇年，歐洲人正式把自己放在了種族金字塔的塔頂，而非洲人、亞洲人與大洋洲的島

民則在下頭鋪底。後面三種人會落於歐洲人後，得歸咎於秉性與文化傳統上的基因缺陷，阻礙他們民族的進步。作家吉卜林（Rudyard Kipling）筆下「次等民族」的主要缺點包括懶散、濫交、殘暴、迷信與同類相食。這種觀點又衍生出很多不脛而走的傳聞。一九〇二年，一名法國地理學者在書寫象牙海岸居民的時候表示「熱帶森林裡住的全是食人族，但他們還是比其鄰居來得文明」。[1]他們的救贖是會織布跟鋪路。一九一五年，德國政府抗議德軍的一名士官在多哥蘭作戰中被英軍麾下的非洲士兵給吃了。[2]當時法國有張愛國主題明信片上，畫了個德國囚犯跟咧嘴笑的塞內加爾士兵共處一室，結果後者嘲笑前者說他「會把整個歐洲給吞了」。[3]這意味該畫家跟他的歐洲讀者都默認非洲人會吃人。

吃人肉，可說是最令人無法心平氣和的一種人性墮落。食人習性的型態與其對歐洲人心態的衝擊，可以說徹底反映在一八九七年的「貝南銅器」（Benin bronzes）事件中。這些銅器是英國前往西南奈及利亞懲戒貝南城之行的戰利品，而貝南城的埃博族人（Ebo）之所以「欠修理」，是因為他們的頭目謀害了數名英國官員。就在懲凶縱隊穿越叢林前進的過程中，他們途經數百具人類犧牲品的遺體，而埃博族取其性命是為了召喚超自然的力量相助。一名英國軍官認為「人類犧牲、食人肉與法術崇拜中對人體的折磨」都坐實埃博人是不折不扣的野蠻人，同時此行中拍下的照片讓人看了怵目驚心，更強化這名軍官發言的說服力。[4]

但千枚左右的銅像與銅牌卻顯示故事的另外一面。讓專家大吃一驚的是這些銅器有著非常精巧的工藝，一名德國學者甚至將之與切里尼①的作品相提並論。[5]其他藝術史學者則如陷五里霧

① 本維努托・切里尼（Benvenuto Cellini），義大利文藝復興時期的金匠、畫家、雕塑家、音樂家。

中：一支民族能產出如此美好的創作，怎麼會被某軍官認為在演化位階上極低呢？另外一名學者認為這些銅器絕非埃博族人有能力完成，所以一定是從埃及或阿比西尼亞進口而來。[6]透過當時種族歧視的稜鏡看過去，這些銅器不論多美，都會被有成見的評審先扣個幾分。

橫掃輿論但又過度簡化，不求甚解的種族偏見，被多數人想當然耳地全盤接受，就連同情非洲人，相信非洲人的潛力只是有待喚醒的歐洲男女，都同樣掉進這樣的觀念陷阱。一九〇五年，揭發剛果慘狀的國際調查委員會下了一個結論，那就是強迫非洲人工作，是讓其「踏上現代文明之路」，並且「讓他們從野蠻的自然狀態中甦醒過來」的基礎。[7]一九〇七年，有名傳教士打算未來要在烏干達開英國國教的傳教會，但他堅持這些傳教會的運作必須保障「優越民族的地位與特權」。

此時流行的種族教條，與達爾文主義認為人類歷史就是漫長世界種族鬥爭史的看法，產生了相互呼應的效果。這種把人類宇宙比做動物宇宙的觀點，引起英語世界中部分政治人物與知識分子的共鳴，這些人大言不慚地認為盎格魯－撒克遜種族天縱英明，因此注定要稱霸世界，包括英國的羅茲、張伯倫、邱吉爾與美國的老羅斯福都對此深信不疑。法國與德國人也沒在客氣，他們也堅持自身文明與文化的精髓在於先天與不證自明的美德，而這些正是他們有資格成為世界霸主的原因。

自視甚高的國家優越感與民族自尊心融合起來，催生出的便是具有沙文主義特色的民族主義。這種高漲的民族情緒先讓歐洲各國在帝國擴張時期的競逐中無法自拔，後在一九一四年的一次大戰爆發後有如脫韁野馬。種族歧視與民族主義合體的一個後遺症是病態地執著於血統的「純淨」，而這說明何以二十世紀初的德國會如此緊張於波蘭移工的流入，也說明優生學何以會在英、美誕生。對於血統會遭到汙染的擔憂，輔以宗教狂熱，導致俄羅斯的猶太人在一八九〇年代遭到大規模虐殺，也引發塞爾維亞人在一九一二到一九一三年的巴爾幹戰爭（Balkan Wars）中對穆斯林大開殺戒。關乎種族純淨的被迫害妄想，加上白人至上的觀念，解釋了一八八〇年代與一九五〇年代的美國何以會出現頻率高到令人髮指的私刑。

世界種族分類中所隱含的扭曲價值判斷，使得某些種族無可避免地會被不當人看待，生命賤如螻蟻的地步。第十一章登場的一些英、德、法、比將領都持這種想法在非洲橫行。一戰如火如荼打到一半，自由派的國會議員（與前南非殖民地方官）約書亞．維吉伍德（Josiah Wedgwood）上校敦促大規模招募黑人士兵來抵銷白人士兵的損兵折將，希望藉此來「延續世界上最優秀的種族血脈」。[8]

II

野蠻有野蠻的好處，特定的非洲人很是當兵的料。非洲大陸被征服的各個階段都有本土士兵受重用的身影。即便是後來大勢底定，歐洲列強也很倚重本土兵源來確保殖民政府的政權穩定，這一點在東非與中非最為明顯，主要是印度與白人士兵不太受得了這裡的氣候與本土疾病肆虐。天生身強體壯的黑人男性開始在軍伍中占有一席之地，而歐洲軍官也很快地精準掌握那些部族具有戰士文化且鼓勵武勇。英軍對這套流程並不陌生，他們就是這樣在印度精挑細選出善戰的廓爾喀人（Gurkhas）與錫克族（Sikhs）士兵。同樣的狀況，俄羅斯人與奧地利人也分別以慧眼看出哥薩克人與克羅埃西亞人有上戰場廝殺的才能。

當然不是說非洲人人都能打。一九〇三年，當被白廳官員問到有何人力可用來保衛拉哥斯不受法國侵略時，當時的總督回答說「豪薩人當兵比猶魯巴人好用，或者應該說豪薩人當兵比任何人都好用」。[9]魯嘉爵士曾在許多戰役中統領過豪薩士兵，而他曾在一九一六年拒絕過有人要找豪薩人來當挑夫的請求，他的理由是他們是一支「戰鬥民族」，用他們來搬運東西實在太過浪費。這些雜務應該讓來自獅子山孱弱的曼德族（Mende）與談姆尼族（Temne）來做就行了。[10]

另外一個身經百戰的非洲指揮官夏爾．曼根上校則認為非洲士兵會是法國在歐洲戰爭中取勝的關鍵。遲滯的人口成長已經讓法國在面對宿敵德國時處於劣勢，但這種人力失衡可以透過在非洲徵兵來加以弭平。在一九一一年的《黑人武力》（*La Force Noire*）一書中，曼根上校主張「黑人的本能反應……仍在原始民族中保持得非常強勁」。「他們的神經系統沒有歐洲人發展的完整，」所以比較能忍痛，而他們來自階級社會，因此對軍事紀律的接受度較高，戰鬥起來更有如猛獅。再者，按照曼根上校的看法，黑人士兵會很樂意為了法國文明而以性命相搏，因為法國文明可以改善他們族人的生活。[11]有位一九一四到一九一八年在東非作戰的英國軍官呼應曼根上校的看法，這位軍官觀察到黑人士兵「生性會搶著用白人的武器去進行攻擊」。[12]用矛他們都願意朝敵人撲過去了，用刺刀衝鋒有什麼難的。

一九一二年，在曼根的提議下，法國擴大徵兵範圍到阿爾及利亞與西非，這是要在歐陸建立非裔大軍的第一步。兩年內，阿拉伯與黑人義務役將一邊在一戰的西部戰線與德軍作戰，一邊在中東跟土耳其人作戰。法國的社會主義者擔心非洲士兵會被派去鎮壓罷工，而阿爾及利亞的科隆人擔心自己會因為被徵召而小命不保。當地的《阿爾及利亞郵訊報》（*La Dépêche Algérienne*）怒吼：「你得把來福槍教會每個『比科』。」[13]②在阿爾及利亞，阿拉伯人跟想法比較開明的殖民者抱著一種希望，他們希望承平時期的徵兵可以加速種族的同化與融合，包括在互惠的基礎上由法國賦予外族更多政治權力，但歷史並未如此演進。唯儘管如此，徵召非洲人到歐洲作戰的決定仍在之後餘波盪漾。大陸軍的政策創造一批新的菁英男性，他們受過軍紀與武器戰技的訓練，對歐洲的科技琅琅上口，而且身為士官，他們對發號施令也不算陌生。法國在一戰前的人力危機是非洲現代作戰菁英得以冒出頭來的契機，但古老的戰士文化才是這些非裔軍人的根。

法國不只缺兵源，也缺勞動力，而為此法國又把腦筋動到非洲人頭上。一九〇五年，法國政府接受了資方的要求，同意解除實施已達三十年之久的阿爾及利亞移民禁令。一開始，來自沿海地區的卡拜爾人被召聘來從事最沒有人想做、也最危險的工作，這些人的職場包括工廠、礦坑與碼頭。一九〇五至一九一二年間的三次饑荒加速了移民的流入，就這樣到了一九一四年，離鄉背井到法國工作的非洲人已經有三萬人，而他們的薪水有一大部分會寄回家鄉。法國工會對移工抱持全面反對的態度，因為他們認為這是政府用來破壞罷工並拉低薪資的伎倆。

在一九一〇年馬賽煉油廠的罷工中，阿爾及利亞人被聘請來擔任所謂的「黑腳勞工」

---

② 比科（Bicot）為法文，指北非或中東裔的深色皮膚人種。其英文版說法「沃格」（wog）為一蔑稱，且很可能跟「哥利娃」有關。哥利娃是一種受孩童歡迎的玩偶。

（blackleg），也就是持續上工來與工會唱反調的員工，結果他們因此遭到義大利裔的罷工者攻擊。[14]英國的水手工會也同樣為此憂心忡忡，因此也對願意接受低薪而落腳英國港口的非洲跟加勒比海裔船員充滿敵意。不論在法國或英國，族群間的緊張關係不是因為看異族不順眼，而是起因於想混口飯吃的經濟壓力。日後隨著黑人移民的數量上升，這樣的壓力還會持續出現。

二十世紀以來的大規模移民，使得歐洲的都會區出現了顯著的種族隔離。種族隔離在歐洲人定居的非洲地區已經是生活的常態，大家覺得這很自然，而且對所有人都好。把埃及客人帶到開羅的「草坪」（Turf）或「杰濟拉」（Gezira）俱樂部，會被說成失禮、不懂事，另外在南非跟拉哥斯都有僅限白人的教堂。新建的哈科特港（Port Harcourt）的郊區也一樣「黑白分明」，這一點跟阿爾及利亞、南非城市與鄉鎮裡的狀況沒有兩樣。[15]開普敦的白人大亨（包括羅茲本人）都在著名桌山（Table Mountain）山腳的葡萄園裡建起了別墅，其定位就像歐洲城市郊外有十分寬敞的山莊，供被稱為布爾喬亞的中產階級居住。到了一九〇〇年代初期，約翰尼斯堡政府已經開始把黑人礦工連同其眷屬遷離市中心，他們只能在城市外圍勉為遮風避雨，而這也就是遼闊衛星城市索維托（Soweto）的前身。這等於歐洲工業城市中的貧民窟，只不過裡頭住的是有色人種。

新興非洲都會區的這種二元特性，只要看一眼明信片這種一八九〇年代風行的新鮮玩意兒，就能一目瞭然。開羅與阿爾及爾的風景中有碼頭、火車站、廣場與兩旁點綴著辦公室、銀行、飯店與公寓街區的寬闊馬路，而馬路上有滿滿的馬車、路面電車與偶爾會驚鴻一瞥的汽車。與此形成強烈對比的是非洲人社區裡狹窄的巷弄、陽台外推的廉價公寓、清真寺、北非風格的要塞、街市、有客人在抽水煙的咖啡店，還有身著傳統服飾，且在相機鏡頭前顯得靦腆的男女老幼。這些明信片裡的人事物都美得像畫，所以才能吸引眾多觀光客來訪。一八九九年，法國出版一本阿爾及利亞的導覽書，但當親眼看到歐化阿拉伯人的邋遢外表時，導覽書的作者卻著實吃了一驚。在「歐洲風格的破爛衣著」與「形狀難以辨識的絨毛帽跟油汙明顯的德比鞋③底下」，這些人「面目可憎，氣質也很差」。[16]傳統服飾有尊嚴，代表人格的完整，而且女性穿起來有一種浪漫的風情。一九一三年，《國家地理雜誌》一張照片上有位蒙著面紗的阿爾及利亞女子頭戴「皇冠般」的頭飾，身上裹著絲袍，還有金墜子與手鐲裝飾。這張照片下方的文字說明形容這位女子是「典雅東方的化身」。

III

如果說歐洲男人有什麼性幻想，那就是把這樣的尤物供在後宮而且一絲不掛。對於歐洲男性來說，北非就是中東的延伸。雖然有伊斯蘭教法的嚴刑峻罰與道德規範，但歐洲人還是普遍覺得北非／中東女人性感撩人、尺度很大。這樣的形象會深入人心而且「質感升級」，是因為兩個人。一位是德拉克拉瓦④。一八三〇年代法國前腳入侵阿爾及利亞，德拉克拉瓦後腳就走訪這個

---

③ 德比鞋（derbies）是歐洲正式男性皮鞋中的一種，名稱來自十九世紀的英國第十四代德比伯爵，他的身形較胖，所以鞋匠特地幫他做了腳比較容易穿進去的特殊鞋款。

④ 歐仁・德拉克拉瓦（Eugène Delacroix），法國著名浪漫主義畫家。

新天地。另一位則是與德拉克拉瓦為一時瑜亮的安格爾⑤。中東後宮堪稱歐洲男人的性幻想寶庫，而其中乖巧溫順的女人都曾隨畫筆登上這兩位名畫家的畫布。以激情程度來說，兩人最令人臉紅心跳的作品得算是安格爾的《宮女》（*Odalisque*）跟《宮女與奴隸》（*Odalisque with Slave*）。

投射到阿拉伯世界上的這些「色色」想法並非全然無的放矢，唯事實的真相既不浪漫，也不光鮮亮麗。一九一四年一名英國士官很驚訝地發現亞歷山大港城裡的娼寮竟然多成這樣：「沿街的家家戶戶都有女人為了招攬生意而互拚嗓門。各種類型的女人幾乎什麼國籍都有，有些看起來幾乎還是個孩子，有些是福態的阿拉伯女人，還有些是皮膚炭黑的蘇丹女子。」[17]妓女在歐洲大城裡、駐軍城鎮裡，乃至於港都裡也都所在多有，但她們不會那麼招搖高調。北非街坊還遇得到兜售色情明信片的小販，他們會嚷嚷著「先生，要買色情明信片嗎？」對阿兵哥們死纏爛打。但在一九一七年，這些小販跟他們的生財工具惹毛了一名傳教士，傳教士跟部隊長官告狀，而軍方便開始把這門生意與其從業人員視為是一種礙眼而丟臉的東西。[18]

一九二〇年以前，歐洲對人類性欲本質與表達的研究分析只要出了醫學界，就幾乎會變成一個公開場合碰不得的話題，而女性的性欲更是禁忌中的禁忌。特定性行為的正當與否，其定義權與管理權仍掌握在教會的手中，而教會又對與性欲相關的立法與糾察工作有著壓倒性的影響力。一八七九年，倫敦一名攝影師在其店面的窗上展示了祖魯少女袒胸露乳的照片，結果差一點就在基督教團體抑制罪惡協會（Society for the Suppression of Vice）的鼓動下被成功起訴。這類組織在維多利亞時代中期的英國相當普遍，但他們本身也面臨苦戰。一八七四年，警察臨檢倫敦一間情色商品店家，結果共起出十三萬張猥褻的照片。[19]

不同的國家面對性有不同的態度，而且差異還不小。在法國，同性戀非法已經是法國大革命之前的事情，年輕人找窯姊開葷來「登大人」，也不是什麼需要大驚小怪的事情。但同樣的兩件事，同性戀跟上妓院，在英國與德國都會被認為大逆不道、傷風敗俗。左拉（Emile Zola）寫過一篇內容很成人的小說叫《土地》（*La Terre*），一八八七年在法國出版，結果隔年就在英國被禁，原因是一名易怒的法官聽到有人把書的開頭念了出來，結果內容竟然是一名農村女孩正協助公牛攀到母牛身上交配。在德國，警方會嚴密審查所有的公眾娛樂。在所有帝國主義列強的國內，都有一種堅信沉溺性事會有辱國格與民族尊嚴的觀念。在卡爾・彼得斯的醜聞中，德國人最受不了的不是他性喜漁色，而是他的行為玷汙了德國對外那種剛正不阿、自律甚嚴的民族形象，畢竟德國人希望自己能給非洲的殖民地子民做個榜樣。想在西南非成為地方警察（Landespolizei），應徵者必須要身材夠高、運動能力夠好、耳聰目明的年輕男性，而且還得渾身散發出權威的氣場。[20]

但德國殖民政府也體認到這樣雄赳赳、氣昂昂的男性是血肉之軀，不可能沒有性需求，於是乎這些警察有一點合法的小任性是可以跟非洲本土的情婦交往，這點在整個殖民時期都是公開的祕密。巴黎當局會容忍年輕軍警與官僚和小妾同床共枕，理由是「與精挑細選的非洲女性來段露水姻緣」，對帝國人員精通當地語言有莫大的幫助。[21]象牙海岸總督弗朗索瓦－約瑟夫・克羅澤爾（François-Joseph Clozel）曾在二十世紀初把上級的話當真，然後就開始周遊殖民地，目的是

⑤尚・奧古斯特・多米尼克・安格爾（Jean Auguste Dominique Ingres）。法國新古典畫派的最後一位傳人，其與浪漫主義畫派的德拉克拉瓦有過一番較勁。

「每天挑選女人來服侍自己跟他的幕僚」。[22]這類做法維持了一段不短的時間，一九四二年，一名外交部的人員回報在加彭比較偏僻的處所，「有官員把行政管理的長才，都集中發揮在外貌較為體面的本土女性人口上了。」[23]

與本土女子通婚是例外而非常態，因為這樣生出來的孩子變得妾身不明，而在殖民地的社會中陷入很困難的處境。一八九五年，艾伯特・內貝特（Albert Nebert）這名象牙海岸的官員無視不成文的規定，娶了名叫阿溝（Ago）的非洲女人為妻。阿溝的父親附上符合行情的嫁妝，並警告女兒要對丈夫「笑口常開」，否則就會惹來殺身之禍。這對夫妻育有六名子女。[24]反倒蓄養情婦是常態，不少法國軍警都覺得比起老家的高盧女性，非洲女子的熱情反應讓他們耳目一新。如在廷巴克圖駐軍的羅伯特・奧特梅爾（Robert Altmayer）就覺得本土女人比他老家洛林的女人「清爽怡然」。[25]在皮耶・羅提的小說《一名斯帕西騎兵的愛情故事》（*Le Roman d'un Spahi*）裡，被徵兵的主人翁尚（Jean）是法國中南部賽文山區（Cévennes）一對貧農夫婦的獨生子。尚覺得自己的情婦就跟她所來自的國度一樣讓他感到陌生，她就像「風味極強的蘇丹水果……因為生在熱帶而早熟，迸發著有毒的汁液，滿溢著致病的肉感，彷彿會讓人染上異國的熱病」。她也是被強烈鄙視的對象。書中的尚說她是「次等的人類，跟他的黃毛狗等級差不多」。但儘管如此，她還是對主人翁報以愛情，就連他在戰鬥中身負重傷時，她都不顧自身安危地照顧他，堪稱不離不棄。

官方對於男女關係的容忍，並沒有延伸到會危及法國高尚文明任務的性醜聞上頭。一九〇五年，馬呂斯・勒克萊爾（Marius Leclerc）這名派駐在塞內加爾盧加（Louga）的軍官遭控綁架並強暴了一名非洲少女。勒克萊爾喊冤說他只是「按照地方習俗與少女成親」，但這種鬼話當然無法取信上級。他的指揮官堅稱這種行徑已經越界，被降職的勒克萊爾因此被放逐到衛生條件極差的荒郊野外。[26]英國軍事法庭對性犯罪更是零容忍：在波耳戰爭期間，白人士兵會因為強暴罪而被判有期徒刑二到五年，其中兩名黑人斥候更被處以極刑。[27]

英國對性事管理比較嚴格，但他們仍願意讓其殖民地公僕蓄養情婦，就像在一八四〇年之前，也就是歐洲女性大舉來到次大陸之前的印度一樣。英國是勉為其難，才讓非洲也享有這樣的特權，但高層內心還是比較希望駐非的年輕帝國軍警與官僚，可以謹守公學校對他們諄諄教誨的基督教紳士分寸。思想純淨且面對誘惑能保守好自己的心靈，這樣的基督教紳士會把自己的體能與情欲投注在為國盡忠上。事實上大部分的英國軍官與官員也真的非常潔身自愛，但總是有少數的害群之馬沒辦法管好自己的下體，結果就是肯亞在一九〇〇年代初期爆發一連串醜聞。這包括一名地方官包養一群多達十二名南迪族（Nandi）女性不說，還另外用四十隻山羊的代價購入三名少女，其中一人不過是十二歲的女童。[28]

這些案件造成責難四起後，倫敦對蓄養非洲情婦頒布了禁令，而這份禁止「金屋藏嬌」的文件正是一九〇九年的「克魯爵士備忘錄」（Lord Crewe's memorandum）。此文件嚴格要求凡官員皆得在百姓面前「以身作則」，並警告說「嚴重的行為不檢」將損及官箴，貽誤行政效能。英國海外傳道會的《傳道會訊》（*Church Missionary Review*）對此表示歡迎，因為此舉將鞏固「統治民族的榮譽」。[29]自此，還是忍不住譜出非洲戀曲的英國官員將面臨前途蒙塵的後果。只不過總有人狗改不了吃屎，尤其是在天高皇帝遠，政府監督鞭長莫及的地方。一九四〇年代，坦干伊喀湖區仍至少有一名地方官有情婦伺候。[30]

如果不養情婦，另一個選擇便是召妓。而性工作者並不難找，舉凡港邊、駐軍的城鎮，或是有大批年輕未婚男性移民的社區裡，都有她們的身影。東非的白人恩客出手格外大方，非洲女子可以因此賺到五英鎊的週薪，幾乎是當家庭女傭的十倍收入。有些妓女會藉此存下做小生意的本錢。在南羅德西亞，因為一九〇四年的一項法律規定，因此就連下海當妓女都是黑白有別而各行其道。黑人嫖白人，可是會被關上五年的重罪，甚至連提供服務的白人小姐都會被判兩年的有期徒刑。[31]

此種立法，反映了歐洲人對於黑人男性性欲的想像有多黑暗，多令人恐懼。歐洲人會有這種捕風捉影，自己嚇自己的心態，是起源於遭到誇大的傳教士見聞，白人總覺得黑人天生就是喜歡濫交且性能力高人一等。[32]因此只要有黑人男性在場，白人女性的安全就會令人存疑。而這也是何以白人墾民會那麼擔心自家女眷的安危。要說當年誰對此心有所感，我們可以舉肯亞殖民者協會（Kenya Colonists Association）的主席艾沃特・葛羅根當代表來說明。一九〇七年，在奈洛比有三名少年三輪車夫，對三名女性乘客毛手毛腳引發一場風波。事後，葛羅根公開在地方衙門以鞭刑處置了這些傢伙，成群的墾民在一旁「加油助威」，而葛羅根對外替自己開脫的說法是：「不論在世界上任何一處，白人都不能容忍自家的女性遭到輕侮。」[33]他用來鞭打輕佻少年的工具是一種叫做「奇波扣」（kiboko）的犀牛皮鞭，傳統上這是非洲酋長的「愛鞭」，但墾民後來也用得很上手。一九一三年，《東非標準報》（*East African Standard*）堅稱只要在非洲一天，那麼「施以鐵腕就是白人生存的必要條件」。[34]

IV

二十世紀初，化身為「白人影響力與生活習性」的文明開始緩而不均地滲入非洲各地。其中歐洲文明凸顯的地方有個特色，那就是白人人口的密度夠高，以至於他們的需求足以創造出一支新興的非洲中產階級。在南非的市區與鎮上，有一定教育程度的南非黑人會出席正式舞會一展「上流的國標舞步」，傳教士看在眼裡肯定相當欣慰。比起奔放到毫無節制的本土轉圈舞步，華爾茲真是順眼多了。[35]只不過不久之後，歐洲人就會開始在美國「散拍」⑥樂隊的伴奏下跳舞。諷刺的是，這是一種節奏來自非洲奴隸音樂的曲風。

南非的黑人中產階級成員還不只跳舞這項嗜好，他們還喜歡騎單車、玩橄欖球、下西洋棋，甚至於他們還頗為愛好公開演說。索爾・普拉提耶（Sol Plaatje）除了職業是記者，有一天會成為民族主義領袖之外，還有一個身分是金柏利怪咖板球俱樂部（Kimberley Eccentrics Cricket Club）的經理，但他其實更是一個不在乎勝負但又很愛打的板球選手。在拉哥斯，中產階級的非洲家庭會準備火雞跟英式肉餡餅（mince pie）來歡度聖誕節[36]，而他們的埃及非洲同胞也很「哈歐」，歐洲中產階級玩什麼，埃及人也玩什麼。這包括埃及人會用美國製造的留聲機聽唱片，一台兩埃及英鎊還保固五年。黑膠唱片紅到爆，每年進口自英、美、法、德的唱片數量高達七十五萬張。[37]

新穎的休閒與品味會自此一路成為非洲人跟風的對象，而這種現象被解讀為非洲人樂於擁抱

---

⑥散拍（rag-time）是一種以切分音做為特色的原始音樂風格，一八九七至一九一八年間為其流行的高峰。

歐洲文明。不論在歐洲人之間，還是與在為數不多但持續成長的非洲未失學人口當中，這種風潮的本質與其該如何獲得延續都是熱門的辯論話題。一九〇五年，先姆（Pixley ka Isaka Seme）這名上過傳教會學校的祖魯人剛從美國大學學成歸國。他對非洲的再生充滿信心，或按照他的用語是「美好的一天才剛要露出曙光」。值得注意的是他舉了埃及、貝專納蘭（兩者均為有著本土統治者的英國保護國）與獨立王國阿比西尼亞為例，他說這些地方的發展會領著非洲前進。

理查·比勒·布雷澤（Richard Beale Blaize）是拉哥斯一名商人，同時也是《拉哥斯時報》的編輯。他的看法不像海歸派那般樂觀，他認為不分青紅皂白地對歐洲事物照單全收，是一個需要多加斟酌的決定。一八九七年在接受一名英國記者訪問時，他表示接觸文明之所以「總是讓非洲人吃虧，對非洲不利」，或許是因為「人可以說學壞就學壞，但想學好可就難了」。他認為與其被文明掐住咽喉，只能言聽計從，非洲同胞應該要懂得根據「自身的氣候與體格條件」來揀選適合且能滿足自己需求的外來文化。他認為面對歐洲的習慣與風俗，非洲人應該以截長補短的方式來進行文化融合，那會比「盲目模仿」好得多。[38]

一九一〇年，卸任的美國老羅斯福總統到東非獵殺大型動物。他老人家有跟《拉哥斯時報》編輯不同的想法。他很樂於見到非洲鐵路官員「作土耳其無邊氈帽、短褲或長褲的裝扮，因為這代表他們受白人的影響耳濡目染」。本章一開始說有人覺得非洲人就是低人一等，而老羅斯福對這種觀念可謂深信不疑。多數東非人「都還是未開化的異教徒」，他們「完全使不上力去改善」自己的故鄉。歐洲人帶來的各種規範，是他們唯一的救贖，畢竟非洲此時仍不少偏鄉岌岌可危。一九一〇與一九一一年，一名英國官員報告說在烏干達北部，「土爾卡納（Turkana）與周邊各族代代相傳，都是以打劫他們的鄰居為生」。[39]搶奪奴隸，在外界難以深入的北喀麥隆山區仍未銷聲匿跡，事實上這種陋習會一直延續到一九二〇年代。[40]

所以真要改造非洲，就不能不先綏靖非洲。一九一四年初，塞內加爾一名有頭有臉的穆斯林回顧了非洲的近代史，他說這段時間他的族人始終活在某種無政府狀態裡打打殺殺。為此他公開感謝法國「讓他們脫離野蠻粗暴的行徑，踏上朝文明之光邁進的路途」。[41]但言猶在耳，才幾個月後，這道文明之光就有如風中殘燭，泯滅了鋒芒，因為歐洲的帝國主義列強開始打仗了。

第十六章　陷入戰火的非洲，一九一四至一九一八年

酋長把我們叫去，然後把我們交給政府派來的使者。酋長說白人需要我們。

——南奈及利亞挑夫

I

「大英帝國正在為生存而戰。」英國的戰爭部長基奇納爵士高呼，這時是一九一四年的十一月。但同樣這麼說的還有法蘭西、俄羅斯、奧匈、德意志與土耳其帝國。這是一場巨人間的衝突，而他們相互廝殺不只是要保護身家財產，更是要擴大自己的版圖，染指嶄新的資源，增強自己在歐陸與海外的影響力。士兵成群遭到屠戮，只為從敵人的損失中換得自己的國家富強。俄羅斯人命喪奧匈帝國的加利西亞（Galicia，現烏克蘭與波蘭邊境處），只為了讓沙皇可以統治君士坦丁堡；英國大兵在索姆河（Somme）前仆後繼，只為了讓英國可以成為中東的第一把交椅，讓英國國旗可以飄揚在三蘭港（Dar-es-Salaam）；法國人魂斷凡爾登（Verdun），是為了奪回亞爾薩

斯與洛林，也是為了拿下黎凡特①；德國人客死異鄉在法國與佛萊明（Flanders），是為了讓祖國能成就歐洲乃至於世界的霸業；土耳其人遭敵人手刃在加里波利②，是為了拯救伊斯蘭，也是為了替蘇丹收復故土與舊日的榮光。

對土地與權力的飢渴，推著同屬同盟國（Central Powers）的德國、奧匈帝國與土耳其，跟隸屬協約國（the Allies）的英國、法國與俄羅斯大打出手。這場戰爭的規模有多大，戰敗國被強加的媾和條件就有多不留情。在一九一七年，俄羅斯被踢出戰事後，同盟國在隔年一九一八的三月逼著新立而危如累卵的俄共政權吐出大片土地，包括波蘭大部分與烏克蘭，然後勝者便直取沙皇帝國口中這塊防衛空虛的肥肉，德國與土耳其軍分別向南與向東逼近這塊地所屬的高加索區域。烏克蘭的農作與巴庫（Baku）的原油將可挹注偉大德意志帝國的經濟。一九一八年的十月與十一月，協約國的談判代表搗毀了這樣的功業，他們堅持德國與土耳其不僅要歸還新近征服的土地，還要把戰前在非洲、中東與大洋洲的帝國疆域都交出來。隔年凡爾賽和會（Versailles Peace Conference）定下的條件更確認了德意志、奧匈與土耳其帝國將冰消瓦解。輸家一無所有，戰利品則被戰勝國瓜分一空。

---

① 黎凡特（Levant）是個歷史悠久但定義模糊的中東地名。廣義的黎凡特在地中海東岸、阿拉伯沙漠以北、美索不達米亞流域以西與土耳其托魯斯山脈（Toros）以南。黎凡特原意為「義大利以東的地中海土地」。歷史上，黎凡特是西歐與鄂圖曼帝國之間的貿易要道。今天位於該地區的國家為：敘利亞、黎巴嫩、約旦、以色列、巴勒斯坦。

② 指加里波利之役（Battle of Gallipoli），這是發生在土耳其加里波利半島的一場戰役。英法聯軍海軍試圖硬闖達達尼爾海峽，打通博斯普魯斯海峽，然後占領鄂圖曼帝都君士坦丁堡。

一次大戰從頭到尾，帝國主義下的地緣政治就一直左右著參戰國的各種戰略決策。協約國原本的如意算盤是在德國最強大的西部戰線擊潰德國，然後新的國際秩序就將由他們說了算。但仗真正打下去，西部戰線的兩造都討不到便宜，以至於到了戰爭後期，政治人物與外交官們都祕密準備著要進行和談。歷史的進程若果真這麼發展，那麼戰後的土地、資源與影響力範圍要如何分配，就會是一段討價還價的過程。也就是因為如此，英國首相洛伊德．喬治（Lloyd George）才會支持在巴勒斯坦對土耳其發動攻勢，德國最高指揮部（German High Command）才會主張在俄羅斯境內發動兼併，鄂圖曼土耳其帝國的戰爭部長恩維爾．帕夏（Enver Pasha）才會支持入侵高加索。各方都想累積有力的籌碼，希望在和談展開時能兌現各種利益。

這樣的機關算計，原本民意是不會坐視或容許的。國家的宣傳機構都非常善盡職責，民眾早就被撩撥得同仇敵愾，物質的損失與同胞的犧牲一定要連本帶利地血債血償。光是在談判桌上把地圖上的沙漠、雨林搬來移去，或是商業投資上的特權，面對剝奪與慘重傷亡仍堅苦卓絕的廣大民眾絕不可能接受，這口氣他們肯定嚥不下去。都已經為了全面作戰而接受動員，百姓們要的是不打折扣，徹徹底底「贏家全拿」的完勝。一九一八年十二月的大選期間，洛伊德．喬治的競選承諾是要把德國榨乾到「連籽跟籽都會摩擦發出聲音」，而這番話正中英國選民下懷，老百姓就是想聽到這樣的話。英國人這種報仇心切、寧可把事做絕的心情，法國民眾完全可以理解，因為他們也是同樣的想法。要明瞭他們為什麼會有這樣的想法，很簡單，你就去看看法國戰爭紀念碑上那一張張綿長的陣亡將士清單，就可以了解。

但事實證明國家並非萬能。一九一七年，俄羅斯在戰場失利與國內通貨膨脹的雙重壓力下崩潰，而法國跟義大利也搖搖欲墜。英國的戰爭內閣焦頭爛額於不確定子弟兵能否在地獄般的壕溝內撐上兩年。雖然四月時美國參戰，讓英國的民心士氣暫時得以維繫，而強壯的年輕美國新兵也絕對能打破僵局，但前提是他們得依約扮演及時雨的角色。勝負難料的混沌局面一直延續到一九一八年，同盟國才無以為繼舉白旗投降。土耳其與保加利亞在接連的敗績之後俯首稱臣，奧匈帝國與德國則因為深陷經濟危機而面臨革命呼聲四起。德國軍隊十一月才奉命從法國撤出，馬上就又被叫去鎮壓共黨興亂與海軍造反。

發動為期四年的全面作戰，是對國家資源消耗的巨大考驗。所有人共同的認知是打仗就是打「人」，因為上戰場需要人，國內工業的運作也需要人，大軍來來去去所需的糧草生產與運輸系統也都靠人來維持。為此歐洲的諸帝國紛紛動員了起來，英國、法國與德國徵召超過兩百萬名非洲人投身就近的殖民地戰事，法國更是抽調非洲的兵力去增援西部戰線與近東部署。塞內加爾與阿爾及利亞人都參與了加里波利作戰，同時在一九一八到一九一九年冬天，這兩地的士兵也是確立黎凡特由法國統治的法軍骨幹。數千名埃及費拉辛貧農在本地被招募或前往法國維繫英國基地與通訊線路的運行無虞，為此他們會與南非的黑人勞工合作。大量的阿爾及利亞人被徵召進入法國工廠、礦坑與碼頭來接手法國勞工的工作，好讓後者能夠騰出手來上前線作戰。被暱稱為「波閭」③的法國阿兵哥在前線顯得供不應求，多多益善，主要是發動了一九一六與一九一七這兩年的大規模攻勢之後，慘烈的作戰讓陣亡人數直線上升。英國皇家海軍的封鎖與英、法聯手入侵其

---

③波閭（Poilu），一戰時法國阿兵哥的暱稱，直譯為毛很多的傢伙，主要是當時法國步兵不少為農村出身，有蓄鬍的習慣。

非洲殖民地，造成德國無法從非洲大陸補充人力。柏林當局因此把用在殖民地的伎倆搬到了歐洲去用，那就是強逼人做工。凡是在德國軍事統治區域下的法國人、比利時人、羅馬尼亞人與波蘭人，都被強迫進到德國工廠勞動，就像非洲人被半哄半騙去造橋鋪路跟照顧農園一樣。後來在第二次世界大戰中，德國又把同一招拿出來用了第二次，而且這次還變本加厲地把規模搞得更大。

II

一戰時的非洲既是戰區，也是血肉的庫房。土耳其參戰的目標包括把英國、法國、義大利攆出北非，並且恢復鄂圖曼帝國對埃及、利比亞、突尼西亞與阿爾及利亞在名義上的主權。德國對此非常支持，也投入大量的國力與資金去鼓動泛伊斯蘭力量顛覆英、法的非洲殖民地。協約國在中東的海上力量，讓同盟國直接以軍事干預北非局面變得不可能，唯土耳其曾兩次嘗試性的入侵埃及。至於英、法這邊是戰端一開就直奔德國殖民地，目標是征服與占領。在開戰後的第一個跟第二個星期，英國船艦就砲轟了德國設於非洲沿岸的無線電站台。三個月內，英法聯軍已經兵臨德國所有的殖民地城下。

德國無力捍衛自身的帝國。德國皇帝的海戰戰略是將其艦隊完好地集結在北海，希望讓英國感到芒刺在背，但這只是讓皇家海軍得以兵不血刃地前往各德國殖民地執行封鎖任務。德國殖民地一等不到祖國部隊增援，二得不到彈藥補充，只能硬著頭皮勉力求生，結果到了一九一六年，喀麥隆、多哥蘭與德屬西南非盡入協約國之手。但儘管如此，德國還是認為這只是暫時的挫敗與損失，他們認為只要德國在歐陸戰場獲勝，那麼不但這些殖民地會盡數從協約國手上取回，甚至他們還能從沒入的英、法殖民地那兒連本帶利地討回來。在盡可能給英法聯軍一點顏色瞧瞧之後，喀麥隆的剩餘德軍轉進到小小的西班牙殖民地里約慕尼（Rio Muni，今赤道幾內亞）。德軍在那厲兵秣馬，準備重建德國在非洲的力量。[1]一直到戰事將盡的一九一八年九月，某德國右翼報紙都還期待著一場勝利可以讓德國的原殖民地全數歸隊，順便再從英、法手中賺到一些新地盤當利息。[2]

一九一五年，殖民的動機讓義大利以協約國之姿參戰。義大利希望有朝一日能瓜分中立國阿比西尼亞，對此他們想爭取英、法的支持，但卻遭到英、法冷眼以對，因為英、法都不願意危及他們有利可圖的貿易特權。只不過眼看著阿比西尼亞難免將遭到被瓜分的命運，奈洛比當局對英國進言，意思是英國應該兼併阿比西尼亞與肯亞接壤的土地。那是個「美好的國家，一年可以播種兩次」，「包括防禦工事龍牙樁也要一年打進土裡兩次」，這是一名英國殖民地辦公室官員留下的會議紀錄，他顯然對奈洛比的建議不以為然。[3]南非有人覺得一戰是個奪取西南非的良機，而有了西南非，英國就朝未來將包含南羅德西亞與尼亞沙蘭的「大南非」又邁進了一步。比利時與葡萄牙也期待能因為在歐洲、非洲的出力，而換得德屬東非的一些土地。

諷刺的是在戰爭爆發之前的幾個月當中，英國與德國政府還熱切地討論要如何瓜分葡萄牙待人宰割的各殖民地。葡萄牙在一九一六年加入協約國陣營，但他們非但不是即戰力，反倒顯得有點辦事不力。按照一名協同葡軍在東非作戰的英軍軍官所言，葡萄牙部隊「令殖民國家蒙羞」。[4]所到之處，葡軍都給人一副「準備不足且毫無章法」的感覺。葡萄牙部隊裡的非洲士兵看起來衣衫襤褸且感覺三餐不繼，率領他們的軍官也很隨興，就連辨識敵我的口令都「亂取一通」。由此莫三比克明明可以湊出二十六輛卡車，但配置的駕駛卻只有六名。以手下部隊表現為恥的一名葡軍軍官為了「我們的腐敗、不知上進與無動於衷」表達了歉意。[5]整體而言，葡萄牙對其他的協約國來說是「成事不足，敗事有餘」。

非洲的戰事都有詳實的記錄。在每一個殖民地，德國部隊都努力抵抗了一番。指揮調度的品質之高，彌補了援兵與彈藥存量的不足。以非裔殖民地警備隊員為主的德軍，在膽大心細、有彈性的軍官指揮若定下，隨機應變得宜。相形之下，英、法的將領就顯得一副事不關己。

在東非，德國萊托－福爾貝克將軍發動了聰明過人的游擊戰，其中的軍隊移動不僅膽識過人而且行雲流水。就這樣到了一九一六年，他已經成功讓英國部隊停滯不前。英國為此將游擊戰出身的將軍詹・史瑪茲（Jan Smuts）從南非調來活絡一下英軍的作戰。但即便人數比是一面倒的二十五比一，史瑪茲仍覺得這場仗很難打。到了戰事的最後一年，萊托－福爾貝克仍謹守初衷撐在那兒，而他的縱隊甚至還攻入莫三比克與北羅德西亞。戰後他將作戰勝利歸功於士兵們「堅持德國不能打輸這一仗的信念」，再加上「強烈的責任感」與「自我犧牲的精神」，就成了他手下阿斯卡利士兵與白人軍官間士氣高昂的祕密。[6]回到德國後，萊托－福爾貝克被奉為民族英雄，而他在回憶錄的結論處發表了一個預言：「我們德國人的健壯心靈一定會再度勝利，我們必將重返向上提升的路徑。」但他並不支持納粹就是了。

III

黑人在白人指揮下英勇善戰，但白人士兵親自上陣就有點慘淡。熱病、痢疾、日夜溫差加上得全副武裝在樹叢間行軍，在在都讓染病率直衝天際。超過八百三十二名的忠誠北蘭開郡軍團（Loyal North Lancashire Regiment）於一九一四年十一月在東非登岸。但這之後半年大部分的時間，他們都有氣無力。到了雨季，軍團中有戰力的成員只剩下三百五十二人。有人會說蘭開郡軍團都是出身英國工業城市的青年工人階級，所以比較孱弱，但羅德西亞強悍的白人墾民也照樣說倒就倒。經過三個月在東非樹叢間生活後，五百名羅德西亞軍團（Rhodesia Regiment）中就有超過一百人住院。但南非英軍的染病率比這還高。戰爭開打三年後，英軍駐非醫療服務主事者的結論是「歐洲步兵一定會水土不服」。但會水土不服的除了英國人，還有印度裔的英軍，不少被稱為「希波伊」④的印度傭兵軍團也因為無法適應非洲氣候，而只剩下三分之一的戰力。[7]

白人不堪打，所以非洲作戰的重任就落在非洲人頭上。超過兩百萬名非洲人被捲入戰爭，其中二十萬人因為戰鬥、疾病或疲累而死。法國一共募集五十三萬五千名塞內加爾與阿爾及利亞士兵，多數是強徵而來，其中十四萬人被派往西部戰線，其餘有的駐守非洲據點，有的參與加里波利之役，有的於一九一八年投入巴勒斯坦與敘利亞戰局。英國的非洲士兵只在非洲作戰，唯南非與埃及提供了勞動力給在法國與中東的英軍。

④ 希波依（sepoy）與前面出現過的北非輕騎兵「斯帕伊」同源，都可上溯至波斯語中用來稱呼蒙兀兒帝國士兵的單字。

超過一百萬名非洲人在非洲服役，且幾乎全數都在極為仰賴人力的戰事中挑起有如「人肉驢子」一般的負重任務。挑夫要攜帶自己跟士兵的口糧與彈藥，而他們的人數往往與戰鬥人員相當。一挺榴彈砲起碼需要一百名挑夫，而每一名軍官需要至少八到九名僕役。萊托－福爾貝克經常覺得人手不夠，他覺得每名軍官起碼要配五名挑夫。疾病與脫逃所共同造成的挑夫損耗率比戰鬥士兵的耗損率還高，因此部隊永遠都在找補充員額。尼亞沙蘭的成年男性人口中有五分之四志願或被徵召加入數十萬非洲非戰鬥人員的行列，他們的故鄉除尼亞沙蘭以外，還有肯亞、烏干達、西非，以及從德國手中搶得的領土，另外剛果也貢獻超過二十五萬人去東非為比利時效命。

想讓此等程度的徵兵順利完成，不可能沒有部落與村莊裡酋長或耆老的配合。南奈及利亞的一名挑夫曾於事後回憶道：「酋長把我們叫去，然後把我們交給政府派來的使者。酋長說白人需要我們。」受徵召的人會被引導到分發的集合場站，然後他們的姓名會被登錄在名冊中，再來就是排隊領取毯子一條、食糧與寫有他們名字的車票。拿到車票，他們才會發現自己「要上戰場去幫忙國王的士兵，對抗想侵略他們國家的德國人」。[8]負責接洽的歐洲人員往往被在地語言搞得暈頭轉向，所以他們就會給這些新兵亂套名字，因此黑人裡會出現「洛伊德．喬治」、「基奇納」、「桑波」⑤與「苦力」⑥也不足為奇。[9]

在奴隸制的年代，這種重新取名的做法並不少見，所以有些親人受徵集的家屬或親戚會覺得這種徵兵跟奴隸買賣也沒什麼兩樣。達荷美的猶魯巴族人開始越境到奈及利亞躲避法國派來徵兵的軍官。來者是客，同情這些人的奈及利亞酋長會建起營地供他們落腳，而一名英國殖民地辦公室的官員譴責法國的徵兵制度是一種「等而下之的奴隸制」。[10]但儘管嘴上這麼說，英國還是在其盟國的堅持下遣返了部分逃兵。

部隊對於挑夫的需求可以說是個無底洞，主要是雖然並非戰鬥人員，但他們的死亡率還是高達三成，因此挑夫普遍的態度是能躲就躲。例如英屬東非與中非各殖民地在一九一六年進行了目標為十六萬人的大徵集，結果最終只募得三分之二的人數。來自尼亞沙蘭的挑夫稱他們的任務是「桑加塔」（thangata），意思是「免錢的白工」。從軍者則有不同的想法。事隔多年，一名尼亞沙蘭的阿斯卡利老兵回憶他跟他夥伴從軍是因為「我們是男人」。[11]關於眾多非洲士兵們的心聲，一名馬賽族士兵在萊托－福爾貝克面前做了很有代表性的發言，他對將軍說：「英國人當家或德國人當家，我們真的沒差。」此言既出，證實了將軍的直覺無誤，那就是非洲人「其實對殖民地的改朝換代沒什麼感覺」。[12]在莫三比克，當地人面對權力轉移顯得非常鎮定，事實上他們對一九一八年來的德軍還很歡迎。[13]多哥蘭的居民則很開心跟德國人說再見，他們暗自希望取而代之的會是英國而非法國。

戰爭加速了阿爾及利亞人流向法國本土的速度，而到了法國，阿爾及利亞人便開始取代起來自比利時、義大利、西班牙與波蘭的移工，還有當然也很自然地會取代起法國的義務役士兵。超過二十二萬名阿爾及利亞人應募來到法國，然後落腳在城市與鄉鎮郊外的貧民窟裡過自己的日子，像咖啡廳就是他們的聚集地。阿爾及利亞人一來受到警察的嚴密監控，二來被法國人鄙視。

---

⑤ 桑波（sambo），黑人與北美原住民的混血。

⑥ 苦力（coolie），進口的廉價外籍勞工。

法國人汙衊他們會對女性造成威脅，並說他們身上有梅毒，而且會騷擾孩童。[14]

職場的管理也非常嚴格（工頭經常是退役的阿爾及利亞士官），但工廠的餐廳會謹守穆斯林的飲食禁忌。法國政府鎮壓起待遇與工作環境造成的爭議，可是毫不留情。一九一七年，五名罷工者在布雷斯特（Brest）遭到鎮暴部隊擊斃。[15]英國軍方也一樣雷厲風行地要求社會秩序，治安在他們心中甚至重於人命。一九一七年九月在加來（Calais）與布洛涅（Boulogne）的一系列罷工與騷動中，共有二十八名埃及勞工死於英國部隊的槍下。而會有人鬧事，最主要抱怨的就是服務的條件欠佳與勞工慢慢開始受到德國轟炸的威脅。[16]打了契約的華人勞工若是不滿受虐待而抗議暴動，受到的也是類似的打壓。

IV

北非與西非戰事內含強烈的意識型態元素。一九一四年十一月，鄂圖曼蘇丹穆罕默德五世（Mehmed V）祭出他身為穆斯林精神領袖的哈里發權威，藉此宣布在全球的尺度上對英、法、俄帝國發動聖戰。從這一刻開始，每個遜尼派穆斯林⑦都有宗教上的責任要起而反抗他們的異教徒統治者，而且如果有軍人身分，那更得要造反並設法刺殺統治者。但聖戰的控制權其實握在德國手中，德國提供了賄賂與宣傳所需要的資金。德國幹員在幕後煽動顛覆行為，也會找機會把槍塞到聖戰士的手裡。聖戰運動的指揮者相信他們最大的勝算存在於有著穆斯林反抗傳統的地區。但地理因素讓這些心懷大志的英雄無用武之地，主要是非洲大部分的聖戰士「候選人」都居住在英、法統治下的窮鄉僻壤。如果鄂圖曼蘇丹的聖戰是為了避免蘇丹、索馬利蘭與西非等小國蘇丹的命運，那他的聖戰士們就必須要走私現代的武器進去。

有一個例外是利比亞位於班加西（Benghazi）與的黎波里之間的沿岸地帶。這裡從一九一一年以來就有薩努西人在土耳其軍官與小型分遣隊的出手相助下，讓義大利人難越雷池一步。兩萬名土耳其軍隊與民兵撐完了整個一次大戰，期間有德國著名的U-boat潛艇幫他們運補，這包括德國送來了幾架飛機跟裝甲車來助陣。[17]但像這樣孤立而僅能自保的零星勢力，已經是鄂圖曼在非洲最後的灘頭，或者可以說是有一種「敢死隊」的性質，但只要到了和談的桌上，這立錐之地也能產生交換的價值。

在埃及，同情的輿論站在土耳其跟為其撐腰的德國這邊。但埃及參戰其實是被英國趕鴨子上架。一九一四年十二月，意見多又不受控制的「赫迪夫」阿巴斯·希爾米（Abbas Hilmi）被很乾脆地趕了下台（失勢的他移駕到君士坦丁堡），而他的故國則正式被併吞，然後有四年的時間處於實質的戒嚴軍事統治之下。民族主義與泛伊斯蘭教的騷亂被壓了下來，但同情土耳其的祕密組織潛伏於軍隊與警官間的情報仍讓人深感不安。[18]由此從一九一四到一九一五年的冬天，英國軍方就曾擔心若土耳其軍隊突破了蘇伊士運河的防線，那埃及人就會順勢倒戈。

國家的尊嚴與個人的榮譽，同時毀在一個大型英軍軍營的手裡。一九一四年的尾聲，英帝國

⑦ 遜尼派原意為遵循聖訓者，是伊斯蘭教中的最大派別，自稱正統派而與什葉派對立。全球約八、九成的穆斯林屬於遜尼派。相較於什葉派認為只有穆罕默德·阿里的後裔才有權任哈里發，遜尼派認為所有哈里發都合法。

與自治領的部隊被派駐埃及，準備迎戰即將進攻蘇伊士運河的土耳其軍隊。其中一名自治領士兵伯特・史密斯（Bert Smythe）很快就注意到歐洲人普遍不善待本地人，而他的澳洲同胞也入境隨俗地不客氣起來。在開羅休假期間，澳洲士兵「忘記了制服，（也）忘記要自制」，然後就墮入「最下流的生活與逸樂」之中。他們會在大街上鬥毆，會成為梅毒流竄的溫床。[19]其中梅毒的問題被怪罪到埃及妓女頭上，於是乎在一九一五年初，澳洲與紐西蘭的駐軍開始痛毆牽線的淫媒，搗毀妓院，並縱火燒掉開羅部分的紅燈區。Ozzy（澳洲仔）進入了埃及的俚語，變成流氓的代稱。接下來的四年間，埃及只能臭著臉招待軍營裡的這群「奧客」，任憑大英聯軍的士兵在此胡作非為。英國聯軍先是成功守下運河，然後在一九一七跟一九一八年驅逐了在巴勒斯坦與敘利亞的土耳其人。數以千計被拉夫的費拉辛貧農在後方操勞，而埃及駱駝騎兵的分遣隊則很諷刺地與阿拉伯人部隊在此役中並肩作戰，而他們的目標竟然是要「解放巴勒斯坦與敘利亞」。

泛伊斯蘭世界的騷動在埃及以外的非洲只是虛驚一場，很嚇人但殺傷力不強。唯說到嚇人，英、法兩國的將軍與殖民地總督可是如坐針氈，只要有一點風吹草動，都覺得伊斯蘭世界要反了。這種焦慮在某種程度內是合理的，畢竟鄂圖曼蘇丹的聖戰大義就是要號召穆斯林士兵反叛然後扯歐洲的徵兵後腿。想到這一點後，塞內加爾的歐洲軍方開始把徵兵的重點放在基督徒身上。[20]一九一六年在阿爾及利亞的某個村莊，反基督教的發言與歐洲士兵遭到驅逐的事件都讓軍方繃緊了神經，但軍方的調查顯示事情的根源是地方上根深柢固的女性歧視，而與蘇丹的聖戰無關。[21]

跟上頭的事情比起來更讓人緊張許多的，是奈及利亞流通著一張傳單，內容是凡身為穆斯林但又「協助英國人者」，死後會被貶為「卡菲爾」（kaffir，異教徒）。[22]一九一五年，上伏塔

（Upper Volta）也出現一張類似的文宣，上頭預測「穆罕默德的大義即將勝利，法國必將一敗塗地」。這張傳單被本土酋長上報給了歐洲統治者，而有嫌疑的聖戰主義者也隨之被刑求逼問，但結果同樣顯示這是歐洲人的受迫害妄想症。[23]

一九一六年初，英國人採取了寧可錯殺一萬，不可放過一個的策略。事情的起因是在奈及利亞與查德的邊界發生有聖戰主義色彩的騷動（這一帶正是現今「博科聖地」⑧鬧得天翻地覆的地方），由此出現了薩努伊人可能從北邊滲透進來的風險，而薩努伊人背後當然就是土耳其人。一支英、法組成的特遣隊帶齊了馬克沁機槍後在拉哥斯集結完畢，然後沿著新建成的鐵路直達奈及利亞大城卡諾（Kano）。[24]然後再從卡諾進入查德來驅散叛軍。

在馬赫迪令人記憶猶新的蘇丹，喀土穆的情治單位耳聞半獨立的達佛（Darfur）蘇丹阿里．迪納爾（Ali Dinar）跟土耳其戰爭部長恩維爾．帕夏有所接觸，而這代表達佛可能會與其相鄰的薩努伊族合流。[25]自一九〇〇年以來，迪納爾統領的達佛就僅剩名義上是英國的屬國，當時便有情資顯示他與英國的合作程度有限。「他應該，」評估報告上說，「應該要獲准高度自治，叫他繳稅會繳就好。能這樣做，那他應該就會乖乖得待著，不這麼做，那不難想像他會與我們對著

⑧ 博科聖地（Boko Haram），正式名稱伊斯蘭國西非省，原正式名稱是「致力傳播先知教導及聖戰人民軍」（People Committed to the Propagation of the Prophet's Teachings and Jihad）。這是個存在於奈及利亞的伊斯蘭基本教義組織，運作的宗旨是在奈及利亞全境推行伊斯蘭教法，並且致力成為哈里發國的一部分，有著奈及利亞的「塔利班」之稱。博科聖地自二〇〇二年成立以來造成大量人員死傷與無家可歸。Boko Haram在豪薩語（非洲僅次於阿拉伯語與斯瓦希里語的第三大語言，屬查德語系）裡是「禁絕一切非伊斯蘭教育或禮物」之意。

幹。」[26]在經過一番猶豫不決後，蘇丹在一九一六年四月決定與土耳其成為命運共同體，結果他的部隊瞬間灰飛煙滅。喀土穆祕密從埃及進口了戰機，持矛的托缽僧兵與騎兵根本以卵擊石。再往南到了阿比西尼亞，改信伊斯蘭教的皇帝李基．伊亞蘇在一九一六年即位，而這也讓新的聖戰陣線心生希望。義大利情治單位捏造了U-boat潛艇已經成功潛入紅海，並讓德國幹員登上阿比西尼亞海岸的荒唐故事，結果引發開羅震動。[27]喀土穆當局發動了文宣戰，包括放出偽造的色情明信片上顯示新皇帝在臨幸其妻妾。由此新皇帝很快就在年底一場由英、義領事策劃的政變中被推翻，取代他入主首都阿迪斯阿貝巴（Addis Ababa），是好控制很多的年輕儲君塔發瑞親王（Ras Tafari），也就是後來的海爾．塞拉西一世（Haile Selassie I）。話說因為年輕，所以這位皇帝頭上有位攝政的佐迪圖女皇（Empress Zauditu），是先皇孟尼利克二世的女兒，也是阿比西尼亞自錫巴皇后（Queen of Sheba）以來第一位女性的統治者。

在阿比西尼亞諜影幢幢的同一時間，英軍情報部門的一步妙棋重挫了聖戰運動的士氣，那就是歷史上的阿拉伯起義（Arab Revolt）。話說一九一六年中，麥加的謝里夫兼漢志王國⑨的領導者海珊．本．阿里（Hussein bin Ali）加入了協約國的陣營，然後接下來的兩年，阿拉伯的正規軍與民兵便開始在阿拉伯半島跟巴勒斯坦與鄂圖曼帝國作戰。從英國皇家海軍那兒，海珊的追隨者先是取得海戰的武力，後來又因為協約國軍隊的相挺而拿到了火砲與戰機。實際的作戰有湯瑪斯．愛德華．勞倫斯（T. E. Lawrence）⑩下指導棋，甚至有時他會直接號令。如此陣容堅強而且武器精良的起義，根本是土耳其與德國在為鄂圖曼蘇丹策劃聖戰時所垂涎的組合。

阿拉伯起義是打起文宣戰時的無價之寶。海珊是地位崇高的精神領袖，而他投奔協約國的消息在法屬北非與西非的穆斯林之間不脛而走。[28]英、法的宣傳主打由於麥加跟阿拉伯人的紅海港口已經處於協約國的保護傘下，非洲的穆斯林可以自由前往進行一年一度的「朝覲」（Hajj）。在軍事力量、地理因素與情報來源三輸的情況下，鄂圖曼蘇丹的聖戰正式宣告失敗。

V

從一開始，一戰會對非洲人心態上造成多大的影響，就存在很多質疑的聲浪。這場仗會成為改變的契機嗎？尤其是他們會因為這場仗而改變他們看待自己的看法、改變他們與白人統治者的關係嗎？戰端開啟的消息，引發非洲本土會內亂的疑慮，此時在東非與西南非的德國人是希望他們的殖民地可以僥倖地維持中立。但一九一四年八月六日，英國皇家海軍砲轟三蘭港，也轟掉了德國人全部的幻想。在南非，人數較少的波耳人能對英國這一方冷眼以對就算不錯了，英國於是對他們下了道不准召募黑人士兵的禁令。[29]

有人害怕一場由黑人幫著白人殺其他白人的戰爭會造成不良的影響，而會有這種心態不是沒有道理。到了戰爭後期，一份軍情報告分析了東非服役者的精神狀態，結果內容讓人看了膽戰心驚，「營火四周圍坐著黑人天南地北地聊（非洲各族始終有共同語言可以溝通），他們的話題會

⑨漢志王國（Hijaz），一九一六到一九二四年前存在於沙烏地阿拉伯紅海沿岸的國家。
⑩電影《阿拉伯的勞倫斯》（*Lawrence of Arabia*）就是在講他的故事。

始於吃食與妻子，然後會聊到他們離家萬里，真是辛苦，最後會講到他們眼睜睜看著黑人取白人性命。」[30]這類的情緒並沒有隨著戰爭結束而消散。一九二一年，肯亞的卡維隆多爆發因為殖民地增稅而抗稅的事件，而其成因便是非洲人自認在「為戰爭做了……如此大的犧牲後」，如今卻又要被再剝一層皮，這讓他們普遍忿忿不平。[31]

受過教育的非洲人渴望互惠。一九一八年五月，《黃金海岸領袖報》（*Gold Coast Leader*）宣稱：「目前的戰時，正是黑人有史以來最佳的良機可以提升自己的地位……最後算總帳的那天我們將不缺席。」[32]奈及利亞的大小報紙也循同樣的論調表示參戰提升了黑人的自尊，忠誠與犧牲則應該要獲得回報以求更大的參政權。[33]

一九一七年，美國總統威爾遜（Woodrow Wilson）公開表示這場戰爭的目的是要確保外來政權下的民族自決權，而這也讓非洲剛冒出頭的民族主義運動燃起了熊熊的希望之火。北非的民族主義者開始向法國政府請願，他們的訴求是要出席凡爾賽和會，因為「阿爾及利亞與突尼西亞的族人都在戰爭中揮灑了熱血，才讓比利時與法國被侵略的土地失而復得」。埃及的民族主義者也要求在和會席間討論他們的獨立案，但被打了回票。最終在凡爾賽，自治的權利給得非常小氣。得償所願的民族有波蘭人、立陶宛人與愛沙尼亞人，鎩羽而歸的有埃及人、阿爾及利亞人與突尼西亞人。

第三部

1919至1945年

第十七章　民族主義的崛起

埃及陷入了「會傳染的激情」，染上的人都「瘋了」。

——某英國官員

I

隨著一戰劃下句點，歐洲開啟最終共維持二十一年的停戰期。在這二十一年當中，新的意識型態興起，禁不起誘惑的國家讓國際關係變得緊繃，最終導致一九三九年爆發第二次世界大戰。共產主義、法西斯主義與納粹主義的共同特色是要求人順服極權統治的政府，然後政府會保證你有穩定而安全的生活，包括經濟危機與大規模的裁員都將成為過去。共黨俄國、法西斯黨主政的義大利與納粹德國都出現充滿個人魅力的領袖，而他們也著手從零開始重建自己的祖國。戰前的自由主義、議會民主與放任式資本主義，紛紛在新秩序中失去了立足之地，因為這當中沒一樣讓人覺得可以處理歐洲面對的新問題。

新的政黨得以枝盛葉茂，養分來自潛藏的仇恨與暴力。墨索里尼在一九二二年藉武裝政變掌權，而他在事後對義大利人說：「每個社會……都需要一定比例的公民遭到唾棄。」[1] 綽號「杜切」（Duce），義大利文意思是「領袖」或「元首」之意的墨索里尼，也期待法西斯的覺醒青年可以不分男女準備為祖國與主義而戰，因為「戰爭憑一己之力，就可以將人類所有的能量繃緊到極致，有勇氣面對戰爭之人將可因此烙上尊貴的印記」。[2] 一九三三年輪到希特勒上台，而他的奪權之路也一樣滿布混亂與血腥。德國的過去、現在與未來，在他眼裡是亞利安人與全世界一段未曾休止過的搏命與生存之戰。由此對非洲人來說，歐洲的極右派可說有百害而無一利，納粹的種族意識型態將非洲人降格為最低等的人類，而墨索里尼的種族觀念導師利迪歐．希普里安尼（Lidio Cipriani）則堅稱所有非洲人都有「無法消除的劣根性」。[3]

蘇維埃共產主義認為非洲人是潛在的革命分子，說潛在是因為他們還沒有意識到自己的歷史命運是要在全球鬥爭中打擊資本主義，乃至於打擊服務資本主義的帝國主義。俄羅斯是世界革命的發電機，而其宣傳者的努力目標便是要在資本主義國家與他們的亞、非殖民地中煽動革命。一九二〇年，他們預期被踐踏的大眾即將在印度、波斯、埃及與阿爾及利亞起義。這些國家確實有零星的騷亂會遭到官方壓制，但不論是在哪一國裡面，在地的共產思想推廣都沒有明顯的進展。一九一九與一九二〇年的第一屆與第二屆共產國際代表大會（Comintern Congress）上，都未見到有非洲代表的出席身影。要到一九二三年，共產國際才在漢堡成立名為黑人事務局（Black Bureau）的專責機構來服務非洲、拉美與美國的黑人勞動者。

英、法的共產黨謹遵莫斯科的路線，這包括他們譴責自己國家的帝國，並且呼籲不分種族團結起來準備戰鬥。一九二七年，共黨報紙《人道報》（*L'Humanité*）提醒法國勞工勿忘巴黎勞工、德國莫澤河（Moselle）流域的煤礦工人與突尼斯的低薪碼頭工人，大家其實是命運的共同體。[4]一九三四年，同一份報紙用了帝國主義英雄利奧泰元帥之死來攻訐法帝國與其統治者。利奧泰被說成是「殖民者與法西斯主義者」，還是個「極致的反動分子」。利奧泰受的耶穌會教育與軍旅生涯，讓他篤信自己既然身為軍人，就有職責要不分法國還是摩洛哥，一律壓制所有的工人與貧農。他的喪禮成了法國工人與被帝國主義壓迫之各民族展現團結的良機。[5]

一九三二年十一月，肯亞民族主義者鳩莫．肯亞塔（Jomo Kenyatta）在反戰行動會議（Council of Action Against War）的倫敦大會上發表演講。他說：「勞動階級的成員們，肯亞殖民地的勞工向你們致意。我們跟你們一樣是工人。資本主義體系選擇殘殺你們……雖然我們的外表不同，但本質上我們完全一樣。」[6]他所說的內容被一名英國警方政治部①的人員給抄錄了下來，畢竟身為非洲民族主義者中與共黨最先搭上線的一員，被英、法情治單位嚴密監控也只是剛好而已。

II

歐洲新生的意識型態，碰上的是一個地圖重新劃過的非洲。一九一九年，德國的殖民地被一次大戰勝方分而食之。多哥蘭與喀麥隆遭到英、法裂解，此外英國不但拿走了德屬東非（並改名為坦干伊喀），就連大英帝國之下的南非也接管了德屬西南非。每一塊土地的治理都經由國際聯盟（League of Nations）授權，而這代表新的統治者行事必須人道、必須促進子民的福祉。葡萄牙與比利時則各分到了少部分的德屬東非。

義大利僅有的戰利品是英國贈送位於索馬利亞南境的朱巴蘭（Jubaland）。墨索里尼覺得深受汙辱。他要的才不是英國施捨吃剩的渣滓，而他也很快就表達義大利將在非洲掙得更大片的江山。帝國的征服，本來就呼應著法西斯義大利該有的陽剛與好戰形象。掌權不到一年，墨索里尼就大動作想要把利比亞牢牢抓在手裡。凡事講求速戰速決的「杜切」開始無所不用其極，也難怪義大利部隊會對薩努伊族人使出光氣②與芥子氣③這兩種化學武器。7

放眼一九二〇年代的歐洲，政治上的極端主義在經濟景氣起起伏伏的背景下滋生並成長。一九二九年華爾街崩盤後，接踵而來的是既深且長的經濟蕭條與歐美銀行破產，而沒了銀行的金援，產業紛紛不支倒地，數以百萬計的勞工遭到資遣，工業產出一落千丈，商業市場嚴重萎縮。英國出口產值從一九三〇年的七點九一億英鎊重挫到一九三四年僅剩四點三五億英鎊，法國出口規模則從同期的五點一五億英鎊摔落至三點七九億英鎊。南非做為非洲僅有的工業重鎮也未能幸免於難，其整體出口金額從一九三〇年的三千七百萬英鎊滑落到一九三四年的二千四百萬英鎊，

---

① 政治部（Special Branch），負責國安與反間諜事務的英國祕密警察。

② 碳醯氯，俗稱光成氣，簡稱光氣，化學結構上是碳酸的二醯氯衍生物，屬於極活潑的親電試劑，易水解。做為化學武器使用是強烈的窒息性毒氣，吸入高濃度可導致肺水腫，毒性大約是氯氣的十倍。光氣最初是由氯仿受光照分解產生，因而得名。

③ 芥子毒氣，亦簡稱為芥子氣，學名二氯二乙硫醚，是一種糜爛性毒劑，因味道與芥末相似而得名。

減少約三分之一。雪上加霜的是在一九三一年，英國還拋棄了金本位制度。④

已經融入國際經貿體系的非洲，也感受到歐美經濟大地震的餘威。埃及的棉，以及南非、北羅德西亞、比屬剛果等地礦產的需求均不如以往，其他像棕櫚油、菸草與可可亞等經濟作物也都被一竿子打翻。生產一遲滯，工資自然被砍。在拉哥斯，一名碼頭工人的日薪從一先令降到只剩八到十便士，但單身男子的生活費水準仍維持在一先令加六便士，維持一家子更需要這金額的兩倍。[8]養活在地社群的傳統畜牧業不受影響，所以食物價格維持穩定。

世界性不景氣對非洲造成的衝擊，重創了帝國主義的一項傳統觀念，那就是隨著愈來愈多非洲人加入以薪資為基礎的經濟體系，這些人就會變成進口英國工業產品的消費者。再者，英國人慢慢發現口袋有錢的非洲人開始把錢花在進口的他國船來品上。美國福特公司的T型車⑤就是黃金海岸最流行的汽車，而在肯亞、烏干達與坦干伊喀加起來的進口日本棉花銷售幾乎是英國蘭開郡的九倍。

一九三三年，英國首相拉姆齊．麥可唐納（Ramsay MacDonald）的國民政府⑥對此提出的因應之道是以帝國特惠制⑦取代自由貿易，希望這能讓英國人消費更多來自黃金海岸的可可亞，而黃金海岸的可可亞農人可以購買更多產自伯明罕的腳踏車。但這招需要時間慢慢發酵，因為實際上不少地方的非洲人只能勉強把稅繳齊而已。[9]一九三三年，肯亞當局向倫敦伸手要錢來進行本地稅收無法支應的社會與經濟改革，但得到的回應是國庫空虛。英國與法國政府都沒閒錢可以供殖民地進行開發，因為預算被要發給失業者的社福款項給綁死了，而到了一九三六年之後，國庫的錢又要拿去重建國防。由此投資乾涸，殖民地的經濟一蹶不振。

III

如前所述，較具政治意識的非洲人把一戰當成他們通往參政權與負起政治責任的跳板，他們最終的目標是非洲人自治。非洲士兵與勞工都對英、法在一戰的勝利做出了貢獻，而這兩種身分的非洲人都對回饋有所期待。非洲大陸在一戰中流血流汗，於是催生出非洲人心中一種互惠的解讀。正是因為這種解讀，阿爾及利亞與埃及的民族主義者才會（妄自托大）要求出席凡爾賽和會來表達各自的訴求。一九一九年五月，大英埃及協會（Egyptian Association of Great Britain）訴諸了英國的良心，他們請首相洛伊德．喬治的政府念在為捍衛自由而「光榮戰死」者的份上，也念在英國人「翩翩君子」的傳統上讓埃及獨立。[10]

埃及此舉開了第一砲，戰間期與二戰後的非洲民族主義運動均循著此路前進。學子們，就像加入大英埃及協會的那些一樣，提供了運動需要的衝勁，甚至有時候他們也會為了追求理想而動粗。他們繼承的政治傳統可以上溯至一八七〇年代尾聲，當時艾哈邁德．阿拉比帕夏曾經嘗試從

---

④ 以黃金儲備做為貨幣發行基礎的制度，說白了就是有多少黃金才能印行多少貨幣，當時仍是國際經濟骨幹的英國以此舉打破了這個限制。

⑤ T型車（Model T），第一款出自流水生產線的量產車。

⑥ 即聯合政府，但這一詞在英國歷史上專指從一九三一到一九四〇年，拉姆齊偕主要政黨組成的政府。

⑦ 帝國特惠制（Free Trade with Imperial Preference）是一種雙向的優惠關稅制度，其適用的對象分別是大英帝國與其自治領／殖民地，乃至其自治領和殖民地之間。

外國銀行家的鉗制中解放埃及但壯志未酬。一八八二年被英國占領的發展讓民族主義運動得到了新的動能，而到了一九一四年，新一代的民族主義已經可以說青出於藍、更勝於藍。相關運動可以順利成長，得「歸功」於官方對於政治團體的容忍與新聞審查制度的付之闕如，唯警方對於政治集會與示威的監控仍不放鬆。到了一九一一年，法國警察的公安部門（Sûreté）也幫了英國一把，主要是他們也把在巴黎活動的埃及學生列入監控對象。[11]在一九一四年十一月，英國正式接管埃及之後，官方對於異議分子的態度轉趨強硬。埃及說好聽成了英國的「保護國」，但說要保護他們的英國卻帶來四年形同戒嚴的日子。

民族主義者並未被嚇到不知所措。一九一八年十一月，一戰停火生效才沒幾天，薩德．札格盧勒（Saad Zaghloul）便以瓦夫德黨⑧的領袖身分要求恢復埃及的自治地位。畢業於穆斯林艾茲哈爾大學（Muslim Al-Azhar University）的札格盧勒是名出身寒微的律師。他在戰前擔任過內閣部長級職務，在英國人眼裡是名可以合作的「溫和派」，也就是民族主義者中願意妥協的人。但他的自治請求仍遭到高級專員亨利．麥克馬洪（Henry McMahon）爵士打了回票。麥克馬洪爵士連同他在倫敦的長官都斥責埃及人受邪惡的「外國勢力」影響而惹是生非。[12]

麥克馬洪有洛伊德．喬治首相與聯合政府的支持，而聯合政府認為埃及的自治運動並不能代表埃及人的情感。相反地，他們認為這股運動是外來勢力運作的產物，其中最令人髮指的便是美國威爾遜總統表示民族自決為普世人權的公開宣言。⑨同樣用心險惡的還有莫斯科當局的宣傳工作裡承諾，俄羅斯會盡其所能來協助亞洲暨非洲的民族主義運動。但莫斯科宣傳部門的嘴砲就只是嘴砲而已，完全是口惠而實不至。但即便如此，這話聽在英、法耳裡，兩國的部長們還是因此把所有的殖民地民族運動都視為共產黨在世界各地的陰謀。

埃及在一九一九年三月卯起來反了，原因不是蘇聯的鼓動，而是英國自身的冥頑不靈。埃及人罷工的罷工，暴動的暴動，甚至連英國的公職人員都成了恐怖攻擊的目標，通訊設施也遭到縱火焚毀或破壞。都會區遭到鬧事者趁火打劫，做生意的希臘社區原本就是埃及暴民最鍾情的代罪羔羊，而這次他們竟認賠了六十萬英鎊的損失。[13]這一鬧的牽連之廣與為禍之烈，讓統治當局傻了一下。一名英國官員形容埃及陷入了「會傳染的激情」，染上的人都「瘋了」。[14]震撼退去之後，隨之而來的便是憤怒。這種犯上的行為遭受近乎野蠻的嚴懲，被殺的埃及人逾千人，被捕、被關、被鞭打的為數更多。在某軍事營區中，謀反嫌犯由一名士官長審訊，而他用來逼人招供的就是手中那條犀牛皮鞭。[15]

⑧ 一戰結束後，札格盧勒欲籌組代表團前往法國參與凡爾賽和會，希望英國能夠承認埃及為獨立國家。「代表團」的阿拉伯文為Wafd，也就是一九一九年成立的瓦夫德黨的前身。

⑨ 一九一八年一月眼見一戰將告一段落，美國總統威爾遜於國會中發表了保障人權的十四點原則，內容包括：（一）禁止國際密約；（二）平時戰時均須尊重海洋自由；（三）卸除國際經濟壁壘；（四）裁減各國軍備；（五）公平解決殖民地分配問題；（六）歸還俄羅斯遭占領土；（七）歸還比利時遭占領土；（八）同盟國自法國撤軍，交還亞爾薩斯與洛林兩省；（九）按民族自決原則重劃義大利邊界；（十）按民族自決原則重劃奧匈帝國邊界；（十一）按民族自決原則重劃巴爾幹半島各國邊界，回復羅馬尼亞、塞爾維亞與蒙特內哥羅（今黑山共和國）領土；（十二）土耳其自治，開通達達尼爾海峽；（十三）恢復波蘭獨立；（十四）議定憲章、組織國際聯盟、保障各國主權獨立與領土完整，不論國家之大小均享平等之權利。

這一次可說不分階級，所有埃及人都站了起來。律師罷工，而在關進開羅要塞監獄（Citadel）裡的六百七十名暴動者當中，將近三分之一是工人，其餘則是大學生與高中生。[16]鄉間的費拉辛也義無反顧地加入起義的行列，身為貧農的他們攻擊火車、擊殺英國軍警。中產階級對運動的支持強而有力，而且非常合理。受過教育的埃及人都很失望自己身處一個獨厚歐洲人的公務體系。穆罕默德・馬赫穆（Muhammad Mahmoud）是埃及公務員，是牛津大學校友，而且還是從貝利奧爾學院（Balliol College）拿到「二等榮譽學位」⑩的高材生。他覺得自己在該獲得拔擢時被跳過，於是跟不算高階的英國官員起了口角。不服管教的他就這樣因為「素行不良」被炒了魷魚，那年是一九一七年。沒想到兩年之後，他已經在瓦夫德黨中身居要職。[17]

在事端平息之後，英國政府再也不能掩耳盜鈴，因為這股民族運動已經風起雲湧，他們讓埃及失控的能力已經有目共睹。「硬頸的」麥克馬洪遭到撤換，由野戰元帥艾倫比（Allenby）子爵這名帝國主義者中的務實派接手。艾倫比的任務是在英國的戰略需求（不容打折扣的蘇伊士運河安全）與埃及民心所望之間取得平衡。他與短暫被放逐到馬爾他的札格盧勒上了談判桌，於是在一九二二年，埃及建立了君主立憲制，並恢復獨立地位。在一九二四年的國會大選中，瓦夫德黨囊括總共兩百三十二個席次中的一百六十九席，十二年後的一九三六年選舉更席捲九成以上的普選票數。雖然與英國的關係仍舊劍拔弩張，但瓦夫德黨推行了以德報怨的政策，包括既往不咎地讓外國人社群豁免於埃及法庭的起訴。英國人在一九三五年揮別埃及，但埃及人依舊未能把主權牢牢抓在手裡。[18]一九三六年重談的英埃條約堪稱「城下之盟」，因為同一時間有英國軍艦就下錨在亞歷山大港外海。埃及的獨立命運有多不能操之在己，可見一斑。

儘管如此，埃及人奮起的餘韻仍舊不容小覷，主要是埃及為非洲其他地區立下了一個範例。組織嚴密的瓦夫德黨單憑一己之力，再加上有民意當靠山，就爭取到英國各種退讓。英國不得不接受瓦夫德黨是「埃及之聲」，而這當然又進一步強化瓦夫德黨的聲望與民意基礎。民主若定義為政黨政治，那顯然民主並非民眾獲得政治解放後的必然產物。少數黨確曾浮出水面，這包括有被稱為「綠衫黨」（Greenshirts）的青年埃及人黨（Young Egypt Party）。青年埃及人黨是一群私下收受義大利資助，而與瓦夫德黨青年側翼「藍衫黨」（Blueshirts）對幹的極端分子。[19]法西斯主義的特色包括愛穿制服與在街上鬥毆，由此許多埃及憤青都覺得比起前輩或長輩們那些讓人一頭霧水的傳統政治，活力十足的法西斯好像是個不錯的選擇。

其餘的埃及人開始向內尋找真實的民族定位。都會區的中產階級民族主義者努力要拉攏普羅大眾關心政治，他們會為此深入鄉間，爭取費拉辛的支持。費拉辛被美化為「正港的埃及人」、接地氣的英雄兒女、沒被歐洲那套影響到的「真．埃及人」。唯雖然被中產階級民族主義者奉為「嬌客」，但費拉辛所受的苦難並沒有告一段落，瓦夫德黨還是比較偏愛資本主義跟社會現況。地主們仍有權鞭笞佃農，而且他們也都會確實執行自己的這項權利。[20]

起義一事，很快就在埃及的國家意識中變得根深柢固。學校課程把一九一九年這段還熱騰騰的歷史列為必修，而且還會在課堂上特別強調埃及人在爭取自由之戰中的英勇不屈與種種苦難。[21]埃及人的範例，啟發了印度的民族主義者。一九二一年，一群印度民族主義者訪問了開羅。他們

---

⑩ 英國大學的畢業學位分為榮譽、普通兩大類，其中榮譽學位又分不同等級。

頌揚埃及人證明只要一個民族團結起來，就再不會「被人強行統治」。他們接著還肯定埃及如今已成「英國獅背上的一根刺」。[22]只不過獅子終究是獅子，英國還是會定期對殖民地進行武力展示，這包括他們會讓深具恫嚇力的皇家空軍舉辦航空展，而且還會很故意的在節目中加入轟炸這一項。動輒就讓戰機飛越開羅領空，讓英國把想說的話說得再清楚不過：埃及表面上看似「獨立」，實則仍繼續被占領。

IV

讓民族主義運動在摩洛哥與阿爾及利亞民族運動萌芽的那股衝動，本質上就是關於自己過去是誰，將來又會是誰的那股疑問。原本這兩地的居民都只是一盤散沙，唯一將他們凝聚起來的只是對法國同化政策的質疑，他們覺得法國人對伊斯蘭懷抱敵意，而且一心只想把北非的傳統文化掐熄。但北非人也不會「因人廢言」或「逢法必反」地抗拒所有法國人帶來的新觀念。一九二〇年代與一九三〇年代在阿爾及利亞有一名穆斯林的文字記者叫阿布・亞拉（Abu Ya'la），他就在倡議本土宗教與社會傳統的同時也支持法國人賦予女性的受教權。[23]跟許多中產階級的非洲知識分子一樣，他也不否認法國政策帶來若干社會與民智上的開展，但這並不代表他想與民族的過往一刀兩斷。在摩洛哥如雨後春筍般冒出來的各小型政治團體裡，摩洛哥行動委員會（Comité d'Action Marocaine）在一九三四年接觸了法國政府。該委員會對摩洛哥的「轉型」表示肯定，但也呼籲摩洛哥同胞要更主動參與國家進步的過程。[24]但也有些摩洛哥人認為與法國合作並不可行，他們覺得法國人的種族與文化優越感早已深入骨髓，不可能說變就變。法國人「當我們是狗，喊我們『比科』⑪來鄙視我們。」學生領袖阿卜杜．卡迪爾這麼聲稱。[25]

到了最後，這樣的態度阻礙法國想要慢慢同化北非人的長期目標，只不過北非這些民族主義者的原型還沒有很清楚地想像出自己國家的未來。但儘管如此，對於參政權的要求還是緩步稀釋了法國的權威，而這也算是為有朝一日的獨立在鋪路。

只要訴求本身不要太過要求世俗化，那麼伊斯蘭基本上都是民族主義運動的盟友。穆斯林始終擔心自己雖然表明了容忍與善意的態度，但基督教的統治還是會讓信徒的堅定慢慢流失。結果法國的一項政策果真證實了這樣的恐懼非空穴來風。費茲條約（Fez Treaty）在一九一二年讓摩洛哥成為法國保護國，而法國竟然不顧條約規定讓基督教傳教士進入摩洛哥。同樣的在一九三〇年代初期，埃及的穆斯林也曾因為法國與美國的傳教士湧入，且不懂得入境隨俗而被激怒。腦充血的美國基督徒曾在海灘上傳復興教派的福音給本地孩子聽，搞得亞歷山大港城的穆斯林暴跳如雷，而他們的這種反應其實不難理解。[26]

秉持著希望達成文化統合的長期目標，加上自由派源自於共和制的政治理想，因此法國在阿爾及利亞與摩洛哥開放集會的自由，新聞媒體也未加審核，而這兩者都提供了條件讓政治言論與政治結社能在北非成長。人數與團結都能產生力量，於是就跟在埃及一樣，摩洛哥出現一支民族主義黨派，也就是一九四三年現身的伊斯蒂克拉爾黨（Istiqlal），直譯為「獨立黨」。獨立黨的組

⑪ 法文中針對北非或中東裔深色皮膚人種的蔑稱。

織架構同歐洲極左或極右派政黨亦步亦趨，都屬運作嚴密、宗旨強調團結，而且會經營各種社交性的社團來吸引年輕人入黨，足球社、拳擊社、籃球社、自行車社，乃至於童軍團都一應俱全，任君挑選。趣味性的元素讓成員間的距離縮小：加入獨立黨，就等於踏進熱鬧社交世界的大門。獨立黨還跟職業工會與商會結盟來擴大自身的政治號召力。就跟埃及的瓦夫德黨一樣，獨立黨的目標是要成為能代表摩洛哥的一股聲音，進而迫使法國人聽取他們的要求。

歐洲殖民者後裔與阿拉伯人間的嫌隙與各行其是，排除了阿爾及利亞民族運動形成一道聯合陣線的可能性。夙怨難解之餘還不斷惡化，在一九二一年《科隆人》（*Les Colons*）這本風行的小說裡，主人翁曾主張：「我是非洲人，我是法律，我既不是懶惰的阿拉伯人，也不是馬爾他狗，我是個科隆人！」[27]阿拉伯人不僅劣等，而且是永恆的敵人，存在主義作家卡繆（Albert Camus）在《異鄉人》（*L'Étranger*）裡就有過這樣的描繪。「阿拉伯人威脅你？你確信他在威脅你？那就宰了他。」種族間的鴻溝不斷擴大，而且還一天天更險惡。科隆人提倡的自我種族形象是堅毅而剛強，法國本土的自由主義讓他們嗤之以鼻。[28]

一九三四年，法國國民議會裡一名社會主義代表警告說阿爾及利亞染上了「惡疾」，而此惡疾的症狀包括社會秩序的崩解，而反映這點的現象包括專屬白人社區中的關係緊張、法國榮譽感的一路下降、阿拉伯人對於伊斯蘭文化的自尊心高漲。[29]這位代表會有這樣的見解，是不久前君士坦丁堡的一場虐殺讓他有感而發。在那場慘劇中，阿拉伯暴民殺害了二十七名猶太人，至於暴民的理智斷線則是起因於一名猶太人在酒後褻瀆了清真寺。右翼報紙對此的反應是：看吧！穆斯林中的狂熱主義有多氾濫。認為阿拉伯人的心智條件不足以成為法國公民的陳腔濫調，因此得到了佐證。[30]

從一八七〇到一九三九年，阿爾及利亞的阿拉伯人口成長超過一倍而達到五百九十萬人。失衡的經濟無以因應這樣的人口增長，畢竟耕地並沒有相應的成長，農產依舊僅靠效率低落的小農以小家子氣的方式為之。饑荒以每兩年一次的頻率爆發在一九二〇年、一九二二年、一九二四年與一九二六年，但同時間葡萄園卻持續擴大面積，葡萄酒的生產和出口也與天看齊。

V

間歇而定期的乾旱，加快了阿爾及利亞移工「北漂」到法國城市與鄉鎮中的速度。到了一九三九年，以法國為家的阿爾及利亞人已為數有十二萬人，他們挑起法國工業中沒人要做的骯髒工作，下了崗則群聚在都會裡的貧民窟裡過活。移工們保持著他們的部落身分與宗教認同，他們的法文常說得「零零落落」，同時很多人外表看上去就破破爛爛。他們得面對法國工人階級的敵意，得被人懷疑有吃貓狗或老鼠的習性，而對警察來說，他們更是想當然耳的嫌犯。十個警察有九個半會覺得：「遇到有人作奸犯科，遇到有強暴、偷竊等案件，不用想太多，把阿拉伯人抓起來就對了。」[31]

異鄉人的出身，使得移民會自然傾向於支持左翼政黨，左翼訴求的就是被排除在主流社經體制以外的他們，其中又以共產黨對他們的招攬最為熱情。莫斯科當局很樂見此情此景，但當來自巴黎與法屬西非的黑人申請參加一九三〇年辦在漢堡的國際黑人勞工會議（International

Conference of Negro Workers）時，德國卻拒發簽證給他們。[32]在巴黎，具有政治意識的移民組成各個小團體，包括由拉明・桑戈爾（Lamine Senghor）成立的黑人民族自衛委員會（Comité de Défense de la Race Négre）。桑戈爾出身塞內加爾，在壕溝中當過兵，感染過毒氣攻擊造成的肺結核，也在巴黎幹過郵差。桑戈爾活躍於工會活動，但推動他熱情的動力，來自於戰後補償的不公不義：因戰鬥造成失能的白人老兵得到比較優渥的退休金與醫療照顧，黑人就沒有這麼幸運。[33]種族歧視與差別待遇造成的憤怒與無助，讓非洲移民小團體在巴黎與倫敦廣布。他們把傳單與小發行量的期刊當成武器，他們以文字攻擊帝國主義，並不分地域，努力為被社會踐踏的黑人發聲。

這些組織小歸小，但因為提倡堅定的非洲意識，或背後有蘇聯的扶植，所以讓政府視為眼中釘也是剛好而已。英國與法國的情治單位奉命緊盯這些組織與其成員。一九二三年，法國甚至為此成立縮寫為ＳＡＩＮＡ的專責機構，也就是「北非原住民事務局」（Le Service des Affaires Indigènes Nord-Africaines）⑫。這個政府部門的三十二名歐洲幹員通曉阿拉伯語與北非的柏柏語，而他們接獲的指令是要滲透北非社區，加以監視，慫恿讓共黨分子沉不住氣，並且施力讓老闆們開除那些麻煩分子，接著國家或許再把丟工作的他們遣返回非洲。幹員們也懂得懷柔，他們會經營醫療中心或青年旅館來服務移民，用親切去化解移民心中的那股叛意。[34]這個祕密單位後來也召募黑人幹員，其中一人是塞內加爾軍人出身的拉瑪南賈托（Ramananjato），一九三一年，外號「喬埃幹員」（agent Joé）的他奉命監視來參觀巴黎殖民展（Paris Colonial Exhibition）的有色人種訪客。具體而言他會監聽現場有沒有不利於政府的言論，然後他還若無其事與本身是展品的非洲人攀談。他在現場的招搖行徑引起警方的疑心，然後他就被逮捕了。[35]克魯索探長⑬對此一定很能感同身受。

VI

如同法國的國安單位，英國的軍情五處⑭與政治局也視非洲的民族主義者是被共產主義洗腦的高危險群，而他們這麼想是有根據的。共產國際的贊助對象除了反帝國主義聯盟（League Against Imperialism）等國際組織外，也包括前述在漢堡召開的國際勞工會議，所以為共黨宣傳與爭取非洲民族主義者加入也成了會議中並行不悖的目標。除卻這些會議場合，活躍在倫敦與巴黎的共產黨員也會個別去接觸非洲民族主義者。

在這些共產黨員中，工作最忙碌也最投入的堪稱喬治・帕德摩爾（George Padmore）。這名出身千里達的馬克思–列寧主義者與蘇聯情報員曾有段時間統理共產國際的黑人支局。但最終心靈自由不羈的他拒絕什麼都照莫斯科的規定走，於是他就被法國共產黨當成偏離托洛斯基主義⑮的傢伙給開除了黨籍。帕德摩爾最先鎖定的吸收目標是肯亞民族主義者鳩莫・肯亞塔。肯亞塔於一

---

⑫ 更直白的別名是「北非原住民監控、保護與協助局」（Service de Surveillance, Protection et Assistance des Indigènes Nord-Africains）。

⑬ 克魯索探長（Inspector Clouseau），卡通《頑皮豹》裡的探長角色。

⑭ 正式名稱為英國安全局（Security Service），別稱軍情五處（Military Intelligence, Section 5），由內政大臣所轄的聯合情報委員會指揮，但不隸屬英國內政部。軍情五處的職責是在英國國內蒐集情報與反恐來保護英國的議會民主與經濟利益。對外的國安事務另由軍情六處處理。

⑮ 托洛斯基主義（Trotskyism）是馬克思、列寧主義的一個流派，其名稱來自其最早的理論建立者、十月革命實際指揮者、蘇聯紅軍締造者托洛斯基（Leon Trotsky）。托洛斯基自視為正統馬克思主義的擁護者。

九二九年代表基庫尤中央協會（Kikuyu Central Association）來到倫敦求學，該機構的宗旨是抗拒白人墾民對非洲土地的蠶食鯨吞。短短不到一年，帕德摩爾便拿出了旅費，說服肯亞塔出席漢堡的國際黑人勞工會議。軍情五處認定肯亞塔是共產黨員，是因為一九三五年，他又拿帕德摩爾的錢去了趟莫斯科，在國際列寧學校（International Lenin School）短暫留學。他的活動在經過分析之後，共產黨認為他已經心悅誠服願意為黨所用，於是肯亞塔就被交付掌控所有黑人團體的任務。肯亞塔也透過管道與法國跟美國的黑人領袖有所聯繫。不意外地，肯亞塔的「電話被竊聽，郵件被截取」。36

但共產主義尚未在非洲生根。對共產國際而言，顛覆非洲的急迫性並不高。即便連帕德摩爾，也覺得非洲大眾固然擁有革命的潛力，但他們仍欠缺行動的意願與組織。只不過帕德摩爾也看到奈及利亞有大規模罷工，看到肯亞有土地問題釀成的騷動，而他認為這都象徵著革命所需的階級意識覺醒。他還在自行出版的手冊《黑人勞動者的生命與鬥爭》（*The Life and Struggles of Negro Toilers*）中提到所有草根的馬克思主義運動都會遭「酋長與頭目」群起攻之，因為與殖民當局狼狽為奸的他們是「渾然天成」的反革命分子。為求成功，非洲的共產黨必須剷除所有的部落結構與對族群的忠誠，而民族主義者的活動對共產主義來說是一種偏離其發展的扯後腿行為，因為民族主義背後只是一群小資布爾喬亞知識分子，頂多有點「左傾」而已。

相對於馬克思理論，基督教才深深在一九三〇年代影響一個世代的青壯派民族主義者。不論是肯亞塔、恩克魯瑪（黃金海岸）⑯、尼雷爾（坦干伊喀）⑰、桑戈爾（塞內加爾）、卡翁達（北羅德西亞）⑱、阿齊基韋（奈及利亞）⑲與班達（尼亞沙蘭）⑳都是傳教會學校的校友。傳教士長久與非洲人一同站在殖民政府的對立面，而他們的學生也沿襲了這樣的傳統。肯亞的殖民政府面臨一九二二年的抗稅與抗議，就把這件事情怪到傳教士頭上。當時肯亞的原住民事務助理專員報告說：「傳教會的孩子在許多地方都是亂源，因為他們覺得自己比較有水準、又比較有文化，沒道理讓層次比他低的酋長管。」來自英國海外傳道會與基督復臨安息日會（Seventh Day Adventists）的這些「孩子」都參與了青年卡維隆多協會（Young Kavirondo Association）推動的宣傳工作，同時也從根本上危及了酋長與頭目們的權威。[37]

新生代民族主義運動與傳統權威暨個人身分來源（如部落與村莊）間的衝突難免，唯到了強調國家優先的理念之前，雙方都必然會撤退。但話說回來在這個階段，撒哈拉以南的多數民族主義者所想的只是參政而不是獨立。要達成獨立，非洲人必須找回自信，必須排毒。這種毒就是非洲瓜分時期被強加在他們身上的自卑感。

在建立種族自信的過程中，不少非洲人望向大海另一端的美國來尋求知性的立論基礎與感性的心理支持。過往在傳教士的鼓勵下，非洲人穩定地前往美國的黑人學院或神學院就讀。但來到美國，他們看到的是黑人被當成奴隸、被鄙夷、被硬套上歧視性的法律，而且情況愈往南方就愈

⑯ 夸梅．恩克魯瑪（Kwame Nkrumah），迦納獨立運動領袖，首任總統。
⑰ 朱利葉斯．尼雷爾（Julius Nyerere），坦尚尼亞國父兼首任總統。
⑱ 肯尼斯．卡翁達（Kenneth Kaunda），尚比亞首任總統。
⑲ 納姆迪．阿齊基韋（Nnamdi Azikiwe），南奈及利亞伊博民族主義領袖，奈及利亞首任總統。
⑳ 海斯廷斯．班達（Hastings Banda），馬拉威首任總統，著名的獨裁者。

嚴峻，很多州根本大剌剌地在法條中寫入白人至上主義。在一、二次大戰之間，黑人的解放運動開始分進合擊地累積動能，最終才誕生一九五〇年代的美國民權運動。非洲學子留美體驗了黑人出頭，而在非洲與歐洲的民族主義者也很快就覺得跟美國的抗爭活動，志同道合了起來。一九三一年，阿拉巴馬州的斯科茨博羅（Scottsboro）發生了一件醜聞，兩位白人女性遭到性侵，結果法官僅憑極為薄弱的證據就判處八名黑人青年電椅的極刑，而倫敦跟巴黎的黑人組織也一同加入了全球性的抗議聲浪，包括肯亞塔也投入聲援活動。[38]最終八人逃過了死刑。

美國的教育體系，培養出兩名未來的國家領導人，他們分別是阿齊基韋與恩克魯瑪。阿齊基韋原本是奈及利亞財政單位的一名基層辦事員，一九二九年他靠著傳教會的獎學金，進入賓州的林肯大學（Lincoln University）就讀，這是一所黑人學院。他在那兒念的是人類學，之後他被指派為初階的講師。一九三四年，他的從政生涯正式展開。他回到奈及利亞當起記者，並且自創一份報紙《西非領航者》（*West African Pilot*），外加主持一個「奈及利亞青年運動」（Nigerian Youth Movement）。跟肯亞塔一樣，他也在倫敦與外籍民族主義者來往，當中包括帕德摩爾。一九三六年七月，他與帕德摩爾一同加入其他「和平愛好者、法西斯敵人、殖民地百姓之友」，現身在泛非洲聯盟（Pan-African Federation）的集會場合上。軍情五處首腦維農・凱爾（Vernon Kell）上校認為他是號危險人物，因為他會用很「極端的視角」去看待「歐洲對於非洲人的壓迫」。[39]

恩克魯瑪追隨阿齊基韋的腳步來到林肯大學，成了他的大學學弟，但恩克魯瑪一口氣拿了經濟學、社會學與神學的學位，期間他半工半讀，做過不少卑微的工作。一九四五年，他來到倫敦攻讀哲學博士，帕德摩爾成為他在政治上的導師，將他的人生導向了共產黨。就這樣他在來到倫敦還不滿三年的某天，成為了共產黨員。[40]

出了埃及與摩洛哥，非洲的各支民族主義運動都只是不具代表性的小眾團體，他們關心的只是確保在政府裡有點發言權。完完全全的獨立看似遠在天邊，但在巴黎與倫敦的民族主義者都盼著有一天祖國可以獲得「解放」，就像他們共產黨的兄弟老愛把「解放」兩字掛在嘴邊一樣。跟赤色勢力的關係讓倫敦跟巴黎的民族主義團體飽受監視，但倒不是因為他們真能威脅殖民地的情勢穩定，而是他們被視為共黨的附隨。會顛覆政府的赤色共黨，才是當時世界各國緊張的對象。

第十八章　烽火綿延的一九一九至一九三九年

通往自由與平等的唯一道路，就是使用武力，而且必須使出洪荒之力。

——杜波依斯

I

就在非洲人以嬰兒步慢慢走上獨立國家之路的同時，西班牙與義大利發動了非洲大陸最後一波大規模的征服戰爭，戰場分別是摩洛哥與阿比西尼亞。西班牙與義大利都是出於貪婪與歷史的夙怨才發動戰爭，而他們所怨的，是其自認正當的帝國主義雄心遭到其他強權的打壓或無視。眼紅與挫敗的心情讓倡議帝國擴張的右翼政客、職業軍人、金主與記者都嚥不下這口氣，他們都信誓旦旦地保證開疆闢土可以帶來國際聲譽與實質獲利。在義大利，不安於室的帝國主義思想，加上對於老祖宗羅馬帝國榮光的沉迷，構成墨索里尼所領導法西斯政黨的意識型態核心，而該黨也在一九二二年拿到了政治權力。就跟西班牙一樣，義大利也是個國庫相對空虛、工業資源也不充裕的歐洲「窮國」，但帝國主義的熱衷者都對這些缺口視而不見，或粉飾太平地含糊帶過，他們一貫的說詞是假以時日，帝國主義戰爭一定都是值得的投資。

一九〇〇年的西班牙國勢已江河日下。這之前的一百年，西班牙曾被拿破崙占領過，然後又因為王位繼承而內戰頻仍。邁進二十世紀，拉扯著該國的是各種來勢洶洶的社會與政治緊張關係，西班牙眼看一不小心就會分崩離析。一八九八年，西班牙的脆弱被人用力掀開了破綻。那一年他們被美國三兩下擊敗，結果一口氣失去了古巴、波多黎各與菲律賓等地盤。就這樣，十六世紀以來的西班牙帝國曾經家大業大，如今卻連最後這三個據點也無力保住。

這樣的國恥讓階級社會中的高層痛徹心腑，菁英們堅信要重返榮耀，為今之計只剩果斷地殖民摩洛哥。支持這項計畫最力的，是西班牙軍方的眾多軍官（當時西班牙每四十七名士兵就有一位軍官，軍官比例極高），而與他們有志一同的還有國王阿方索十三世（Alfonso XIII）、迷信至極且充斥蒙昧思想的天主教會，以及中產與地主階級中的保守派。軍方自辦了一份報紙就叫《西班牙軍》（*El Ejército Español*），而這份報紙除高呼建立帝國是所有西班牙人的「天賦人權」，同時還預測靠著「武器」，他們將「翻鬆處女地的土壤，農業、工業與礦業將因此（在摩洛哥）開花結果」。[1]對西班牙來說，摩洛哥就是新的「黃金國」①。一九〇四年，西班牙與法國私相授受要瓜分

---

① 黃金國（El Dorado）是一個古老的傳說，有一說認為黃金國就是印加帝國首都庫斯科（Cusco），由於印加帝國坐擁大量金銀，當時在庫斯科與各省的太陽神殿也以金銀裝飾，結果引來西班牙人覬覦。一五三二年西班牙征服印加帝國，奪走金銀。

摩洛哥，其中法國拿到了肥沃的區域，西班牙則分到地中海沿岸與摩洛哥北部里夫地區的阿特拉斯山脈（Atlas），交通不便的阿特拉斯山區是激進、堅持獨立的柏柏人老家。戰爭開始於一九〇九年，興致勃勃的西班牙軍官含年輕的法蘭西斯科．佛朗哥（Francisco Franco）在內都很期待累積戰功來加官晉爵，而投資人則千方百計想爭取到礦業與農業開發上的利益。但戰事真正開打後，這樣的樂觀很快便煙消雲散。短短不到一年，西班牙軍便發現自己重蹈四十年前在古巴的覆轍，陷入了游擊戰的泥淖。西班牙急忙增兵，但到了一九〇九年七月，後備軍人的動員觸發了巴塞隆納基層工人反彈。只想養家活口的工人跟他們的家人並不想去蹚摩洛哥的渾水。這樣的聲音冒出來後，左翼政黨紛紛起而反對這場戰爭，畢竟強迫中獎的工人從中得不到任何好處，只是白白去送命而已。收到兵單者憤恨不平到得動用屬於同樣徵集而來的摩洛哥正規軍（Regulares）去壓制，甚至在一九二一年，政府還派出牛鬼蛇神般的西班牙外籍兵團（Tercio de Extranjeros），裡頭盡是把「死亡萬歲！」（Viva la Muerte!）當成座右銘的亡命之徒。這些外籍兵團曾在公開閱兵中帶著刺刀，而刺刀上竟然是柏柏人的頭顱、耳朵與臂膀。[2]

但反抗用力最深的也正是阿特拉斯山區的柏柏人，他們不僅捍衛山間的故鄉，更一不做、二不休地創建屬於自己的里夫共和國（Rif Republic），時間是一九二一年九月。里夫共和國的「國父」暨精神領袖是一呼百應且見識不凡的阿卜杜．克里姆（Abd el-Krim）。克里姆曾經在西班牙人手下貢獻法律專長，但他始終相信柏柏人有朝一日要獲得自由、幸福與繁榮昌盛，唯一的一條路就是建立獨立而現代化的柏柏人國度。這個新的柏柏國有自己的國旗，有自己的紙鈔，而且在克里姆的指揮下展開社會與經濟重建計畫，其中也包括消弭奴隸制度。里夫國的軍隊專打反抗軍需要的游擊戰，他們的士兵多拿著新式長槍馳騁馬上，不足之處還有機槍與現代火砲的援護。除了實力，里夫人也很幸運，因為他們要對抗的軍隊一方面通訊管道薄弱，一方面將領相當顢頇。

里夫的軍事優勢，於一九二一年七月展露無遺。採取攻勢的西班牙雖投入一萬三千名士兵要滲透阿特拉斯山麓，以取得決定性的勝果，但最終他們卻苦嘗歐洲軍隊在非洲空前的慘烈敗績，史稱阿紐爾之役（Battle of Annual）。西班牙軍先因人謀不臧遭到圍困，短兵相接跟之後的突圍嘗試更讓部隊損失逾萬。軍官紛紛乘車逃命，傷者被拋下或被俘而遭受酷刑，至於指揮官曼努埃爾・費南德茲・西爾維斯特（Manuel Fernández Silvestre）將軍則飲彈自盡。這位將軍葬身此地，可以說讓人感到相當諷刺，主要是他一身軍裝威風凜凜，又長又濃密的翹鬍子更肯定經過一番不厭其煩的打理。換句話說，他完全具備歐洲帝國主義最典型的常勝將軍外形。唯阿紐爾大敗之後的檢討顯示西爾維斯特的有勇無謀與過度自信。此外他想速戰速決給國王阿方索十三世一個滿意，他不堪一擊的後勤補給，他說垮就垮的部隊士氣，乃至於摩洛哥正規軍的大量逃兵，都是他兵敗如山倒的原因。

西班牙接續的攻勢仍舊不甚高明，但最新的軍事科技算是彌補了指揮者的差勁。裝填光氣與芥子氣的炸彈一空投下去，里夫人也只能不敵。強力主張軍方要使用化學武器的，就是阿方索十三世這位跟他祖先一樣智商不高，但偏見倒不少的波旁王朝後裔。國王身邊一堆將軍圍著他強調，要是坐視不理，那里夫共和國可是會「在莫斯科與各地猶太人的挑動下而引發穆斯林世界群起造反」。[3]這些人覺得西班牙現在是為了拯救基督教文明而戰，就像他們曾於中世紀用兵把摩爾人（Moors）逐出伊比利半島一樣。

為此他們得引進科技，進而創造出我們今天所說的「大規模毀滅性武器」。在德國科學家的監督下，西班牙在兩處工廠製造出化學毒氣，其中一間離馬德里不遠的廠房被命名為「阿方索十三世紀念工廠」。另外為了空襲，他們向英、法廠商購買百來架轟炸機，包括機如其名，有如巨人一般的法製雙翼法爾曼F60（Farman F.60 Goliath）。時至一九二三年的十一月，西班牙準備就緒，而一名將軍的希望是毒氣可以將里夫族人屠殺殆盡。

從一九二三到一九二五年，西班牙空軍對里夫的城鎮與村落狂轟猛炸，一萬三千枚落彈中除裝載了光氣與芥子氣，傳統的高爆火藥也沒有缺席。受害者的症狀包括肌肉痠痛、起膿瘡、失明與皮膚和肺部燒傷，此外牲畜難以倖存，作物與植被則會凋萎。殘餘的汙染變成胃癌與喉癌乃至於遺傳性損傷的禍源。[4]這些暴行的細節被掩蓋了七十年，且直到二〇〇七年，西班牙國會都還拒絕承認這些真相，更不願意賠償。摩洛哥政府也對曝光的真相視而不見，他們擔心這會讓原本已經心懷不滿的少數民族柏柏人變得更加咬牙切齒。[5]

但真正讓里夫共和國難以為繼的倒不是化學武器，而是傳統武器。因為擔心西班牙與里夫的衝突會危及法屬摩洛哥的穩定，法國於是也在一九二五年摻和了進來。超過十萬名法軍，加上坦克與戰機，開始與八萬名西班牙人並肩作戰，而寡不敵眾的里夫陣線終於崩潰。攝影記者（做為在殖民地戰場上的新鮮玩意兒）拍下了被俘而準備流亡到印度洋留尼旺島（Réunion）的阿卜杜·克里姆。他在一九四七年被轉送法國，接著又被移至開羅，而他最後也在那兒待到一九六三年離世。至今他仍是北非民族主義裡受到景仰的政治家前輩。

II

西班牙終於取得夢寐以求的殖民地，但他們也在無意間入手一個科學怪人般的怪物，那就是「非洲軍」（Africanistas），也就是非洲摩洛哥軍的軍官團（Cuerpo de Ejército Marroquí）。一九三一年阿方索國王遜位後的西班牙陷入了政治紛擾，而摩洛哥軍中熱血而反動的軍官團便於此時扮演起在西班牙國內捍衛傳統的角色。②右派的政治人物視「非洲軍」為他們拚命圍堵工會、社會主義者、共產黨與無政府主義者時的理念同夥。摩洛哥的駐軍成了「羅馬禁衛軍」一般的存在，可以隨時放出來對付失控的勞工階級。一九三四年十月，西班牙阿斯圖里亞斯（Asturias）的礦工罷工，引發赤色革命隨時會爆發的疑慮。非洲軍便在此時出手，而他們不久前才用來讓西屬摩洛哥不敢不聽話的恐怖手段，也確實讓共產革命胎死腹中。飛機轟炸了作亂的中心地帶，而西班牙的外籍兵團與摩洛哥軍則雙雙被動員來恢復秩序，並直搗罷工者位於奧維耶多（Oviedo）的指揮重鎮。如脫韁野馬的這兩支軍隊不只是抓人與後續進行肅清行動，他們還在過程中趁火打劫、性侵女子，且未經審判就草菅人命地當起了劊子手。（此時已經是將軍的）佛朗哥統籌這些恐怖鎮壓行為，而就像其他的非洲軍同志一樣，佛朗哥也認為他們神聖的任務是要解救固有的西班牙地主、神父與被動聽話的普羅大眾，為的是讓這些人不要受到無神論共產黨與無政府主義者的傷害。

② 一九三一年阿方索十三世退位，成立西班牙第二共和。一九三六年左派掌權，西班牙發生內戰，最終由極右派的佛朗哥取得政權。

要看到赤色革命些許的進展，時間得拉到一九三六年的新年第一天，當時，誕生了一個自稱「人民陣線」（Popular Front）的左翼聯合政府，緊接的大選也讓他們以些微差距獲得人民賦權。人民陣線掌權後，極左派便開始敲鑼打鼓地要求政府推行釜底抽薪的改革並調整勞工薪資。罷工、暗殺與暴力示威在春天與初夏日盛，心生畏懼的右派於是籌措了軍火，然後私底下與非洲軍官團的將領建立默契。最終他們聯手策劃政變，至於能否成功就要看四萬名摩洛哥駐軍的動向，畢竟摩洛哥軍相當於當時西班牙兵力的五分之二。

一九三六年七月十七日，非洲倒過來以外籍兵團跟正規軍的形式入侵西班牙本土，他們是非洲民族主義者揭竿而起的先鋒，且不久就獲得地中海對岸的希特勒空運來援軍。在結合了西班牙本地反共和政府的勢力與右翼的志願軍之後，非洲軍很快在西班牙的西南部與北部確保了根據地。從一開始，與西班牙共和政府對打的國民軍（Nationalists）就運用他們的非洲部隊來恐嚇共和黨人。透過塞維亞電台（Radio Seville）的廣播，岡薩洛·奎波·德·里亞諾（Gonzalo Queipo de Llano）將軍曾警告內戰中的男女同胞說，他手下的摩洛哥士兵的（性）需求很大、能力又強，而且他還對聽眾強調自己已經答應士兵可以任意挑選馬德里的美女。

殖民地的部隊沒有讓將軍失望，外籍兵團與正規軍所到之處都大肆性侵女性，共和派的平民則慘遭屠戮。在此之後，加入了共產國際縱隊（International Brigade）而參戰的喬治·歐威爾③注意到一件事情，那就是摩洛哥士兵會狠揍跟他一起被俘的縱隊同袍，但被打的人如果哀號，摩洛哥士兵就會停手。[6]這讓人不禁思考起他們的凶性是否源自內心深處對所有白人的憎恨，而與法西斯主義無關，也與地主跟僧侶把持的西班牙無關。穆斯林在摩洛哥的宗教領袖們都支持起事，他們相信這是一場對抗無神論的戰爭。隨著正規軍踏進塞維亞，他們從虔誠女子手中拿到了天主教的聖心護身符，這一定讓他們覺得一頭霧水。共和黨人最終在一九三九年春天被擊敗，而此時國民軍中共有五萬名摩洛哥人、九千名外籍兵團，外加德國與義大利等盟友的部隊。雖然現實考量逼著佛朗哥將軍把精力集中在國家重建上，但如今已是西班牙獨裁者的他仍心懷帝國主義的夢想。法國在一九四〇年六月淪陷後，讓佛朗哥可以鎖定的目標一下子變多，而他也廢話不多說，很快就占領法屬丹吉爾（French Tangier）。沒多久他與希特勒會面，佛朗哥便當場提出要與納粹德國合作的「價碼」，是法屬摩洛哥、法屬奧蘭（Oran），還有直布羅陀的控制權，其中他最想要的是直布羅陀。頂著「元首」（Führer）頭銜的希特勒對佛朗哥的厚顏有點惱火，因此閃爍其詞沒有正面回應。自此在二戰中，對同盟國不懷好意的法西斯西班牙維持著表面的中立。一九四一年初，幾內亞與費南多波島（Fernando Po）這兩個西非沿岸的西班牙殖民地雖然不大，卻是反英文宣的源頭，也是德國在西非幹員的根據地。[7]西班牙的反共志願軍則加入了在俄羅斯的納粹軍隊。

III

相較於墨索里尼的要求，佛朗哥其實算客氣的了。對墨索里尼來說，法國的投降真的是天賜良機，他早就想要在非洲建立廣大的義大利帝國，於是在一九四〇年，他開口向德國要求科西嘉

③ 喬治·歐威爾（George Orwell），反烏托邦小說《一九八四》作者。

島、突尼西亞、吉布地，以及土倫、阿雅克肖（Ajaccio）與阿爾及利亞沿岸的凱比爾港（Mers-el-Kébir）等三處海軍基地。此外他還計劃入侵蘇丹與英屬索馬利蘭，但墨索里尼的異想天開不僅於此，他更夢想著要併吞肯亞、埃及，乃至於得意忘形時他甚至妄想奈及利亞與賴比瑞亞。[8]希特勒的反應冷若冰霜，因為此時他的外交部正忙著擘劃一張藍圖以「合理化殖民發展來造福歐洲」[9]，但這張藍圖裡並不包含廣袤的義大利帝國。

法西斯主義念茲在茲的一直都是征服。墨索里尼曾是個社會適應不良的年輕人，說穿了就是個憤世嫉俗的邊緣人，而當時他所持的念頭就是「只有血才能推動染血的歷史巨輪」。歲月荏苒，他的這個信念並沒有改變：一個政府想要在國內外言出必行、隨心所欲，最有效也最理想的辦法就是訴諸暴力。「那又怎樣！」是墨索里尼手下的法西斯軍事力量「黑衫軍」（Blackshirt）的口號，而墨索里尼也認同這群暴徒的這種說法是「不畏任何風險的鬥志證明」。[10]義大利想要在世界上掙得該屬於自己的一席之地，外加足以匹配其雄心的廣闊帝國疆域，都必須要訴諸暴力。但墨索里尼所設想的帝國並非只是要累積權力，他承諾義大利帝國將與其上承的羅馬帝國一樣讓子民獲得啟蒙。文明啟蒙之重責大任非義大利人莫屬，因為一如「杜切」說得斬釘截鐵，「是我們的精神，讓我們的文明得以深入世上人跡罕至的地區」。[11]

電影，也是普羅大眾與新羅馬帝國之間的橋梁，是電影讓百姓知悉新羅馬的理想與豐功偉業。一九三七年有一部名為《非洲征服者：西庇阿》（*Scipione l'Africano*）④的宣傳短片融合了古往今來的羅馬榮光。民眾會在影片中看到墨索里尼不久前出訪利比亞，然後在那兒欣賞義軍士兵扮成羅馬軍團，重現西庇阿擊敗迦太基與其戰象的光景。接著就是羅馬勝利的示意畫面，穿插著

「凱撒再世」墨索里尼閱兵的英姿。之外還有嬰兒與母親被兒童圍繞著的片段，主要是要觀眾勿忘「杜切」設法提高生育率的努力。孩子生得多有許多好處，其中一項就是讓義大利的非洲帝國在開疆闢土之餘，可不虞匱乏上百萬的殖民生力軍。

想一睹法西斯的文明任務如何進行，法西斯殖民機構（Fascist Colonial Institute）於一九三五年拍了一部宣傳影片《哈囉，我要去阿比西尼亞》（*Ti Saluto, Vado in Abissinia*），片子一開場就非常有看頭。搭配著刺耳的背景音樂，怵目驚心畫面上顯示多位身縛枷鎖的奴隸、一名嬰兒因為面頰被劃出部落標誌而大哭、一名痲瘋患者、跳舞的女性、做奇特皇族裝扮的阿比西尼亞親王、在馬上校閱其現代步兵的海爾・塞拉西一世，最後為了討好男性觀眾，影片還秀出一些裸身女性跳舞的特寫鏡頭。黑暗與醜惡的影像，隨著與電影同名的流行歌曲唱起，而在歡欣鼓舞的氣氛中過渡到無比光明，興高采烈的年輕士兵著熱帶裝備登上運兵船，準備以文明去解放這片暗如永夜的土地。新聞畫面稱頌著「文明進展」的勝利，其中一段顯示某索馬利亞村落「出現義大利農人進口的機器，在地居民因而得以耕作沃土」，而另外一段則是維克多・伊曼紐（Victor Emmanuel）國王視察利比亞醫院與供水系統的過程。[12] 在報紙上，法西斯的寫手把義大利捧為「文明之母」與「國家中的智者」。[13]

④ 英文片名為 *Scipio Africanus: The Defeat of Hannibal*，講述的西庇阿（Scipio）這位西元前二三五年到西元前一八三年的古羅馬統帥兼政治家。西庇阿是第二次布匿戰爭中的羅馬主將，且以擊敗迦太基統帥漢尼拔聞名於世。由於西庇阿的勝利，羅馬人以絕對有利的條件結束了第二次布匿戰爭。西庇阿因此得名 Africanus，意思是「非洲征服者」。

IV

文明進步需要法西斯提供的秩序。墨索里尼自一九二二年起奪權未足一年，徹底拿下利比亞的行動已然展開，其中西南部的費贊沙漠地區又是一大重點。行動的進展緩慢，戰機、裝甲車與坦克沒有發揮大用，於是在一九二七年，義大利仿效西班牙搬出了光氣與芥子氣。在魯道夫・格拉齊亞尼（Rodolfo Graziani）元帥的號令下，義大利軍朝內陸挺進而貫穿撒哈拉，叛軍與其家眷被圈趕至集中營裡，有些帶頭的被抓到就被吊死。戰鬥自此又打了四年，最終在一九三一年以英勇的游擊戰領袖歐瑪・穆赫塔爾（Omar el-Mukhtar）被逮捕、審判，而後公開處決劃下句點。如同阿卜杜・克里姆一般，穆赫塔爾也成了世世代代北非民族主義者心目中的英雄，開羅與加薩至今仍有紀念他的街道名稱。⑤

索馬利亞也飽嘗法西斯的心狠手辣。間接統治遭到廢棄。一九二三到一九二七年的戰爭讓實質控制三分之一殖民地的附庸酋長只能對法西斯唯命是從。戰爭的費用讓索馬利亞的債務爆表，唯針對灌溉與經濟作物進行的投資讓赤字稍有好轉，而這些投資全數由羅馬當局補貼。義大利人被迫購買索馬利亞產的香蕉，但他們的消費僅能勉為讓索馬利亞打平開支。[14]移民到非洲的義大利人少得可憐。一九四〇年，在利比亞耕作的義大利家庭僅八百五十四戶，索馬利亞的義籍墾民也不過一千五百人。[15]

在緊鎖義大利對利比亞與索馬利亞的掌握之後，墨索里尼轉而將注意力集中在所有愛國者心中的未竟之業，那就是阿比西尼亞，畢竟義大利軍曾於一八九六年吃過阿杜瓦那場屈辱的敗仗。

法西斯主義者打算為國家民族雪恥，並順勢為重生的羅馬帝國增添有饒富潛力的殖民地，他們夢想著讓上面住滿了墾民。

其皇帝與子民自稱為衣索比亞的阿比西尼亞是非洲大國，土地面積達到四十七萬兩千平方英里⑥，且在歷史上獨立已超過千年之久。阿比西尼亞的統治者是頭銜為「猶大之獅、上帝之選、衣索比亞王中之王」的海爾・塞拉西一世。塞拉西是一名仁慈的集權君主，他的血脈可上溯至所羅門王與示巴女王⑦。他的專制統治有著科普特教會的精神支持，因為科普特教會所宣揚的正是順服皇帝與貴族統治的「美德」。其中一名貴族古格薩・威爾（Gugsa Wale）親王總結了他這個階層的統治哲學：「衣索比亞還是以循古制生活為宜，歐洲文明對她有害無益。」[16]

雖然他這麼說，但文明的進逼並未稍歇。一九一七年，法屬吉布地與阿迪斯阿貝巴之間的鐵路開通，而上頭流通的除一般的商品，還包括海爾・塞拉西一世希冀的現代軍武，主要是他有陸軍跟剛起步的空軍需要整裝（衣索比亞空軍在一九三五年有四架戰機），另外歐洲的商人也會利用這條鐵路來衣索比亞掏金，看有沒有便宜可占。皇帝本身是個追求進步但又猶豫不決的領袖，

---

⑤ 作者注：一九八一年，利比亞出品了一部傑出的電影《沙漠之獅》（*Lion of the Desert*），講述的就是穆赫塔爾反抗義大利的英勇事蹟。電影的卡司包括領銜主演穆赫塔爾的安東尼・昆恩（Anthony Quinn）與飾演格拉齊亞尼元帥的奧利佛・瑞德（Oliver Reed）。這部電影在義大利被禁了二十多年。

⑥ 超過一百二十萬平方公里，約當三十三個台灣。

⑦ 示巴女王（Sheba）在希伯來聖經記載裡是統治非洲東部示巴王國的女王，與所羅門王大抵同一年代。示巴的位置約當今日的衣索比亞，而她相傳是閃的後人。鼎盛時期的示巴王國疆域涵蓋東非和現今的南沙烏地阿拉伯與葉門。

他希望在傳統與他口中的「文明之舉」間取得某種平衡。[17]

邊境的爭端讓墨索里尼有了用兵的託辭，但他首先必須克服國際聯盟的掣肘。在當時，阿比西尼亞是國際聯盟的成員，而國際聯盟成立的宗旨便在於以仲裁取代戰爭，若實在不行還能號召成員國對侵略者施以各種禁運來做為制裁，但這些都是理論。而實質上，國際聯盟只是隻紙老虎而已。一九三一年，日軍在九一八事變後奪取中國的東三省（滿洲），國際聯盟當時便束手無策，至於對義大利的經濟禁運制裁，聯盟則需要英、法海軍的配合，而這根本不可能，因為英、法都無意為此與義大利撕破臉。英、法擔心海上封鎖會隨情勢升溫而演變成與義大利開戰，而他們的情資又嚴重高估了義大利的海、空軍實力。再者英、法都愈來愈忌憚於希特勒的擴張野心，所以（事後證明）不切實際地希望爭取墨索里尼的善意。為了安撫墨索里尼，英、法在霍爾－賴伐爾協定（Hoare-Laval Pact）中許給他一大塊阿比西尼亞土地，但這一來沒有讓墨索里尼收斂一點，二來沒有讓他與英、法交好。有趣的是這種彷彿回到非洲瓜分年代的利益輸送外交，引發了英、法國內的眾怒。

英、法既然都不打算箝制義大利的海上貿易來捍衛阿比西尼亞的主權完整，那就代表墨索里尼賭對了。義大利於一九三五年十月揮軍十萬，加上坦克與轟炸機，浩浩蕩蕩從北邊的厄利垂亞與南邊的索馬利亞分兩路入侵。迎戰他們的是為數不多的阿比西尼亞職業軍人持機關槍與火砲，另外由親王號召且規模大上許多的部落徵兵，這些兵士的武器配備就比較五花八門，從尖矛、利劍到現代長槍都看得見。

戰事的發展，有位了不起的安東尼・馬可勒（Anthony Mockler）為後人留下了紀錄，他提醒我們雖然兩軍的配備懸殊，但阿比西尼亞絕沒有讓妄想長驅直入的義大利軍好過。一九三五年的十二月，義大利軍一路縱隊雖有十輛坦克隨行，卻仍於塔喀澤谷（Takazze）遇襲。一名偵查兵被從戰車後方摸上來的非洲戰士逮住，那名戰士後來跳上車身，敲開砲塔，然後用劍取走戰車兵的性命。遭到包圍的義大利軍嘗試靠坦克突圍，但卻遭到衣索比亞軍的攻勢淹沒。一台坦克的組員在打開砲塔之後殞命，若干坦克則被翻掉點火，甚至有兩台坦克變成衣索比亞軍的戰利品。整體而言，坦克兵幾乎一口氣被全數殲滅，衣索比亞軍自義大利軍處繳得的機關槍多達五十挺。現地的指揮官彼得羅．巴多格里奧（Pietro Badoglio）元帥遭到這次的逆襲撼動，所以就一不做、二不休地派戰機裝載芥子氣去轟炸阿比西尼亞人。[18]

如同在摩洛哥一樣，化武（與傳統炸彈）成了將領用兵無方與部隊潰不成軍的救贖，唯義大利人仍為自己開脫，他們說這麼做的理由是要報復某義大利飛官在轟炸完達戛胡爾（Daggahur）後遭俘虜並斬首。至於炸彈落在標示有紅十字的醫院上的行徑，義大利則是連理由都懶得想了，直接否認沒這回事。

密集的空襲與化學毒氣，讓義大利取得了上風。一九三六年五月，阿比西尼亞的首都阿迪斯阿貝巴陷落，而海爾．塞拉西也隨即流亡。在日內瓦國際聯盟大會上發言的他，遭到台下義大利代表的奚落，但他抵達滑鐵盧時則獲得倫敦的熱烈歡迎。他後來在英國待了四年，有時在倫敦，有時在巴斯（Bath）。其中在巴斯，他展現令人難忘的和藹與魅力。在羅馬，猶大之獅做為衣索比亞的國家象徵，被置放在一八九六年的戰爭紀念碑上來告慰死難將士，阿杜瓦之仇已報。[19]墨索里尼用他慣常的咬文嚼字與裝模作樣，宣告阿比西尼亞從長久以來的落後與苦難中獲得「解放」。但他口中的解放讓人覺得很納悶，因為這位「杜切」一邊說解放，一邊宣布義大利與非洲女性同居犯法，理由是這有損義大利的男性尊嚴。他另外還禁止義大利人受雇於阿比西尼亞人。

在阿比西尼亞，義大利人全體都是種族主僕關係中的主，而且他們還是個品味非常惡劣的主人。消滅阿比西尼亞的知識菁英，成了義大利人的要務，這包括初等教育（小學）的老師一個都不能留。[20]一九三七年二月，有人嘗試暗殺已貴為總督的格拉齊亞尼，結果官方「寧可錯殺一百，不容放過一個」的態度使得阿比西尼亞人變得可隨機在市井任人宰割。帶隊的黑衫軍會配備匕首，沿路喊著：「杜切！杜切！」然後殺出一條血路。後來隨著總督格拉齊亞尼下令要哈勒爾（Harar）的地方總督「給我殺，我是說一個不留。叛軍、地方顯要、酋長，或任何人只要有一點信仰不純或是有窩藏或協助叛軍的嫌疑，統統讓他死」⑧，這樣的殺戮更蔓延到鄉間。就這樣，三個月內死了數以千計的阿比西尼亞人。[21]

要讓阿比西尼亞臣服，就跟阿比西尼亞的征服一樣棘手。為了因應當地的游擊戰，義大利部署超過二十萬名綏靖部隊。義大利的新殖民地，感覺變成一件所費不貲的奢侈品。從一九三六到一九三八年，義大利的軍費累計高達兩千六百五十萬里拉（Lira）。遇到歐洲有戰爭，如此龐大的陸軍可以喝斥住英、法的入侵，而就如墨索里尼所希望的，這樣的軍力還可供他侵略蘇丹、吉布地，甚至是肯亞，至於利比亞的駐軍則攻擊了埃及。格拉齊亞尼總督確信英國在暗助阿比西尼亞人反抗，而墨索里尼也同意這樣的看法，另外他還懷疑共產國際在背後搞鬼。[22]

到了一九三八年，他直屬的情報單位開始透過義大利巴里廣播電台（Radio Bari）在埃及與巴勒斯坦散播反英的文宣。一九三九年四月，英國在義大利向利比亞與阿比西尼亞增兵的壓力下，開始密謀慫恿這兩處發動本土性叛變。[23]在此同時，義大利的年輕人大剌剌地邊騎著鐵馬暢遊北非，邊在突尼西亞與摩洛哥擔任法西斯的宣傳大使，至於猶太人的學子則遭通令不得進入突尼斯、拉巴特（Rabat）與丹吉爾等地的義大利學校就讀。[24]這顯示非洲已經無法自外於歐洲諸國的政治風暴。

V

跳脫德國與義大利，歐洲輿論對阿比西尼亞戰爭的看法可以說相當兩極。反法西斯的諸多勢力集結在反對墨索里尼的大旗之下，至於右翼人士則傾向於考量種族立場而予以支持。奧斯華・莫斯利（Oswald Mosley）爵士的大英法西斯聯盟（British Union of Fascists）私下接受墨索里尼資助，因此不意外地對阿比西尼亞很不友善。他們口中的阿比西尼亞是個「野蠻黑人部落的集合體，基督教的行事原則完全付之闕如」。羅瑟米爾（Rothermere）爵士以《每日郵報》老闆的身分呼籲其讀者要支持義大利，因為支持義大利就是支持「白人種族的利益」。他認為白人不能在阿比西尼亞挫敗，否則此例一開，其他的非洲人或亞洲人都會跟著亂。被羅瑟米爾派去採訪此役

⑧作者注：格拉齊亞尼在一九四五年被判處戰爭罪成立，但在阿比西尼亞犯下的犯行則沒被問罪，結果最後只關了兩年就重獲自由。二〇一二年，義大利總理貝魯斯科尼（Silvio Berlusconi）的政府出資建立一處公園與博物館來紀念他，地點在羅馬東南方的阿菲萊（Affile）。

的伊弗林・沃（Evelyn Waugh）曾私下向朋友透露說他希望阿比西尼亞人可以統統「被毒死」。

這些反應背後的人性淪喪，加上英、法官方在道德勇氣上的漠然，讓受過教育的西非人十分錯愕。阿比西尼亞的狀況，讓被英、法兩國視為寶貴資產的「良性」帝國主義蒙上陰影，因為這形同默許把非洲人視為原始人，默許認為非洲人既不值得當人看待，也不屬於文明範疇的想法。按照威廉・杜波依斯（William Du Bois）這名美國黑人學者暨黑人人權倡議者的說法，阿比西尼亞戰爭粉碎了黑人「對於白人所謂正義的信心」。有來自紐約哈林區的黑人志願前去助陣，但美國政府卻不肯發簽證給他們。杜波依斯認為他們的直覺是對的，因為在未來，「通往自由與平等的唯一道路，就是使用武力，而且必須使出洪荒之力。」[25]

第十九章 「無以自立」：二戰前夕的非洲

I

一九三九年，非洲的帝國統治仍穩如泰山，一副可以代代相傳的模樣。英國、法國與義大利都沾沾自喜於他們的啟蒙開明政策與各自殖民地的發展進展。但事實上各地進步的速度各異，而全球性的不景氣已讓經濟成長踩下煞車，眾人皆同意經濟成長必須走在文化的長期蛻變之前。

部分悲觀主義者質疑起讓非洲加入現代世界體系的效益，甚至有人連其一絲可能性都不願相信。一九二三年，肯亞墾民的領袖克雷恩沃斯爵士就在想「絕大多數」的非洲人「會不會在條件許可下，選擇回去過從前的日子」。[1]一九二七年在走訪剛果之後，法國知識分子安德烈·紀德（André Gide）表示「愈是不聰明的白人，愈會覺得黑人很笨」。但他自己也覺得黑人笨就是了，因為他也認為黑人「沒有能力進行最基本以外的認知發展；他們的大腦普遍單調而遲滯，但白人也該檢討自己多常把他們硬推回黑暗愚昧之中」。[2]不過整個說起來，殖民地內部的反對力量仍舊相當零散而不成氣候。想藉運動爭取黑人在政策中的發言權，你會被忽視，甚至被殖民地用如今包括飛機等優勢武力來徹底打壓。

但各帝國政府絕非無所不能。在地的情感與文化即便讓人看不順眼，歐洲人也不會不多少包容一點。一九三六到一九三八年的法屬西非總督馬歇・德・卡披（Marcel de Coppet）是名有著啟蒙精神的官員，他就曾經深深感嘆過非洲男人會賣女人來還債，因為這「與法國的原則背道而馳」，但他也必須要容忍，因為這是非洲的「傳統習俗」。[3]一九三九年，肯亞的總督議會建議法庭在審理巫術案件時，必須要考慮到犯行究竟「與本土的法律與習俗……相符還是相沖」。[4]在法屬摩洛哥，主政者都會留意穆斯林的禁忌，即便這些禁忌讓他們覺得既愚蠢、又礙事。

為了將大權獨攬合理化，諸帝國政府搬出了老掉牙的說法。通過一九一九年擬定的國際聯盟盟約（Covenant of the League of Nations），帝國的獨裁統治得到了新的正當性。帝國主義國家一旦加入國際聯盟，就有義務「在現代世界的艱困環境中，針對無法自立的人口促進他們的福祉與發展」，以便不辜負「文明的神聖信任」。在這項目標上，各國的表現其實可圈可點。一九三一年，巴黎殖民展的導覽手冊上就寫著法國「已經從奴隸制與死亡的惡夢中拯救數以百萬計的男女老幼，並且以新的價值翻轉了強欺弱、婦孺毫無地位可言的社會」。[5]除了撥亂反正，以秩序取代亂局之外，法國還按照蒞臨殖民展之摩洛哥蘇丹穆罕默德五世（Muhammad V）所說：「讓我們的子民接觸到理解現代世界、踏上進步之路所不可或缺的科學。」[6]

如此自吹自擂的另一面，就是非洲的感激涕零。「我們發自內心感謝英國人，他們從苦難中解救了我們。」大英西非國家議會（National Congress of British West Africa）的伊巴丹（Ibadan）分會成員如是說，這年是一九二一年。他們從「祖先犯下的暴行、殘酷（與）人祭」中被釋放出來，那對他們來說是段不堪回首的恐怖過往。[7]民間對於過往慘事的驚悚回憶，久久未曾散去於伊巴丹附近的村落。一九三三年，殖民地的助理區理民官（Assistant District Officer）休伯特・柴爾茲（Hubert Childs）在這些村落裡聽聞達荷美的富蘭尼族（Fulani）奴隸主曾經如何胡作非為，但那其實已經是五十餘年前發生的事情。葛周國王①的某些女戰士是如何在馬上揮舞著斧頭，很多人都還歷歷在目。[8]傳統的口述歷史會突變、會褪色，但我們不得不說在一、二戰的過渡期當中，非洲人仍有不少人能記得殖民秩序降臨前的日子是多們動盪而危險。

II

像這類的前後比較，是帝國主義炒作的好材料。英國與法國的帝國主義宣傳工作，都一而再、再而三地把非洲野性與血腥的過去，與當下的和平與未來的願景擺在一起對照。官方版本的非洲進步狀況，會出現在殖民地的郵票上，這些在歐美集郵者中都是炙手可熱的珍品。一九三三年，獅子山出了一套廢奴百週年的紀念郵票，其中一張印的是在政府醫院工作的非洲護士。奈及利亞的經濟展望，被繪製在一九三六年的一組郵票上，上頭的圖像有滿載外銷產品的蒸汽船，有橡膠農園，有一條穿越森林的道路，還有跨越尼日河的一條鐵路橋。一九三一年，文明任務呈現在象牙海岸的一張郵票上，你會看到一名白人隨旭日從海中升起，然後順勢與岸上一群非洲人揮

① 葛周國王（King Gezo），一八一八到一八五八年任達荷美國王。

手。白人帶來的好處，會顯現在後來由法屬赤道非洲（French Equatorial Africa）發行的一組郵票上，那上頭的場景是一名法國醫生在給原住民看診。但比起郵票，帝國宣傳最有力的媒體，還得算是電影。在戰間期，電影是歐美最受歡迎的休閒娛樂，光一九三九年，法國就賣出四億五千萬張電影票，英國更賣了九億九千萬張。政府透過影片的拍攝許可與腳本審查，控制住整個電影產業。其中牽涉到殖民場景的電影會被施加特殊的限制，包括影片中的英國軍警與官員不可以腐敗、不可以醉酒、不可以墮落。跨種族的愛情在英國是禁忌，在好萊塢則會引人不開心。為帝國統治擦脂抹粉的導演會獲得英、法政府的鼎力相助，這包括軍隊會被派來當他們的臨時演員，或他們想在非洲出外景也會順利許多。[9]在這樣的條件下，這些導演拍出一系列場景充滿異國風情的精采作品，普羅大眾看了便會加深英、法是良性帝國的印象，大家會因此覺得帝國的士兵與官員都既勇敢、又無私。

其中一部這樣的電影，便是一九三四出品的《伊朵》（*Itto*）。《伊朵》是部法國製的浪漫冒險電影，其時空設定在二十年前的摩洛哥，而劇情主要圍繞著利奧泰元帥的功績演進。女主角伊朵是柏柏人酋長哈木（Hamou）的掌上明珠，也是另一位酋長哈桑（Hassan）兒子米路（Miloud）的未婚妻。哈桑正在跟法國作戰，而他的追隨者擊落了法軍的偵察機。身負重傷的飛行員被柏柏人救起，而因為法國人總覺得這些敵人充滿騎士精神，於是劇情便安排哈桑酋長去請了法國醫師來治療飛行員。飛行員慢慢恢復了健康，法國醫師則剛好在哈桑的羊隻裡發現了炭疽病毒，他就順便給動物接種了疫苗，救了哈桑的這一群羊。感激莫名的哈桑就此發誓不再與法國為敵。但他的兒子米路則執迷不悟，最後也戰死沙場，至於為愛人產下一子的伊朵則在峰迴路轉的圍城橋段裡死於父親身旁。他們的死都是悲劇，但害死他們的不是帝國，而是他們對文明力量的盲目抗拒。不同於幡然悔悟的哈桑，其他人都沒有體認到法國新秩序有多麼寬容大度，有多麼努力在將他們的國家從無知中解放出來，就像電影裡的那位醫生一樣。[10] 一篇美國的影評酸溜溜地說《伊朵》「哪是娛樂？根本通篇是法國的帝國主義置入」。[11]

英國的帝國任務也同樣歷經了「映像化」，至於操刀的人則是佐爾丹・柯爾達（Zoltán Korda）。一九三五年，他的傑作《河之桑德斯》（*Sanders of the River*）裡的同名男主角桑德斯是奈及利亞的殖民地區理民官，而他所代表的正是兢兢業業讓非洲一天天向上提升的勇者。這些用心良苦的良性極權官僚具備敬業與果敢的美德，而在片中歌頌這些美德的是由保羅・羅布森（Paul Robeson）所飾演的柏桑波（Bosambo），身分是歐秋里族（Ochori）的酋長：②

桑迪是強者，桑迪是智者
撥亂反正，嫉謊如仇
他帶著笑容戰鬥，他工作時很享受
他的教誨，我們理應去做

桑德斯教會了柏桑波該如何統治人民，而他很受教的弟子也出落成一位更加睿智的酋長。

② 作者注：在倫敦的時候為了打平收支，鳩莫・肯亞塔曾經在松林製片（Pinewood）一場群眾戲裡擔任臨時演員。

「我從大人那兒學習到治理的祕訣。君王不應該讓百姓恐懼，而應該讓他們愛戴，這就是大英帝國的統御之道。」但一如傑佛瑞．理查茲（Jeffrey Richards）教授所說，大英帝國得到的尊敬要多於愛戴。感激是另外一回事情，因為電影裡演到桑德斯在面對奴隸、私槍與松子酒的非法販子時，全都取得了上風。這些都是屬於舊非洲的罪孽，而在片中背負這些罪孽的，便是惡棍一般的前國王摩發拉巴（Mofalaba）。摩發拉巴趁桑德斯休假時跑回來推翻了柏桑波，所幸桑德斯收假回來後便利用馬克沁機槍一番掃射，柏桑波隨即恢復了地位，帝國也重現和平。

柯爾達是一名熱愛英國的匈牙利猶太人，為此他有政府站在他這一邊，同時右翼新聞界也對《河之桑德斯》佳評如潮。「講到帝國，任誰也沒辦法假意謙虛。」《每日快訊》（*Daily Express*）說得大言不慚。奈及利亞的民族主義者納姆迪．阿齊基韋不齒地說這部電影做為帝國的宣傳工具，「誇大了非洲人的心境」。一九五七年，這部電影在電視上首播，結果引發奈及利亞的高級專員抗議奈及利亞在片中被醜化成一個「半裸蠻人的國度」。在此同時，《河之桑德斯》也在拉哥斯的三家戲院聯映，現場座無虛席。[12]

III

如桑德斯之流，便是英帝國在非洲統治的骨幹。整個非洲大陸散布著一千兩百名像他一樣的區理民官來統治多達五千萬名非洲人，而他們的好幫手是本土警員、職員、稅務員、技工與勞工所組成的龐大軍團，其中不少勞工都是被雇來鋪設與修繕道路。以黃金海岸而言，官方的非洲雇工就超過十二萬名。任何時候招工需要強硬一點，顯得單薄的警力就會派上用場。警民比在史瓦濟蘭是一比一千，但在黃金海岸卻是十八萬八千人才配有一名警察。[13]

出了埃及，英帝國的地面部隊完全談不上軍容壯盛，整個非洲殖民地的駐軍，也不過就是五千名由英國軍官帶領的阿斯卡利士兵。[14]法國非洲軍力是這個數字的十倍有餘，其中大半是西非的徵兵駐於非洲大陸各地、黎巴嫩與敘利亞。一九二三年，塞內加爾的先鋒兵在占領德國萊茵蘭（Rhineland）的過程中現身，對此德國解讀為法國刻意為之的種族羞辱。在非洲，飛機的使用以法、西、義等國的頻率較高，英國則鮮少展現空優。主要是皇家空軍雖然很積極地想要成為大英帝國在非洲的糾察隊，但不少在地官員會對轟炸感到良心不安，他們不覺得有部落不聽話就應該把居民、房子與牲畜當成活靶。一九二八年，白廳堅持要派遣軍機去對付南蘇丹的努埃爾人（Nuer），結果喀土穆一名公僕很不滿地說：這麼教訓人是「天時與人和都極差」的做法。[15]

不論是在國內或國際上的形象，都逼著英國的統治必須人道，必須符合公平正義。英國的殖民地官僚就像和藹但是不為所動的校長，他們帶領百姓就像在帶學生，該講道理要講道理，該展現身教時要展現身教。這些公務員都是甄選進到政府裡的，筆試合格者會再經過拉爾夫・費爾斯爵士的面試篩選。從回憶錄看來，費爾斯爵士是個徹頭徹尾很正派的愛德華時代紳士，他光憑直覺就能一眼看穿面試者裡的軟腳蝦跟混混。他理想中的候選人具有幾個條件：他得是聰明的公立學校畢業生，他得是一家之主，他得在牛津或劍橋拿到至少三等畢業文憑，他必須曾經在體育賽場上或手操船槳塑造出健全的人格。他得是無懈可擊的完人，得要下顎堅毅、握手有力、要能與人四目相交而無所畏懼、要在牛津與劍橋的板球對決中個人得分破百而獲得

「藍獎」③的殊榮。有人遞菸過來，他得有選土耳其而捨美國維吉尼亞的菸草品味。費爾斯會很希望蘇丹被形容成一個「藍色統治黑色」的地方。

但被費爾斯欽點的人也不用太高興，因為等著他的日子會對身心都相當煎熬。一九二八年被分發到殖民地服務的時候，奧克姆公學校（Oakham Public School）與牛津大學畢業的休伯特・柴爾茲不過二十三歲，但歷練短短不到五年，他已經得一肩挑起兩千平方英里（超過五千平方公里）的矮樹叢與莽原，歸他管的居民有四萬兩千人。狀況允許下，他會乘雙人座的莫里斯－牛津牌（Morris Oxford）汽車或騎腳踏車行在時不時會無法通行的道路上，因為維護路況是他的職責。但當官可不是把路顧好就好，他另外還得負責監督本土法官（其中一名被形容為「無可救藥、品行低劣、毫無風骨、不顧尊嚴」），得負責遴選酋長與頭目、調解土地糾紛、編纂現地風土報告。他與他同僚的工作情形會不間斷地處於上級與英國國會的監控之下，其中愈是左派的議員，就愈會緊盯任何一點高壓手段或不公不義的蛛絲馬跡，稍有動靜就會被放大處理。一九三四年，下議院對索馬利蘭殖民地區理民官的種種不放心，化成了實際的聲音，因為這些區理民官竟然有權判人死刑。[16]

柴爾茲還得恩威並施。一九三四年十月，他奉命在英屬喀麥隆進行各村落的訪查，具體而言他必須訪問在地的貿易商、工匠、學校與農業人口。過程中遇到村民向他埋怨吃不飽飯，他會訓誡對方說：「這要怪誰？這還不是因為你太懶。上帝可是給了你的國家一片肥沃的土地。」他說的或許沒錯，但他也很遺憾地提到有男性受訪者認為播種、耕田與收割都是有失其身分的勞動，因此最好還是讓女性去忙吧。[17]就像許多跟他類似職務的殖民地官員一樣，柴爾茲也跟他眼中純真的非洲人產生了情感上的聯繫，像他說伊高干（Igaugan）的村民就是「單純、友善……正直的一群」。但他們的純真岌岌可危，因為一如伊巴丹族的「巴來」（Balé，指長老）歐坤達．阿貝斯（Okunda Abass）對柴爾茲所言，「下一代人將出現巨變」。[18]

阿貝斯是數千名本土親王、酋長與頭目中的一個，而他們的積極合作是殖民地各階層治理的成功關鍵。一九二八年，殖民地政府敦促尼亞沙蘭的酋長與酋長夫人，能協助鼓勵族裡的孕婦前往新設的診所接受婦產科處置。[19]深究其本質，殖民地區理民官與原住民酋長間的關係，就有如公學校舍監與學生小組長間的關係。酋長會負責維持秩序，並接受某些行政庶務的委託，由此他們可以換得一般土著沒有的特權。跟歐洲官員一樣，他們也會學著在堅定與公平取得平衡。專門開給酋長兒子們上的特殊學校，就是要為這群下一代做好準備，畢竟他們將來得接棒肩負起酋長的責任。這些學校的課程會強調酋長要做道德表率，要深入族人的生活。

管理絕不能稍有懈怠，畢竟總有人容易走偏跟發懶。生於一九〇四年的歐姆卡瑪（Omukama），曾經於就任托羅王國（Toro，今烏干達）君王魯齊迪三世（Rukidi III）前，在專為酋長設立的布兜學院（Budo College）就讀，但他在學期間無所事事不說，「人品還完全禁不起考驗」。校方曾盼望讓他去警察單位擔任一段時間的實習督察，看能不能激發出他習得「紀律與運動的習慣」，但這場實習臨時遭到縮短，原因是他在一九二八年接下了父親的王位。繼位後短短

③藍獎（Blue）所頒授的對象是在最高層級運動賽事中表現傑出的大學與特定學校運動員。這是一種起源於牛津與劍橋大學的傳統，目前在英、澳、紐的大學中都有這種獎勵設計。

五年，魯齊迪的劣根性就如脫韁野馬失控，結果搞得殖民地政府臉上無光。這人喜怒無常、好煽動、不按照職責親訪各學校、對跟他租地的人很壞，還一方面放任非法私釀酒，一方面自己也是個酒鬼。一九三八年，魯齊迪接獲省級專員的勸戒，但他有沒有讀懂還是個問題，因為他的英文退步很多。[20]總之或許是因為文中有提到要他下台的問題，所以他收斂了兩年。相對之下，西柯・馬卡拉（Theko Makhala）這名巴蘇托族酋長「活力十足、冰雪聰明，而且有所為有所不為」，同時他對於「何謂農業進步」的觀點也很「跟得上時代」。他喝酒但不酗酒，但他妻子喝酒就沒他節制。另外在一九四四年，他因為收稅而遭懷疑貪腐。警告隨之而來，但他靠協助招募士兵工作而洗清了名譽，甚至因此獲頒英帝國的「員佐勳章」[21]④。大英帝國的贈勳體系，是間接統治不可或缺的道具。

IV

不論是魯齊迪還是馬卡拉，只要一完成非洲皇家華服的盛裝打扮，就能搖身一變成為英帝國「巡迴演出」維權大戲時的精美裝置藝術。他們存在的主要目的，是要扣緊帝國內部的連結，是要強化本土領袖對帝國的忠誠。有人認為就是皇家成員在帝國熱帶疆域內的「遶境」，贏得了非洲人心，主要是非洲人長久已經習慣階級高低，且生來就受儀式與慶典吸引。自一九一九年起，在喬治五世的認同與鼓勵下，歷屆英國政府都為帝國皇族投射出一種特定的形象，包括國王在其中是一名不怒而威，但又悲天憫人的家父長，而帝國與轄下的自治領與殖民地是一個大家庭。一九三五到一九三七年任英國首相的史坦利・鮑德溫（Stanley Baldwin）是帝國乃皇家天下的門徒，他告訴自己帝國的存續繫於皇家。[22]於是乎一九三二年，歷史上第一次的英王（喬治五世）聖誕文告，廣播對象是「帝國內的各種族臣民」。他在廣播祝福所有人都能跟他一樣，在聖誕節這天與自己的家人團聚。

皇家與帝國碰撞出的神奇魅力，有時候會產生一些奇特的效果。在北肯亞，一名年輕的區理民官曾為了訓斥土爾卡納的部落居民不該偷牛而搬出英王的名號。區理民官警告土著說他們的行為已經觸怒了「喬治國王」，而他們很快就會知道惹國王不開心會發生什麼事情。其實區理民官早就知道月食即將來臨，而不明就裡的原住民肯定會被唬住。結果被偷的牛悉數獲得歸還。[23]

國王的非洲臣民不僅聽到了國王的聲音（一九三二年的聖誕文告被中繼到南非與肯亞），同時他們還分別在一九二〇、一九二五與一九二八年看到訪非的國王長子威爾斯親王（Prince of Wales），也就是後來的愛德華八世（Edward VIII）。愛德華出訪非洲是因為帝國有鞏固內部團結的需求，也是因為皇家不希望他留在英國惹事。所謂惹事，按照愛德華的助理機要亞倫・拉塞爾（Alan Lascelles）的說法，指的是「貪杯好色，隨心所欲」。只可惜責任感也未能讓他克制自己的

---

④ 大英帝國勳章（Order of the British Empire）由英王喬治五世於一九一七年六月四日創立。勳章分五等，由高至低分別為爵級大十字勳章（Knight/Dame Grand Cross，男女皆簡稱GBE）、爵級司令勳章（Knight/Dame Commander，男性簡稱KBE、女性簡稱DBE）、司令勳章（Commander，簡稱CBE）、官佐勳章（Officer，簡稱OBE）、員佐勳章（Member，簡稱MBE），其中前兩等的授勳，僅英國或英國協公民才能取得騎士爵位，進而可以在他們的姓名前加上Sir或Dame的頭銜，外國公民獲前兩等勳銜純為名譽性質，不能冠上爵士頭銜。

私欲。一九二八年在出訪肯亞的途中，愛德華勾搭上了一名殖民地區級專員的妻子。[24]另外他的行徑也跟所有熱帶的遊客如出一轍，野生動物都成為他槍下的亡魂。

愛德華代表皇家出巡的過程被拍成了影片，主要是政府希望藉此讓英國影迷有機會透過一手畫面目睹自家帝國最美好的一面。一九二〇年，百代（Pathé）公司的影片裡有愛德華乘火車從拉哥斯前往卡諾的畫面，而抵達卡諾後，他召開了被稱為「大杜爾巴」（The Great Durbar）的宮廷集會。身著白衣加上頭上戴了頂有羽毛裝飾的頭盔，愛德華接受了長袍下諸大公與酋長的致敬。這些王公貴族來到皇家的平台前，然後跪在親王的腳邊表達順服之意。其他影片中的驚人看點還包括乘馬執矛的騎兵、手持精緻洋傘的酋長、富蘭尼族特有四肢細長的瘦牛在狹隘的街道上遊走，甚至還有女子袒胸露乳在舞動身體。

不論是萊德．哈格的小說，還是《專屬男孩的報紙》風格的冒險故事，那些文字所描繪的非洲都出現在親王一九二五年南非之行的精采紀錄片段裡頭。在史瓦濟蘭，他從身披毛皮與插著羽毛的戰士手中收下了豹皮、盾牌、阿色該矛等貢禮，而戰士們得到的回禮是毯子。再來一整隊祖魯士兵表演令人歎為觀止的戰舞，然後帥氣地轉身翻越鄰近的山丘離去。這是非常好看的一部電影，而且傳遞了非常有力的訊息：非洲的諸王與驕兵悍將，統統都歡迎且向英皇的長子致敬，只要在英皇的睿智統治下，大家都能享有和平。影片中四下都看得到大批非洲群眾聚集為親王歡呼，而在地學童在親王面前遊行的場景，也提醒著觀眾勿忘英帝國正為非洲帶來文明。

V

在皇家的排場上，法國自然無法與英國並駕齊驅。再怎麼有想像力，總統一職也不過就是男性長禮服、絲帽與斜肩飾帶裹著的過路政客，不可能有俊美王子帥氣行頭下的明星魅力。唯總統固然貌不驚人，但他卻以肉身代表著自由與平等等共和國的理想，而這些理想拉近人與人的距離，激發人內心深處的忠誠之心。一九三九年一月，法國總統艾都瓦．達拉第（Édouard Daladier）於出訪阿爾及爾時宣示維護「諸民族的自由」是法國的「使命」。[25]十七個月後在達卡，十一歲的巴拉．迪烏夫（Bara Diouf）彷彿青天霹靂地聽聞法國投降納粹德國。多年之後巴拉回憶說：「法國在我們心中代表著美麗與尊貴。這種感情是基於何物？我真的答不出來，或許是一種迷思吧。我們或多或少都是一種迷思的俘虜，而這種讓我們不能自已的迷思有個名字，就叫做共和的法國，共和的法國讓我們滿心尊敬。」[26]

迪烏夫只是一人，但他也是法國人驕傲地名為「海外法國」（La France d'outre-mer）的縮影。這並不難理解，因為殖民地就是法國暨其文化的延伸，理論上所有殖民地的居民都可以有朝一日成為正港的法國人而享有公民權。只不過話說得冠冕堂皇，種族同化的概念畢竟與普遍的高盧種族傲氣格格不入，優勢民族的傲慢才真正是殖民地的日常。其實姑且不論法國人的傲氣，同化理念原本就充斥著模稜兩可與自相矛盾。比方說直觀地看，位於人權（Droits d' homme）革命理想核心的普世平等，就會嚴重撼動帝國政府的統治基礎。這是否代表著同化完成的「進化法國人」（évolué）⑤擁有自由、平等、博愛等共和國原則所揭櫫的各項權利呢？答案是否定的，因為新法國人不能投票，傷病了也不能躺上歐洲人專屬的病床。萬一他們的後代達不到嚴格公民測驗中要求的法文流利程度，或是不願意宣誓放棄傳統的文化認同，那新法國人的特權是否還應該代代相傳呢？[27]

這些沒有簡單答案的問題，並沒有讓負責推動同化政策的官僚操心，因為他們壓根就不想配合。他們死命抵抗著不想執行任務，是因為他們認定同化的政治效應是有害的。在他們的心目中，非洲的進化者絕不能跟在盧昂（Rouen）或里昂土生土長的法國公民相提並論，他們才不甩在巴黎的理想主義者如何高談闊論：普世人權跟殖民統治，就像油水無法相容。[28]公務體系的陽奉陰違，說明了同化進度何以如此龜步。一九三九年，原生人口高達一百三十萬人的達荷美竟只誕生了三百一十九名「進化者」，而在法屬幾內亞的兩百萬人當中，進化者也只有寥寥二百三十三人。[29]但這還算好的，因為法屬蘇丹、多哥、尼日與茅利塔尼亞統統在這項數據上掛零。塞內加爾是個例外，那兒有七萬八千名非洲人獲得同化不說，另外還有十萬名殖民地「原始四鎮居民」⑥的祖先早在一七九〇年就獲得巴黎的革命政府賦予投票權。從那以來，塞內加爾就一直有派代表出席國民議會。

法國大革命的平等精神被在一九三六年五月掌權的左派聯盟「人民陣線」喚醒，其內閣部長堅持共和國的理想不容打折扣，更不可以有配給或留一手的想法。該執政聯盟提案要加速同化的進程，而為了讓殖民地與法國本土達成一致，該聯盟合法化了同業工會，並讓非洲勞工的固定工時入法。但如此蠻幹的後果是罷工像起疹子一樣大作：一九三七年光達卡就有四十七次罷工。新任法屬西非總督的馬歇・德・卡披想要更進一步鼓勵經同化的新法國人參與政府事務。受過教育的非洲人於是看到了曙光，他們覺得自己終於要成為正港法國人，跟他們的法國公民弟兄們平起平坐了。[30]但隨著人民陣線在一九三八年內閣總辭，這樣的夢想也煙消雲散，取而代之的是保守派政府對同化政策踩了煞車。一九四〇年，塞內加爾僅三十二人歸化成法國籍。[31]

人民陣線的下台讓阿爾及利亞的科隆人娶民欣喜不已，因為那兒原本已經有計畫讓兩萬五千名阿拉伯人歸化法國籍。科隆人在怒火中燒之餘變成驚弓之鳥，他們有兩萬六千人聚集到新法西斯火十字運動（Croix-de-Feu）的阿爾及利亞各分處。[32]同一時間在塞內加爾，「進化法國人」也自組一支人民陣線來力挺巴黎政府並排斥法西斯主義，畢竟法西斯對於非洲人的鄙視已經在阿比西尼亞昭然若揭。[33]

塞內加爾人民陣線的一個目標是要在鄉間爭取非洲人的支持，須知鄉下的非洲人仍大多對政治事務極其陌生。但這些來自鄉間的支持卻是日常統治的一大關鍵，畢竟就跟英國一樣，法國也有賴親法且聽話的本土親王、酋長與頭目們貫徹間接統治。按照某官員的說法，這些非洲大亨所代表的是其「所屬種族的傳統與習慣」。在法國的監督下，這些王公貴族才是實際為了殖民地統

⑤ évolué是法國殖民時代的用語，直譯是非洲人「演化」或「發展進化」成為「非皮歐骨」的新法國人。這些新法國人操法語、遵從法國法律，通常擔任低階但仍屬白領的工作，並居住在殖民地的都會區。

⑥ 塞內加爾的原始四鎮（Four Communes）指的是法國在西非最早控制的四個殖民城鎮：聖路易（Saint-Louis）、達卡、格雷島（Gorée）與呂菲斯克（Rufisque）。生於這四處的非洲居民仍多半保留對非洲與伊斯蘭教法的認同，這一點與接受歐洲價值觀且放棄本土身分的「進化法國人」有所區別。原始四鎮居民的許多公民權利只是形式，實務上仍窒礙難行。

治在操勞的「驢子」。不論是要監督商業市場的運作，還是要收稅，都是這些人在第一線為法國代勞，但他們是有領薪水的：法屬西非新港（Porto Novo）一名省級的部落酋長因為是原達荷美統治王朝的後裔，所以拿的是四萬五千法郎的年薪，而沒有這層背景的一般部落酋長則是領五到六千法郎。[34]他們的法國主人認為這些人可以讓殖民地的統治無縫接軌且穩定無虞。這些本土人物是天生保守，並且他們代表了「真正的」非洲，不像「歐洲化」的進化非洲人不論開口說什麼，都沒辦法被視為是「以本土之名」在發聲。事實上從總督官邸的角度觀之，同化的非洲人是潛在的不安定因素，他們搞不好會帶壞單純的非洲村民。[35]

法國鼓勵附庸國盡量展現他們傳統權威的各種表徵。一九三〇年，一名美國人在法屬喀麥隆大開眼界，主要是他飽覽了蘇丹伊布拉辛・恩喬亞（Ibrahim Njoya）的種種風采，這包括他精緻的王座、典雅的宮殿（由法國一手裝修）、宮中的後宮佳麗，以及在馬上捍衛蘇丹安全的貴族衛士。[36]這些都是權力的門面，但只要法國老大哥稍微不開心，不論是恩喬亞還是任何一位前呼後擁的本土大員都會立刻被剝奪掉榮華富貴。為了讓本土代管者牢牢記住這點，一名法國官員把三色旗的藍、白、紅漆在一名酋長住屋的外牆。他解釋說非洲人對這種「外顯的象徵」格外敏感。[37]

這名對旗幟十分執著的官員畢業於一八八九年創立來訓練殖民地行政者的殖民地學校（Ecole Coloniale），該校的課綱重抽象而輕實務，主科包括行政理論與法律，其中大部分學生出身中上階層背景，且不少人在胸懷服務公眾的高尚情操之餘也渴望冒險。法屬喀麥隆一名負責通譯的職員回憶說在兩次大戰之間，自己曾服務過絡繹不絕的區級行政官員，而每一位的態度與才幹可說不一而足。有的如完人一般「非常……悲天憫人、誠實、公正、有良心」，但也有人如鼠輩似的

「瘋癲」，一到任就問本地妓女的行情。這個誇張的傢伙被非洲人訕笑就算了，還把區內的財政搞得一塌糊塗。這類貨色往往非常倚重他們的通譯，而通譯本身的形象也是心機頗重。他們很多都已經是法國人或很想歸化為法國人。[38]

VI

一九三九年的非洲正歷經無法量化的巨變，而且其改變的方向也令人難以捉摸。只有最異想天開的預言家才會想到這年出生的「非洲囝仔」，竟能在進入中年時看見一個全由非洲人自個兒當家做主的家園。即便是高聲疾呼要對各項事務上多點發言權的那些非洲人，肯定也會被這樣的發展嚇一大跳。但當然凡事都有例外，還是有人早在當年，就認定這是條漫長歸漫長，但最終會抵達終點的道路。

一九三九年新生兒的雙親，肯定會注意到近期身邊的一些變化。鐵路與公路的出現讓移動變得更加便捷與舒適，但還是有一些偏遠地區難以觸及，如尼日內陸就無法讓機動車輛駛進。但即便是像這樣的殖民地，都還是具備巴士系統的骨幹與雛型，這包括每兩週會有一班車縱貫撒哈拉沙漠，讓人可以從尼日抵達彼端的阿爾及爾。[39]從尼日乃至於非洲幾乎各角落寄出的信，如今都是經由飛機來傳遞，當然載客的空運業也已經成形。英國帝國航空（Imperial Airways）的一張海報上顯示跑道上一架客機的前景有名軟Q而上空的女子，而她腳邊還有一名幼童在跟小羚羊玩。海報上的誇大文案寫著：「環遊非洲不用幾星期，幾天就可以。」飛行員也非常配合，乘客說水上飛機會在從維多利亞湖飛到喀土穆的途中低飛到不能再低，只為了讓全機的人都能看清楚底下的動物成群。機上有個小交誼廳，每晚都有雞尾酒供應。[40]

在非洲搭飛機的，幾乎都是歐洲人。那些祖先就已經在非洲定居的白人，都還是不懷疑自己會繼續在非洲高人一等，只不過他們心境不如從前篤定也是不爭的事實。阿拉伯人的生育率不斷攀升，加上阿拉伯人在城鎮與都市裡的存在感日增，一樣樣都在阿爾及利亞挑戰著科隆人的耐性，話說科隆人為了捍衛自身的特權，戰意一天高過一天。同一時間南非的白人墾民也同樣緊張兮兮，但他們緊張有別的理由，他們怕的是景氣衰退會傷害到地方經濟，黃金需求下滑，最後都市裡的白種窮人人口會加速擴大。以一九三二年而言，白皮膚的窮人保守估計達三十萬人。快要山窮水盡的這群白人擔心要與黑人競逐工作機會，因此很容易就會把阿非利卡人優越主義的種族政治話語給聽進去。這群阿非利卡優越主義者懷念白人祖先（Volk）的傳統美德，他們認為自由主義與資本主義都不值得信任。[41]

在肯亞，白人社群的人數達到二萬一千餘名。一九二三年，殖民地辦公室宣示日後的殖民地政策將緊扣黑人人權，此言一出自然讓那兩萬多名白人十分跳腳。倫敦當局對墾民無啥耐心，那些墾民給殖民地公務體系的印象就是自私且充滿偏見。到了一九四一年，一名倫敦的官員都還在思考著該不該用錢去滿足這些人，然後叫他們盡量回到英國，別再待在非洲了。[42]這些人當中有一部分是家道中落的英國貴族後裔，他們到非洲是追尋一種大把僕役對他們百依百順，而自身可以縱情聲色的生活。這群人集中在尼耶利區（Nyeri）的「快樂谷」（Happy Valley），而傳言說他們當中有人在一場晚宴派對中拿古柯鹼給王儲威爾斯親王（後來的愛德華八世），這就被認為過分了點。

快樂谷的公子哥們要是想家，他們可以看英國廣播公司（ＢＢＣ）來解悶，因為ＢＢＣ在一九三二年成立了Empire Service頻道⑦來服務帝國子民，由此ＢＢＣ的節目訊號會經由奈洛比中繼到肯亞。這之後四年的時間，奈及利亞、獅子山與黃金海岸都增設訊號的發射站，也就是地方性的廣播電台。其中在黃金海岸有三百處接收站，且幾乎全數都集中在阿克拉（Accra）。廣播聽眾愛聽的包括新聞重點，還有堪稱庶民精神食糧的舞曲樂團演奏與驚悚偵探故事等「輕娛樂」。當然為了尊重當時Empire Service總監瑞斯（Reith）爵士的營運方針，節目表裡還是會穿插一些嚴肅的內容。一九四一年三月，肯亞人聽到用義式牧歌（madrigal）當配樂的演講，舉例則是像音樂劇一樣用唱的。電影院也開始在非洲的都會區興起，其中埃及的電影院最多，再來是南非。好萊塢當年就稱霸了非洲的電影市場，就像他們橫掃歐洲一樣。一九三四年，埃及每四部新片上映，就有三部是美國出品[43]，而這也暗示著非洲的美國化即將風起雲湧。

⑦ BBC World Service的前身。

第二十章　「隔山觀虎鬥」：義大利的慘劇與法國的創傷，一九四〇至一九四五年

I

第二次世界大戰的開打，代表著歐洲殖民帝國步入尾聲。二戰毀滅了其中的義大利帝國，而法帝國則因為各殖民地分裂成敵對的兩個陣營而深受打擊。其中較大的殖民地陣營倒向了法國政府中親軸心國的一邊，也就是一九四〇年六月法國投降德國後所成立的維琪政權（Vichy），而較小的陣營則投入由英國出錢出力支持的自由法國運動（Free French movement），其中自由法國運動的領袖是夏爾・德・戴高樂（Charles de Gaulle）將軍。最終自由法國運動得以勝出，得歸功於一九四二年，英美聯手在阿爾及利亞與摩洛哥取得勝利，法帝國方得以「破鏡重圓」。一九四四年，戴高樂在象牙海岸發表演說時宣稱法國重返「偉大國家的前段班」，話說得臉不紅氣不喘。[1]

但他這麼說好像也不是完全沒道理，因為相隔不到半年在美國的同意下，戴高樂率領自由法國的人員進入巴黎，但幾個小時的凱旋並不能一筆勾銷漫長四年的挫敗與苟且偷生。戰時的法國

曾一再遭到羞辱，她的尊嚴已經殘破不堪，帝國的榮光也已經無法取信於她的子民。

相對之下，英國從二戰一路走來的身影就漂亮許多，只不過這並不能改變其工業基礎建設一片殘破，且因為軍需欠下美國一億六千萬外債的現實，而且這還未算入一九四五年為避免破產而預支的五億八千六百萬美元。帝國內部對二戰的攻守做出了巨大的貢獻，其赤膽忠心更是時不時令人動容，這包括數十萬名帝國的非洲子民加入盟軍服役。唯正如同英國軍民一樣，非洲人也有一種預期心理是經過六年的苦戰與犧牲，他們理應得到一些報償。在受過教育的非洲人心中，最強烈的一種情緒是英國應該禮尚往來地釋出政治上的權力，如此支持帝國打這一仗才算沒有白費。這樣的期待，在一九四一年八月達到最高點，主要是邱吉爾首相與美國的羅斯福總統共同宣布了「大西洋憲章」（Atlantic Charter），而這本質上是戰後英美重建世界秩序的草案。憲章中承諾了「民族自決」的普世人權，並誓言此後世界人類將可自由決定國家的疆界。

大西洋憲章讀起來就像歐洲諸帝國的死刑判決書，而這也正是小羅斯福總統的希望。戴高樂對這一點心知肚明，所以每遇廣播都對這份文件避而不談。[2]邱吉爾其實也不是很開心，以至於他會碎念當中威脅到英帝國的條款，但工黨倒是滿心歡喜地批准了這份憲章。一九四五年七月的大選中，工黨贏得摧枯拉朽，而他們的政見主軸就是承諾讓印度、緬甸與錫蘭（斯里蘭卡）獨立，乃至於循序漸進為殖民地「規劃出路」。工黨的眾多支持者相信這所謂的出路就是獨立，特別是工黨中左派的知識分子，他們一向都很同情殖民地的民族主義運動。

說到非洲後來的歷史走向，影響最深刻的一點是二戰一股新勢力在非洲大陸崛起，那就是美國。一九四二年十一月，美國在北非部署三十七萬八千人的兵力來因應蓄勢待發的「火炬行動」

（Operation Torch），也就是要循海路反攻阿爾及利亞與摩洛哥。而就在美軍登陸之際，宣傳傳單上寫著美國人是「解放者」。政治上的現實逼得美國必須妥協讓自由法國運動把阿拉伯人屏除在政府以外。暫時的權宜之計與便宜行事，凌駕在義正詞嚴的大西洋憲章之上。羅斯福把這吞了下去，但讓不少與他一樣憎恨帝國的美國民眾為之氣結者，是他們發現美國子弟兵捨命在異國戰場拋灑熱血，為的竟然是恢復帝國在北非、東南亞與太平洋的高壓政權。

大西洋憲章呼籲的另一件事情是終結讓帝國強權在殖民地享有貿易優勢的各種保護主義關稅。英國與自由法國都很不爽美國在商言商地抓著憲章的字句，然後二話不說地動手開發起非洲這個新市場與原物料的貨源，這對美國來說是一石二鳥。其中美國需要市場，是因為他們戰時的工業生產扶搖直上，而經濟學家預測一旦戰爭劃下句點，軍事需求大減，經濟就會立刻面對衰退的風險。為此美國需要一個開放的海外市場來扮演救生圈，這除了像海綿一樣吸收生產過剩，也或許能刺激出新的成長。一群美商計算出法國一旦放棄保護主義，那美國對塞內加爾的出口就能從一九三八年的一百二十萬美元成長到一九四九年的九百六十萬水準。美國對塞內加爾的出口以機動車輛為大宗。

美國的航空業也躍躍欲試。關於戰時建於英國屬地上且連結黃金海岸、喀土穆與開羅的一串臨時機場，業者說服華府去要求英國於戰後開放供民航使用。[3]美國手腳很快地掌握了剛果的鈾礦，並在一九四四年九月與英國聯手說服剛光復的比利時給兩國獨占的權利。這裡的鈾礦被視為未來進行核子發展計畫的基礎，軍用、商用兩相宜。[4]

美國對於非洲的滲透是先經後政。英、法對此戒慎恐懼，但也不好明著反對。從一九四〇年秋天開始，美國就已經成為同盟國的金主與軍火庫，因此不論是各種戰略上的優先順序，還是戰後國際的政治安排，都是美國說了算。這點是有目共睹的事實，盟軍有高達四成六的軍事裝備是美國貨，而且一九四五年，美國還成為人類史上第一個，也是當時唯一一個核武國家。如果說錢與武器給了美國實力，那羅斯福與繼任的杜魯門（Harry Truman）就供給了美國需要的意志力。這兩位美國總統都認定美國理應積極介入世界局勢，他們都認為一個集經濟、工業與軍事力量於一身的強權不主動進取，實在說不過去。

新的國際權力平衡會帶來什麼樣的影響，沒多久就攤在世人面前。一九四二年十二月，羅斯福試圖在占領阿爾及利亞之後扮演「造王者」的角色，主要是美國強硬地支持昂希．吉若（Henri Giraud）將軍，希望由他來取代戴高樂成為自由法國的領袖，與（剛光復的）法帝國實質統治者。[5]自由法國的部分支持者看到風向，就懷疑羅斯福想在戰後扶植吉若上台擔任法國的傀儡總統。[6]

在此同時，美國人在涉及塞內加爾前提的談判中排擠了英國與自由法國的代表。美國駐達卡總領事被偷聽到說美國搞不好會在戰後建立西非的影響力圈。[7]一九四四年，到了得決定衣索比亞該認哪個西方國家當乾爸的時候，英國外交部預期復位的海爾．塞拉西一世會挑撥英國去與美國較勁。[8]以上種種，使人得出一個結論，那就是美國將自此忽視英、法在非洲的傳統利益，事實上美國將忽視英、法在世界上任何一個地方的傳統利益。

戰爭真的結束後，美國開始積極涉入非洲事務，因為得這麼做的政治急迫性開始浮出檯面。從一九四四跨到一九四五年的冬天，英國與美國的戰略幕僚與外交體系開始緊張於蘇聯勢力在東歐的快速擴張，他們擔心蘇聯會趁勢席捲其他地區。在這樣的背景下，俄國還在一九四五年五月要求於賴比瑞亞設立大使館，美國國務院認為這不啻是一道警鐘，於是便急忙在賴比瑞亞首都蒙羅維亞（Monrovia）建立了公使館。賴比瑞亞是為了解放的黑奴而建國，而逾百年來，美國始終如父如兄地對這個窮困的共和國抱持一種模糊而斷斷續續的興趣。但如今賴比瑞亞眼看著要捲入冷戰這場嶄新而輪廓尚不清晰的衝突當中。賴比瑞亞總統威廉・塔伯曼（William Tubman）很快便摸清美國突然黏上來的原因，而他也沒忘了趁此機會向美國伸手討錢。[9]

II

二戰的非洲戰事從一九四〇年的六月進行到一九四三年的五月，而雖然剛開打時有一些小小的爆冷，但整體發展還是照著同盟國的意思在走。一確信法國即將崩潰而向納粹投降，墨索里尼便把握良機向法國宣戰，並且隨即掏出一長串的清單給希特勒看，意思是要他用這些土地來交換義大利未來在戰場上的合作。其中在非洲的部分，墨索里尼要求的戰利品除了埃及、蘇丹、肯亞與吉布地，另外還希望能在政治上控制突尼斯。德國對於這位「杜切」的貪得無厭感到不可思議。要真照他的意思去辦，義大利豈不是要變成非洲的霸王。

墨索里尼的非洲帝國垮得很快，而且還垮得很難看。一九四〇年夏天，義大利在非洲的兵力有四十六萬五千人，其中半數在利比亞。這人數看起來不少，但他們欠缺現代化的武器、卡車與飛機。更糟糕的是按他們的表現看起來，這些徵兵並不在意墨索里尼所說「寧可一日為獅，不可一生為兔」的狂言。新羅馬軍團的士兵選擇當了兔子，意思是他們會成群投降。到了一九四一年三月，英國已經在東非的作戰中累計俘虜八萬名義軍，其中三分之一是厄利垂亞的阿斯卡利士兵。利比亞作戰的頭一個月，舉白旗投降的義大利軍已經超過十一萬三千人。

這些數據說明義大利敗得有多徹底。一九四〇年的秋天，義大利意興闌珊的入侵蘇丹，最後果然也無疾而終，而有地方叛軍助一臂之力的英軍先是解放了衣索比亞，然後又在一九四一年讓海爾・塞拉西一世重新登基。在索馬利蘭是因為兩軍人數實在太過懸殊，義大利才得以席捲英屬索馬利蘭，但不久就又被英國收了回去。義大利入侵埃及遭到擊退，而在一九四〇年十一月，英國第八軍橫掃利比亞。墨索里尼分崩離析的帝國，在隔月獲得了希特勒的拯救，主要是希特勒派來「沙漠之狐」隆美爾（Erwin Rommel）的非洲軍團（Afrika Korps）來挽狂瀾於既傾。

隆美爾是號危險人物，但他的神話也沒有維持很久。他的用兵之神，並無法彌補人數上的劣勢，乃至於燃料、零件與軍機的短缺，更別說英國密碼人員有能力解讀他的無線通訊。一九四二年十一月，他人數與火力雙輸的部隊在阿拉曼（El Alamein）吃下了決定性的敗績。話說盟軍能擊敗隆美爾、拯救蘇伊士運河，並收復伊拉克跟波斯的油田，靠的是超凡的付出與努力。一九四三年，超過五十萬名男女英軍，包括大批來自印度、澳洲、紐西蘭、南非與非洲殖民地的特遣隊，被派駐在北非各地。

在阿拉曼大敗過後，德、義開始在突尼西亞重新集結。雖然在那兒的處境也算是危機四伏，但他們還是擠出時間來執行納粹的種族政策。突尼斯的猶太人被迫穿上黃色的大衛之星來當作標記，而他們的資產則遭到充公，許多人被趕到特別興建的營區勞改。突尼斯廣播電台（Radio

Tunis）公開批判「國際社會上的猶太人」，並把英美聯軍十一月的登岸作戰怪到在地的猶太人頭上。[10]二戰把歐洲的魔鬼給帶到了非洲。

盟軍登岸之後，法國在阿爾及利亞與摩洛哥的維琪政府便隨即崩潰，許多維琪支持者連忙見風轉舵地改投自由法國陣營。北非的戰事在一九四三年五月告一段落，二十五萬名軸心國的人員在突尼西亞集體投降，其中半數是隆美爾的非洲軍團。乘勝追擊的盟軍於同年九月揮軍義大利，僅短短五週就將墨索里尼罷黜，義大利臨時政府投降。義大利放棄了全數殖民地，橫豎這些殖民地此時也都在英國的軍事占領控制下，唯多數義大利民意對此顯得無動於衷。《義大利新報》（*Italia Nuova*）質疑起義大利是否真的曾經想要建立帝國，他們選擇性地遺忘征服阿比西尼亞時興高采烈的民眾，但那不過是短短七年前的事情而已。左翼的《前進報》（*Avanti!*）則將眼光看向未來，他們希望義大利「政治素養還不深」的民眾可以在各國政府的良性導引下走向民主。[11]

鐵桿的法西斯主義者除繼續在義大利中部及北部與德軍並肩作戰，也在厄利垂亞隻身奮戰。在厄利垂亞，瓦里（Valli）上尉與拉普洛（Rapullo）少尉對英發動了游擊戰，後者戰死沙場。他的同僚到一九四八年仍在逃，且據信有義大利情治系統中的法西斯餘孽暗助，這些法西斯信徒仍未忘情於祖國收復殖民地的春秋大夢。[12]一九四三年，厄利垂亞邊境另一頭的蘇丹提格雷省（Tigré）發生短暫的農民起義，他們對抗的是回籠的前封建政權，但海爾．塞拉西一世在三架皇家空軍的轟炸機協助下，很快便敉平了這場叛亂。[13]

III

整體而言，德國還樂得把非洲留給義大利跟法國去玩。在戰前，少數熱血的帝國主義者曾逼著希特勒要帶德國重返非洲殖民地，而元首也稍微有所動搖，於是在一九四〇年的後半，納粹官員開始忙著起草「歐屬非洲」的大計，其中包括納入嚴謹管理的殖民地（英國的統治手段被認為太過軟弱），由這些殖民地來供應原物料給希特勒遠景之一的泛歐經濟聯盟。[14]還有一筆提議是要將歐洲的猶太人都遣送到馬達加斯加，然後讓他們在那兒建立猶太國。但這些都只是些風花雪月式的業餘插花之舉，對希特勒來講，歐亞帝國才是其政治、經濟與種族上雄心之所繫。一九四〇年十二月，希特勒開始準備入侵蘇聯。至於他原本對於非洲會有什麼安排，則可以從他後來給俄羅斯百姓的待遇上窺得一二，畢竟在納粹的意識型態裡，黑人跟斯拉夫人同屬劣等人，都同樣生來就有著要服務亞利安種主人的基因。

為納粹帝國規劃非洲的用途，結果是白忙一場，因為法國的投降使得德國得到一個由法國代管的非洲帝國。希特勒讓法國保有其殖民地，但他在德法休兵的條件裡要求法屬殖民地的經濟必須為德國的戰事做出貢獻。法屬殖民地的產出，包括工業鑽石與石墨，都先經船運到達海參崴（Vladivostok），然後再經由橫貫西伯利亞的鐵路送到俄德邊境，但這是根據一九三九年「德蘇互不侵犯條約」所做成的安排。一九四一年六月德國揮兵俄羅斯之後，這項安排自然也不復存在。[15]

IV

給予德意志第三帝國（Third Reich）經濟上的支持，對賣國求榮的維琪政府算不了什麼，他們覺得能因此保住法帝國，這點代價再值得不過。回頭來看，維琪政權是法國歷史發展的斷點，是法西斯陰魂在法國的重現，是法國人不願想起的汙點。八十四歲的傀儡領導人菲力普·貝當（Philippe Pétain）元帥宣稱維琪政府代表了革命，但從法國史的宏觀角度去看，反革命比較接近維琪真正的歷史定位。維琪政府所圖是要把一七八九年所種下的理想連根拔起，他們要用「勞動、家庭、祖國」（Travail, Famille et Patrie）去取代自由、平等、博愛。對於身處維琪政權底下，在法國與非洲的淪陷區百姓來說，提勞動就是要你好好工作、溫順服從；談家庭就是要你回歸家庭、別輕舉妄動；論祖國就是要你堅定心志，好好愛國。

官方宣傳抬高了「家庭」或父權的價值，理想化了由小農與工匠所組成的傳統鄉村，那是一個人人各有所歸、各安天命的法國。世俗主義遭到捨棄，天主教教會成了政府的盟友。猶太人被抹黑、被放逐。從一九四二到一九四四年，公務員與警員合力將猶太人留置並最終遣送到集中營。官方媒體把所謂的戰爭英雄貝當捧成偶像，並在法國是個大家庭的前提下，賦予貝當一種慈祥祖父的形象。就跟希特勒與墨索里尼一樣，照片裡的貝當也經常與孩子們一同入鏡。

帝國的維繫與發展，是維琪政權意識型態的核心。某張宣傳海報上畫著阿拉伯人、黑人與印度支那人團結在三色旗下，搭配的口號則是：「三種顏色、一面旗幟、一個帝國。」維琪的教條，在大批殖民官員與士兵之間產生了共鳴，人民陣線新推的解放政策讓他們膽戰心驚。在馬達加斯加，總督「清洗」了政府裡的猶太人、同性戀者與黑人。[16]至於在其他地方，殖民政府也肆無忌憚地收緊對於百姓的控制，因為就像法國民眾一樣，這些人也需要好好上一課什麼叫做服從，什麼又叫做發自內心、毫無保留的愛國心，這些都是他們應該要學會的美德。非洲人還被告知自己是一群幸運兒，因為他們有一批無私的統治者。一部偽紀錄片記錄下某醫師為了測試瘋疫苗的效力而身先士卒當起白老鼠；片裡的醫師是英雄，只可惜這故事並非真人真事。[17]維琪的如意算盤是振興殖民地，使其成為法國的聚寶盆，而為此他們需要感激而健壯的原住民。一九四一年，以法屬奧蘭為起點，向西南方穿越撒哈拉的鐵路興建計畫死而復生。二十億法郎的貸款撥了下來，二十萬名非洲人被強逼去上工。

要按照維琪政權準備好的模子去重塑非洲，不作第二人想的便是西非總督皮耶－弗朗索瓦·布拉松（Pierre-François Boisson）。他內心是一位反英大將，他一方面認為猶太人、共濟會與共產黨是法國的禍源，一方面認為非洲人不分男女都將永遠無法成為法國人。他的想法是非洲人不能忘了自己的非洲身分。為了達到這個目的，布拉松設計各種辦法來將他們的非洲意識局限在部落傳統與社群的範圍之內，然後由他這位貝當「爸爸」來對他們投以關愛的眼神。

非洲學童所受的教育是要尊敬貝當，老師會鼓勵他們（用法文）寫故事給貝當爸爸，好讓貝當爸爸知道他們有哪些獨特的地方文化，也把自己的雙親與村莊介紹給貝當爸爸。布拉松設立了「帝國衛士」（Gardes d’Empire）這個組織來招募年輕男女，然後由這些年輕人前往鄉間把非洲人洗腦成維琪政府的想法，也就是在強大法帝國境內，非洲人就應該認份當個非洲人。同化開始退潮（一九四二年僅有五名非洲人歸化法國），而達卡海灘的海水浴場也開始施行種族隔離。[18]所幸時間並不站在這種要非洲人認命的做法這邊。一九四二年十一月，隨著英美聯軍拿下阿爾及爾，剷除了維琪政權在非洲的權威，這場時不我予的實驗也劃下句點。就跟在阿爾及利亞的其他同僚一樣，布拉松一夥人也立刻改投自由法國。但這並不代表他們幡然悔悟，他們只是怕丟了工作跟退休金。

維琪所謂的革命，在阿爾及利亞的多數白人社區中大獲好評。不少科隆人加入有官方色彩的「法國戰鬥人員團」（Légion Française des Combattants）來負責輔助警察、發放宣傳品、打擊「戴高樂派的異議分子與猶太人渣」。法國本土的反猶太活動被擴及到阿爾及利亞與摩洛哥各地，猶太人因此被驅趕到社會的邊緣。一九四〇年十月，這些猶太人的公民身分遭到撤銷，同時也被禁止擔任公職。再經過一年，維琪政府變本加厲地讓猶太人從事商業與專業活動也受到嚴格的限制。一千名非法籍的猶太人，包括不少近期才逃離歐洲的難民，都同樣遭到逮捕與拘留。就在一九四二年十一月，卡薩布蘭加獲得盟軍解放之前，猶太教堂已經出現零星的攻擊事件，在地的反閃主義分子更已密謀一場屠殺。[19]萬一盟軍反攻法屬北非失手，那困在那兒的猶太人將面臨到與法國本土猶太人相同的悲慘命運。

阿拉伯人參與了卡薩布蘭加的反閃暴動。從一九三〇年代中期開始，納粹的宣傳機構就設法吸收他們來做為潛在的同路人，希特勒會以阿拉伯與伊斯蘭之友的形象在宣傳中現身。英國相形之下就在阿拉伯人當中討不到便宜，主要是英國人據稱是在猶太人的控制之下，否則英國近期的巴勒斯坦政策怎麼會都犧牲當地的阿拉伯人來迎合移入的猶太人。巴勒斯坦的阿拉伯人與他們在北非的兄弟都相信「完成朝覲的希特勒」（Al Haji Hitler）是救星，但希特勒究竟是何時皈依伊斯蘭教跟何時去過聖地麥加朝覲，柏林當局都守口如瓶。很矛盾的是因為維琪政府堅持說阿拉伯人很聽話，德國人於是從善如流地建議調整他們的層級，讓他們在阿爾及利亞與摩洛哥擔任更高階的行政職務，但沒想到這樣的建議竟遭到回絕。但維琪政府倒是很樂於讓阿拉伯人志願加入德意志國防軍①底下的非洲支隊（Phalange Africaine），這個由法國軍官帶領的東部戰線專屬單位。[20]整體而言，北非的阿拉伯人並未為納粹的宣傳所惑。阿爾及利亞人民聯盟（Union Populaire Algérienne）的領袖費爾哈特・阿巴斯（Ferhat Abbas）就寄希望於同盟國，因為理論上，同盟國的自由與人道價值使他們同情於阿拉伯的政治理想。[21]某些單純的阿拉伯人還以為美軍有位穆斯林將軍，因為美國在非洲的主帥是陸軍名將歐瑪・布萊德利（Omar Bradley），阿拉伯人一看到歐瑪這名字就當他是伊斯蘭教徒。[22]

V

對英國來說，維琪政府是個具有敵意的中立國，主要是他們在好幾條陣線上都想與德國勾結，但總是差一步而沒有正式宣戰。但邱吉爾的政府並不會顧忌到這一層，任何時候只要維琪政權危及英國的戰略利益，英國就會以雷霆之力迅速予以打擊。一九四〇年七月英國派艦艇粉碎了

① 德意志國防軍（Wehrmacht），納粹德國從一九三五到一九四五年的軍事力量，含陸、海、空三軍在內，有時候也包括黨衛軍。

法國泊於凱比爾港內的強大艦隊。如此先發制人，為的是未雨綢繆，省得到時這些強大的法艦會落入軸心國的手裡，進而讓地中海的海權朝皇家海軍的敵方傾斜。英國此番出手造成法艦多艘沉沒或失去戰鬥力，逾一千五百名法國海軍非死即傷，英、法因此斷交，維琪政府的媒體也發出了怒吼。立場鮮明的《晨報》（*Le Matin*）照例暴跳如雷地指控英國的行為簡直沒把國際公約與國際法放在眼裡。[23]但經截獲的通訊顯示法國的海軍部長尚．達蘭（Jean Darlan）海軍上將即將令法艦攻擊英軍。為了平息國內的民怨聲浪，他還命令法軍對直布羅陀實施空襲。

法國媒體公開質疑凱比爾港遇襲的背後是倫敦的法國流亡政府在幕後慫恿。當時法國在海外的反抗勢力正以戴高樂為核心集結，而自由法國也果然就在七月底宣布成立。來到八月，自由法國準備就緒要在達卡發動奇襲來奪取當地的海軍設施，以便為自由法國建立海軍實力。此計畫具有政治上的紅利，因為達卡到手，就等於法屬西非整個到手。按照原本的計畫，這場奇襲將由自由法國水兵操作懸掛法國國旗的英國軍艦來發動，但後來取而代之的新計畫是改由英艦隊懸掛白船旗②出擊。從達卡守軍的角度望過去，來船看來就純粹是英軍來犯，而這也解釋了何以維琪軍會心無罣礙地奮勇頑強抵抗。這場奇襲以失敗作收，英艦隊駛回母港直布羅陀。這場大敗曾在伊弗林．沃的小說《重裝騎兵》（*Men at Arms*）裡化身為一段「趣談」，作者描寫到好戰的瑞奇－虎克（Ritchie-Hook）准將偷偷上岸摘下了一名塞內加爾士兵的頭顱來當作收藏。

在達卡遭到轟炸的過程中，布拉松總督公開說英國意圖「支解」法帝國，而很多人也買單他這種說法。[24]《晨報》直接給戴高樂安上了「叛徒」的罪名，還說他自甘淪為宿敵英國的傭兵。法紹達事件的記憶猶新，加上維琪政府的宣傳預測英國會遵循其背信忘義的本色來見縫插針，利用戰爭奪取法國在非洲的殖民地與黎凡特地區。果不其然，英國在一九四一年夏天入侵並占領了敘利亞跟黎巴嫩，坐實了《晨報》的指控。英國之所以出兵這兩地，是回應維琪政府容許納粹德國空軍（Luftwaffe）興建機場來遂行對英國空襲，其苦主包括伊拉克的油田與巴勒斯坦暨埃及的英軍基地。英國表示其無意永久占領這兩地，並承諾會在戰後讓敘利亞跟黎巴嫩獨立，而這話同時惹毛了維琪與戴高樂。

日本也於一九四二年初尋求與維琪達成類似的交換與妥協，日本為此讓出的是對印度支那的控制權。日軍近期才在太平洋與東南亞連戰皆捷，然後又趁勝追擊派帝國海軍侵擾印度洋。日本的潛艦會把從非洲東岸開往埃及的同盟國商船當成獵物，亞丁（Aden）視距內就有兩艘船遭到日軍魚雷擊沉。為了產生效果，日軍這些行動必須要有在地的基地可恃，而維琪政府就很樂於提供日艦這樣的方便。一九四二年三月初，同盟國的情資顯示，日本與德國軍官在調查馬達加斯加有沒有興建海軍基地與軍機跑道的潛力。[25]英國毫不猶豫地重手回擊。一九四二年五月，英國對馬達加斯加發動兩棲登陸攻擊，但以當地人與塞內加爾軍為主的抵抗相當頑強。此役打到了十一月，最後由英國指派自由法國陣營的總督上任告終。同樣在十一月，皇家海軍「獵豹號」（Leopard）驅逐艦派出的登陸部隊占領了留尼旺（Réunion）。[26]在馬達加斯加，就像在達卡跟敘利亞一樣，維琪政權的非洲與阿拉伯部隊在法國軍官帶領下，在戰場上留下英勇而難纏的表現。

---

② 白船旗（White Ensign）是皇家海軍艦艇的船旗，亦名「聖喬治船旗」（St George's Ensign）。該旗為白底，並以紅色的聖喬治十字劃分為四個象限，其中左上角的第一象限繪有英國國旗。

以軍事行動對維琪出手，對英國來說也是百般的不願意，英國希望的是能以顛覆的方式讓維琪政府束手。法國一對納粹德國投降，英國的戰爭內閣就打算對法國的殖民地政府施壓，希望他們能捨維琪政府而改投自由法國陣營，並且讓其所屬的疆域歸入英國的保護之下。但最終易幟的地方並不多：查德的克利奧人③總督菲力克斯．埃布耶（Félix Éboué）在長考之後選擇了自由法國，另外如法屬喀麥隆與法屬剛果的政府也同樣「棄暗投明」，這兩地的維琪勢力曾短暫掙扎未果。在此同時，英國官員接觸了幾內亞、多哥、達荷美與象牙海岸的主政者，包括保證若他們改投戴高樂，那英國便會概括承受他們的薪資與退休金。唯結果令人失望，法國人懷疑英國真正的用心是要聚斂土地與勢力，而實務上他們沒有倒向英國，也算是合情合理的決定，畢竟以當時的態勢來看，可以期待德國會拿下勝利。[27]事隔一年，就在希特勒初攻俄羅斯之際，情報分析就顯示法屬西非的白人人口認定德國勝利在即。[28]一九四二年六月，達荷美的白人強烈支持軸心國，而加彭民眾則普遍顯得事不關己。宿命論的態度感染了西非軍營中的軍士官，其多半的態度是「隔山觀虎鬥」。[29]

法屬西非的本土人口態度，普遍是視德國如讎寇而同情英國，而這讓英國的無線電宣傳事半功倍：曾經自稱「抗法之聲」的阿克拉廣播電台照三餐提醒聽眾勿忘維琪是希特勒的走狗。同樣的訊息，也由茅利塔尼亞電台廣播給馬達加斯加與留尼旺的聽眾知道。[30]一九四二年初，英國的文宣部門獲得天降一禮，那就是象牙海岸的國王夸杜沃．阿杰曼（Kwadwo Agyeman）偕諸皇子、手下的酋長與四千名子民逃至黃金海岸。「投奔自由」後沒有多久，阿杰曼國王就在阿克拉廣播電台上發言譴責貝當與維琪政權是騙子跟希特勒的「傀儡」。[31]達卡廣播電台也同樣消費跟操弄了聽眾對於希特勒的恐懼，他們在節目中指控英國垂涎法國的殖民地，並且編了一個很扯的劇本是英國有意移交一部分法國殖民地給德國。[32]

到了一九四三年初，文宣戰告一段落，維琪的殖民地紛紛改打自由法國的名號。但新的統治者可以給非洲百姓什麼呢？戴高樂不笨，他知道戰前的法帝國回不來了，也明瞭非洲人對於二戰的付出必須獲得回報。至於該如何回報，他在一九四四年二月的「布拉薩市宣言」（Brazzaville Declaration）中提出了一個雛形，他表示那才代表了真實法國的意志。為彰顯非洲民眾對於自由法國在戰爭中的貢獻，種族歧視將劃下句點，而同化／歸化將獲得鼓勵來創造一群「聰明才智與知識都明顯高於群眾的（非洲）先鋒」。[33]戴高樂對法國的文明任務深信不疑，因此由這群非洲菁英來協助他們各自的祖國朝獨立進化，是絕對正確的方向。但與此想法南轅北轍的是多數法國民眾認為非洲人還沒有成熟到可以自治，且可預見的未來也做不到這一點。在此同時，戴高樂與支持者會用「社群」、「結盟」、「聯邦」等字眼來形容帝國，這顯示殖民地與法國間的關係不會疏遠，反而會更加緊密。[34]自由法國發行的郵票上印著浴火鳳凰，象徵著新的帝國興起，而上頭法國、非洲與阿拉伯各一名士兵並立的形象，則代表著在二戰中同場作戰的法帝國子民。

改變的氣息瀰漫在空中。在阿爾及爾，臨時自由法國政府宣示自此以後，其阿拉伯政策會與《人權論》④所述相容，這包括人身自由與權利平等這兩點都將獲得保障。唯這些保障都存在重

---

③ 克利奧人（Creole），歐洲白人在殖民地的後裔。

④ 英國人湯瑪斯．潘恩（Thomas Paine）所著。潘恩於一七七六年初發表《常識》（*Common Sense*）一書提倡天賦人權與人生而獨立的觀念，一七九一年再出版《人權論》（*Rights of Man*），並參與同年的法國制憲會議。

大的前提：個人權利永不得凌駕在「傳統制度」之上，也不得挑戰法國文化的優越性。[35]但話又說回來，法國已經準備好做出進一步的退讓，包括以條款延伸公民權的適用範圍，並讓女性與阿拉伯人享有投票權。這是要為選出代表在巴黎集會做好準備，主要是戰後法國與其帝國將必須重塑其新憲架構。

非洲本土的預期心理高漲，但耐心卻未能同步跟上。一九四四年一月，摩洛哥民族主義政黨伊斯蒂克拉爾黨（獨立黨）要求立刻獨立，來做為摩洛哥士兵為法國「理想與自由」而血戰的回饋。[36]當時不少摩洛哥人都在義大利的自由法國部隊服役，等於是很諷刺地為他們在家鄉得不到的自由而戰。一九四五年五月八日，就在法國慶祝歐戰勝利紀念日（Victory in Europe Day）的這一天，賽提夫（Sétif）與其周遭的阿拉伯人發動叛變，科隆人與其眷屬都遭到叛軍的屠殺。法國隨即以牙還牙地發動對阿拉伯村落的空襲，造成至少一千五百人死亡，且動手的不少都是阿拉伯與塞內加爾的部隊。駐在阿爾及爾的英國領事調查了整起事件，而調查報告力排眾議地說這是場「基於民族主義的反叛」。他在波納（Bône）的同事預期阿拉伯人會永世不忘法國反擊恐怖行動時的凶狠，而事實證明他們記性真的不錯。[37]

第二十一章 「黑蜘蛛」：戰場上的非洲人

棕色的男子漢與戰士們，讓我們前進，讓我們朝東非與緬甸邁進。

——黑人士兵

I

一九三九年，英國與法國以自由之名，要求在對納粹與法西斯這個雙重敵人的全面戰爭中，所有的非洲帝國子民都要付出同等的努力與犧牲。二戰確實也可以說是非洲人的戰爭，畢竟納粹與法西斯這兩種意識型態都以鄙視非洲人著稱，而英國的文宣也不忘提醒希特勒在《我的奮鬥》（*Mein Kampf*）這本自傳裡，形容非洲人是命定要給人奴役的「半猿」。墨索里尼統治下的阿比西尼亞有多恐怖，非洲人記憶猶新。一名西非詩人在慶祝墨索里尼潰敗時有多麼喜不自勝，下面的詩句可以窺得一二：

逃吧，你們這些義大利人，
強取豪奪的土地給我留下來，
乘著失敗的雙翼飛翔吧，
因為英國人所在之處，
你們懦夫般的軍隊都會呈鳥獸散。[1]

但真正讓非洲人膽戰心驚的，其實一直是希特勒。整場仗打下來，情報針對英國殖民地的民心士氣進行了分析，結果顯示民眾普遍對希特勒極為反感，而他們也害怕萬一這傢伙贏了，非洲人得過上什麼樣的日子。

戰爭一打六年，不僅千百萬人的人生被攪了個天翻地覆，非洲本身也在社會、政治與經濟等層面被觸動許多意想不到的巨變，而這也為殖民地的穩定埋下不安定的因子。英、法在動員非洲人的過程中，創造出一個理念交流的渠道。徵兵不論派駐到哪兒，來自五湖四海的非洲兵都有機會在軍營與餐廳裡交談，而聊著聊著就會聊到自己的志向與國家的未來。不解會引發出質疑：雖說是為了自由與公義而戰，但千辛萬苦又得冒生命危險來打這一仗，是人都會想問自己能分得什麼好處？

戰爭結束後，一名來自幾內亞的士兵的心得是：「如果我們黑人沒有打這場西方人的戰爭，沒有因此飄洋過海去到異鄉，沒有展現出能力與人性的尊嚴，那我們就還是會被看得一文不值。」[2]一九四六年，法屬喀麥隆的居民間也有類似的情緒起伏蠢蠢欲動。喀麥隆人認為他們在作戰中扮演了不可或缺的角色，因此與英、美平起平坐應該不算過分。法國官員在回報非洲人心眼變多了的狀況之餘，也擔心起他們會慢慢想要「小孩開大車」但又眼高手低。[3]東非許多阿斯卡利士兵在結束動員返鄉之後顯得自視甚高，面對酋長也不願意行「帶著封建色彩的禮數」。[4]

除了讓心有不甘的情緒在非洲大陸上醞釀之外，二戰也讓非洲人接觸到嶄新而充滿吸引力的機會。一九四四年，奈及利亞政府的一本刊物登出照片，上頭都是在軍伍中習得一技之長的士兵，這包括有開軍用卡車的駕駛兵，有無線電操作員，有修理機車的技工，有處理著一大堆紅椒（阿兵哥的最愛）的伙房兵，另外還有砲兵在觀察並調整遠距的射程。[5]這想傳達的訊息非常清晰，而情治單位對軍中士氣的分析也呼應了這種心情：這些人希望把在軍中所受的訓練帶回民間，成為他們退伍後的就業優勢。再者，一如《泰晤士報》兩年前所點出的，非洲人掌握現代科技的能力一點也不輸人，一般人早應放下黑人不適於從事「白人工作」的迷思。[6]

就在奈及利亞部隊照片的旁邊，報紙讀者可以了解到的是家鄉的現狀。業者登廣告呼籲消費者在遇到物資匱乏時要有耐心，別忘了少這個、少那個固然讓生活充滿不便，但這也是殖民地對戰事勝利做出的重要貢獻。刮鬍刀片很難買到，原因是鋼鐵是重要的軍事資源。藥廠宣布將暫時不生產民眾的常備藥丸與藥水，因為他們要做「給獨裁者吃的毒藥」，也就是TNT炸藥。

II

阿斯匹靈開始在拉哥斯的藥房裡缺貨，讓人想忘也忘不掉非洲再打一場全體總動員的戰爭，而全體總動員的意思就是要比人力、要比原物料，也要比糧食。而若想要把人、資源與糧草提供出來，送到最需要的地方，那戰前的經濟體系就必須要暫停按照原有的方式運作。一九三九年，英國政府針對所有非洲殖民地施行了計畫經濟，自此自由經濟的供需法則不復適用，包括礦業、農業、工業與船運等產業都改由政府控管。政府機構成了各種礦藏、橡膠、瓊麻、棉花、蔗糖與香蕉的唯一買家，價格也統一由官方規定，且用來支付的往往來自美國的貸款。大宗物資幾乎盡數出口，如東非的牛肉會被做成粗鹽醃牛肉①罐頭，然後變成英軍在北非的主食。內銷市場遭到嚴格的管制，如一九四四年肯亞面臨到饑荒的可能性，肯亞政府便調高支付給玉米農民的補貼來增加產量，餘下的則被賣給美國來賺取寶貴的美元外匯。過去十年都呈現萎縮的各經濟體，終於在此時開始綻放光芒。

經濟作物總是排在前頭。在東非，農民收到的指示是要種植除蟲菊，因為除蟲菊的種子莢可用來製作殺蟲劑，而在瘧疾疫區作戰少不了這玩意兒。除蟲菊會呈現區域性供不應求，像英國就是一例。一九四四年，緬甸前線對除蟲菊的需求狂飆，結果導致肯亞自己的害蟲防治計畫無「劑」可施。棉花從坦干伊喀市場買賣中絕跡，那兒的男男女女只能無奈地用樹皮做衣服。[7]

勞動力大舉被改作他途，導致了嚴重的後果。徵兵與軍中的勞役，讓農民遠離莊稼，同時勞力密集的畜牧業也還是需要大量的人力。耕作的人數大量減少，加上乾旱造成羅德西亞南北部在一九四一與一九四二年同時缺糧，當時北羅德西亞必須進口阿根廷的玉米，才能避免饑荒爆發。[8]一九四三年的雨季落空後，坦干伊喀的欣延加區（Shinyanga）也來到饑荒的懸崖邊，所幸一群地方官員想出了用火車、卡車與驢子運水到臨時補給站的應急之道，最終才沒有讓憾事發生。補給站的糧食免費，而這也導致部分農民疏於在新的一季種植作物，他們心想搞不好政府又會「好心地」供糧。最後是酋長們好說歹說，這些農民才回去幹活兒。[9]

一九四二年，德國徵收阿爾及利亞的麥子，結果導致饑荒，而雪上加霜的是隔年又歉收。所幸同盟國的緊急賑災讓事情有所轉圜。[10]營養不良削弱了人體對於疾病的抵抗力，結果造成阿爾及利亞從一九四〇到一九四二年共爆發三次傷寒疫情。同樣地，這次又是同盟國扮演了救世主，主要是英軍與美軍的醫療隊實施大規模的疫苗接種。[11]維琪版本的文明任務，連照顧子民福祉的最基本責任都失敗得一塌糊塗。

戰爭扭曲了英屬非洲的勞力市場。「抓軍夫」原本已經在一九二七年遭到廢止，戰事吃緊之際又短暫地死灰復燃，結果非洲自給自足所需的農耕人力再度短缺。北非與中東的作戰，造成運補船隻裝卸貨、整平飛機跑道，以及替廣大陸、海、空軍做牛做馬的人手永遠不夠。二十萬非洲勞工受雇負責埃及遼闊軍事設施中的庶務，那兒即便是再小的單位或支隊，都有專屬的下人可以使喚。在開羅，英國陸軍的輸血單位裡就有一百三十七名勞工外加二十三名清潔工。[12]遠離前線，非洲人會被徵召去增援軍用原物料的生產。在坦干伊喀，八萬四千五百名勞工被徵召前往橡膠、瓊麻與除蟲菊的農園裡操勞。為了抵銷馬來亞錫礦被日軍於一九四二年奪走的損失，喬斯高原（Jos plateau）上的露天礦場就增加了產出，而這也代表那兒需要從整個北奈及利亞強募十萬人來做工。塔科拉迪（Takoradi）、卡諾與喀土穆等地的機場興建外加日常運作，結果又是個一萬

① 粗鹽醃牛肉（bully beef）是北美常見的醃肉類食品，亦稱 corned beef，其中的 corned 是指鹽醃，與玉米無關。

名勞工的缺口。

許多非洲人會為了逃避被抓去做工而躲進叢林。在坦干伊喀，一戰時軍夫死傷慘重的記憶猶新，搞得很多人都覺得二戰是惡夢重演而意願低落。沿岸地區的馬康德族（Makonde）則是一副事不關己的感覺，結果官方的召募人員直接去嗆他們的各個酋長，意思是你們這樣逃避責任，難道都沒有「哈亞」（haya，阿拉伯文的羞恥心之意）嗎？結果馬康德的酋長說他們的語言裡沒有這個字眼或概念，但他們並不笨，因為他們知道要「組一團」病人去招工處免費看診。大部分人會被判定不適合勞動，然後被飭回到村裡，然後酋長們就會覺得耍到了政府而很有成就感。[13]戰時的生活壓力與各種不便，造成許多人敢怒不敢言，但偶爾也會有人受不了而爆炸。一九四五年一月，累積的壓力導致罷工與暴動在烏干達全境像出疹子一樣接二連三。鎮上這些騷動的開端是被稱為「男孩」的縫紉機作業員、卡車司機、「夜間的土壤挑夫」（清糞坑的），還有工廠工人連袂罷工，然後事態很快擴散到鄉間，而鄉間的暴動由不良少年領頭，酋長呼籲要適可而止也沒人甩。暴民攻擊警察局、醫院與看守所，放出了受刑人。而罪犯則利用公共秩序的崩壞來趁火打劫，有的見人就搶，有的打家劫舍。[14]軍隊增援了寡不敵眾的警察，若干暴民遭到射殺，然後情勢才在二月初穩定下來。

烏干達的情報網完全反應不及。調查的結果顯示工會的激進分子是主要的始作俑者，其中不乏某些人會乘車「巡迴」全國到處滋事，像伊格納提阿斯．穆薩其（Ignatius Musaazi）就是其中一人。一九二六年英國總罷工②時，穆薩其正在倫敦求學。當時他就心嚮往之地希望有朝一日能將之複製到烏干達[15]，而後來他跟他的同志也成功打動了一群受眾。在這之前，烏干達人忍受了六年的物資短缺與生活不便，棉花價格先是飆漲了六倍，接下來更變成你有錢也買不到了。整體的生活成本上漲了百分之五十五，而薪資漲幅完全跟不上物價的漲幅，勞工只好要求月薪翻倍到四十五先令。

III

綜觀整個大英帝國的非洲殖民地，官方都很努力地要克服戰時縮衣節食的效應，而他們搬出的工具就是鋪天蓋地的宣傳。帝國想要透過文宣達成三層目的：讓非洲人知悉戰爭的進度、讓他們牢牢記住納粹是惡魔、讓他們願意為戰爭盡心盡力。由於識字率普遍偏低（一九三九年，奈及利亞兒童的就學率是六十分之一），因此廣播、電影與街頭的行動劇就成了宣傳的利器[16]，其中巡迴的電影院做為一種宣傳媒體，發揮預期中的強大效果。在黃金海岸，帝國一村接著一村搭起銀幕與擴音器，然後搭配現場通譯的說明來播放默片的短片。進行曲與民間歌謠的唱片經過功率放大，成了電影的現場配樂。觀眾在銀幕上看到非洲士兵的畫面與各式的宣導影片。不少村莊會

② 英國總罷工（General Strike of 1926），從五月三日到五月十二日共計九天的時間，英國的工會議會總理事會（General Council of the Trades Union Congress）發動了勞工透過罷工來聲援被業主拒於門外的礦工，主要是老闆們不僅對他們減薪，而且他們身處的勞動條件還每況愈下。理事會希望藉由罷工來迫使政府出手干預，並獲得以運輸業跟重工業為主的廣大勞工響應。

每週付五先令租擴音器來中繼廣播節目[17]，而各節目分別用上了猶魯巴語、豪薩語、伊博語，以及殖民地辦公室所稱的「簡單英語」（Simple English），也就是在地的涇濱語（pidgin）。[18] ③

從一九四二到一九四五年，軍方的東非文宣機動隊（East Africa Mobile Propaganda Unit）已經累計觸及百萬名的受眾。該文宣機動隊的主官狄克森（A. G. Dickson）少尉帶領了一群以非洲人為主力的團隊，他們自稱「傳教士」。除了電影以外，這群「傳教士」還籌辦表演會，由老兵跟阿斯卡利士兵駕駛甲車並示範擊發機關槍，可以想見這在當時一定非常熱鬧。狄克森也藉機徵詢觀眾的回饋，其中一人不為所動地說「這場戰爭只屬於白人」。比較暖心的回應則有：「歐洲人（特別是英國人）讓我們覺得自己跟他們並無不同，他們當我們是為了共同目標而努力的夥伴。」[19]

問題是這個共同目標達成了，對非洲人有什麼好處呢？一九四一年初，識字西非人的期待是英國如果贏了，那就代表「新非洲的降臨」，而新非洲代表會有新的自由。[20]唯在某些個角落也有質疑的暗潮洶湧，這包括有人會指稱這場仗是為大企業、大財團打的，小老百姓別想撈到什麼好處。[21]一九四二的上半年，盟軍接連敗退而引發了一陣緊張，受過教育的非洲人因為新加坡的陷落而「略顯動搖」，也有人短暫擔心北非的敗績會導致戰爭朝西非與南非擴散。[22]報紙報導印度的民族主義情緒日盛且日益訴諸暴力，引發有人認為英國人吃硬不吃軟，殖民地就是要發狠才能逼英國人在政治上做出讓步。西非學生聯盟（West African Students' Union）認為「自由」與自治不應等到戰後，當下就應該做為「接受現代戰爭之恐怖」的獎勵而交到非洲人手中。[23]

對於南非的黑人來說，這場戰爭並不值得期待，眾多的南非白人更是希望自己的國家可以保持中立。就任南非總理才短短兩天，史瑪茲將軍就對納粹德國與軸心國宣戰。他的政敵是認同阿非利卡人與亞利安人優越性等納粹教條的波耳人。戰前的不景氣讓不少阿非利卡人倒向了阿非利卡兄弟會（Afrikaner Broederbond）與牛車衛隊（Ossewabrandwag）這兩支極端的右翼政治運動，其中牛車衛隊有高達二十九萬的支持者，且多數是以波耳人占多數的警力成員。[24]在戰爭期間，這兩個團體會搞破壞，會幫助脫逃的德軍戰俘，還會恐嚇自家的軍人。[25]一九四二年三月，盟軍的局勢看來岌岌可危，一名川斯瓦出身的親納粹民族主義政治人物奧斯華・皮洛（Oswald Pirow），就希望戰後希特勒可以以勝利者之姿將南非視為盟友。[26]一九四四年五月，極端民族主義報紙《人民報》（*Volksblad*）公開說：「帝國的任何一角，都只是英國用來資助其軍需的工具。」[27]

德國的同情者在南非始終是不甘寂寞且有如燙手山芋，令人感到棘手的一群少數。南非有超過三十三萬名白人與七萬七千名黑人志願入伍，派駐的地點則有東非、馬達加斯加、北非與義大利。但史瑪茲政府對召募並訓練黑人士兵前往前線作戰一事相當卻步，主要是想到黑人士兵兼具紀律與對現代武器的熟悉，那畫面令南非人感到恐怖。這樣的私心讓黑人只能加入勞動隊（Labour Corps），唯流著戰鬥民族血液的祖魯人仍被官方鎖定，如在一九四三年的募兵影片裡，政府就保證他們只要來，就一定可以擔任「真正的士兵」。影片裡說他們會成為「自由」的夥伴，「與世界上三大愛好自由的國家並肩作戰」，這指的是英國、美國與蘇聯。募兵海報上畫的勞動隊成員穿得像白人士兵，身穿卡其制服，但手拿的不是來福槍，而是阿色該矛。[28]

---

③社會語言學認為當兩個不同語言的民族接觸時，發展出來的溝通用簡陋語言即為所謂的（洋）涇濱語；而當涇濱語持續發展，語法與字彙漸趨成熟，以至於下一個世代的母語時，則轉變為克里奧語（creole）。

英國的宣傳強調非洲人要為共同的目標付出同等的努力與犧牲，但這偶爾會遭到識字的非洲人挑戰。一九四二年初西非情勢不穩，起因便是不滿美國對待其黑人族群的態度，特別是美國南部各州的私刑氾濫。殖民地辦公室為此極力宣傳不少美國黑人也過得很好，並且也不知怎地，美國南方的黑人女性也突然不再覺得自己需要私刑暴民的威脅才能循規蹈矩。[29]提油救火的一點是駐西非機場的美國軍人抗議防衛部隊竟是黑人士兵。[30]另外英國仍在實施種族差別待遇的消息傳來，也讓民情浮動。[31]做為回應，殖民地辦公室贊助了一場活動來提醒英國人要以禮善待有色人種的軍人與職工，因為他們都是無償在英國最需要的時候伸出援手。

IV

英軍的黑人士兵都是募兵，只不過酋長身為政府的募兵士官，往往會在軍方的鼓勵下對部落的年輕人施壓。某些年輕的酋長會以身作則地入伍，然後破格直接擔任士官。部落的尊嚴與老戰士的傳統仍屹立不搖，而這都是原住民從軍的動機。某一戰老兵的口氣很自豪：「我三個孫子都去當了兵……他們穿的軍服跟白人一模一樣。他們一舉一動都是個軍人，不論要去哪裡完成什麼任務，他們會服從命令。」從軍使他們為家人與部族增光，另外也展現了他們對英國皇室與帝國的忠心耿耿。[32]在聽到一場演講裡提到二戰是為民主而戰之後，一名阿斯卡利士兵堅持自己是在「為喬治國王而戰」，他還說要是單純為民主而戰，那他會覺得軍餉太低。[33]

相比之下，法國的黑人部隊是以徵兵為主。逃避兵役者很多，法國平均每五個受徵召者，就有一個會逃兵。而逃兵不是逃到叢林裡，就是躲進英國的屬地，當然第二個選擇的前提是你得人在西非。儘管如此，在一九四〇年的五月，法軍仍有十萬名非洲士兵部署在法國本土來迎戰德國的侵略。這些非洲士兵非常頑強，而且打起仗來英勇過人，也難怪他們經常是攻勢中打前鋒的首選。只可惜這一些都發揮不了作用，因為他們身處在士氣蕩然無存的敗軍之中，英雄也無用武之地。這樣的慘痛體驗，動搖了他們對於白人的信心。「我們看著那些我們視為主人的傢伙赤身裸體或至少衣衫襤褸，有些人根本是膽小鬼。」一名非洲老兵記憶猶新。[34]「我們比白人強多了，」另外一個人說，「那顆子彈打到我牙齒，要打到白人他早死了。槍一響白人逃跑超快。」[35]

這些強悍的士兵，把德國人給嚇壞了。德國人因此指控非洲人會毀壞屍體，而這樣的信口開河會有人相信，得歸功於納粹六年下來的種族教條洗腦，而這也說明何以狂熱的納粹黨衛軍會於法國投降前後主導於北法、南法殺害一千五百到三千名的非洲戰俘。在一次屠殺的過程中，一名受難的非洲士兵高呼：「法國萬歲！」另外一位甚至高喊：「黑色的非洲萬歲！」[36]

英國很以自家的黑人士兵為榮，他們的忠誠、打死不退的精神，還有勇於入伍作戰的態度，都平反了帝國的光榮。一九四一年那部百代公司的新聞影片裡，就評論自黃金海岸募得的新兵是「古銅色的天降神兵，他們的肌肉會讓喬．路易斯④望向自己的二頭肌」。所有人都是「願意為英國國旗一戰」的志願役，且許多人投身軍伍都懷抱著對刺激與冒險的憧憬。[37]他們這種有如鬥雞

---

④全名為喬瑟夫．路易士．巴羅（Joseph Louis Barrow），小名喬．路易斯，外號稱「褐色轟炸機」，是美國一位偉大的重量級職業拳擊手。

般的戰鬥意志，化成了一首進行曲當中的文字：

> 棕色的男子漢與戰士們，讓我們前進
> 讓我們朝東非與緬甸去邁進。[38]

英軍第八十二（西非）師團曾在一九四四與一九四五年活躍於緬甸戰場，他們自稱「黑蜘蛛」。[39]與黑蜘蛛們並肩作戰的還有東非部隊，東非部隊一樣有著強烈的凝聚力與對自身戰力的自信，他們覺得自己的勇氣贏過「黃皮膚的叢林人」，他們是這麼叫日本人的。[40]

非洲士兵身穿卡其制服、腳踏靴子（他們對靴子很堅持），頭上頂著的不再是垂著流蘇的土耳其無簷毯帽，而是改戴濃濃澳洲風味的牛仔寬簷帽（slouch hat）。他們吃飯用的是刀叉跟湯匙，他們「開洋葷」認識了配給很充沛的香菸，他們赫然發現量產的啤酒超好喝。他們還接受到免費而高品質的醫療服務，而這點在他們心上留下久久不退的深刻印象：一九四五年的非洲士兵只要一想到自己的國家，就會希望非洲未來能多蓋幾間醫院。[41]軍醫都注意到非洲士兵「與生俱來的驕傲、潔癖與自律」，但這些美德有一點被他們的性喜漁色給蓋了過去。醫官雖然三令五申說要注意、要注意，但還是有比例高得嚇人的非洲士兵染上性病。[42]在聽說有保險套的好處以後，一名懷著抗拒心情的非洲士兵問說：「難道歐洲人會穿著鞋子洗澡？」[43]他的不解，也是至少一名英國士兵的不解。英國人對醫官說的是他覺得「給貂套上嘴套」，一點道理也沒有。[44]

休息時間用來填空的，有一部分是以實用科目為主的教育課程，這包括農耕的技巧，以及希望他們戰後返鄉後用得著的各種「持家」技術。軍隊的長官希望這些課程可以讓他們將來成為技工、辦事員或駕駛員，因為他們能就業，經濟就會繁榮，經濟繁榮，「殖民地的發展」就會加速。[45]軍方也推行儲蓄方案來幫助退伍軍人展開恢復老百姓身分的新生，而到了戰爭尾聲，這些存下的「金蛋」已經累計超過一百二十五萬英鎊。退伍之際，平日省吃儉用的士兵不僅有自己的儲蓄可以領，而且還能另外拿到一筆解除動員的「退伍金」，這部分以下士而言可以拿到二十九英鎊。許多人都把這些錢當創業基金，做起了小生意。

但話又說回來，替歐洲人分攤戰爭的風險，並不代表非洲士兵可以在各方面都享有與同袍們平等的地位。在北非，軍方認為還是讓黑白部隊分開比較保險，他們認為廚房、餐廳、宿舍與廁所統統進行隔離，可以讓「因為種族、語言、膚色、觀點、習俗、教育背景而導致摩擦」的風險降低。種族的傲慢存在於出身工人階級背景的基層英軍士官當中，這些人憑著「顏色對了」，就想對比他們高階的非裔同袍頤指氣使。[46]習慣尊稱印度人「波瓦納」（斯瓦希里語「先生」、「主人」的意思）的東非阿斯卡利士兵來到加爾各答，結果印度人反過來尊稱他們「薩希博」（sahib，印度各語言中的先生、主人），搞得他們一頭霧水，而有些人對印度人的態度也因此顯得輕蔑。[47]

被帝國階級搞得暈頭轉向的非洲士兵，在戰後也只能瞎猜自己在帝國中的地位。日本於一九四五年八月投降之後，等著解除動員並搭船回家的非洲士兵討論起自己的前途跟對戰後世界的期待。有些人在家書中與親友分享自己的心情，而軍隊在檢查信件時發現很多人竟然都提到希望能多點更具品質的學校與醫院，希望職業訓練的機會能夠增加。奈及利亞人對家鄉罷工者對於調薪的訴求很能感同身受，同時他們也不滿阿齊基韋博士的民族主義報紙遭到打壓。[48]

戰爭擴大了非洲人的視野，讓他們釐清想法，知道非洲未來該以何定位，立足世界。在許多方面，非洲士兵都獲得等同歐洲人的待遇。盟軍的文宣一方面強調個人自由，一方面稱頌民主是最接近理想的政府型態，唯個人自由與民主政府正是非洲人被活生生給剝奪的兩樣東西，這點只能說「有目共睹」。一九四四年，存在主義作家卡繆在筆下做過以下的觀察。他說法國必須要說服阿爾及利亞人「我們沒有兩套政策（標準），一套用來賦予法國人民正義，另一套用來確認帝國中的不公不義」。[49]

結束動員後的士兵帶著新的心情與新的願景返回故鄉，而這也讓英國殖民地的官員「皮皮剉」。坦干伊喀一名區級官員對狄克森少尉反映說退役的士兵「變成了革命分子——這很危險，因為他們完全沒有要按計畫改革的意思，他們就是要革命」。[50]南羅德西亞原住民事務局的一名官員也懷抱著類似的忐忑心情，主要是返鄉老兵的情緒浮動。他們希望工作薪水能高一點，住的房子能好一點，而他們的衣著打扮也變得非常鮮艷。更糟糕的是，他覺得這些老兵已經耳濡目染歐洲的生活習慣，「外來的影響」已經在他們身上根深柢固，無法剷除。[51]

第四部

1945至1990年

第二十二章　英屬非洲的民族主義騷動暨冷戰的陰魂，一九四五至一九五七年

I

一九四七年的九月，大約六十名非洲人與西印度群島的島民在倫敦的特拉法加廣場，集會宣傳殖民地百姓的希望與不滿。環繞著他們的是被納粹五雷轟頂過的英國首都，還有倫敦百姓居住的殘磚破瓦，他們強忍著物質生活上的貧乏，只因為工黨政府跳針似地強調戰後的復甦與重生別無他法。集會中的發言者也期待著戰後的新世界，一個不再有帝國存在的美好未來。樂觀存在於他們的內心：歷史推進的能量正在他們身後累積，畢竟印度、巴基斯坦、緬甸與錫蘭的獨立，都才只是一個月前的事情。

關於這列獨立的列車，所有的講者都希望非洲殖民地會是下一班車的乘客。其中一人宣稱「民主」無法與「帝國」相容，而極左的國會議員芬納．布拉克威（Fenner Brockway）則呼籲其所屬的工黨在「（非洲的）貴族統治與獨立」之間做出抉擇。黃金海岸全國民主大會黨（Gold

Coast Convention People's Party）當時初成立，而還是倫敦政經學院（London School of Economics）研究生但即將接任其黨魁的夸梅．恩克魯瑪警告英國政府「非洲人的忍耐是有限度的」，自由再這樣被英國掐在手裡，那就是逼著他們自己動手。[1]

非洲人看似少了幾分耐心，但這無可厚非。戰間期的空檔讓非洲的民族主義萌芽，戰時的忠誠與戰後對回饋的期待讓其茁壯，如今這份樂觀的情緒高漲。非洲人當中受過教育且具政治素養的階級，已經愈發地勇於表達自己。他們扮演起有如羅馬（平民）護民官①的角色，並開始忙於匯集民氣來成立具有黨紀的政治團體，希望藉此來取得「為民喉舌」的代表性與正當性。他們的聲音愈來愈響亮而刺耳，愈來愈令人無法充耳不聞。獨立已經從幾十年後的長期計畫，變成幾年內就要有結果的衝刺目標。

恩克魯瑪博士判斷對了一件事，那就是他的群眾已經按捺不住了。五個月後，黃金海岸的情勢爆發，大規模的集會在阿克拉的戲院舉行，原本的訴求是抗議物價高漲與勞動市場一灘死水，結果為期兩週的暴動與劫掠隨之而起。當地與倫敦的政壇像經歷一場震撼教育，不祥的預感填滿內心。眼見公眾秩序瓦解，驚慌失措的官員從賽門鎮（Simon's Town）呼叫皇家海軍的兩艘巡防艦「阿克泰翁號」（Actaeon）與「奈瑞戴斯號」（Nereide）來「展示英國國旗」，地面部隊也搭機從奈及利亞前來解圍。警力多次在不同場合開火，暴動者二十九死，兩百三十七傷。為首的恩克魯瑪等人被捕下獄。

① 護民官（Tribune），古羅馬時代由平民大會選出的官員，其職在於保護平民的權益不受到執政官員濫權的侵害。

兩週的暴動終於落幕，而政府的下一步就是大網一撒要找出禍首。這背後有沒有陰謀？若有則誰是幕後的藏鏡人？一名情報官察覺到在地共產黨員悄悄插手其中，是他們鼓動暴民去挑釁警察開火，這樣一來「他們這邊就會死一些人」，而人死就會變成「烈士」。[2]政府的這種推測並非空穴來風，因為他們掌握一份扭曲的文件上提到「某位革命的先鋒」準備要「為了確保獨立而做出貢獻，他將獻出自己、犧牲自己」。[3]隨著局勢升溫，身為恩克魯瑪同志的訴訟律師約瑟夫・丹夸（Joseph Danquah）宣告：「解放的鐘聲已經敲響」。[4]令人膽寒的臆測突變成為現實：《旁觀者》雜誌宣稱暴民們所尋求的是「蘇維埃式的國度」。[5]

黃金海岸的暴動有雙重的重要性。首先這是共產主義在非洲首次嶄露鋒芒，這對英國在一九四五年大選中所擘劃的殖民地政經改革造成威脅。後來的工黨殖民事務大臣，亞瑟・克里奇－瓊斯（Arthur Creech-Jones）承諾自此之後，「殖民地的各民族終將」在英國的循循善誘下「決定他們各自的歸屬與命運」。保守黨的殖民事務發言人承諾非洲人會受訓而習得「地方政府的倫理與誠實」，以便假以時日，「落後的種族」也能夠達到「自行管理自身事務」的彼岸。[6]

這項計畫從沒有確切的時間表，但倫敦主流的看法是要四十到五十年的時間。工黨與保守黨的共識是最終的結果得是獨立的民主政體，且當中必須具備英國國會與獨立司法體系的全副制衡機制。另外一點被視為理所當然的，是整個過程會和平、漸進，且會由上而下獲得扎實的監督。等到獨立達成的那天，英國會希望這些殖民地會完全重複白人自治領在上世紀走過的歷程，並且也能夠加入現有的大英國協（Commonwealth）。大英國協並不是一個正式的、有約束力的結盟，反倒一直都更像個雞肋，將其成員箍在一起的是共同走過的過往、共同的語言，還有最重要的，對英國皇室的一份眷戀與感情。英國皇室出訪這些曾經先後是「一家人」的國家，成了例行的行程，媒體也會大肆報導來做為團結與善意的證據。情感的連結，反映在扎扎實實的經濟現場：一九五五年，英國百分之五十三的外銷輸往大英國協國家與殖民地，同時英國百分之四十三的進口也來自這些地區。

II

英國官方的去殖民藍圖，並沒有想到黃金海岸那些就業困難（而在騷動中扮演要角）的退伍軍人會打劫商家，也沒有考慮到去殖民的過程會被在地共產黨奉莫斯科之命綁架，只不過早在一九四六年，英國外交部就曾經擔心俄羅斯會透過文宣與策反來打擊英國的海外利益。[7]後續的事件顯示英國這麼擔心不是沒有道理，但俄羅斯出手的範圍其實僅限中東，而英國在中東的影響力早已江河日下。

自此之後，俄羅斯就出於意識型態的理由而對非洲意興闌珊，這並不令人意外，畢竟從一九二四年列寧死去之後，史達林就捨下對全球輸出共黨革命的大業，改而把眼光放在國內，鞏固俄羅斯本身的革命成果。非洲大陸欠缺具有政治意識的製造業工薪階層，而少了這項元素，傳統的馬克思主義教條革命就很難帶得起來。在部分工人階級有一定規模且種族關係緊張的非洲地區，共產主義確實達成一些初步的成果。截至一九四五年，阿爾及利亞共產黨累積一萬兩千名黨員，南非的共產黨員則有兩千名。[8]

有如涓涓細流的非洲人仍持續前往莫斯科研習並浸淫在馬克思－列寧主義的環境中，但並不是所有人都對共產教條照單全收或被洗腦成功。一九三三年，肯亞塔在莫斯科被一名南非共產黨員嗆說是個「小家子氣的布爾喬亞」。他很氣憤地反駁說：「我不喜歡你把『小家子氣』套在我頭上，你幹麼不說我是個大器的布爾喬亞。」這樣的意氣發言其實相當危險，肯亞塔自己也知道，因為他不是沒看過另一名非洲學生瞬間被祕密警察逮捕。那名同學人間蒸發後多半成了史達林前幾波肅清異己的犧牲品，就跟其他不幸的非洲學生一樣。[9]

與其浪費力氣在革命潛力不大的非洲大陸上，戰後的史達林隨即將手伸向東歐，那兒多得是可供其擺布的東歐國家。法國與義大利的共產黨都頗成氣候，因此進一步顛覆滲透的機會不是沒有，但美國經援歐洲的「馬歇爾計畫」讓他們有志難伸，主要從一九四七到一九五一年，美援成功帶動西歐的經濟復甦。以三十億美元的代價，美國守護了資本主義民主制度在歐洲的生機，也提供歐洲日後經濟成長與繁榮所需要的根本，而這一點就與史達林附庸國中的苦日子做出了區隔。馬歇爾計畫的受益者包含殖民非洲的英國、法國、比利時，而食人之祿，他們日後也成了美國國務院用來偵測並排除共黨滲透非洲的馬前卒。

到了一九四八年，世界各地更迫切地開始圍堵共產主義活動。就在暴民清空阿克拉商店的同時，布拉格的一場政變讓史達林成了捷克（斯洛伐克）之主，而這也讓世界看到ＫＧＢ②有多擅長耍手段把本土共黨玩弄於掌心。到了六月，英屬馬來亞發生共黨游擊隊的叛變，原本就溫吞的獨立進程因而中斷。甚至到了一九四九年，馬共的游擊隊還祕密獲得毛澤東來自中國的支援。就跟黃金海岸一樣，馬來亞當局也沒料想到國內會有這樣的發展，因此有段時間根本不知如何應對，而最終這場游擊戰竟拖了十二年。在這樣的國際局勢下來到一九四九年，代表資本主義的西歐國家與奉行共產主義的東歐國家終於攤牌。繼前者於一九四九年簽訂北大西洋公約組織（North Atlantic Treaty Organization）③之後，後者也於一九五五年祭出華沙公約（Warsaw Pact）④反制。一九五〇年在史達林的同意下，北韓入侵南韓。

在蘇聯虎視眈眈，一心想要趁虛而入的狀況下，每天的日子變得風聲鶴唳。英國的軍情五處趕忙把眼線拉至英屬非洲各個角落，共黨對各地民族主義政黨的滲透是他們監控的重點，其中恩克魯瑪與肯亞塔更是遭到鎖定，畢竟他們與俄羅斯有過交集，與身為俄國小弟的英國共產黨也有淵源。同樣被疑神疑鬼的還有主張社會主義經濟政策的非洲民族主義政黨，這包括非洲民族議會的北羅德西亞分支，主要是非洲民族議會的章程就承諾要終結「資本主義的剝削」，並建立「社會主義下的民主社會」。[10]

---

② 蘇聯時代的情報單位，正式名稱為國家安全委員會，俄文字母羅馬化後的拼法是Komitet gosudarstvennoy bezopasnosti，英文縮寫ＫＧＢ。

③ 目前仍持續運作，最新的第二十九個成員國蒙特內哥羅於二〇一七年六月五日加入。

④ 已於蘇聯解體的一九九一年終止運作。

III

一九五二年的十月，肯亞發生了茅茅起義⑤，而共產主義被點名是始作俑者，唯情資對此指控並無實證。義大利共黨據稱曾出錢從索馬利亞私運手槍過去，蘇聯外交體系在鄰國衣索比亞動作頻頻，奈洛比一名印度外交官的詭異行動令人想捕風捉影，但這些頂多能算是約翰．布坎⑥筆下驚悚小說的場景，構不成蘇聯密謀顛覆肯亞政府的鐵證。[11] 一九五五年，有人密報肯亞南迪區一場政治會議中討論了國際事務，但這也不能代表什麼。有人狐疑：「俄羅斯人通斯瓦希里語嗎？」而另外一個人則想知道：「俄羅斯人長什麼模樣？」[12] KGB很明顯在肯亞不是很吃得開，但儘管如此，肯亞的殖民地總督伊弗林．貝令爵士仍堅稱茅茅起義與國際共產勢力脫不了關係，所以打擊茅茅起義就是打擊共產主義。這話說得讓美國人很滿意，美國可不想聽到自己的盟國「開歷史的倒車」去發動殖民者的壓迫戰爭。

但共產主義的宣傳恰好就是這麼說的，而說真的他們的版本比較接近真相。一九五二年的十一月，波蘭的《華沙生活報》（ycie Warszawy）登出一張茅茅組織囚犯的照片，而他被捕是因為參與了一場「要讓肯亞從帝國主義的枷鎖中掙脫」的戰爭，而為此他如今「受縛有如黑奴」。更多令人不忍卒睹的報導接續流出，包括有人提出屠殺與納粹式暴行的指控，結果引發紐約（共黨）《工人日報》（*Daily Worker*）的報導與英國下議院的質詢砲火。美國報紙給茅茅成員貼上了「幫派分子」的標籤。有篇報導講到一名肯亞主婦身懷左輪，單槍匹馬捍衛她孤伶伶的農場不受「以自家男廚師為首的茅茅匪徒」侵害，那口氣隱約就像是在講西部墾荒的故事。[13]

茅茅起義不牽涉意識型態，這單純是一場貧富爭奪土地的戰爭。此刻一無所有的是肯亞人數最多的基庫尤族，他們希望能收回五十年來被白人墾民蠶食鯨吞的土地。身為地主的白人在一九五二年為數僅三萬人，但他們的農場卻占據廣達一萬兩千平方英里（超過三萬一千平方公里）的肥沃土地，相對於人數破百萬的基庫尤族僅靠兩千平方英里（約五千兩百平方公里）較貧瘠的土地過活。但對土地的渴求並沒有讓基庫尤人團結一致，結果這場動亂最終成了基庫尤人殺基庫尤人的內戰。占基庫尤族總人口四分之三的基庫尤人（七萬人），志願加入了基庫尤國民兵⑦，而他們正是兩萬名茅茅成員死傷慘重的主因。[14]

看著馬來亞的前車之鑑，肯亞政府不說這是場戰爭，而用了「緊急事態」這樣的用語來輕描淡寫，而這也提供藉口讓暫停所有人身自由、嚴格管制新聞自由與給予警察極端權力之恐怖法令得以施行。有人提議要把「持有易燃物」列為可處以極刑的犯行，首相邱吉爾於是跳出來說了公道話，他說為了盒火柴把人吊死，會不會有點反應過度。但於一九五一到一九五四年間擔任殖民事務大臣奧利佛・萊泰頓（Oliver Lyttelton）則持不同看法。萊泰頓大臣大力捍衛這類的嚴刑峻

⑤ 茅茅起義（Mau Mau）以基庫尤族人為主所發動的事件，茅茅是舉事的反殖民組織名號。

⑥ 約翰・布坎（John Buchan）曾任加拿大總督的蘇格蘭小說家。

⑦ 基庫尤國民兵（Kikuyu Home Guard），英國在一九四〇到一九四五的二戰期間也有所謂的Home Guard，基庫尤的國民兵則於一九五三到一九五五年間為了反制茅茅起義而成立，初始成員為忠於英國的部落警力與私人軍隊，而其名號正是向保家衛國的英國國民兵「致敬」。

法與執法者。他認為這是他身為基督徒的職責，因為他認為自己是在與黑暗力量對抗：曾經在閱讀一份講述茅茅法術的報告中，他覺得自己看到惡魔頭上的雙角躍然紙上。[15]有這種心態的人不是只有他，而是肯亞跟英國媒體上都很常散播的說法，他們會巨細靡遺地報導茅茅組織的恐怖立誓方式或各種暴行，如「拉瑞屠殺」⑧造成超過逾百基庫尤族的男女與兒童死亡，就被當成這些人無可救藥的樣板：你看，非洲人就是這樣拒絕文明，他們回歸的是一種野蠻而迷信的過往。

恐怖的立誓儀式、暗殺與屠戮，是茅茅組織黑暗駭人的鐵證。茅茅組織與英國對抗有著先天的弱勢，這包括他們欠缺現代武器、人數遠不如政府軍，且又於短時間內被孤立於基庫尤族的主流之外。為了抵銷這些不足之處，他們必然得使出非常手段，而其中一個方法就是在召募新人時注入恐怖的元素，拒絕立誓者死，立誓而食言者死。茅茅組織的軍事行動僅限於以小部隊打帶跑的方式突襲白人農場或不合作的村莊，另外就是他們會搶奪在叢林裡存活所需要的食糧。

話說要比狠，政府軍反恐手段的殘酷也不在話下。根據進入緊急狀態後的法律，超過百萬名基庫尤人被迫顛沛流離到籬笆圍起的集中地，或已經很擁擠的村莊裡，然後在那兒受國民軍監控並進行勞改。有茅茅成員嫌疑的人會被拘禁、審訊，然後歷經一種驅邪的儀式來解除他們的惡魔之誓。雖然同樣是胡言亂語，但有經過官方認證的驅邪咒語就是比非官方的來得管用，因此六年下來不少人斷開了茅茅的誓言。集中營裡的鞭笞與折磨很常見，但這些行為都有官方背書，結果很多人因此承受不住而丟了性命，要不然就是因傷致殘。

死者當中有一位伊萊加・基迪恩（Elijah Gideon）是個身體虛弱的基庫尤耆老。身為基督徒的他被阿斯卡利士兵用棒子打死，而下命令者分別來自警察預備隊（Police Reserve）與肯亞軍團

（Kenya Regiment）的兩名白人志願軍，這是兩支老早就惡名在外的部隊。基迪恩遇難的細節在下議院被揭發出來，對此殖民事務大臣萊泰頓承諾議員會將兩人問罪。[16]出庭之時，兩名凶手來到傑佛瑞·拉德（Geoffrey Rudd）法官的面前，結果一人被罰款一百英鎊，另一個人重一點，一百五十英鎊。法官說非常時期要有非常做法，這兩人的行為不算過分。[17]歇斯底里與擅離職守像傳染病一樣，一件接一件發生。在接下行動指揮權後不久，將軍喬治·爾斯金（George Erskine）爵士就被這兩支安全部隊給嚇了一大跳，主因是軍紀之蕩然無存讓他完全意想不到。首先是不過短短七個月，這些驕兵悍將就射殺四百三十名逃獄者。[18]萊泰頓在國會議員面前堅稱這些死者都是拒捕在先，但怪的是沒有一名逃獄者僅是負傷，所以這事兒也死無對證。[19]

在肯亞，惡人幹了不少壞事，而在英國，政壇的左派人士齊發出不平之鳴。唯整體而言，輿論還是願意對這些鳥事睜隻眼、閉隻眼，畢竟他們也聽多了茅茅組織的惡形惡狀與殘暴不仁。「茅茅的威脅」是一九五二年百代公司新聞影片內的重點，而看的人也無一不被嚇出一身冷汗。這部影片開頭就是令人毛骨悚然的刺耳配樂，而畫面只見叢林巡邏隊、警察聚集在一起審訊多名嫌犯，接著就是一場喪禮，死的是一位「睿智而和善的酋長」。他的殉難，便是旁白口中茅茅成員「滿手鮮血」的一項證據。影片中講到茅茅成員，就會提到「恐怖分子」、「狂熱分子」、「匪

⑧拉瑞屠殺（Lari massacre）是發生在一九五三年三月，茅茅起義中的一場事件，過程是茅茅組織成員殺害了忠於英國的本土國民軍成員與其家眷。英國政府視此事件為極佳的宣傳素材，並將訊息提供給記者。事後做為報復，英軍與本土士兵殺害四百餘名茅茅組織成員。

徒」等字眼。旁白說這些人不把「所有白人趕出肯亞」，誓不罷休。茅茅入會祭典中令人頭皮發麻的情節，隱諱地被透露在媒體上與下議院議員耳邊。

有一個版本的茅茅入會誓詞顯示新成員必須歸順並遵肯亞塔是「我們偉大的領袖」。[20]一九四六年，肯塔亞已經帶著他的英籍妻子從英國返回肯亞，並接手肯亞非洲聯盟（Kenya African Union）。宣布進入緊急狀態後短短幾週，肯亞政府就逮捕了肯亞塔本人與數名其他政治狂熱分子，他們被控煽動與鼓勵茅茅之亂而受到審判。在審判過程中，有關當局完全知悉肯亞塔早先與共黨的淵源，政府抓著這點把他當成蘇聯的間諜。這些誤導大眾的訊息，加上他的被捕，算是給了歷劫的墾民社區一個交代，要知道白人可是喊著血債血還。真相是肯亞塔跟茅茅井水不犯河水，雙方並無交集，而軍情五處也清楚這一點，英國很清楚肯亞塔單純只是個傳統的民族主義者。[21]但奈洛比的肯亞政府根本不管這麼多，照劇本演出的審判裡有收了錢的目擊者，立場偏頗的法官也果然宣布肯亞塔有罪。肯亞塔被判勞改六年。

時間快轉到一九五六年，茅茅組織已遭擊潰，肯亞也結束了緊急狀態，只不過為求保險起見，「最難以教化」的嫌犯還是又延長監禁了三年。到了一九五九年，這些被延長監禁的嫌犯裡有十一個人在霍拉（Hola）拘留營被非洲獄卒打死。針對此等暴行，保守黨議員伊諾克・鮑爾（Enoch Powell）做了一番道德剖析，他希望國會同僚別忘記帝國追求的傳統理想。「我們不能說，」鮑爾高呼，「我們在非洲有非洲的標準，在亞洲有亞洲的標準，或許在英國又有英國的標準。」輿論對這樣的多重標準也無法容忍，英國民間畢竟知道是非對錯，英國人覺得英國價值不能打折扣。「我們不能，也不應冒此不韙降低自己的標準，特別是不能在非洲，該負的責任我們一定要負。」有什麼責任該負的問題，在二〇一三年被提了出來，這一年有四名肯亞人來到倫敦要求民事賠償，他們說自己是肯亞緊急狀態時期的受害者。官方刑求與強勢作為造成的血淚斑斑與令人怵目驚心的驗屍資料，全被大衛．安德森（David Anderson）化為詳盡而理性的文字，寫進《吊死者的歷史》（*History of the Hanged*）而公諸於世。想看作者放下理性暢所欲言，美國史學家卡洛琳．艾爾金斯（Caroline Elkins）是你另外一個選擇。二〇一三年開始的這場訴訟最終以庭外和解作收，英國政府為此撥出兩千萬英鎊的預算，凡能證明自己在緊急狀態期間受害的原告都能獲得補償。

IV

一九五九年，鮑爾重申的是自由派帝國主義的傳統理想，而其最新的目標則獲得邱吉爾保守黨政府的確認。邱吉爾的保守黨政府於一九五一年上台，而在十一月，萊泰頓在下議院說他會延續讓殖民地在大英國協內獨立的政策，並表示殖民地的自決必須以自給自足做為前提，唯英國也會盡可能鼓勵或資助殖民地的經濟與社會發展。一九五三年，在殖民地辦公室所做出的九百五十六筆任命當中，超過三分之二的職務是工程師、都市計劃師、教育官員、地質專家、林業專家與獸醫。

但非洲殖民地到底何時能達到獨立的標準，大家還是一頭霧水。黃金海岸的暴動引發了後續的官方調查，而調查得出一個英國不太情願公布的結論：殖民地朝自治發展的腳步得加快。恩克魯瑪於一九四九年獲釋後，黃金海岸全國民主大會黨有六萬名黨員在阿克拉集會慶祝。現場有人為他祈福，有支持者高唱讚美詩《慈光歌》⑨。這場集會的基督教色彩，讓人對情勢充滿信心，唯情治單位仍懷疑這名光鮮亮麗而開心被稱為「命定的非洲之子」與「迦納之星」的高調領導人，其實是臥底的共產黨員。此外英國還懷疑恩克魯瑪跟非法鑽石走私者有所牽連。[22]

恩克魯瑪的個人魅力，變成一種偶像崇拜，而這也正是英國所需要的東西：一名英國可以與之交易的高人氣領導者，畢竟他內心的野望與虛榮遠大過他對馬克思主義教條的認同。再者在一九五四年，他已經公開說過他無意把外國公司收歸國有。但比這一切都更重要的是恩克魯瑪跟黃金海岸總督查爾斯．亞爾登－克拉克（Charles Arden-Clarke）爵士合作愉快。做為一名凡事求穩的務實主義者，亞爾登－克拉克爵士的想法是獨立再拖會拖出問題。一九五〇年，官方安排選民進行登記，結果四成合格選民完成了這個程序。官方再三保證祕密投票，且警告不准有人恐嚇選民。[23]最終，黃金海岸全國民主大會黨順利勝選，恩克魯瑪以過渡時期首相之姿站上民選內閣的頂點來襄助獨立前最後一任總督。一個小插曲是由於文盲太多，大選的選票上印的不是文字，而是政黨的標誌。黃金海岸全國民主大會黨的標誌是一隻在啼叫的紅色年輕公雞，對照新時代的破曉算是頗為應景。

隨著獨立的「日出」時間逐漸逼近，英國對黃金海岸的三個政黨仍盯得很緊。一名間諜滲透進黃金海岸全國民主大會黨，並建構出組織中的幹部側寫。這些幹部當中有純粹的民族主義者，有視獨立為出人頭地良機的男人，畢竟不論是在政府還是在民間企業，所有的高階職位都一向是歐洲人的禁臠。當然樹大有枯枝，黨內幹部有些怪咖也不足為奇。像有一名拜物的祭司之子就自認他繼承了超自然的能力，可以幫助他左右選民想法。身形矮小的他待過阿克拉的精神療養院，並自命「猶大的雄獅」。他面對歐洲人彬彬有禮，而歐洲人則對他特異的行為舉止與「誇張的牛津口音」感到興味盎然。[24]

新的惡夢來了，舊的惡夢也沒走。一九五〇年十月，《每日電訊》（*Daily Telegraph*）指稱恩克魯瑪不僅是莫斯科的走狗，就連他的政黨都在「使用非洲最黑暗的符咒」。但不論超自然的力量究竟有沒有在選舉中派上用場，黃金海岸全國民主大會黨都在一百七十五個國會席次中拿下一百零四席。一九五七年的三月，黃金海岸正式改國名為迦納，成為大英國協內的獨立共和國。雖然還是不能百分百放心，但迦納的經濟看起來應該還過得去，畢竟他們有兩億英鎊的外匯存底，外債則只有十分之一的兩千萬英鎊。但這位國際社會的新同學還不能高枕無憂，因為他們有一個問題，那就是恩克魯瑪自視甚高。恩克魯瑪視迦納的獨立是他個人的勝利，因此他應該有資格更上一層樓，在世界的舞台上擔任泛非的領袖，並扮演當時一個新詞「殖民主義」的剋星。代表迦納，他承諾（訪非）的美國副總統尼克森（Richard Nixon），說他會強力支持言論自由與「民主傳統」。[25]這話英國愛聽，畢竟英國也是以賭一把的心情加速政權的轉移，若以一九五七年的角度觀之，這場豪賭的結局算是為去殖民化該如何平和進行，立下一個皆大歡喜的典範。只不過肯亞所歷經的恐怖震撼教育卻也警告來者：英國不給的，你不能搶。

⑨ 慈光歌（*Lead, Kindly Light*）是著名的基督教歌曲，歌詞取自《雲柱》（*Pillar of Cloud*）的詩歌。「雲柱」一詞典出《出埃及記》，乃上帝引領以色列人出埃及的場景，暗喻祈求上帝指引。

V

就在迦納獨立進入倒數計時的同時，英國保守黨內則激盪著帝國主義為自壯聲勢而發出的叫囂。去殖民化的速度雖然已經很慢，但保守黨內比較強硬的資淺議員還是在後排座位臭著張臉。他們的擔心，會頻繁出現在《每日電訊》與《每日快訊》的報導裡頭。就在右翼對於帝國未來懷著不祥之感的同時，女王伊莉莎白二世（Elizabeth II）於一九五二年初登基，帶動了一波歡欣鼓舞的氣氛。嶄新而光榮的伊莉莎白時代拉開了序幕，創新與成就可望不輸先王。同年稍晚，英國住房大臣（Minister of Housing）哈洛德・麥克米倫（Harold Macmillan）的發言反映了這股新興的情緒。他問的是：英國應該選擇「向下沉淪進低劣的社會主義」，還是「昂首邁向第三代的大英帝國」？[26]邱吉爾也翹首期盼著帝國融合，為此他欣見國會廣場（Parliamentary Square）的宏偉設計，因為「大英帝國的中心就該有這樣的尊貴格局」。

像這樣的心思，似乎與去殖民化的理想格格不入，唯迦納是個特例。一九五四年十月由內閣通過的粗略預測，設定了規劃中的中非聯邦（Central African Federation，尼亞沙蘭與南、北羅德西亞）、獅子山、烏干達與坦干伊喀的獨立日期落在一九七〇年代中期，但前提是一切都得非常順利，像仍未恢復平靜的肯亞就得等久一點。在那之前，英國的非洲殖民地仍為英國在經濟與戰略上的資產，有助於其抵抗國際共產顛覆與中東民族主義的雙重威脅來犯。家道中落的帝國需要盡可能匯集資源來禦敵，並且在冷戰日烈的時刻履行對美國在政治與軍事上的承諾。

冷戰帶來的焦慮，促使美國的艾森豪總統說服邱吉爾加速去殖民化。艾森豪於一九五四年寫道：「我們被誤會為剝削者，蘇聯反而變成百姓的代言人。」他認為忽視在非洲與亞洲「勃發的民族主義精神」，會是一種極其不顧後果的政治判斷。唯話又說回來，他還是認同英國的謹慎行事，並認為殖民統治的結束還得拖至少二十五年。邱吉爾的看法與艾森豪相左。身為維多利亞帝國的孩子，邱吉爾很以英國對「落後民族」的貢獻為榮。非洲人不久前在肯亞遭到的非人對待，讓他私下也非常沉痛。邱吉爾也對小名「艾克」（Ike）的艾森豪坦承：「我有點不贊同讓霍屯督人（Hottentots）享有普選的權利，就算是按得票率來分配席次也一樣。」[27]

迦納的模範並沒有驅散悲觀者認為非洲的權力轉移是向下沉淪，一個不小心就會摔得粉身碎骨。不少「耶利米」⑩抱著孤臣孽子的心情擔心事情會惡化到不可收拾的境地，而他們也沒有默不作聲。工黨的外交大臣（Foreign Secretary）賀伯・莫里森（Herbert Morrison）有過一個有名的比喻，他說讓非洲殖民地自治，就像把前門鑰匙、銀行存摺跟獵槍同時交給一名十二歲的孩童。一九五一年，《泰晤士報》稱英政府的黃金海岸政策「是個大膽，甚至有點危險的實驗」。隔年一名保守黨議員把羅馬帝國跟大英帝國相提並論，並提醒下議院同僚在歷史上羅馬曲終人散時，「接續而來可不是鬧著玩的東西——記得黑暗時代吧。」[28]

其他令人擔心的還有部落與宗教的差異會變成「火藥庫」，還有是百姓既不成熟又對政治無

⑩耶利米（Jeremiah）是聖經中猶太人滅國前最黑暗時期的一位先知，舊約中的《耶利米書》、《耶利米哀歌》、《列王記上》及《列王記下》等篇章均為他所作。耶利米被稱為「流淚的先知」，因為他明知猶太人背棄上帝後注定的悲慘命運，卻不能改變他們頑固的心意。

感，卻要被叫去決定自己的未來。至此有長達五十年的時間，英國的非洲殖民地的發展速度不一而足，時間證明許多政府設法壓抑的惡俗往往「野火燒不盡，春風吹又生」。一九五四年，巴蘇托的一名頭目、三名巫醫，外加十一名共犯被控姦殺了一位女性，而且受害女子的肢體還被取來當作藥品。[29]傳統習俗的蓬勃發展，與「現代」政治系統的引進並駕齊驅。一九五〇年在索馬利蘭與衣索比亞邊境，部落間的竊牛之風再起，同時間索馬利青年聯盟（Somali Youth League）的民族主義者則與警方在布拉奧（Burao）的大街上衝突。這些熱血青年與巡迴宣揚傳統的穆拉間關係也很緊繃，因為前者會挑戰後者的權威。[30]

自認代表基層心聲的民族主義政黨，難免將與世俗或宗教界的固有權威產生矛盾與衝突。一九五六年，剛愎自用的托羅王國魯齊迪三世抱怨烏干達國會黨（Ugandan Congress Party）的成長茁壯讓他有如「芒刺在背」，他覺得該政黨的領袖都是在圖利自己。[31]在其他地方，英國願意與在地政治人物一搭一唱的狀態使王公貴族跟酋長們憂心忡忡，畢竟與殖民政府合作曾經是國王與頭目的專利。另外還有一不小心就被忽略且數目難以估計的一群，也就是寧可維持現狀，或是對民族主義運動無動於衷的那群非洲人。韓戰爆發之後，尼亞沙蘭立法議會的一名非洲人成員向總督保證「非洲民眾一向都樂於響應帝國的號召」，但在毗鄰的北羅德西亞卻有一名區理民官回報說每五千名非洲人僅一名對政治有興趣。[32]在白廳裡，政府的想法是保守與中立派會自動入列，而英國也將啟動將權力緩步轉移給非洲「候任政府」（government-in-waiting）的嶄新過程。

這樣一個轉型中的帝國，仍維持著固有的種族階級觀，而這也部分說明了何以民族主義者不難累積支持者。在史瓦濟蘭，電影的審查制度只會發照給四類電影：A級電影是老少咸宜的普級，B級電影只有歐洲人能看，C級電影只有土著以外的非歐洲人能看，D級電影則是滿十二歲都可以看。[33]肯亞蒙巴薩（Mombasa）機場的男性旅客會發現廁所有兩種，一種標示著「歐洲型男士」用，另外一種則標示著「非歐洲型男士」用。[34]

第二十三章　埃及與冷戰，一九四五至一九八〇年

別擔心，納瑟同志，別擔心！我們最後會讓他折翼。

——赫魯雪夫

I

一九七〇年，安瓦爾・沙達特（Anwar Sadat）告訴蘇聯駐埃大使說，他這個埃及副總統感覺跟三十年前的英國高級專員沒有兩樣。[1]這樣的無奈發言，總結了一九四五年以來的埃及歷史。這段時間，埃及從大英帝國影響圈中帶著恨意的一塊土地，先後在冷戰中變身成蘇聯與美國兩位老大哥的小弟。這段歷史發展其實有點出人意表。一九五二年，自由軍官團（Free Officers Group）推翻了法魯克國王（King Farouk）。法魯克一世流亡到義大利的卡布里島（Capri）去繼續他奢侈而淫逸的太平日子。政變的領導者穆罕默德・納吉布（Muhammad Naguib）將軍、賈瑪爾・阿布戴爾・納瑟（Gamal Abdel Nasser）上校與沙達特上校都認為他們是一個公義、進步與獨立埃及的

創始者，也是阿拉比帕夏的繼承人，須知想拯救埃及未果的阿拉比帕夏也是個軍人。自由軍官團的成員共同崇拜且想效法的，還有另外一位軍人出身的民族主義者穆斯塔法．凱末爾．阿塔圖克（Mustafa Kemal Atatürk）。凱末爾曾經在三十年前把外國軍隊趕出土耳其，並且確保在土耳其建立起一個前瞻、世俗而成功的國度。比起土耳其，埃及雖然也不是一事無成，但不可否認的事實是時至一九五二年，八萬八千名英軍仍然占領著蘇伊士運河區，而到了一九七〇年，埃及竟然派駐有兩萬名蘇聯的「軍事顧問」。

埃及的際遇，對非洲產生了深遠的影響；埃及的狀況，基本上就是一九六〇到一九七〇年代的非洲樣板。舊帝國勢力的退潮與舊影響圈的消散，創造出了權力真空，而蜂擁而入的是各自有其冷戰盤算的美、蘇兩國。這麼一來，解放與獨立就不再等於當家做主，解放只不過是老大換個人當，非洲各地依舊得看人臉色度日。全新而隱形的手銬腳鐐，倒也帶來了一些好處，畢竟非洲國家多半一窮二白，他們確實需要大規模的投資，同時非洲的領導者也相信現代的軍火是國家生存所繫。部分非洲人會覺得這樣不太對勁，一九六年五月，《迦納時報》（*Ghanaian Times*）表示農耕用的曳引機，會比坦克車更適合非洲需求，但該報的社論也補充說不能沒有現代武器，否則他們無法抵抗「殖民的侵略」。[2]

殖民政府走了之後，取而代之的往往是新獨裁者，而現代武器正是獨裁者用以鎮壓反對者的利器。也靠著現代武器，撒哈拉以南的游擊隊才紛紛得以發動地方性的解放戰爭。美、蘇左手把戰機、坦克與槍砲付出去，收進來的是在非洲的政治與經濟特權。

這一切就是等待著非洲的未來。一九五五年九月，埃及亟需武器來與鄰國以色列一決高下。

為了取得空優與地面作戰的上風，領導埃及的納瑟上校同意用棉花交換捷克製的八十架米格十五戰鬥機與坦克。這對蘇俄來說是一大勝利，而美國國務卿約翰・佛斯特・杜勒斯（John Foster Dulles）則沮喪地說：「我們搞不好會丟掉整個阿拉伯世界，甚至賠進非洲。」杜勒斯底下的國務次卿，小賀伯・胡佛（Herbert Hoover Jr.）下了個結論，如果俄羅斯把武器給了埃及，那就是逼著美國把武器交給以色列。[3]這在亞、非立下了美、蘇透過代理人進行武器競賽的惡例。

就在納瑟打算充實埃及軍力的同時，冷戰也進入新的階段。而在這個新的階段，冷戰的雙方都變得更加疑神疑鬼，更加樂於互相挑釁。在一九五二年十一月，主張對俄羅斯政策要更強硬、更主動出擊的艾森豪將軍已經贏得總統選舉。擬定這種政策的是杜勒斯，而對杜勒斯而言，東西之間的衝突是一場善與惡的二元對抗，沒有模糊的空間。他因此主張美國應該要掌握先機，設法讓共產主義節節敗退。他硬漢的精神迎合美國人當時的脾胃，要知道那是一個麥卡錫主義的瘋獵巫仍方興未艾的時代，五角大廈跟國務院都有說要先發制人對俄羅斯出兵的聲音，畢竟在那個節骨眼上，俄羅斯核武的發展上還落後給美方。「奇愛博士」①並不是一個虛構的人物。

II

要在地中海與中東打贏冷戰，殘存的英帝國勢力不可或缺，利比亞就是一例。一九四三年，英國從義大利手中接下利比亞，當時他們便決定要將這個墨索里尼創造出的新國家延續下去。事隔十年，費贊、的黎波里與昔蘭尼加被擰成一個新的聯邦，由薩努西族的埃米爾（Amir，酋長或頭目之意）薩伊德・伊德里斯（Sayyid Idris）主掌。伊德里斯是個靠得住，只是有點懶惰的英國附庸。薩努西族的昔蘭尼加是新王國的主角，而這自然讓隔壁的的黎波里很不開心，而那也確實爆發了由埃及支持巴希爾・薩達威（Bashir Saadawi）領頭的分離主義運動。[4] 美國對利比亞王國的成立十分歡迎，主要是美國在利比亞設有機場與訓練基地。為了回報利比亞的合作，美國在一九五四到一九七四年間提供該國四千兩百萬美元的補貼。

聽話的利比亞，是廣大英國基地可以在蘇伊士運河區內安全無虞的關鍵，而英國基地可以保持完璧，美國空軍才能遂行計畫，以長程轟炸機對南俄羅斯進行核武攻擊。到了一九五二年，埃及基地已經成為戰略上的雞肋，因為它本身也成了俄羅斯原子彈的活靶，而且美、蘇兩強都已經以飛彈取代轟炸機來做為核子彈頭的載具。因著這些理由，美國敦促英國從利比亞撤兵，而英國也老大不情願地於一九五五年六月照辦。

英國一撤兵，華府心上一塊大石落了地，須知英國近期處理埃及的手法，引發一連串焦慮與惶惶不安。英國固然在利比亞暗處發號施令，但英國政府並無法處理日益棘手且暴力的埃及民族主義運動。在一九五二年的革命爆發前五個月，局勢已惡化到有燃眉之急，英軍與埃及警方之間一連串在伊斯梅利亞（Ismailia）附近的衝突，引燃開羅與亞歷山大港兩地民怨的爆發：歐洲人遭

---

①《奇愛博士》（*Dr. Strangelove*）是大導演史坦利・庫柏力克（Stanley Kubrick）一九六四年的黑色幽默電影作品。該片有個冗長的副標題「我如何學會停止恐懼並愛上炸彈」（How I Learned to Stop Worrying and Love the Bomb）。這部電影改編自彼德・喬治（Peter George）的小說《紅色警報》（*Red Alert*），而無法抑制行納粹禮衝動的前納粹德國人「奇愛博士」是在暗喻美國啟用來擔任總統科技幕僚的華納・馮・布朗（Wernher von Braun），也就是納粹德國V2火箭的設計師。

到殺害，異族入侵的象徵，包括一般人不得其門而入草坪俱樂部（Turf Club）、開羅歌劇院（Cairo Opera House）與牧羊人大飯店（Shepheard's Hotel）紛紛遭到劫掠與燒毀。這些怒火，表達了埃及士農工商普遍的怨懟：三成遭到逮捕的暴民是學生，三成是技術工人，三成是警察。這裡頭當然也混入一些投機分子，就像有廚工與門房偷了自家飯店的威士忌。[5]而倒楣的也就是這些飯店，因為英國政府指出埃及官方對於這暴亂的回應可說既緩慢又擺爛。

倫敦醞釀了一股強烈想討公道的氣氛，埃及人得好好被教訓一頓，否則他們根本忘了自己在世界上算老幾。事情發生短短兩天，英國內閣就在外交大臣安東尼．伊登（Anthony Eden）爵士的主導下決定下重手。一八八二年的入侵計畫死而復生，而且還更新到二十世紀的版本。唯英國的登陸艇數量不足以滿足搶灘阿布基爾灣（Abukir Bay）所需，且駐埃的英軍指揮官還警告倫敦的部長們別低估埃及民族主義的情緒高漲。駐埃英軍認為埃及軍隊會選擇與英國一戰，就像七十年前的祖先一樣。怪的是英國口中這場「馴馬行動」（Operation Rodeo）的藍圖包括散發傳單來讓埃及百姓知道，英軍是要來保護他們，但卻隻字未提是誰在圖謀埃及？埃及人為什麼需要保護？在一九五二年的愚人節這天，馴馬行動遭到擱置，但擱置不等於遺忘。[6]

從華府的角度觀之，英國對於埃及問題的回應是前者病入膏肓的再一次證明。做為美國最主要的盟邦，英國已經無力在地中海與中東維繫其搖搖欲墜的帝國權威，但卻又嘴硬不肯如此承認。英國還想把維多利亞時代的那一套恩威並施的開明統治，用來回應殖民地本土的民族主義。但英國的這種態度非常危險，因為美國的崛起在他們眼中成了傳統帝國主義的復辟，而俄羅斯的宣傳正好可以拿英國這種觀點去攻擊美國。[7]為了防止俄羅斯在非洲與亞洲占得政治與道德上的制高點，英國必須聽話放下早已薄如蟬翼的帝國顏面，退居幕後，讓美國承繼其原本的角色。對呼風喚雨一個半世紀的英國來說，要揮別國際強權的地位並不容易，事實上這是一個相當痛苦的過程，特別是對像外相伊登這一代的政治人物而言，畢竟他們的出生與成長落在維多利亞時代的尾聲，然後又接上愛德華七世的帝國榮光高峰。垂垂老矣的哈洛．麥克米倫總愛緬懷，他曾在倫敦看過維多利亞女王登基六十週年的「鑽禧」慶典，那年是一八九七年。看著帝國偃兵息鼓，也讓步入中老年的工薪與中產階級成員心裡很不是滋味，須知如左派歷史學家維克多．基爾南（Victor Kiernan）所說，這些人從小聽慣了「如雷貫耳的獅子吼聲」，他們想要重溫那樣的震撼。[8]想總結這群人的心聲，我們可以看看《每日快訊》報導最後一名英軍撤出埃及時的文字：「感傷的一天，恥辱的一天」，但這只是感傷與恥辱的開始，而不是結束。

外交政策上的改弦易轍箭在弦上，但英國卻很難嚥得下這口氣。華府得出的結論是西方國家應該要降低對傳統權威如埃及法魯克國王的倚賴。相對於此，西方國家應該要施惠給新一代具民意基礎的民族主義領袖，等待他們上位，像自由軍官團就符合這樣的條件。這類人物符合美國人浪漫的歷史想像，美國人視他們是愛國主義者，他們跟以自由與自決之名起身抗英的華盛頓及開國元勳，簡直就是一個模子出來的複製品。唯好感不能當飯吃，政治現實才是真正的王道，於是從一九五三到一九六九年，美國砸了一點四七億美元替集權但堅決反共的海爾．塞拉西完成了軍隊的現代化。[9]就像之前與拉丁美洲打交道的時候一樣，華府的決策者秉持的原則是「他是個混蛋王八蛋沒關係，只要他是我這邊的混蛋王八蛋就好」。在拉幫結派的這點哲學上，莫斯科跟華府可說是有志一同。

III

一九五四年，新任蘇維埃共黨第一總書記的尼基塔．赫魯雪夫（Nikita Khrushchev）決心要與美國競逐英、法在亞非留下的權力真空。列寧在歐洲以外國家鼓吹共黨革命的策略，在他的一聲令下復活，而這種政策背後的假設是對任何解放運動而言，只要你力抗的是殖民主義，只要你不滿於推動殖民主義擴散的資本主義，那蘇聯就是你當然的盟友。先能同仇敵愾，就有機會改變意識型態，當然要讓意識型態的改變更順遂，也少不了當作潤滑劑的俄國投資，以及空降來負責執行這些投資的俄羅斯經濟學家。現代武器也被送去讓自由鬥士如虎添翼，並使新生的國家得以捍衛自身不受資本主義入侵。英國影響力在埃及煙消雲散，加上納瑟對武器的需求，給了赫魯雪夫著力點來推廣他的共產主義教條。但這對他來說也是一場賭注，因為即便納瑟大張旗鼓地主張民族主義政策，但KGB在開羅的幹員仍認為這人在意識型態上並不牢靠。幹員們認為他是個極端的民族主義者，而且類型上與拉美特產的軍事強人如出一轍。[10]

一九五二到一九五四年之間，納瑟為鞏固其權力所使出的手段證明了KGB的判斷正確。穆斯林聯盟（Muslim League）被禁，聯盟的領導者連同其他的反對者一併下獄，新的埃及會成為一個世俗的國家。這會是一個比從前公平的國家，主要是土地改革會將地主的莊園分配給貧農，租金會獲得控管，鄉村的工人會有基本工資的保障。納瑟的宣傳將自己捧成進步的愛國者、民族的救贖者，他的形象不僅超脫在派系之上，而且他一心只有民眾的福祉。但其實對自認高人一等的納瑟來講，他的野心並不僅限於埃及，他認為自己的祖國是泛阿拉伯運動的旗手，而他本人就是執旗的勇士。既然已將英國人趕出埃及，下一步他打算在中東取而代之，另外他也很有效率地交到了新朋友，主要是他在阿爾及利亞與突尼西亞支持反法運動。一九五五年四月，做為他在國際舞台上的「初登板」，納瑟出席了萬隆會議（Bandung Conference）這場為組成鬆散亞非國家聯盟而開的會，他對冷戰保持中立，但對反帝國主義有他的堅持。

在這段期間，納瑟與美國的關係惡化。埃及向捷克買武器，被杜勒斯解讀為埃及已經加入蘇聯陣營。來硬的或許可以改變納瑟的想法，於是杜勒斯檢視了阻斷白尼羅河上游水勢的可能性，看這樣能不能「掐住其咽喉」。[11]此舉會需要英國的配合，因維多利亞湖的歐文瀑布（Owen Falls）水壩就控在英國人手中。最終美國並沒有用饑荒來威脅埃及，他們選擇比較傳統的方式來逼埃及就範，那就是拒貸五千六百萬美元給埃及蓋亞斯文大壩（Aswan High Dam），而少了這座高壩，埃及就沒辦法一償宿願，讓國內享有充沛而穩定的水源供應。

美國不借，納瑟只好另闢財源。一九五六年七月底，納瑟將蘇伊士運河收歸國有，然後用運河的營收來挹注亞斯文水壩的工程費用。各國都被埃及此舉嚇了一跳。如今已經是英國首相的伊登氣得七竅生煙，但他還是樂見有機會可以推翻他斥為「亞細亞版墨索里尼」的獨裁者，甚至一舉回復英國在中東的地位。伊登變得很執著於納瑟，他覺得自己彷彿又捲入一九三〇年代的外交衝突中。這一回，英國不再委曲求全。到了八月，之前的「馴馬行動」於此時被更名為「火槍兵行動」（Operation Musketeer）後重出江湖，並將計畫目標調整為搶下運河。法國很樂於當個合謀，因為法國也急於教訓一下在背後支持阿爾及利亞叛軍的埃及。就跟英國一樣，法國也難以忘懷往日的權力與榮光。就在要登陸埃及之際，法軍指揮官柏富爾（Beaufré）將軍對部隊慷慨陳詞，他要子弟兵勿忘拿破崙在埃及的勝利，並鼓勵他們「效法前人的戰功彪炳」。

就在英、法的職業軍官們運籌帷幄的同時，外交官們則在拼湊妥協的方案，但當中沒一個方案可以讓僵局雙方滿意。軍情五處與美國中情局曾考慮要暗殺納瑟，看是要用神經毒氣還是用摻了毒的香菸。第一部〇〇七小說於三年前問世。[12]從一開始，美國就擔心事情會一發不可收拾。到了七月底，氣急敗壞的杜勒斯向尼克森副總統報告：「英、法如今皆開戰心切，而且看來想拖咱們下水。」[13]果真走到那一步，蹚了這渾水，那艾森豪的連任之路就會蒙上陰霾。時至九月初，艾森豪總統甚至想到要打電話給英女王，他還以為女王有這實權能管得了伊登，甚至直接跳過伊登發號施令。

在此同時，伊登正四處設法讓出兵埃及師出有名，好把運河給占下來。進入九月的第三個禮拜，伊登終於找到一個理由。在塞夫爾（Sèvres）的一場密會上，英國、法國與以色列的部長們腦力激盪出一套讓發兵有正當性的辦法：以軍會通過西奈半島，然後英、法的兩棲部隊會幾乎同時拿下塞得港來「拯救」運河，然後隨即讓停火生效。在英、法登陸之前，轟炸機會先清理埃及的空軍，然後司馬昭之心路人皆知的另外一個重要目標是開羅廣播電台（Radio Cairo）的辦公室，因為納瑟就是從那兒發動對英、法的文宣戰。

十月二十九日，以軍開始向西奈半島進逼，埃及軍隊逃往運河區。一週之後，英法聯軍登陸並占領塞得港，為此埃及人將船鑿沉將運河堵塞住。未及兩日，美、蘇暨聯合國便譴責以方與英、法的行動，停火隨之而來。伊登遭到美國總統艾森豪的「口誅筆伐」，美、俄更難得同聲支持聯合國譴責英、法的決議案，並且由聯合國部隊取代英、法駐守運河兩岸。英鎊遭到擠兌，英國被狠狠地提醒了自身經濟的不堪一擊。所幸美國後來購回拋售的部分，才避免釀成英鎊的崩跌危機。一九五七年三月，杜勒斯酸溜溜地說：「英國應該知道自己短時間內得不到美國金援了吧。」[14]

圖謀蘇伊士運河的一敗塗地，完全暴露英國的眼高手低與跟美國唱反調的不知死活，而這也讓華府不得不面對一個他們擔心許久的事實。到了一九五六年的最後階段，加上回顧這半年來的點點滴滴，杜勒斯終於堅持要盡快由美國「接替已經呼風喚雨長達一世紀的英國，補上國際的權力真空」。[15]在那之前，納瑟做為俄羅斯的附庸，其在中東與非洲的威望水漲船高（他不久便在非洲與恩克魯瑪會面），大家都知道他是領導埃及，讓帝國主義者碰了一鼻子灰的能人。為了慶祝勝利，他發行的紀念郵票上印有士兵與平民衝向岸邊把入侵者扔回去的意象，唯真正打起來，大家也都知道埃及不是以色列的對手。

IV

納瑟的成功，被俄羅斯當成分毫不能浪費的宣傳資源。利用聯合國大會做為發聲的平台，赫魯雪夫以他特有「無厘頭」的演講風格，將他對殖民解放運動的支持昭告天下，而且有在聽的國家還不少。一九六〇年，聯合國大會共計九十九名代表中有三分之一來自前殖民地或保護國，而且這數目還在接下來的十年中大幅增加。赫魯雪夫對殖民主義西方「大小聲」的過程，在不同時期傳進這些代表的耳裡。赫魯雪夫還承諾蘇聯會盡其所能「讓帝國主義雙膝落地」。為了讓美國人不爽，他讚揚解放運動領袖是可與華盛頓跟傑佛遜平起平坐的英雄。納瑟在一九五八年受邀出訪莫斯科。他在那兒不但受到大肆款待，而且還在莫斯科大劇院看到了波修瓦芭蕾舞團（Bolshoi Ballet）的「天鵝湖」表演。沒想到黑天鵝的怪異舞動讓他受到驚嚇，赫魯雪夫趕忙安慰他說這隻邪惡的黑鳥就是杜勒斯。赫魯雪夫還補了一句說：「別擔心，納瑟同志，別擔心！我們最後會讓他折翼。」[16]

強大而武裝充足的埃及，確定了杜勒斯的命運。埃及成為俄羅斯四成以上外援預算的去處，而這些錢也讓亞斯文大壩的經費有了著落。另外埃及人還收下為數眾多的戰機、坦克與地對空飛彈系統，外加由俄羅斯的顧問說明使用方式。

雖然投入了這麼多，但埃及對俄羅斯來說卻是一筆極為失敗的投資。在一九六七年六月的六日戰爭（Six Day War）中，以色列痛擊了埃及，包括其先發制人的空襲就摧毀了俄國提供三百四十架戰機中的兩百八十六架。赫魯雪夫於一九六四年辭職，繼任者阿列克謝・柯錫金（Alexei Kosygin）也同樣對埃及這個小弟的差勁表現看不下去。俄羅斯「迫於無奈」，只好將顧問團改組為駐軍。到了一九七〇年，俄國的埃及駐軍已經達到兩萬人的規模，當中包含空軍軍機組員與專業技術人員來操作地面雷達與高射砲。

仍深受草根人民愛戴的納瑟於一九七〇年過世，繼任的是有九成選民背書的埃及總統沙達特。九成的得票率聽來嚇人，但這是一黨專政國家的日常，不需要大驚小怪。三十年前，還是一名年輕軍官的沙達特就深恨英國對埃及的掌控，而掌權後的十年，他則很努力想要掃除俄羅斯的影響與人員。這一點並非易事，但沙達特身懷必備的狠勁與決心，他不僅想要讓俄羅斯人在埃及無容身之地，也打算讓（KGB資助的）共黨與穆斯林聯盟等反對勢力窒息。最終，蘇聯的高層讓步，從埃及撤出了軍隊與各項援助，畢竟就像二十年前的英國一樣，俄羅斯也沒有意願陷入地方民族主義者對抗的泥淖，更何況埃及在軍事上也只是個拖油瓶，幫不了蘇聯的忙。隨著俄羅斯人離去，沙達特開始祕密變心倒向美國這一方，主要是美國開出來的價碼比較優渥。到了一九八〇年代中期，美援（含軍火）已經達到每年十八億元的規模。做為回報沙達特放下了與以色列打打停停的恩恩怨怨。一九七八年，沙達特簽署了大衛營協議（Camp David Accord），這一方面是個和平協議，一方面也是兩國之間邊界爭議的和解。

沙達特在一九八一年十月遭到穆斯林狂熱分子暗殺，但埃及的軍事強人政體仍持續了三十餘年，軍方持續控制著埃及的經濟與國防，一直到一群「烏合之眾」對軍政府提出挑戰，情勢才出現了變化。這群人裡有具民主傾向的中產階級激進分子，有穆斯林聯盟的宗教蒙昧主義分子。隨著事態失控，埃及於二〇一三年重返獨裁的軍事統治。此時美國的補貼已經來到每年高達二十七億美元，美國認為一個穩定而可靠的中東朋友值這個錢，畢竟美國正與軍事擴張主義的伊斯蘭勢力進行一場新的戰爭。

埃及的經驗，是冷戰所衍生新帝國主義的結果。這是一種間接統治的變形，新生的獨立國家接受了美國或俄國的補貼，放棄了部分的主權。實地負責控制這些附庸國的是外交官，是中情局，是KGB，是專家顧問團，是（美國特有的）大財團。這些個人或團體的共同特色就是口袋夠深，而且他們深知需要建設的非洲新興國家一個個求「財」若渴，他們的領導者更往往是見錢眼開。非洲眼看著，又要面臨新一輪的瓜分。

第二十四章　阿爾及利亞獨立戰爭與其記憶

一群老鼠；你可以用腳踢他們，可以朝他們丟石頭，但不論你怎麼對付他們，他們都還是會繼續從根部啃食大樹。

——弗朗茲・法農

I

為了讓阿爾及利亞能繼續是法國的一部分，在前線拚殺的法軍士兵多達一百七十萬名，且他們幾乎全都是徵兵的身分。從一九五四到一九六二年間，這些法軍所執行的是國民議會一再重申的「維護秩序與安全的任務」。他們的敵人是阿爾及利亞民族解放陣線（Front de Libération Nationale）的四十萬游擊隊，外加規模更大且神龍見首不見尾的民兵。唯不論是游擊隊或民兵，與法軍作戰都傷亡慘重，阿國的阿拉伯人口在二戰後才一千萬不到，獨立戰爭就讓他們估計死了七十萬到一百萬人。而這還沒算兩百萬人流離失所在受到嚴密監控的拘留營裡頭。法軍的損失以殖民戰爭而言也算是不輕，兩萬五千名軍人陣亡，六萬五千人受傷，三十五萬人產生我們現稱「創傷後壓力症候群」的後遺症。[1]

說到心理上的後遺症，一般法國民眾也無法倖免，他們對殘酷反恐戰爭中所發生的種種事端集體失憶，這包括那些有違良心的事情，有損國家尊嚴的事情，包括最終以失敗作收的結果，還有過程中的社會失序與種種窘況。再者，這場衝突到了最後階段，其影響還外溢到帝國的祖國法國，暴動、都會中的恐攻，乃至於軍事政變與內戰的種種威脅，都讓法國本土吃足了苦頭。

這場戰爭的本身與其周邊的事件，對法國人都是一種折磨，於是乎他們不得不將其記憶放逐到歷史的深淵裡。我近期在拜訪巴黎軍事博物館（Paris Musée de l'Armée）時問了聲阿爾及利亞戰爭的展品在哪裡，結果得到的回答是館內沒有這些東西，而且跟我說話的館員還不太開心，不過臭臉館員旁邊一名非裔的同事的反應倒是頗令人玩味。不過就在三十年前，我曾看過上百名阿爾及利亞戰爭老兵在慶祝一九四四年獲得解放的週年活動上，遊行穿過海邊的一個小鎮。樂隊演奏著《桑布爾河與馬士軍》①進行曲，而圍觀的群眾則歡呼簇擁著這些年屆中年的子弟兵。這個場面並不令人意外，因為這些群眾，乃至於他們的父母、祖父母，從小所受的教育都是阿爾及利亞跟諾曼地老家一樣是法國神聖不可分割的一部分。一九五七年，在動亂爆發的前夕，近半當地居民反對阿爾及利亞獨立。[2]

①《桑布爾河與馬士軍》（*Sambre et Meuse*）又稱標準進行曲，桑布爾河與馬士河是發源於法國北部的兩條河流（桑布爾河是馬士河的支流），桑布爾與馬士軍是起源於法國革命初期的勁旅。

雖然拖了很久而且不情不願，但法國終究還是面對了歷史的幽魂。一九九八年，國民議會正式平反阿爾及利亞作戰是一場「反殖民所引發的戰爭」，而這實質推翻了他們長年以來所主張「阿爾及利亞是法國本土不可分割之一部分」的立場。三年之後，國民議會公開承認法國欠「哈基」(harki)們一份情，而所謂「哈基」便是當年為法國作戰的阿爾及利亞人。[3]要說這樣遲來的一句感謝，可以如何補償有幸逃過阿爾及利亞同胞殘忍報復的哈基，乃至於他們流落到法國城鎮或都市邊緣貧民窟的後代，恐怕都言過其實。就像舉國一起流失的記憶一樣，這些貧民窟與都會的死角，都是阿爾及利亞戰爭的遺緒。但這些遺緒並不是唯一，一九八八年十月，阿爾及利亞政府回復了法國三十年前在阿爾及爾工人階級地區暴動後採用的辦法。阿爾及利亞宣布戒嚴，部隊進駐、開火，官方統計遭擊斃者為三十人，非官方的統計則是三百人起跳。[4]

II

在二戰解放非洲之後，法國曾短暫考慮過根據大西洋憲章的原則來創建一個自由主義的帝國。果真如此，舊有的殖民地含阿爾及利亞在內，都會構成法國聯邦的一部分，而當中的每個人都會享有與法國公民無異的政治與社會權利。但法國選民不能接受這麼激進的做法，他們還沒從戰時的羞辱回過神來。這時他們只想要一個乖乖聽話的帝國就好，而一九四六年選舉的結果也確實傳達了這樣的心情，選民給自由主義新帝國的建議打了回票。阿爾及利亞確實在自己被統治的方式上得到一點置喙的空間，只不過相關的條件仍舊在設計上限縮了阿拉伯人的代表權。阿爾及利亞人的無力感與科隆人的高高在上，完全顯現在一九四八年的選舉中，因為那是一場無恥、作假的選舉，其目的就是要讓阿拉伯人的代表性降到最低。[5]守舊的態度仍深深扎根於阿爾及利亞與法國。法國總統樊尚・奧里奧爾（Vincent Auriol）對阿爾及利亞人說他們的國家「從來不是一個國家，是我們把你們從奴隸制度跟相互殘殺的部落衝突中拯救出來。沒有法國，你們能有今天？」

作家卡繆在原則上同意總統的說法，但他也警告阿爾及利亞人內心的「法國認同」，必須扎根在符合正義的治理之上。[6]卡繆會這麼說，是因為他也心知法律的偏頗，阿拉伯人在法律上受到的歧視依舊。法庭上的交鋒可以讓我們把事情看得一清二楚。一名證人自稱是阿拉伯人，法國律師馬上糾正他說：「錯了，你是法國人。」阿拉伯證人提醒律師說若他所言非虛，則他應該有權享有法國公民的「各種權利」，但法國律師又反駁他說這不可能，因為公民權不屬於阿拉伯人。像這樣的雙重標準，千百萬的法國民眾已經見怪不怪，久而不聞其臭了。他們理所當然地認為穆斯林信仰讓阿拉伯人自動在公民權的適用上失格。

這種肆無忌憚的歧視，讓眾多為法軍浴血奮戰過的阿拉伯人吞不下去。後來的游擊隊領袖艾哈邁德・班・貝拉（Ahmed Ben Bella）是拿過「英勇十字勳章」（Croix de Guerre）的法軍退役士官，他說出了所有阿拉伯法軍老兵的心聲：「我的弟兄們從歐洲回來，他們帶回來的除了獎章，還有腳上的凍瘡！打仗的時候大家都一樣！為什麼現在不行？」[7]之所以不行不只一個原因，其中一項主因是教育體系排斥了阿拉伯人。一九六〇年，阿拉伯人就讀「高等學院」②的只有寥寥

---

② 法國為培育菁英而設置的獨立特殊學制。

一千三百一十七人，比率不到百分之五，其中女性更僅有一百七十二人。[8]

人數增加但邊緣化依舊的阿拉伯人口，仍不放棄在法國找工作。一九五五年，這些經濟移民已經累計達到一百萬人，其中四成落腳在巴黎。[9]民族解放陣線把來自阿爾及利亞的異鄉遊子當成自身的盟友。有些人會出力加入搞破壞的行列，而至於捐錢來贊助民族主義者就更多了，只不過有些是樂捐，有些則是不樂之捐。在阿爾及利亞戰爭的頭一年，「滯法」阿爾及利亞人就貢獻了六十萬英鎊的捐款。[10]一九六一年十月，三萬名阿爾及利亞人走上巴黎街頭聲援民族解放陣線，結果遭到法國警方以警棍衝鋒跟左輪槍彈伺候。下令對阿爾及利亞群眾下重手的是新官上任三把火的警察局長莫里斯．巴彭（Maurice Papon），他稍早曾在阿爾及利亞當過君士坦丁③地區的父母官兼酷吏，甚至他還當過維琪政權的得力爪牙。這場屠殺的死亡人數，包含昏迷後遭投入塞納河溺斃的抗議者，估計落在三十到三百人之間。一九九八年，巴彭因為在維琪政權下任官時的作為遭到定罪，理由是他曾擔任遣送猶太人至集中營的從犯。④

III

經濟移民留下了一個法國說柬，沒人敢往西的阿爾及利亞：警察逮捕並拘禁各種膚色的異議分子，各個民族主義團體被迫化明為暗，潛入地下。面對法國鐵板一塊的強硬立場，他們也無可選擇地以牙還牙，他們主張只有透過武裝反抗與暴力，才能動搖法國的意志。比起從前，反抗者對上法國已不再是以卵擊石，像在一九五四年五月，法軍就很著名地在奠邊府（Dien Bien Phu）

吃了個敗仗然後向越共游擊隊投降，結束了長達九年的消耗戰。這對阿爾及利亞人來說是好消息，因為這代表破釜沉舟的農民也可以靠手中的武器，配合同情自己的百姓，藉此擊倒現代化的法軍，解放自己的土地。十一月一日，民族解放陣線啟動了武裝鬥爭，開始在阿爾及利亞東部鎖定孤立的行政區或軍警據點來加以攻擊。他們嘗試引爆阿爾及爾瓦斯工廠的行動失敗，但這傳遞了一個訊息：戰火的前線已經延伸到城鎮與都市。

兩週之後，歷久不衰的政壇變色龍，弗朗索瓦・密特朗（François Mitterrand）以內政部長之姿向國民會議保證「阿爾及利亞是法國的，你們當中有誰……不會毫不猶豫地窮盡一切辦法來確保法國的領土完整？」[11]隔年一九五七年，法國簽下了「羅馬條約」⑤，法國代表理所當然地認

---

③君士坦丁（Constantine）位於阿爾及利亞東北部，是該國君士坦丁省省會，西距首都阿爾及爾三百餘公里，目前是阿爾及利亞第三大城。

④巴彭在二戰時期擔任波爾多警局總書記期間，他曾參與解送一九四二到一九四四年間共計一千六百九十名波爾多猶太人到德朗西（Drancy）集中營。這段過去在一九八一年曝光，多年纏訟後巴彭於一九九八年遭判「反人類罪」入獄，二○○二年因病保外就醫。

⑤一九五八年一月一日生效的羅馬條約（Treaty of Rome）官方全稱為「建立歐洲經濟共同體條約」（Treaty establishing the European Economic Community），簽訂日為一九五七年三月二十五日，當時參與的歐洲國家有比利時、法國、義大利、盧森堡、荷蘭與西德。一九九三年的馬斯垂克條約（Maastricht Treaty）將條約名稱中的「經濟」意涵刪除，使其成為「歐盟條約」（Treaty on European Union）。二○○九年的里斯本條約（Treaty of Lisbon）又做了一些與時俱進的調整，因此被稱為羅馬條約這部「歐盟憲法」的改革條約。

為阿爾及利亞是法國的一部分，但條文中卻有條款限制阿爾及利亞人朝共同市場（Common Market）的成員國移民。

IV

從一開始，叛軍的策略與作戰就唯民族解放戰線的指揮調度馬首是瞻。一九五八年，民族解放陣線由總統哈比卜・布爾吉巴（Habib Bourguiba）宣布成立阿爾及利亞共和國臨時政府，藉此在國際上取得了正當性。民族解放陣線的總目標是要讓阿爾及利亞變成哽在法國喉嚨吞不下去的肉，希望無法有效統治此處的法國能夠撤回軍隊與官僚，最終承認其獨立地位。未達此目的，民族解放陣線在四條緊密相關的戰線上發動了戰爭，這包括軍事駁火、經濟對峙、政治對壘與外交交鋒。其中在軍事戰線上，民族解放陣線採取的是恐攻與破壞，目的是耗盡法國的資源與耐性。在財政上，罷工與大規模抵制菸酒產品，可以傷害法國的經濟，減少他們的國庫收入。在政治上，民族解放陣線則欲「先安內而後攘外」，他們設法在內部將存在嫌隙的不同派系團結起來，希望避免多頭馬車造成力量分散。唯就像法國人一樣，民族解放陣線也會刑求人。

在阿爾及利亞境外，民族解放陣線的外交攻勢相當成功。國際上不僅承認陣線是個有民意基礎的政府，有友邦願意為其在聯合國發聲，甚至連軍火跟財源都有同情他們的阿拉伯國家跟共產國家願意提供。這些國家都毫不拖泥帶水地承認布爾吉巴的流亡政府，並且送出金額高達三千四百萬美元的援助給民族解放陣線。其他雪中送炭的還有埃及跟突尼西亞，其中埃及給的是武器與廣泛宣傳服務，突尼西亞則提供游擊隊需要的訓練與休憩營地。身懷巴基斯坦發出的護照，曾想與法國和平共存的鴿派民族主義老將費爾哈特·阿巴斯搖身一變，成了民族解放陣線駐聯合國大使，兼該組織在非洲各獨立國家間的說客。

美國的艾森豪政府眼睜睜看著阿爾及利亞的情勢演變，心中交雜著挫折感與恐懼。一方面，法國很配合地於一九五六年放棄對突尼西亞跟摩洛哥的控制權，而這兩國都繼續敞開大門讓美國轟炸機進駐，美國因此可以隨時以核武威嚇俄羅斯。摩洛哥人更是有求必應；獨立黨的民族主義者承諾會幫著可口可樂打壓本土的酒廠。[12]但另一方面，法國拒絕在阿爾及利亞照美國的遊戲規則玩，這包括法國謊稱他們在當地鎮壓共黨起事，並且是在保衛自古以來便屬於法國的省分。一九五七年四月訪非回國之後，美國副總統尼克森的結論是：「法國的恩澤與影響力在北非已經江河日下，今非昔比。」[13]法國看似被英國家道中落的前車之鑑給嚇到了，他們「打腫臉充胖子」，死命地抓著自己沒有實力去支撐的勢力範圍與尊榮，而領頭的正是一群活在過去、走不出利奧泰元帥時代陰影的傢伙。這是一種病，而這種病可能會要了法國的命。一九五七年十月，美國的國家安全會議（National Security Council）對艾森豪發出警告，他們說阿爾及利亞戰爭會「危及法國的政治與財政穩定」。[14]

更糟糕的是，法國為了打這場帝國的戰爭，削弱了北約賴以防衛西歐的軍力。另外讓美國很尷尬的一點，是法國在阿爾及利亞所使用的武器如賽考斯基公司（Sikorsky）的直升機，外加不少吉普車與槍砲，都是由美國所供應。唯美國提供這些武器，原本是希望法國能對北約的協防多出份力。民族解放陣線的文宣指控美國助紂為虐，提供武器讓法軍從事「對阿爾及利亞民族趕盡殺絕的戰爭」。[15]法國回應這些指控的方式是玩弄美國心中的恐懼，法國說阿爾及利亞萬一獨立，可能就會投身共產陣營。話說到底，阿爾及利亞的共產黨也支持民族解放陣線。[16]美國一方面害怕阿爾及利亞遭到赤化，一方面不想得罪一個珍貴但任性的盟國，結果就是美國在聯合國要求法國撤兵的決議表決中宣布棄權。

V

阿爾及利亞戰爭的新聞紀錄片顯示法國的徵兵穿著美國大兵風格的鋼盔，按照二十世紀中的反叛亂行動設計進行日常操演。當時的作戰觀念是假設四處都是前線，每個阿拉伯人都可能是潛在的恐怖分子或同夥。士兵會巡邏村落，小心翼翼地沿著街道與巷弄兩側前進，時不時停下來盤查可疑的阿拉伯人，搜索他們的住家看有沒有窩藏武器、爆裂物或文宣傳單。疑犯會被拘留訊問乃至於刑求。義務役的士兵還得守衛摩里斯防線（Morice Line），這條由電籬笆跟鐵絲網沿突尼西亞邊境構成的障礙。摩里斯防線擋下了民族解放陣線想要部署後備部隊的計畫，但並沒有按其設計者的希望打贏這場戰爭。法軍真正的攻勢組成是巡邏鄉間來進行掃蕩，透過搜尋來加以摧毀，只要發現叛軍，就予以打擊。執行這些任務的主力是空降營與外籍軍團，而這兩者都屬於菁英部隊，並長期維持一種粗獷而剛猛的形象。這兩支勁旅令人聞風喪膽，而且他們可不是虛張聲勢。

阿爾及利亞戰爭帶有內戰的色彩，因為有二十一萬阿爾及利亞人加入了法軍陣營，成為所謂的「哈基」。哈基在此役中死傷近半，且不少不是戰死沙場，而是死於法國人離開之後的報復性屠殺。某些人在其部隊長官的默許或縱容下逃往法國，並且在歐洲過起被放逐的生活。「我會比較想要阿爾及利亞的國籍，」一名哈基在一九八一年說出了心聲，「但現在說這個太晚了。」他兒子的看法是：「我父親是個白癡……他選錯了邊，然後被敗戰的一方帶到這兒來，過著豬狗不如的日子……比起真正的阿爾及利亞人，我們在這兒還更討人厭。」[17]

事實證明這是一場消耗戰，而勝負的轉捩點極其微妙。直到一九五七跨到一九五八年的冬天，法國都還把戰局支撐得很好，主要是他們在人數與狠勁上都占有優勢。他們靠聯合作戰打贏從一九五六年九月進行到隔年九月的阿爾及爾爭奪戰，而其整體的作戰目標是要將民族解放陣線從其在卡斯巴（Casbah）的要塞中趕出去，並且瓦解讓該陣線得以延續暗殺、市區炸彈攻擊等打帶跑恐攻的民間支持體系。在卡斯巴一地，萬餘名有嫌疑者遭到逮捕與拘禁，相當於當地人口的十分之一。

這場意欲於卡斯巴摧毀民族解放陣線組織的行動，被義大利名導演吉洛．彭特克沃（Gillo Pontecorvo）拍成一部精采而忠於史實的電影《阿爾及爾之役》（*The Battle for Algiers*），而這電影寫實到日後凡游擊隊或國安單位都將其當成活教材。這部片把敘事重心放在民族解放陣線的「助手網絡」上，而這所謂的助手，其實就是來無影去無蹤，在大街小巷穿梭負責傳送訊息、槍枝、定時炸彈的信差。這種「快遞」的任務，最能勝任之的不是飛毛腿，而是婦孺，其中女子因為穿戴頭巾，所以又格外低調。電影的一開頭，畫面上顯示的是令人卻步的色卡迪吉監獄（Serkadji gaol）囚犯。只要俯瞰這座監獄的院子，囚犯們就能目睹遭定罪的恐怖分子被斷頭台處死，但政治犯也仍關在這裡。另外劇中也照實演出疑犯遭到刑求的橋段，乃至於科隆人一家大小開心放鬆的咖啡廳或舞廳被炸翻天。

電影裡隨著軍事行動的成功告一段落，在幕後策劃的傘兵軍官馬提爾（Mathieu）上校，這個以猛將雅克·馬旭（Jacques Massu）將軍為原型的角色，也戴著凶狠的反射太陽眼鏡，主持了一場記者會。他對著記者說要是法國希望續留阿爾及利亞，那法國民眾就「必須接受所有的後果」。這段虛構的發言，顯示戰爭擺在法國人面前的是困難的抉擇。就為了保住阿爾及利亞，他們願意燒錢流血來與當地主流民意對幹到什麼時候？他們願意容忍某位前參謀口中「不輸蓋世太保（Gestapo）」的手段到什麼時候？[18]即便官方已經進行了新聞審查，但對囚犯用刑的細節仍流了出來。這在納粹與維琪的為禍都讓人記憶猶新的當時，引發了法國輿論的一陣騷動。但法國只是良心不安，戰事本身要輸還過早。民族解放陣線固然短暫控制住某些偏遠地區，但其整體仍遭到法軍窮追不捨，而且法軍的鬥志也絲毫未減。不過，情勢在一九五八年五月驚天一變，科隆人與叛變的將領們聯手，威脅要在法國發動軍事政變。

VI

如今多被喚為「黑腳」的科隆人反叛，讓演變成三方衝突的局面進入了最後階段。在阿爾及利亞的劇場裡，新的主角成了當地九十餘萬的白人社群，加上一夥認為阿爾及利亞應該永遠是法國一部分的將軍。讓科隆人（因為害怕而）鋌而走險的原因，是他們擔心法國會因為撐不下去而被迫與民族解放陣線上談判桌。果真如此，科隆人就會變成得看多數阿拉伯人臉色的少數族群，而阿拉伯人可是復仇心切。為了「維持現狀」（然後打贏戰爭），科隆人認為巴黎需要一個心志夠堅定、夠愛國的新政權。科隆陣營要求讓當過法國救世主的戴高樂回歸，否則就要發動軍事政變。馬旭的傘兵奪下了科西嘉島，接著有數日的時間，巴黎人都提心吊膽地怕看到天降傘兵與坦克在大街上就定位。法國政府最終讓步，戴高樂上演「鳳還巢」。他先是重新出任法國總理，之後又在十二月的大選中當選總統。就這樣法國的第四共和走入歷史，第五共和揭開序幕。

只不過對那些拱他回到歷史舞台上的人來講，戴高樂讓他們失望了。做為一個務實主義者，戴高樂先是承認阿爾及利亞要恢復到可以治理的狀態，法國讓步是很重要的，而由此衍生出的便是一九五八年十月的「君士坦丁計畫」（Constantine Plan）。做為一個改革與重建的方案，君士坦丁計畫的資金由兩年前在阿爾及利亞南部發現的油田收入來支應。君士坦丁計畫裡的一個提案，是要大幅擴充小學教育，目標是三年內讓入學人數從六十九萬增加到百萬以上。根據新憲，所有的孩子都會跟他們的父母一起成為法國公民，但不論是民族解放陣線還是黑腳，都對這部憲法頗有微詞。

只不過到了這個時節，這種治標不治本的做法已經不管用。阿爾及利亞這顆燙手山芋已經產生一定的危險性，一不小心就會撼動法國內部的安定。為此戴高樂開始不躁進但很堅定緩緩接受阿爾及利亞的自決原則，而他也為此與法國民眾在電視與廣播上共度了許多感性的時光。他除了就阿爾及利亞的政策與國民對話，也呼籲全國國民能夠支持他的做法。一九六〇年十一月，法國人透過電視與廣播聽到戴高樂宣誓要創造一個「獲得解放的阿爾及利亞，讓其中的阿爾及利亞人可以決定自身的命運」。這話說完兩個月後，壓倒性的多數就在公投中為他的決定背書。

黑腳與強硬派的將領再次訴諸叛變。一九六一年四月，阿爾及利亞二次發生由拉烏爾・薩蘭（Raoul Salan）將軍帶頭，但以失敗收場的動亂。透過收音機的電晶體，法國的義務役士兵聽得戴高樂呼籲要他們忠貞不二，勿受叛亂軍官的利用。在這之後，臨去秋波的反抗持續在阿爾及利亞進行，並且在地下組織「祕密軍事組織」（Organisation de l'Armée Secrète）的指揮下延燒法國本土。一九六一與一九六二這兩年成了法國的多事之秋，要謀殺有謀殺，要炸彈攻擊有炸彈攻擊，甚至連戴高樂自己都兩度遭到暗殺未果。⑥與民族解放陣線的談判於一九六一年五月於艾維恩（Évian）展開，一九六二年三月達成停火協定，隔年七月阿爾及利亞獨立。對於這樣的結果，法國近七成民眾認可，阿爾及利亞人更是九成九表示歡迎。[19]這算是雙贏，因為阿爾及利亞得到了夢寐以求，當家做主的獨立身分，法國則放下心中一塊大石，擺脫此事對社會安定造成的威脅。

在此同時，九十萬名黑腳幾乎全數放棄了在阿爾及利亞的未來，因為那是一個他們無法再以主人之姿發號施令的未來。法國國內的輿論風向逐漸對他們不利，其中一個原因是這些黑腳愈來愈被視為是一群傲慢、自私而如寄生蟲一般的階級與存在。按照卡繆所說，黑腳的形象被塑造為「人手一鞭加上雪茄，人人出門開凱迪拉克的百萬名墾民」，即便他們有三分之一其實是農民。黑腳的公關災難與民族解放戰線的宣傳不謀而合。在民族解放戰線的文宣中，黑腳這些「大科隆人」（gros colons）被描繪成親維琪政權的投降主義者或「法奸」（很多人還真的是），是貪圖榮華富貴而自甘墮落一群傢伙。[20]事實上，不少科隆人只是小資的店家主人、商人，或規模不大的務農者。他們後來在法國安身立命，混得還不錯，但還是有人指著科隆人說他們不是貨真價實的法國人。阿爾及利亞獨立前夕，《費加洛文學》（*Le Figaro Littéraire*）雜誌的一名撰稿人表示科隆人從來不是真正的法國人，而是一支獨特的「地中海種族，操法語但秉性與法人不同」，因為他們是「種族激情的奴隸」。[21]

在阿爾及爾，費爾哈特・阿巴斯宣布一八三〇年起籠罩祖國的「殖民黑夜」已過，黎明終於破曉，貧困與種族清洗已成過去。出身法國馬丁尼克島（Martinique）的弗朗茲・法農（Frantz Fanon）是一名精神科醫師，他曾投身二戰的自由法國陸軍，也曾在一九五七年遭遣送出境前目睹阿爾及利亞戰爭的早期狀況。他認為阿爾及利亞是非洲反抗運動的典範。在一九六一年的《大地上的受苦者》（*The Wretched of the Earth*）⑦一書裡，他將阿爾及利亞的衝突解讀為由遭剝削的無產者與遭異化者對資本主義世界做出的反擊。生無可戀，爭回來一點是一點的無產階級，與鄉村居民移入非洲各新興城市而產生的底層勞工結合在一起，組成了游擊隊，掙得了獨立。對法農來說，這些人是「一群老鼠；你可以用腳踢他們，可以朝他們丟石頭，但不論你怎麼對付他們，他們都還是會繼續從根部啃食大樹」。對任何一個殖民政權來說，力量都是唯一的正義，而資本主義是殖民的推進器。有人主張殖民統治帶來了進步：「要是想獨立，就獨立吧，獨立完順便退回中世紀」，但這類說法遭到了法農駁斥。他認為經濟上封閉的自給自足，即便日子苦，也絕對強

---

⑥ 作者注：這些事件構成了弗瑞德里克・福賽斯（Frederick Forsyth）所著驚悚小說《胡狼末日》（*The Day of the Jackal*）的故事背景。

⑦ 法文書名*Les Damnés de la Terre*取自十九世紀左派代表性歌曲《國際歌》（*L'Internationale*）的歌詞。《國際歌》由一八七一年巴黎公社成員創作，主張以革命打到不公不義。《國際歌》後來成為蘇聯國歌、俄共黨歌，就連中國共產黨也採用為黨歌。

過在資本主義下仰人鼻息。[22]獨立後的阿爾及利亞既沒有鎖國，也沒有三餐不繼，反倒是證明了法農所言那種激烈的群眾武鬥不是沒有勝算。而隨著這場鬥爭的成功，殖民戰爭也進入一個新的時代。

第二十五章　去殖民化與冷戰

有如無底洞的貪婪，一種千方百計要劫掠非洲與非洲人，一有機會就想操控傀儡來達成自私目的的思維。

——比亞法拉電台

I

去殖民與冷戰的同時發生，對非洲來說是一場災難。非洲大陸被捲進共產主義與資本主義間的全球性對峙，新興國家的統治者被迫得選邊站，因為於公於私，認老大都能帶來好處。唯長此以往，非洲大陸開始陷入戰禍不斷的窘境，經濟發展因此停滯不前，蝕骨的龐大外債更讓想往前走的非洲舉步維艱。從一九七三到一九八三年，撒哈拉以南國家的借貸餘額從一百八十六億美元，突破天際到六百零五億美元。[1]內心滿是疑惑與怨恨的非洲人並沒有忘了可以把這些渾事怪到殖民時代頭上，但其實不少這些惡果，都是在獨立後的一、二十年間種下的因。

在當時，還是有一部分非洲人體認到自己的錯誤，但即便是這些人，也無意或無力阻止這一切發生。一九六三年，坦干伊喀總統朱利葉斯．尼雷爾提醒其他的非洲領導者注意「俄羅斯與其衛星國對非洲的第二波染指」。[2]唯儘管如此，他本身還是「口嫌體正直」地一手收下俄國送來的武器，一手讓美國協助他強化安全與警察部隊。一九六九年，就在奈及利亞內戰接近尾聲之際，叛軍陣營的比亞法拉①電台宣稱「比亞法拉人打的是一場由英國與俄羅斯勾結挑起的帝國主義戰爭」，還說美國也在幕後默許。這第二波染指，就跟第一波的瓜分一樣，背後看得到「有如無底洞的貪婪，一種千方百計要劫掠非洲與非洲人，一有機會就想操控傀儡來達成自私目的的思維」。[3]

類似的怒火於一九七五年再度爆發，主要是俄羅斯決定派遣五千名古巴傭兵來給安哥拉的民族主義附庸撐腰。肯亞的《週日國家報》（*Sunday Nation*）直批「古巴部隊完全是奉莫斯科之命行事」，而憤慨的尚比亞《時代報》（*Times*）則警告古巴此舉會招致「非洲的恨意」。[4]第二波瓜分的不良動機與強硬手法，使其被貼上「新殖民主義」的標籤，這很諷刺地正好是俄羅斯文宣部門常用來妖魔化美國與其盟邦的用語。

II

美國與蘇聯都需要聽話的非洲新興國家，首先是這些國家的投票權可以在聯合國表決時產生大用；再者，這些國家是潛力無窮的外銷市場；更重要的是，這些國家蘊藏豐富的鈷礦與鑽石等關鍵戰略原物料。美、蘇都不想直接伸手去碰觸非洲的統治問題，他們希望的是透過各種威脅利誘來監控主權國家的各項事務。為了「管理」非洲，這兩個超級強權以成群的政經與軍事顧問、技術人員、專家席捲了非洲大陸，表面上是說要是維護「安全」，但這些包藏禍心而又讓人彷彿霧裡看花的行動，其實只是讓非洲的暴君們一個個位子坐得穩如泰山。自一九七五年起，俄羅斯便持續派遣前述的古巴傭兵赴非，除一開始到安哥拉與蘇聯屬意的解放運動並肩作戰之外，後來還在衣索比亞幫助傀儡政權擊退索馬利亞的入侵。前前後後，前往非洲服役的古巴士兵達到四十萬人次，而他們打的全都是蘇聯在背後操控的「代理人戰爭」。[5]

美、蘇的花言巧語與虛情假意，讓他們想要道貌岸然一下也拿不出太多說服力。兩個強權都在密集的文宣攻勢中抨擊舊日歐洲殖民帝國，希望藉此給非洲人洗腦。他們分別替資本主義跟共產主義擦脂抹粉，希望非洲人能夠買單。他們說資本／共產主義只要貫徹下去，就能讓窮國翻身，為非洲帶來繁榮與進步。其中共產主義的意識型態，還被說成可以加速推翻在南非的殘餘白人勢力。非洲民族議會與南非共產黨曾於一九六〇年造訪莫斯科，當時他們滿心想要尋求如何發起「武裝抗爭」的建言，但跑了大老遠，最終卻只聽到馬列理論的長篇大論。蘇俄說唯有把馬列理論執行到底，並且「贏得群眾」，非洲的鬥爭才能勝利成功，「進而與資本主義國家的勞動階級一同加入全球性鬥爭行列」。[6] 對莫斯科來說，不論是非洲民族議會在南非的游擊隊，還是羅

---

① 比亞法拉共和國（Republic of Biafra）為奈及利亞東南部一個由分離主義者建立的國家，存在於一九六七到一九七〇年，期間未獲國際普遍承認。

德西亞跟葡屬非洲的反抗勢力，都只是為其冷戰打頭陣的先鋒。

但在莫斯科，這種靠別人打天下的辦法也不是人人買帳。有些馬列基本教義派的官員並不覺得招募非洲的民族主義者是聰明的做法，他們認為這些人不過是「打著民族主義旗號的中產階級」。[7]一九七四年，統治貝南（Benin）的軍事強人馬提爾．克雷庫（Mathieu Kérékou）上校宣布成為馬列主義的信徒，此言一出讓某位蘇聯官員感到不可置信。這名官員不解的是在一個由軍事派閥統治，既沒有階級之分，也不存在產業的國家中，馬列的信條能發揮什麼效用？更別說貝南人口有五分之四連大字都不識一個。[8]但這位官員所提出的質疑被壓了下來，因為像克雷庫這類人只要拉攏過來，至少他們所統治的國家就不會受美國左右。同樣地，某些「大丈夫能屈能伸」的知識分子也勸說華府要支持非洲的獨裁者，這樣民主的理想反而可以得到推廣。美國把在拉美與越南的做法延伸到非洲，就是出於這種想法。

美、蘇兩方都相信宣傳是爭取非洲盟友的勝負關鍵。在莫斯科，很多人都認為應該大肆宣傳一九一七年在俄國達成的革命「奇蹟」，他們認為非洲人會吃這一套，他們認為應該強調這些奇蹟可以複製到非洲國家，藉此打開馬列主義的市場。為此非洲人被請到俄國作客，畢竟眼見為憑，於是俄羅斯與東歐國家的大學提供了優渥的獎學金，希望非洲學子前往就讀，順便親眼目睹共產主義的各項成就。蘇聯想說只要學生們了解到俄國與東歐的今天就是自己的明天，那他們就會願意將自己許給共產主義，而等有天他們回到非洲，就會成為「種子」領導者。年輕的奈及利亞人就頗受這樣一個人人平等且不虞匱乏的國家吸引，而他們也在俄羅斯航空（Aeroflot）的班機上搶先體驗到由免費香菸跟烈酒所構成的俄式富足。只不過，夢想最美，幻滅相隨。下了飛機，一名學生抱怨起日常生活的工作既辛苦又枯燥乏味，另一名學生則總結共產國家的生活如下：「看不到車子，看不到咖啡廳，看不到華服，看不到食物……有的只是匱乏跟限制。」[9]

物質生活欠缺以外，還有種族歧視。非洲學生在莫斯科常被問一個問題，那就是非洲人有沒有房子住。俄羅斯人會有這種偏見並非巧合，因為俄國的非洲紀錄片裡早把落後而原始的標籤貼好貼滿。[10]通婚者與下一代得到的是冷若冰霜的對待，而種族虐待更是信手捻來。一九六六年，英國駐布拉格公使表示當地普遍以為非洲留學生「是搖樹選出來的」，「誰先從樹上掉下來，誰就有獎學金可拿」。[11]政治意識型態的灌輸無孔不入。在保加利亞，兩名肯亞學生除了分別修習數學與工程之外，還被迫得接受軍事訓練，期間他們會被徵詢學習游擊戰法的意願。[12]由此馬拉威（原尼亞沙蘭）政府索性拒絕承認莫斯科盧蒙巴大學②的學歷，至於其他非洲國家也不屑地對共產主義大學的畢業生存著戒心。[13]

美國的宣傳工作受到一些拖累，主要是自一九五四年以來，民權運動在美國南部各州如火如荼展開。從報紙與新聞影片上，你會看到喪心病狂的白人暴民、嘶吼吠叫的德國狼犬，以及用警棍把抗議民眾擊退的警員。這樣的美國，給人感覺至少在南部，黑人的地位是低到不能再低，而且是連抗議都不給抗議，否則就會得到新聞裡展現出的那些非人待遇。為了平衡掉這種印象，美國原本希望多派些非裔美人到駐非大使館裡，但各方面條件符合的人選並不多。一九六一年，甘

② 盧蒙巴大學（Lumumba University），後來更名為俄羅斯人民友誼大學（People's Friendship University of Russia），一九六〇年由赫魯雪夫下令開設。該校專為第三世界國家培育青年共產黨員。

迺迪總統號召志工組成的和平工作團（Peace Corps），算是中和「醜陋的美國人」形象的一帖藥方，而此舉算是發揮一定的功效。在官方的資金挹注下，一代接一代的美國青年男女接下了帝國主義中慈善願景的任務火炬，他們有的去到學校，有的去到醫院與診間，有的以專長協助非洲農民提高產量。說到對美國人的印象，非洲人還有一個會與現實嚴重脫節的管道，那就是好萊塢的電影。在好萊塢電影的疲勞轟炸下，美國成了家家戶戶幸福美滿的樂土，那兒有無數的新鮮玩意兒，而且不分男女，只要有本事的人都可以闖出一片天。換句話說，電影裡的美國是資本主義的成功範例，只不過仔細觀察，你會發現一九五〇與一九六〇年代美國的美麗人生，好像只限中產階級的白人享有。

III

說來說去，美、蘇都需要受控的非洲領袖供他們利用。第一代的非洲國家領導人都是民粹主義者，他們上台靠的都是畫大餅，尤其開口閉口都是像自由、獨立這類彷彿咒語一般，令人琅琅上口的術語。透過大量運用現代群眾政治中的元素：露天造勢活動、海報、主題曲，這些民粹領袖讓自己的政治人格顯得多采多姿，他們不但要將百姓從束縛中拯救出來，還要引導他們走向光明未來。在獨立之後，他們的頭像開始出現在硬幣上、紙鈔上、郵票上，他們以元首身分出訪外國，並且在聯合國大會等國際會議上受到尊榮款待。救國救民的領袖如恩克魯瑪會一邊激情地大談第三世界的不結盟運動（Non-Aligned Movement），但一轉頭卻又向美、蘇的捐輸伸手。

但話說回來，就算重來一遍，非洲的第一代領導人也沒有第二條路可走。他們能上台，靠的就是承諾獨立後要創造經濟奇蹟。經濟要起得來，少不了大量的投資與補貼，於是乎在一九五九年，美國國務院敦促英國與法國要在對前殖民地的補助上大方一點，主要是這裡頭有些非洲國家對美國富爸爸產生了「不切實際」的期望，美國於是希望英、法能幫忙分攤一下。[14]

對美、蘇兩強來說，捐助是一種比賽。他們往往在忙著比誰捐得快，捐得多的時候，卻忘了停下來想一想捐得對不對、好不好，也很少去思考捐助如何能確實創造出夠強夠久的經濟成長。俄羅斯曾送過剷雪車給幾內亞來討好其首任總統塞古・杜爾③，而對方也熱情回應自己是馬克思主義信徒。杜爾自然是覺得有利可圖才會這麼說，而且確實在一九六〇年代初期，美國駐科奈克里④大使回報說幾內亞「滿街都是蘇聯集團的技術人員與工程師」。只不過，這當中應該沒幾個高明的專家，甚至不少都是飯桶，否則怎麼會他們忙呼了半天，只弄出一座不太靈光的印刷廠、有瑕疵的廣播發射站，外加一座蓋一半的國家劇院。俄羅斯的番茄罐頭廠被建在既沒水源，附近也沒種番茄的地點。想辦一間尊爵不凡的國際航空公司，結果是一場空，九架俄製伊留申⑤客機基本只能在地面上生鏽。但或許這也是不幸中的大幸，因為這些飛機的機師都不通法語。[15]在此

③ 塞古・杜爾（Sékou Touré），西非抗法叛軍領袖薩摩瑞・杜爾的曾孫。

④ 科奈克里（Conakry），幾內亞的首都與最大港。

⑤ 伊留申（Ilyushin）航空集團是俄國主要的飛行器設計與製造機構，其前身為謝爾蓋・伊留申（Sergey Ilyushin）於一九三三年一月建立的伊留申設計局。

同時，蘇聯、東德與捷克的間諜看準杜爾容易疑神疑鬼，於是便與其聯手恫嚇起反對者，期間折磨與刑求是家常便飯。[16]此後有二十年的時間，幾內亞的經濟只能隨波逐流，看不見成長。這也難怪幾內亞的國民所得是全球數一數二低。

美、蘇不是傻瓜。餽贈、貸款與讓這些非洲國家賒帳，買到的是政治上無價的影響。這些捐輸可以創造出一個賴此維生的生態系，方便美、蘇以此去控制收錢的人。價值不在給東西或給錢之下的，還有美、蘇輸入警察與安全體系。美、蘇會派專家來指揮調度這些體系，藉此支持非洲國家的主政者。警察國家的建置，是獨裁者的好朋友。一九六〇與一九七〇年代，這些獨裁者紛紛冒出頭來，他們不是原本的民族主義者大權獨攬，就是以政變上位的軍事強人，像烏干達的伊迪·阿敏（Idi Amin）就屬於後者。且不論這些人是如何掌權又是如何濫權，非洲的獨裁者背後都有美、蘇兩大超級強權或英、法的身影。透過這些靠山，獨裁者一個個取得控制民眾的能力。非洲的各國首都諜影幢幢，儼然成了「安全」專家與臥底幹員的重要職場，但所謂的「安全」，只是好聽而已，說穿了那就是以各種形式進行的壓迫，倒楣的還是老百姓。

附庸的統治者若想要掙脫老大哥的約束，或是有意無意地顯露出想要「換老闆」的念頭，美、俄的情報機構就會跳出來扮演「造王者」。一九六〇年代初期，ＫＧＢ算是還滿成功地培植了恩克魯瑪，而恩克魯瑪也多少成功地讓迦納左傾，主要是他在國內推行了國有化的政策，並要求外商必須要再投資六成在迦納取得的獲利。但恩克魯瑪也是個腐敗的附庸。俄羅斯破解了迦納的通訊，結果密碼的譯文顯示恩克魯瑪與其黨羽會扣下部分的蘇聯援助，然後另存到自己的小金庫。中情局根本不當他一回事，因為他是個「貪圖榮華的騎牆派與花花公子」，一九六六年二月，美國與英國串連主導一場政變，推翻了這位迦納總統，但他的流亡生涯還是過得舒舒服服。恩克魯瑪於事後宣稱他是受害者，而害他的是「帝國主義與新殖民主義的爪牙」，他還說加上拉布條慶祝他下台的場面是美國大使館導演的戲碼。隨著他的下台，蘇聯與東歐陣營的逾千顧問也拍拍屁股走人。[17]

說到要有效控制各種政治傾向的非洲統治者，最擅長此道的還得算是美國人。為達此目的，美國的政策是提供訓練、諮詢與資金給在地的警察與維安部隊。此種策略已經在拉丁美洲有過實績，然後才被移植到非洲。美國其實為此設立一個專責機構「美國國際發展署」（United States Agency for International Development），而從一九六三到一九六九年，該機構在非洲共執行了三百三十萬美元的預算。[18]非洲的警力因此獲得無線電與手槍的配置，並且還針對如何調查叛亂、瓦解罷工跟鎮壓暴動等主題接受了密集訓練。

美國在非洲傳授「馭民之道」並提供所需的科技，至於道德標準則被「放水流」。威廉・塔伯曼這位被中情局評估為狠毒父權主義者的賴比瑞亞總統，一共從美國那兒領到五十萬美元來推動監獄的現代化，但錢流向何處始終成謎，因為蒙羅維亞監獄的受刑人還是活得豬狗不如，只能靠一天一磅（約四百五十三公克）的米飯度日。索馬利亞把槍砲裝在美國的偵察機上，然後前往異議者的村落低飛掃射。[19]強硬派的冷戰支持者可能也覺得離經叛道的行為，被默不作聲地容忍了下來。篤信並倡議「非洲風格社會主義」的朱利葉斯・尼雷爾堅持所有警察都得加入執政黨坦干伊喀非洲民族聯盟（Tanganyika African National Union）。這樣的他除了自華府手中收下價值六十四萬美元的警察裝備與武器，也從俄羅斯處取得不在少數的現代軍火。[20]

一九七一年，（後來成為野戰元帥的）阿敏上校成功從烏干達左派總統米爾頓・奧伯特（Milton Obote）手中奪權。阿敏於上台後承諾要支持資本主義並反對共產主義，為此美國給他的獎勵是六架直升機，英國則拿一百萬英鎊讓他去強化警力。阿敏曾經在英王的非洲步槍隊（King's African Rifles）中擔任士官，後來經由步槍隊的舉薦前往倫敦，因為倫敦當局認為要捻熄共產主義，需要的就是「一位優秀的非洲士官」。[21]但沒過多久，阿敏想要建立個人獨裁政權的野心就露出了馬腳，他想恐嚇烏干達人，想用文宣去說服烏干達人自己是國家精神的代表，唯有他才能決定烏干達的命運。他手段凶殘不在話下，同時這人也非常詭譎多變。一九七七年，英國聖公會批評他的行事作風，他的回應是派人逮捕烏干達總主教艾瑞克・薩比提（Eric Sabiti）還有兩名內閣部長，並且讓他們在濫用私刑的「袋鼠法庭」上受審完槍斃，但官方紀錄上記載他們的死因都是車禍意外。阿敏露出非洲版卡利古拉⑥的真面目之後，西方國家便終止對他的援助，但在改投俄羅斯懷抱之後，對方又給了他一億美元價值的武器。只不過最後蘇聯也「放生」了他，因為這傢伙實在太靠不住了。

因為冷戰之故，非洲的警力普遍歷經軍事化的過程，且始於一九四〇年代殖民統治時期的各種監視行為，也因為擔心共黨顛覆造成非洲赤化而一路保存了下來。比起他們所繼承的帝國主義政府，一黨專政的國家與凱撒式的左派或右派獨裁者對祕密警察的需求更盛，主要是他們始終處於叛亂與軍事政變的風險之中。這樣的處境，以及能在這種處境中如魚得水者的行為模式，說明了何以當皇家莎士比亞公司（Royal Shakespeare Company）於一九六〇年代派人到非洲巡演的時候，最受歡迎的戲碼是《馬克白》與《理查三世》。⑦

IV

雖然馬基維利⑧的君王之道，顯然是在非洲政壇上存活與立足的金科玉律，但還是不少人寄希望於馬克思主義。馬克思的各種理論與建議，似乎對應到了非洲大陸上的經濟凋敝，話說非洲的經濟在一九六〇與一九七〇年代可以說是每況愈下。殖民時代最後二十年開始的人口爆炸，到了此時更是累積出各國沛然莫之能禦的動能。各國新生兒的平均壽命各有殊異，但整體而言的趨勢向上，這點我們可以從下面三個非洲國家歷年的平均壽命演進看出端倪：

	1880	1940	1960	1980
莫三比克	30	34	43	52
波札那	33	36	42	66
索馬利亞	30	34	45	53

⑥卡利古拉（Caligula）被認為是羅馬帝國早期的典型暴君，原因是他建立恐怖統治且行事荒唐無道。

⑦《馬克白》（*Macbeth*）講述將軍馬克白出於野心和妻子的慫恿，暗殺國王後自立。但在自責與幻想的折磨下，他很快墮落成為一名暴君，不得不通過持續的狠心手段來保護自己。英王理查三世（Richard III）於一四八三到一四八五年間在位，莎翁筆下的他為了謀權奪位而陷害忠良，殘殺親侄，可謂專制暴君的代名詞。

⑧尼可洛·馬基維利（Niccolò Machiavelli）最知名的著作即是《君主論》（*Il Principe*），在此書中，馬基維利闡述一個君主（統治者）應該不擇手段保住自己的政權。

糧食的增產刻不容緩，另外就是得趕緊提高來自礦業與經濟作物的營收來充實基礎建設、醫療服務與興學建校的預算。外來的資金也是非洲經濟的重要命脈，但各國取得投資與貸款的過程卻因為冷戰之故而遭到致命的扭曲。美、蘇都將經濟援助視為是拉幫結黨的工具，因此對於錢被花到哪兒去都不是太注意。俄羅斯向非洲各國「兜售」的是一整套僵固馬列主義思想。但這樣硬搬硬套，其實會讓傳統上仰賴部落或村落單位的生產體系崩潰。恩克魯瑪看出了這項矛盾，然後便與幾內亞的塞古・杜爾、塞內加爾的利奧波德・桑戈爾（Léopold Senghor）、坦干伊喀（一九六四年與尚吉巴結盟後成為坦尚尼亞）的朱利葉斯・尼雷爾有志一同，都比較傾心奠基於傳統組織上的非洲特色社會主義。唯儘管如此，尼雷爾還是在一九六七年推行了一個五年計畫，其內容包括以集體耕作為內涵的農產合作社（collectivisation）、銀行的國有化，以及計畫經濟。

肯亞塔為肯亞準備的前瞻經濟計畫也倚賴「非洲特色的社會主義」，而其根基在於被認為是位於肯亞村莊與部落社會核心的「共同社會責任」。當地人憑著「一股想要努力工作跟自力更生的動能」前進，至於政府的責任則是確保財富的「平均分配」。在肯亞版非洲風格社會主義的藍圖裡，外資投資絕對是成功的關鍵。非到最後關頭，肯亞絕對不會考慮國有化一途。[22]

民族主義政治人物要靠經濟計畫達成其承諾的成長與繁榮，大規模的注資絕對是不可少的條件。提供信用額度與貸款的邀約廣泛來自外國政府機構、世界銀行、國際貨幣基金與西方的民間銀行，而這些送上門的錢也與非洲的統治者一拍即合。結果就是撒哈拉以南的國債在一九七三到一九八〇年之間增長超過三倍，達到六百零五億美元之譜。不少國家光是付利息就已經筋疲力盡，根本無暇去還本金。於是乎到了一九八二年，該還而未還的爛帳已經累積到一百七十億美元。

隨著負債風暴愈演愈烈，債權人開始指責起債務人。非洲國家被批評統治無方、鋪張浪費、貪汙腐敗，結果就是錢一匯出去就先進了獨裁者與其狐群狗黨的口袋裡。這些指控大多屬實。一九九七年，世界銀行的檢討得出一個令人遺憾的結論：他們「想當然耳的想法」真的「太一廂情願了」，而這也讓非洲各國得以恣意「畫大餅」換現金。投資人的信心自此一蹶不振，「貪腐變成了傳染病，發展顯得步履蹣跚，貧窮揮之不去」。貨幣學派⑨的彼得．包爾（Peter Bauer）教授認為經援非洲發展之所以會失敗，是因為這件事情與非洲大陸統治者的野心牽扯不清，也與西方跟蘇聯陣營的私心攪和在一起。美、蘇陣營說穿了，並不是真心想要幫助非洲發展，他們只是想要鞏固並壯大自己的冷戰陣營罷了。包爾認為非洲真正需要的是發自於非洲本身的動機，而這樣的動機必須扎根於個人的努力、勤儉、法律對私人財產的保障，以及生產性的投資。非洲債務國為了替自己開脫，也反過來指控債權人不負責任到了為所欲為的地步。這包括他們愈陷愈深地把利率調高，就希望錢能撈回來多少是多少：非洲國家貸款的平均利率在一九七二年是百分之四，一九八一年變成百分之十。[23]

無法控制的外在環境，讓問題變得更加棘手。一九三〇年代的經濟衰退時，非洲與外界的連動程度還不太深，但到了一九七〇年代的國際經濟再度衰退之際，非洲與全球貿易的關係已經緊密許多，由此受到衝擊的程度也大大提升。一九七〇年代的國際經濟衰退，引爆點是一九七三年

⑨貨幣學派（Monetarism），認為一國的經濟表現全決定於貨幣供給的經濟學派。

十月的石油輸出國家組織⑩決定將原油價格調為原本的四倍。國際經濟危機應聲而起，而且一路延燒到一九八〇年代。國際股市展開猛烈的修正，大宗商品價格短暫上漲但隨即重挫，為此吃足苦頭的包括極為仰賴咖啡、可可亞與蔗糖等經濟作物的非洲國家。查德的棉花產量腰斬，主要是外銷市場萎縮了一半，由此查德的國民所得也無奈下滑。[24]奈及利亞的狀況比較好，主要是他們國內也有新興的石油產業。奈及利亞的石油出口產值從一九七六年的一百億美元飆高到一九八〇年的八百億美元，國民所得也從每年六百美元升至九百美元。但後來石油需求倏地下降，奈及利亞的生活水準也驟然惡化。債台高築的非洲國家開始受到利息支出增加與外銷市場凋萎的夾擊，教育與醫療的預算也遭到排擠。

V

經濟壓力製造出政治上的危機。傳統的政壇人物凡承諾過經濟表現者，在民間的信用都大打折扣，由此權力也開始從他們的掌握中流失給職業軍人。最早從一九五九年開始，美國國務院的官員就預言過「民主」非洲遲早會土崩瓦解。新獨立的國家會苦於貪腐、低效率與「政治上的口水戰」，最後將民主斷送在軍事政變上。一年之前，伊布拉辛·阿布德（Ibrahim Abboud）將軍就以蘇丹軍隊統帥的身分奪權成功，並自命為共產主義與其毗鄰的納瑟勢不兩立。這是美國所「樂見」的發展。類似的軍事政變可以預期會持續發生，而符合美國利益的做法應該是與新上台的獨裁政權合作，並且鼓勵他們推動經濟發展。[25]對照民主的美國，威權的蘇俄也採取同樣「務實到幾近殘酷」的非洲政策。

事實證明國務院的預測有先見之明。非洲的政治權力以很快的速度朝中階軍官集中，主要是他們已儼然是救世主的形象，隨時準備要將國家從自肥政客的手中給拯救出來。受過殖民政府訓練且忠於指揮官的軍隊，由此成為非洲版的「羅馬禁衛軍」，直接由軍事領袖操控。從一九六〇年以降，經常只是「宮廷革命」規模的政變，成為不少軍事強人的上台階，這包括剛果的蒙博托（Joseph-Désiré Mobutu）、利比亞的格達費（Muammar Gaddafi）、烏干達的阿敏、索馬利亞的巴雷（Siad Barre）少將、中非共和國（原法屬赤道非洲）的卜卡薩（Jean-Bédel Bokassa），以及衣索比亞的馬里亞姆（Mengistu Haile Mariam）上校。其中視拿破崙為偶像的卜卡薩砸了兩千萬美元，辦了一場俗氣的加冕典禮，讓自己風光登基成為中非皇帝。貪財而邪惡的他跟法國算是魚幫水、水幫魚，而當他在一九七九年被推翻之際，法國還讓他退隱到巴黎近郊的一座城堡裡頤享天年。[26] 事實上這些軍事政權裡四處可見拿破崙執政時的裙帶色彩：阿敏的姪子統領烏干達的國安機器，而巴雷少將的女婿則負責索馬利亞對外的情報網絡。

馬里亞姆是俄國的棋子，也是蘇聯圖謀將衣索比亞跟其索馬利亞的傀儡政權結合成單一東非衛星國的一片重要拼圖。要是能在東非有這樣一個衛星國家，那蘇聯就可以在紅海跟印度洋取得海軍基地。事情的轉機出現在一九七四年，當時原本追隨美國的海爾・塞拉西皇帝在軍事政變中

---

⑩ 作者注：石油輸出國家組織（Organisation of the Petroleum Exporting Countries）成員以阿拉伯國家為主，但也包括阿爾及利亞、利比亞與奈及利亞等三個非洲國家。

遭到罷黜並殺害，繼之而起的是名為「德爾格」（Derg）的社會主義衣索比亞臨時軍政府，而德爾格的領袖兼馬克思主義者馬里亞姆，也就在同一年成為衣索比亞的國家領導人。他國家化了銀行、企業，實施農業的集體耕作制，用國家之手干預糧食分配，並強力壓制所有的反對聲音。俄羅斯拿了二十億盧布任他花用，算是給他的贊助，且這筆錢大多在十年之後成為一筆爛帳，俄羅斯想要也要不回來了。[27]

衣索比亞的動亂，給了鄰國索馬利亞機會，從衣索比亞手中奪回歐加登（Ogaden）這個八十年前屬於自己的南方省分。一九七七年七月，索馬利亞總統巴雷違抗蘇聯老大哥，入侵衣索比亞的東南部。索馬利亞的米格二十一戰機先後轟炸了攜帶衝鋒槍的衣索比亞與古巴士兵，以一場惡戰證明了扶植軍事獨裁者的危險。蘇聯急忙增援俄製武器與古巴傭兵，才讓情勢轉而對自己有利，索馬利亞軍也才知難而退。此役之後的巴雷遭俄國捨棄，而他也想當然耳地改投向美國的懷抱。

衣索比亞的不幸並未到此告一段落。該國的北部在一九八四年歷經一場嚴重的饑荒，所幸有西方伸出援手才稍稍減輕了衝擊，相對之下蘇聯提供的捐助就少得可憐。相隔不到一年，新任的政治局總書記米哈伊爾．戈巴契夫（Mikhail Gorbachev）就開始大刀闊斧地改革老朽的蘇聯體制，包括在外交政策上與西方重修舊好，世界因此走出冷戰，進入了冷和的「低盪」時期，而俄羅斯也於此時逐漸與非洲漸行漸遠。老朋友遭到放棄，戰爭的代理人被鼓勵與對方談和，至於俄羅斯本身則很不情願地打消了附庸國所欠四到五成的債務。

第二十六章 剛果與羅德西亞

對致力開發非洲的歐洲國家來說，非洲已經不再是驕傲或利潤的來源，現在的非洲已經變成一道漩渦，眼看著所有歐洲國家都要被捲進去。

——英國首相麥克米倫

I

一九五九年的夏天，英國首相麥克米倫正苦思著非洲的未來。非洲大陸的事務處於一種危險平衡，勢不可擋的民族主義運動正在累積能量，而英、法也在原則上承諾過要讓其非洲殖民地獨立。但實際上的獨立進度能不能順利推進頗令人存疑，如阿爾及利亞的例子就讓人覺得獨立之路千頭萬緒，說不準哪裡會出問題。麥克米倫也屬於悲觀的一派：「對致力開發非洲的歐洲國家來說，非洲已經不再是驕傲或利潤的來源，現在的非洲已經變成一道漩渦，眼看著所有歐洲國家都要被捲進去。」[1]一九六〇年一月，這位英國首相展開了英屬非洲的出訪行程，且於最後一站來到南非，而他也在南非發表演講來總結自己的體驗與心得，其中他做了一項預言是：「改變之風已經席捲這片大陸，不論我們樂不樂意，民族與國家意識的成長，已經是政治上的一個事實。我們必須接受這項事實，並且我們的政府政策也要做出相應的調整。」

麥克米倫隱藏在發言中的低調警示，並沒有被同樣殖民了非洲的比利時當回事。三心二意的比利時在處理剛果獨立事務的工作上仍顯得七手八腳。剛果獨立的期限已經訂在六月的最後一週，而最終果然一如麥克米倫所預期的像道漩渦一般，攪亂了一池春水。嶄新的剛果共和國才成立短短不到兩週，就一整個內爆而後隨即解體。這個權力真空讓美、蘇都急忙前來插旗，他們各自招募了在地勢力，主要是剛果南部的卡坦加省（Katanga）供應全球將近百分之百的工業用鑽石，外加鈷、銅、鈾的蘊藏量也相當可觀。這場危機可以分成兩個層面來看，起先是短暫的冷戰對峙，之後的延長賽則複雜許多，主要是在地的強人分成兩邊，分別在美、蘇的支持下爭奪剛果的控制權。比利時與剛果子民算是不歡而散，包括獨立當天的慶祝活動也搞得一團亂。一九六〇年的六月三十日於李奧波德維爾①，比利時國王博杜安（Baudouin）正式在一段白目至極、毫無同理心到令人大開眼界的演說中，完成了比利時政權的轉移。博杜安的祖先便是惡名昭彰的李奧波德二世，而這位後人在這歷史性的一天，對聽眾所說的卻是他們應該永遠感激比利時，因為是比利時將他們從奴隸制中解放出來，並且讓他們接受文明的洗禮。剛果的新總理派特瑞斯・盧蒙巴（Patrice Lumumba）當場怒不可遏。「我們已經不是你們的猴子了，」他怒氣沖沖地說，「我們已經受夠了鄙視、羞辱與打擊。」不久他的國家「就會讓世界看到……獲得自由的黑人能做到什麼程度。我們會讓剛果成為傲視非洲的模範生」。[2]博杜安國王急忙尷尬退席，連配劍都擱在會場忘了帶走。

但從這天之後，剛果的情勢就每況愈下。不過才短短四天，兵力逾兩萬五千人的剛果軍隊就發動叛變。歐洲人成了失控部隊姦殺擄掠的目標，而身家不保的歐洲人只能想辦法逃，僅僅花了兩個星期的時間，剛果境內六百名歐洲醫生就逃到一個不剩。[3]不少難民帶著駭人的故事向南一路逃到南羅德西亞，讓原本已對非洲統治惶惶不安的當地人聽得膽戰心驚。[4]

七月十一日，卡坦加這個最富裕的省分宣布在莫伊茲．沖博（Moïse Tshombe）的領導下脫離剛果獨立。沖博是享有比利時公開支持的民族主義政治人物。事情到了這步田地，聯合國也不得不出手干預。聯合國首先自然是要恢復秩序並讓維安部隊進駐巡邏，但這當中也有要先發制人，預防美、蘇槓上的意味。聯合國為此派出兩萬名維安部隊，其中五分之三來自非洲與亞洲國家。在與英國駐聯合國代表的電話對談中，瑞典籍的聯合國祕書長道格．哈瑪紹（Dag Hammarskjöld）坦承剛果已經國不成國，而他認為這錯主要在盧蒙巴身上，是這位盧蒙巴「沒把（總理的）角色扮演好，為了私利鋌而走險」。[5]

從禍事的一開始，盧蒙巴就已經絞盡腦汁而無計可施，他根本保不住自己的政府，更無暇顧及國家的完整。比利時一派部隊跟飛機要來撤僑，他便威脅要沒入比利時在剛果的不動產與其他所有資產。這坐實了美國國務院認為盧蒙巴不值得信任的看法。在美國的眼中，盧蒙巴是一個靠民粹支持上台的政客、一名社會主義者、一個俄羅斯的傀儡候選人、一個杜勒斯國務卿擔心會成

① 李奧波德維爾（Léopoldville），紀念李奧波德國王而得名的城市，也就是現在的金夏沙（Kinshasa）。

為「下一個卡斯楚，甚至是比卡斯楚還糟糕的人物」。[6]

赫魯雪夫也同意美國對盧蒙巴的評價，但對蘇聯來說這是件好事。對赫魯雪夫來說，剛果陷入混亂正好讓蘇聯有機會見縫插針，他正好可以藉此執行滲透非洲，把剛果變成另一個埃及。跟納瑟一樣，盧蒙巴也不難被利誘加入俄國一方，但首先他必須具備一定的實力。赫魯雪夫於是下令（以埃及跟迦納為出發點）空投軍火、卡車與裝箱的戰機到剛果。盧蒙巴另外還收到二十五億盧布的資金，外加一隊東歐陣營派去的飛行員與技術顧問會助他一臂之力。這些資源的到位，讓哈瑪紹急著警告在李奧波德維爾的英國大使要注意萬一盧蒙巴繼續掌權，那「剛果的赤化」就勢所難免。[7]一週之後的九月十四日，俄羅斯一架轟炸機攻擊了卡坦加的多個目標。[8]

懷璧其罪的卡坦加因為有戰略礦藏，因此始終是兵家必爭之地，尤其美國又是這些礦物最大的使用者。以前一年的一九五九年而言，美國自卡坦加進口的礦藏產值就達到兩億美元，華爾街的銀行更都是這些開礦公司的大股東。這麼重要的資產，怎麼能輕言落入盧蒙巴與蘇聯的手中。這種美國最不樂見的可能性，讓其國務院的分析師緊張了起來，話說他們原本就覺得剛果的無政府狀態會惡化成某種型態的共黨政變。

為了替西方國家保住卡坦加，美國當務之急是先除掉盧蒙巴。華府擬定了計畫要用「生物毒素」來取其性命，就這樣一名殺手攜帶一管毒牙膏，現身在李奧波德維爾。[9]但最後他的「專業」並未派上用場，因為在九月十四日，蒙博托上校就搶先發動了政變，盧蒙巴從總理之位被趕了下來。軍方的忠誠是用錢買到的，至於付錢的人則有中情局李奧波德維爾分站的首腦勞倫斯・戴夫林（Lawrence Devlin），畢竟該站的銀彈充足，另外就是比利時人也贊助了四十萬美元。[10]積欠的軍餉既已付清，加上未來的薪水也安全無虞，士兵們紛紛集結在蒙博托這邊，因為沒有他這一切都不可能。

轉瞬之間，美國的煩惱就因為蒙博托一掃而空。在控制李奧波德維爾後才短短幾天，這位蒙博托上校就關閉了蘇聯大使館，驅逐所有東歐集團的顧問。為了公開展示新的權力，蒙博托下令在首都對資深的KGB幹員進行「模擬」處決，藉此折磨其心理。赫魯雪夫被逼到了牆角，為此他怒火中燒。「我唾棄聯合國！」他先如此飆罵，然後又抨擊哈瑪紹是美國帝國主義的代言人。[11]但嘴上罵聯合國，他現實中的對手依舊是難纏的蒙博托。蒙博托跟盧蒙巴一樣，都是受傳教會的教育，同時跟阿敏一樣，他也曾經是名士官長。上台之後，這名（後來官拜將軍的）蒙博托上校就成了美國的人馬，只不過美國國務院對他的評價仍是「幼稚而好收買」。[12]蒙博托確實是腐敗至極，但他也同時是個很機靈、政治嗅覺很靈敏而不擇手段的投機分子。

II

一九六〇年七月跟八月的局勢發展，讓比利時人不知所措且百思不得其解。他們曾經那麼自豪，曾經自以為由一萬名官員人道統治下的剛果是殖民地裡的典範。更重要的是對小國寡民的比利時來說，剛果曾經是他們的搖錢樹，而這一點按照英國駐布魯塞爾大使約翰・尼可斯（John Nicholls）爵士的說法，也正是當前禍患的起源。尼可斯爵士告訴英國外交部：是居心叵測且唯利是圖的李奧波德二世，說服了比利時臣民把剛果視為一門生意。讓剛果獨立的準備近乎於零，因此不論是就質或量而言，就訓練或經驗而言，新國家的管理人才都嚴重不足；一九六〇年，剛果全國只有寥寥兩百名大學畢業生。[13]尼可斯甚至懷疑比利時是故意忽略該做的準備，好逼著剛果人繼續依賴比利時的公務人員。尼可斯爵士的結論是：「失去剛果，長期而言或許應該讓比利時額手稱慶，因為這或許能將他們震出癱軟的安逸歲月。」[14]

尼可斯的分析，與一九六一年初莫伊茲．沖博與英國外交官交談時的發言內容不謀而合。比利時從來沒有在殖民地培養出一種民族團結的情緒，但剛果可是多達兩百個部落的家，使用的語言更高達三百多種。士兵的忠誠屬於部落而不屬於軍隊裡的長官或國家。[15]唯考量到比利時的自肥動機與留一手的政策，剛果有如一盤散沙也只是剛好而已。

在「安逸歲月」裡吃香喝辣的錢，乃是透過比利時通用公司（Société Générale de Belgique）流入比利時。這其實是一家銀行，而且是一家財大勢大的銀行，因為它控制了剛果七成的收入，而這些收入幾乎都來自上卡坦加聯合礦業（Union Minière du Haut Katanga）所控制的礦藏。一九五九年，上卡坦加聯合礦業貢獻了四千五百萬美元的收入。這使其成為了剛果經濟的骨幹，也說明了何以盧蒙巴會急於收回卡坦加，即便其代價是要臣服於蘇聯也在所不惜，但他更希望是由聯合國部隊把卡坦加拿回來。總之不論是誰想挑戰這個任務，都將面臨一番苦戰，因為沖博手握比利時的資金、比利時的軍官團，以及靠打著反共旗號所換來的美國的祕密支持。他的靠山讓他加入了「伊莉莎白城的阿爾伯特治理圈俱樂部」（Cercle Albert Club of Elisabethville）②。這個「純白」的團體，藉此讓他成為一位「榮譽白人」。[16]

為了統一剛果，這一仗一打就是五年，而首當其衝的死傷者裡就有盧蒙巴。他先是被蒙博托的士兵逮住，之後被飛機送到卡坦加，歷經一番毒打，接著由比利時軍官下令在一九六一年一月遭卡坦加的行刑隊槍斃。盧蒙巴一入獄，他的追隨者就在安托萬．基贊加（Antoine Gizenga）的帶領下於史坦利維爾（Stanleyville）集結。基贊加向俄羅斯求助，於是俄羅斯贊助他五十萬美元，經喀土穆給他空投了武器，並且還組了一隊捷克籍的專家去指導他打游擊戰。[17]但即便有蘇聯的鼎力相助，想要自立門戶的卡坦加還是不敵剛果的軍隊，而赫魯雪夫對扶不起的阿斗也就提不起興趣了。

卡坦加在落入剛果部隊之手後，再經由聯合國部隊穩定其局勢，最後在一九六三年重回剛果版圖。卡坦加的收復，一直有哈瑪紹在幕後倡議。這位聯合國祕書長在一九六一年九月，北羅德西亞恩多拉（Ndola）機場附近的一場墜機意外中殞命，事後有傳言說他的飛機是被刻意擊落，而在幕後慫恿此案的就是那些會因為卡坦加獨立而受益的傢伙。這場「意外」所引發的焦慮，被蒙博托予以掃除，因為他親西方而且向資本主義傾斜。一九六三年五月，訪問華府的蒙博托在白宮接受款待。作東的甘迺迪總統表達了對他的誠摯歡迎，並讚揚他是將剛果從共產主義中拯救出來的人。一九六五年，這位剛果的救星自命為總統，然後在大位上一待就是三十二年。批評者稱他聚斂了與剛果外債不相上下的私人財富。

安穩的太平日子還是沒來，因為在一九六四年的夏天，剛果東部爆發大規模的反叛，起事者包含感覺躁動且疏離的青年人，他們自稱「辛巴」，也就是「獅子」，而若說他們有什麼確切的

---

② 伊莉莎白城，或譯伊莉莎白維爾，就是現在的盧本巴希（Lubumbashi）；治理圈（cercle）是法國殖民地的最小行政單位。

意識型態，那就是虛無主義與左傾。有人經觀察後發現他們跟現代美國校園的輟學生有些異曲同工之妙，因此給他們取了個外號叫做「叢林裡的披頭族」③。他們發起的運動，吸引了四海為家的革命分子，其中也包括切・格瓦拉（Che Guevara）這個聞名世界的憤青代表。切・格瓦拉花了數月的時間想要把辛巴們組織起來，但最終只得到滿滿的挫折，畢竟橫在他面前的阻礙實在太大。按照一名美國記者的描述，這群辛巴是「來自部落的烏合之眾，武裝往往只有開山刀、矛、木棍」，而且領頭的還是只會發「防彈藥丸」與鼓勵禁欲的「巫醫」。[18]這場叛變最終被裝備較為精良的剛果部隊跟一群白人傭兵敉平，其中這隊白人傭兵還上過新聞頭條，主要是一九六五年十一月，他們戲劇化地從堪稱辛巴重鎮的史坦利維爾救出數千名人質。在此同時，另外一支大致可歸類為部落衝突的事件在盧安達的胡圖族跟圖西族之間爆發，且一直到二十世紀末都沒有劃下句點。在剛果獨立之前，盧安達曾由國際聯盟託管給比利時，然後聯合國也在一九四五年蕭規曹隨。就跟剛果一樣，盧安達也完全沒有做好自治的準備。

在剛果的戰爭中，傭兵對各方都是非常搶手的資源，主要是本地部隊一再於實戰中顯示出士氣低落與訓練不足的弱點。英國一名駐非外交武官曾描述一九六七年一場在盧安達的會戰，其實只能說是雙方士兵間在「打群架」。剛果政府軍的士兵「醉的醉，（吸毒）嗨的嗨」，指揮的軍官還在後頭畏首畏尾。面對白人傭兵與卡坦加軍的子彈，這些政府軍「屍橫遍野」，但其實卡坦加人也一樣「醉醺醺而毫無軍紀」。[19]

III

羅德西亞傭兵在剛果的存在，讓人意會到南、北羅德西亞的情勢也愈來愈險峻。主要是在羅德西亞，屬於少數的白人反對倫敦白廳打算讓當地獨立的計畫。此時的首相麥克米倫正暗暗擔心肯亞若按計畫在一九六四年獨立，會變成剛果的翻版，同時更會讓茅茅之亂死灰復燃。[20]對於在南、北羅德西亞的歐洲墾民而言，剛果的災難證實了他們認為非洲不適合自治的恐懼。部分羅德西亞居民，包括南羅德西亞的國會議員洛伊・韋倫斯基（Roy Welensky）爵士，也就是後來中非聯邦的首相，都很急於將自身的命運跟有希望穩定繁榮的卡坦加綁在一起。除了羅德西亞的傭兵與卡坦加部隊並肩作戰之外，甚至有傳言說北羅德西亞政府對卡坦加走私軍火放水，而南羅德西亞則被傳派空軍去轟炸聯合國部隊。[21]

在英國內部，剛果的亂象坐實了右翼認為祖國的非洲殖民地太早獨立，會造成行政體系崩潰跟部落間暴力相向的預言。一九六〇年八月，一篇《旁觀者》雜誌的報導總結了英國人的惡夢。剛果會亂成一團，罪魁禍首是百來名「沒有原則的機會主義小人，他們一輩子幹什麼都沒出息，

③ 一九五〇年代與一九六〇年代，美國於戰後出現「垮掉的一代」或「疲憊的一代」，個別的成員則被稱為「披頭族」。這些年輕人不接受主流社會的規範與原則，並且透過衣著或外貌（如貝雷帽、長髮、蓄鬍、黑長裙）與行為（抗拒標準化、追求創新文體、嗑藥、異性戀以外的性行為、對東方宗教的鑽研、唾棄物質主義、忠實描繪人類處境）來表達自己的理念。

唯一的本事就是煽動一群歇斯底里的在地支持者跟隨」。[22]也差不多百來位的保守黨資淺議員對此英雄所見略同，而他們的想法也常經由《每日電訊》與《每日快訊》等報紙傳播出去。

但對自治的進展踩煞車，也是同樣危險的事情，法國的阿爾及利亞戰爭就是最好的證明。在一九五九年，下議院針對殖民地政策進行的辯論當中，保守黨與工黨的議員都同意阿爾及利亞戰爭就是對民族主義的要求說不的結果，應該引以為鑑。[23]對一群從小教育告訴他們帝國是仁慈的，帝國的存在是為了提升所有子民健康、品德與政治權利的選民來說，主張殖民壓迫戰爭是不太會有選票的。回首前程，英國的輿論曾經接受過讓英國子弟兵冒生命危險來避免馬來亞赤化，也肯讓英軍拚命為肯亞剷除茅茅之亂的迷信與血腥。但如今英國民眾還會不會支持讓英軍在南、北羅德西亞浴血打叢林戰，就只為了維繫白人的優越感，那又是另外一碼事情。

從一九五〇年代初期開始，持續連任的保守黨政府就採行去殖民的政策，其目的就是要避免衝突。英國打算溫和地導引非洲殖民地朝獨立之路邁進，最理想的狀態是能創造出資本主義的民主主權國家，並且讓新國家加入成為大英國協這個「大家庭」。要達成這個目標，前提是英國必須與在地如恩克魯瑪等民族主義政治人物接觸並各取所需，藉此確保他們對合作的承諾。英國殖民地朝獨立過渡的速度算是穩中有快，由此各地紛紛於一九七〇年代初期開始抵達終點線。權力新貴的上位，代表舊勢力被邊緣化或整個放棄，而這讓殖民大臣萊泰頓吃足了苦頭。一九五三年，萊泰頓在談判時遇到的對手是咄咄逼人的奈及利亞政治人物，而這不僅令他想起不曾被「民主主與《每日鏡報》（*Daily Mirror*）」汙染過的奈及利亞王公，後者的氣質與行為舉止都貴氣講究多了。[24]

萊泰頓負責跟對方談判的主題是奈及利亞聯邦的建立。倫敦與華府都同意聯邦制是經濟無法自立之小國的出路。黑人國家如奈及利亞看來前途一片光明，但像肯亞跟南、北羅德西亞這樣有著關鍵白人少數的國家，展望就沒辦法那麼樂觀了。唯儘管如此在一九五三年，英國政府還是把南、北羅德西亞跟尼亞沙蘭湊在一起，組成地位上屬於英國自治領的中非聯邦。其實如果治理得宜，中非聯邦是可以發展成歐裔與非裔和諧相處的民主政體。在韋倫斯基爵士的眼裡，中非聯邦裡的白人是這家「企業」裡的「資深」合夥人，他們會「指引」占多數的黑人負起政治責任。[25] 怪的是對這位非洲的白人政治人物而言，他的背景是工人階級，當過工會的領袖，年輕時他甚至當過獎金拳擊手。在他的父權主義觀念裡，摻雜著扎實的愛國主義，而愛國主義在白人社群當中算是一種「基本配備」；他的議員同僚形容羅德西亞人「保護著英國的生活方式與文明」。[26]

聯邦首府索爾斯伯利④與倫敦當局雖然理想崇高，但這改變不了中非聯邦是個居民們同床異夢，國家發展只能原地踏步的僵局。英國政府一再強調在未來某個還不確定的時間點上，聯邦將會實施普選，亦即所有人都會有投票權。但黑人民族主義者不吃這一套，對他們來說，中非聯邦就是個緩兵之計，其真正的用心是要讓白人霸權千秋萬世，有朝一日將種族隔離確立下來，就像近期在南非發生的狀況一樣。現況是聯邦的投票權取決於你有無恆產、你的收入水準，跟你的教育程度，而這幾乎等於排除了大部分的非裔居民。以南羅德西亞而言，二十二萬三千名白人人口當中逾半可以投票選出國會議員，但兩百八十萬名黑人居民中竟只有九千人是合格選民。北羅德

④ 索爾斯伯利（Salisbury）一九八二年更名為哈拉雷（Harare），今辛巴威首都。

西亞的差距更為懸殊，那兒的白人選民人數是一萬九千人，黑人選民才七百個。在尼亞沙蘭，白黑選民比是兩千二比二十八。且由於貧富差距實在太大（南羅德西亞的白人年所得平均為一千一百英鎊，黑人才八十英鎊），想敉平政治權利上的差距將會是好幾代才能完成的壯舉。

在英國，一人一票代表著一種跟呼吸一樣自然的正義。但對多數羅德西亞人來講，一人一票是會顛覆他們的世界，危及他們的土地、工作，讓他們的人生置於在共產民粹領袖股掌中的禁忌。剛果的危機與非洲民族議會的穩定發展，都加深了白人的恐懼。在中非聯邦成立初期，韋倫斯基還很擔心民變，擔心警察叫不動，也擔心非洲人買現代槍砲會出亂子。[27]這種原本只像道陰影的焦慮心情，在一九五九年三月長出了令人恐懼的實體，那就是事後諸葛稱為「尼亞沙蘭大恐慌」（The Great Nyasaland Scare）的事件。軍情五處的分支認定他們發現在地的黑人領袖密謀屠殺官員來接收政府。驚恐的心情像傳染病一樣蔓延，總督於是趕忙宣布進入緊急狀態，並拘捕了千餘名疑犯，包含海斯廷斯．班達博士這位在地的非洲民族議會領袖。抗議與暴動隨之而起，二十五名示威者遭到槍擊。後續由英國資深法官戴夫林（P. A. Devlin）爵士進行的調查結論是尼亞沙蘭已經由人為改造成一個捕風捉影的「警察國家」。[28]麥克米倫對此大為光火，他私下不屑地說戴夫林的調查結果偏頗，畢竟戴夫林祖上是信天主教的愛爾蘭人。

相對於尼亞沙蘭官方在喊「狼來了」，第七代蒙特羅斯公爵（7th Duke of Montrose）詹姆士．葛萊姆（James Graham）則很認真想把聯邦白人居民會如驚弓之鳥的原因解釋給上議院聽。他在二戰後定居成為羅德西亞的農民，而他在上議院的演說一開頭，就稱呼自己是羅德西亞人。他認為自己的經驗讓他對黑人的想法「有相當深入的了解」，而他也對台下的議員保證非洲人絕對忠心耿耿，但就是「很容易被有心人鼓動」。「只消有啤酒可喝，非洲手鼓可敲，再添上巫術或用其他方式嚇唬嚇唬，乃至於一些情緒性的言語挑動」，這些原本與世無爭的民眾就會「被捲入一些暴力行為」。[29]他說在流過血之後，這些非洲人又會回到原本的被動本性。

以其一貫渲染的口吻，這位蒙特羅斯公爵總結了許多白人同胞的共同心聲：他們理解非洲人的本質，而新任的殖民大臣伊安．麥克勞德（Iain Macleod）與其幕僚則否。在此同時羅德西亞給出了他們仍親英的證據。一九六二年，羅德西亞空軍與英國皇家空軍在亞丁的訓練課程中展現「高度熱忱」。皇家空軍會在亞丁，是因為英國正在那兒與阿拉伯民族主義者打游擊戰。英國外交部希望雙方聯合演習的消息可以不要外洩，他們擔心的是這會牴觸非洲的民意。[30]

蒙特羅斯公爵在上議院的激情演出，只是個插曲，其背景是英國政府很折騰地想要說服非洲與歐洲領袖一件事情，那就是中非聯邦不論有多少可挑剔之處，英國都有辦法處理。部會首長、幕僚，乃至於黑白兩色的政治人物在倫敦與中非聯邦各首府的天際間飛來飛去，他們身負談判調解的任務。此外另有一支官方的調查團則來者不拒，任何人有意見他們都洗耳恭聽。但這些努力最後也只是徒勞，因為鐵杵能磨成繡花針，但對抗與衝突卻歷久不衰：白人不肯接受普選，黑人則也完全不妥協。英國完全不考慮為了維持中非聯邦不墜而來硬的，這點麥克米倫在一九六二年就對韋倫斯基說得很清楚了：「要英國部隊為了達到目的而不擇手段，我沒辦法做這種保證。」[31]

一九六三年的夏天，英國終於承認中非聯邦的失敗。聯邦遭到解散，隔年北羅德西亞獨立成為尚比亞，而尼亞沙蘭則獨立成為馬拉威。兩個新國家都加入了大英國協，而其統治者卡翁達與班達博士都被殖民地辦公室與軍情五處評估為可靠的政治人物。與其和美、蘇任何一方過從甚密，卡翁達將求助的目光投向中國，由此中國出資並提供工程師，建成了從路沙卡（Lusaka）到三蘭港的鐵路。一九六九年動工的這條鐵路花了七年完工；自此尚比亞的銅礦出口不再得穿越羅德西亞由南非出海。

英國與羅德西亞之間的嫌隙在一九六四到一九六六年之間擴大。政權轉移到了伊恩・史密斯（Ian Smith）所領導的新政黨羅德西亞陣線（Rhodesian Front）手中。他一方面持續對由多數黨執政一事支吾其詞，一方面與志同道合的鄰國南非及安哥拉、莫三比克這兩個葡萄牙殖民地串聯。由此羅德西亞的出海口獲得了保障，同時這四地也組成了不成文的聯盟來合力遏止尚比西河以南的非洲民族主義浪潮。雖然戰事規模尚未擴大，但這四地都已分別與蘇聯在背後支持的游擊隊交戰。俄羅斯既已將手伸了進來，就代表羅德西亞、南非與葡萄牙都有條件向西方要求外交與武器上的援助。

一九六五年十一月，史密斯心一橫宣布羅德西亞獨立。這是一場豪賭。新當選的工黨政府在哈洛德・威爾遜（Harold Wilson）的帶領下，對史密斯此舉抱持敵意，但史密斯以為英國民眾都會全力挺他，結果他錯了。他打出了「英羅一家親」的溫情牌，羅德西亞人被他塑造成在二戰當中堅定支持帝國的愛國者，包括他自己都是戰鬥機駕駛員。但他誤判了當代英國的國情，畢竟他所面對的是一個披頭四如日中天、動輒萬人空巷的英國，是一個民眾憤世嫉俗、對國際政治冷感的英國，也是一個經濟空前繁榮而時尚穿搭極其講究的英國。典型的羅德西亞人正好與此形成強烈的對比。在英國政治漫畫家傑洛・史卡夫（Gerald Scarfe）的筆下，他們就像活在遙遠熱帶國度中的一群異族。

一九六六年底，一份英國民調顯示百分之四十九的受訪者認同南部非洲應該適用一人一票的原則，同時有百分之五十八的受訪者表示只要史密斯採行進步的政策，就支持羅德西亞獨立。僅三分之一認同羅德西亞認為非洲人至少二十年內沒有能力管理國家的看法。[32]。唯羅德西亞這燙手山芋不久就令人生厭，畢竟英國人還有更迫切的問題要處理，這包括他們的「悶經濟」，以及是否要加入歐洲共同市場的決定。

與麥克米倫一樣，威爾遜也決意不要訴諸暴力來把英國的意志強加在中非身上，因此他轉而向聯合國求助，希望聯合國能對脫離他們掌控的羅德西亞實施經濟制裁。唯儘管如此，英國還是派了戰艦停泊在莫三比克外海來攔截運載原油到羅德西亞的油輪。但沒有多久，情勢就很清楚地顯示有不少國家願意與羅德西亞交易，而且動點腦筋繞過經濟封鎖也不是很困難的事情。一九六七年，十架義大利製的民航機取道南非飛抵羅德西亞，製造商以為這些飛機都是本地要用的。[33]

但其實羅德西亞對飛機的需求遠不止於此。一九六二年，羅德西亞的非洲民族主義領袖約書亞·恩科莫（Joshua Nkomo）祕密接觸蘇聯，主要是向他們伸手索取爆裂物、武器跟無線電設備，這些是他們準備進行破壞與恐怖主義行動的器材。[34]蘇聯的反應起先還滿冷淡，但後來發現南部非洲的白人霸權重鎮遭到民族主義游擊隊攻擊後，蘇聯的態度就有了轉變。這可是個千載難逢的機會，蘇聯於是出手幫了叛軍，進而拉出了冷戰的新戰線。

第二十七章 最後的白色非洲

這些人簡直是過河拆橋。

——南非國防部長

I

打打停停的戰爭拖了三十多年，白人的霸權才在南部非洲遭到推翻。一九六一年北安哥拉起事反抗葡萄牙統治，為這場鬥爭揭開了序幕；由此一直到一九九〇年，南非總理戴克拉克（F. W. de Klerk）啟動與曼德拉的談判，這部大戲才進入最終章。這一路上的戰爭可分為兩個層次來看。第一個層次是對意志力與毅力的考驗，這部分是由有空軍掩護的傳統軍隊與高機動性的游擊隊，在廣達數千平方英里沙漠與叢林地形上進行突擊、短兵相接、偷襲等形式的接戰，且各方都不忌諱使用恐怖手段來確保民間的支持。第二個層次是國際上爾虞我詐的外交戰與不擇手段的情報戰。這部分不乏會發生讓人感覺像冷戰諜報小說情節的事件，包括效忠對象瞬息萬變，而事情的真相往往不同於其表面。

在第一個層次上的戰爭，參與戰鬥的人員一邊是莫三比克、安哥拉、羅德西亞、西南非（納米比亞）與南非的解放運動游擊隊，一邊是葡萄牙、羅德西亞與南非的陸軍與空軍。其中後者享有在理論上較為優勢的火力，但叛軍的現代武器也稱得上琳琅滿目，包括他們有地對空飛彈，後期連坦克跟少量戰機都一應俱全。會有這麼多武器可用，來源主要是俄羅斯。俄羅斯願意做此投資，主要是南部非洲誰屬的爭奪戰，提供了豐厚的冷戰紅利。美國也不吝於挹注金錢與武器到葡萄牙與南非口中的反共戰爭裡。這些國家堅稱打這一仗是為了圍堵共產勢力，是為了將共產勢力連根拔起，也是為了保護美國在當地的可觀投資。會給白人這樣的口實，主要也是黑人民族主義領袖會表達出社會主義的情緒，唯就跟在非洲其他各隅一樣，這些游擊隊領袖的內心對馬列理論並沒有特別的感情，這方面蘇聯算是被辜負了。

II

安哥拉與莫三比克是十五世紀末到十六世紀初，葡萄牙海上擴張時期的遺跡。葡萄牙的貧窮與落後，加上官方的毫無作為，讓純為母國富裕而存在的殖民地無法進步。不論是平均壽命與識字率，安哥拉與莫三比克都是非洲倒數。從一九三二年起，葡萄牙就被反動的獨裁者安東尼奧·薩拉查（António Salazar）所統治，其殖民政策延續壓迫與剝削的傳統組合。他鼓勵葡萄牙最不缺的窮人外移到殖民地，特別是安哥拉，而這也讓種族間的緊張關係惡化，主要是移民會與黑人跟黑白混血的穆拉托人（Mulatto）競爭零或低技術含量的基層工作。[1]就這樣到了一九六〇年，安哥拉的人口逼近五百萬，其中包含白人三十二萬與穆拉托人六萬。此時的安哥拉正歷經前所未見的榮景，因為這個殖民地如今已成全球第四大的咖啡出口國，同時原油與鐵礦砂的產量也在成長。

在經濟起飛的同時，民間對葡萄牙無能而高壓的統治也出現不滿的雜音。在莫三比克，民族主義運動莫三比克解放陣線（Front for the Liberation of Mozambique）是一股凝聚力強且紀律嚴謹的勢力，而且其背後有蘇聯撐腰。相對之下，安哥拉的解放運動就一分為三，而且三個派系還相互為敵。這三股力量分別是：安哥拉解放人民運動（Popular Movement for the Liberation of Angola）、安哥拉解放國家陣線（National Front for the Liberation of Angola）與安哥拉完全獨立國家聯盟（National Union for the Total Independence of Angola）。其中安哥拉解放人民運動對來自各種族與部落的支持來者不拒，唯他們對亦稱北姆本杜族（north Mbundu）的安本杜族（Ambundu）甚為倚重。安哥拉解放人民運動的領導者阿格斯廷和・奈托（Agostinho Neto）是個沉默寡言的知識分子。他的外表看似沒有架子，但其內心卻藏著鋼鐵般的意志與靈敏的政治嗅覺。葡萄牙人視其為最難纏的敵人，而俄羅斯人則常被他在意識型態上的「偏差」而感到氣餒不已。再來說到安哥拉解放國家陣線的老大是荷登・羅貝托（Holden Roberto）。仇視白人跟穆拉托人的他會向巴剛果族（Bakongo）招募新人，而他自己算是美國與南非的棋子。

安哥拉完全獨立國家聯盟的成員以來自又稱南姆本杜族（southern Mbundu）的奧文本杜族（Ovimbundu）為主，而其帶頭的喬納斯・薩文比（Jonas Savimbi）是名良將，但也是個剛愎而多疑的機會主義者。對他有利，他可以暗地裡洩漏安哥拉解放人民運動的基地情報給葡萄牙人，當然這樣的他也可以跟南非眉來眼去，因為對方會提供他白人軍官來訓練在納米比亞營地的游擊隊員。為了低調保密，這些白人教官得用號稱「黑就是美」的面霜把臉塗黑。雖然他一路走來始終反共，但美國中情局仍評價他代表了「黑人非洲民族主義中最不堪的一面」。[2]不過話又說回來，壞蛋有壞蛋的用處。

安哥拉戰爭的開場，是白人墾民聚落先遭到野蠻的攻擊，而白人的強烈反擊造成兩萬名非洲人遭到屠殺。有關當局譴責新教的傳教士埋下了叛逆的種子，或按照恩克魯瑪總統所言，「敢以非法西斯意旨詮釋聖經內容的種子」。[3]包含美國的衛理宗在內的眾多新教神職人員遭到囚禁，甚至於有十七人遭到殺害。蘇聯選擇了安哥拉解放人民運動扶植，但一開始只拿了塞牙縫的兩萬五千美元給奈托，後來隨著戰事推展，蘇聯才又免費為其訓練了七千名游擊隊員，其中一些可能上過俄羅斯電視製作單位拍攝的紀錄片，內容是這些游擊隊員攻擊某葡萄牙據點的畫面。這部紀錄片並沒有讓蘇聯的軍官覺得有什麼了不起，他們反而警告說地方性的「部落衝突」會有礙游擊隊作戰的效率，而其人數也在不斷下降。[4]同一時間，較高層級的蘇聯官員也不滿於國家不經深思熟慮就在非洲南部支持成效不彰且派系間擺不平的游擊隊，這當然也包括安哥拉解放人民運動。

俄羅斯蹚這渾水，倒是讓葡萄牙拿到一張王牌可打。話說葡萄牙雖然是個獨裁政權，但它是個早在一九四九年就獲准加入北約的獨裁政權。說服北約盟國把非洲之戰視為是國際反共戰爭的一環，對葡萄牙來說並不困難，當然其中最關鍵的是美國的支持，而美國出手有另外一個至少同樣重要的理由，那就是美國的南大西洋海軍暨空軍基地，就設在葡屬亞速群島（Portuguese Azores）。一九六二年八月，美國國務卿狄恩·魯斯克（Dean Rusk）在巴黎會晤英、法外交首長時強調了該基地的戰略意義。在同一場部長級會議中，魯斯克還提到能無償使用葡萄牙領地在印度洋部署軍力，對北約來講有非凡的價值。[5]於是又一次，冷戰的考量壓過了一切，法國製造的裝甲車、德國生產的燒夷彈，以及來自美國的化學武器：落葉劑，都得以在安哥拉跟莫三比克「一展身手」。[6]

身負北約配備的二十萬葡萄牙徵兵，打了一場八年的葡屬殖民地保衛戰。就像當時身陷越戰泥淖的美國一樣，葡萄牙也不少年輕人逃避兵役，包括有人為此離鄉背井。但一路打下來，葡萄牙或四路民族主義運動的叛軍都討不到便宜。事情最後劃下句點，還是因為葡萄牙國內的一連串事件。薩拉查在一九七〇年去世，而接班人馬爾塞洛・卡丹奴（Marcelo Caetano）也在一九七四年四月的軍事政變中失勢。這之後先不說別的，士兵們首先就希望能結束非洲這場贏不了的戰爭，而果然在七月，臨時政府就宣布葡萄牙將全面從各殖民地撤兵，而這個決定也獲得隔年選舉產生的左派政府背書。隨著葡萄牙士兵從各殖民地卸甲返回故里，三十萬殖民者、商人與公務員也隨即踏上了歸鄉之路。

III

葡萄牙棄戰產生了三個結果，其一為非洲南部的政治版圖產生了質變，其二是前葡萄牙殖民地與羅德西亞、南非間的力量均勢產生了傾斜，其三對區域霸權的爭奪進入了新的階段。在此之前，安哥拉與莫三比克都一直是捍衛羅德西亞、南非、納米比亞的「防波堤」。在整場安哥拉與莫三比克的作戰中，叛軍始終倚賴鄰近的坦尚尼亞與尚比亞做為難民的庇護所與新兵訓練營。在此之後，安哥拉與莫三比克將為羅德西亞游擊隊、南非的非洲民族議會、納米比亞的「西南非人民組織」①扮演相同的角色。南非不可能坐視失去納米比亞，因為納米比亞的出口每年有兩億五千萬美元的收益，何況納米比亞如今已經取代安哥拉，成為隔絕非洲民族主義武裝勢力的緩衝地區。

安哥拉的另外一個身分，是南非黑人國家連線中最弱的一環。葡萄牙勢力的出走，使得安哥拉三支解放運動間形成脆弱而欠缺互信的聯盟。一九七五年八月，安哥拉完全獨立國家聯盟對政府宣戰，然後實力遠不如前者的安哥拉解放國家陣線也跟進。美國總統尼克森的國務卿季辛吉（Henry Kissinger）已經認定安哥拉解放人民運動是共產黨，因此同意與南非還有安哥拉完全獨立國家聯盟密謀顛覆奈托擔任總統的安哥拉政府。[7]爭取成為葡萄牙勢力接班人的戰爭於焉開打，並且一打就是二十七年。

美國要在安哥拉打一場代理人戰爭的決定，讓古巴總統卡斯楚笑納加入混戰的天賜良機。卡斯楚會想這麼做，是出於無私的意識型態動機，畢竟即便把非洲殘餘的白人政權都消滅殆盡，古巴也無利可圖。外人看來，古巴此舉可能像是唐吉軻德般的愚昧盲動，但卡斯楚是真心想要貫徹其跟第三世界解放運動站在一起的歷史使命。在這之前長達七十年的漫長歲月裡，古巴人先後推

① 西南非洲人民組織（South-West Africa People's Organisation）是納米比亞的一個政黨，成立於一九六〇年四月。該組織以武裝鬥爭反對南非的殖民統治，成為納米比亞爭取獨立的主力，納米比亞獨立後也以該黨為長期的執政黨。

翻了西班牙主人跟被美國控制於股掌間的暴君巴蒂斯塔（Batista）。一九六一年，古巴軍隊擊退了美國支持下由原巴蒂斯塔支持者在豬玀灣發動的侵略。②一路走來的行動與精神，讓古巴做為世界上受帝國主義與資本主義壓迫的群眾代言人，可以說當之無愧。又或者按照卡斯楚所說，他們是國際上「富人與窮人間鬥爭」的代言人。關於安哥拉，卡斯楚在羅安達（Luanda）的代表人荷黑·里斯開（Jorge Risquet）後來公開說新的安哥拉國是「對種族主義者作戰的重要支柱」。「帝國主義者必須了解，」他接著說，「安哥拉正在為辛巴威（羅德西亞）做的事情，安哥拉正在為納米比亞做的事情，安哥拉正在為南非做的事情。」[8]其最終目標是要將卡斯楚口中的「法西斯－種族主義者」政權徹底剷除。[9]

在一九七四與一九七五年，三萬六千名古巴士兵在砲火、防空飛彈與老舊俄製坦克的掩護下，攜帶著人道援助物資來到安哥拉。古巴軍隊除了以一打三地對上安哥拉完全獨立國家聯盟、安哥拉解放國家陣線，以及南非的部隊，同時還一肩挑起訓練營來培訓羅德西亞跟納米比亞的游擊隊員。這之後的十年，卡斯楚裝備齊全的部隊不僅讓安哥拉的內亂與外患都無法越雷池一步，同時古巴的平民也取代葡萄牙的行政官員、醫師與教師。俄羅斯出了大部分的錢，但他們這單買得並不是百分百心甘情願。其代言人在非洲南部的激烈動作，可能危及俄國想要與美國保持低盪態勢的新政策，況且卡斯楚之前在中南美洲「行俠仗義」，最終也沒動搖到美國對自家後院的控制。

與蘇聯合作的奈托一直不改個性帶刺而行事難測的本色，唯他在一九七六年訪俄時包了一個「紅包」，那就是騰了個羅安達的海軍基地給俄國使用。但儘管如此，ＫＧＢ還是覺得比較妥當的做法是在他的資深幕僚中安插一個女性幹員，希望這能讓他對宗主國俄國的態度軟化點。但沒想到一九七七年五月，俄國想要用信仰馬列主義而且好使喚的內政部長尼托・艾爾維斯（Nito Alves）來取代奈托的計畫失敗，女幹員遭牽連被捕，由此她的利用價值也就不復存在。尼托的政變會胎死腹中，從中作梗的是古巴軍隊，而這也讓古巴與俄國之間的關係緊張起來。[10]此事之後，奈托覺得自己是時候兩邊押寶了。於是在一九七八年，他開始嘗試向西方國家靠攏，包括隔年他親自飛到哈瓦那請求古巴漸次由安哥拉撤兵。此時已經決心援助羅德西亞與納米比亞游擊隊的古巴雖然同情安哥拉，但其以後備軍人為主力的兵力已經分兵非洲過多而使得祖國戍衛薄弱，而美國再次侵略的威脅就在九十英里（一百四十四公里）之外。

奈托於一九七九年九月去世，其接班人荷西・艾德瓦多・朵斯・桑托斯（José Eduardo Dos Santos）隨即向新上任的共和黨雷根（Ronald Reagan）政府示好。但最後雙方仍走到僵局，美國希望古巴退出非洲南部，而桑托斯則質疑美國為何要支持南非這個古巴的頭號敵人。

南非視安哥拉為敵國。安哥拉的邊界洞開而難以巡守，由此羅德西亞與納米比亞的游擊隊都是想來就來，想走就走，甚至於還在安哥拉境內建了難民營與訓練基地，而這些據點也自然成為羅德西亞與南非洲大陸軍暨空軍的攻擊目標。一九七八年五月，南非軍機深入安哥拉境內一百五十英里（約兩百四十公里），然後先分別從高低空轟炸了位於卡辛加（Cassinga）的「西南非人民

---

② 豬玀灣（Bay of Pigs）事件後，古巴在聯合國提案指責美國非法出兵，但案子被身為當事人的美國否決。這對美國來說不僅是軍事上的挫敗，也是政治上的誤判。美國國內對此罵聲四起，上任才九十天甘迺迪政府顏面盡失，卡斯楚政權反而更加穩固。由於擔心美國再次入侵，古巴因此開始親蘇，而這也最終導致一九六二年的古巴飛彈危機。

組織」營地，然後又空投了傘兵進行攻擊。這些攻勢遭到有陳年俄製坦克掩護的古巴部隊擊退，南非軍隊碰了一鼻子灰而死傷慘重，所向無敵之名也大大蒙塵。唯有六百名含婦孺在內的納米比亞難民成了陪葬品。

國際上的譴責聲浪四起，但有趣的是西方媒體倒是很快就放棄追這條新聞。美國私底下很鼓勵南非進行這類的突襲，但面對到無辜平民屍體的照片曝光，華府馬上就把事情推得一乾二淨。對此非常不能諒解的南非國防部長怒斥「這些人簡直是過河拆橋」。[11]美國進退維谷，卡特（Jimmy Carter）總統在一九七七年就任時說要維護非洲人爭取自由獨立的權力，但他與幕僚卻又擔心獨立運動會成為共產主義滋長的溫床，為此華府不惜與薩文比跟南非這兩個惡魔混在一起。

IV

在此同時，羅德西亞想要壓制民族主義叛亂的努力，也形成冷戰對峙的另外一條戰線。自一九七五年以來，獨立後的安哥拉與莫三比克就持續提供基地給羅德西亞的兩支游擊隊使用，其中一支是恩科莫的辛巴威非洲人民聯盟（Zimbabwe African People's Union，以下簡稱人盟），另一支則是穆加比（Robert Mugabe）的辛巴威非洲民族聯盟（Zimbabwe African National Union，以下簡稱民盟）。就跟在安哥拉一樣，這兩股勢力都有強大的部落背景：人盟得力於恩德貝勒族，民盟則有修納人當靠山。兩支部隊都想用武力推翻伊恩．史密斯的羅德西亞陣線政府，終結白人的少數統治，唯他們在策略上有不同的想法。穆加比認為叢林的游擊戰會消耗敵人的資源，拖垮敵人的士氣與意志，而恩科莫則欲效法古羅馬將軍法比烏斯（Fabius）避免正面衝突，打算利用蘇聯與古巴的訓練與裝備，在尚比亞跟安哥拉的基地建立起一支龐大的武力。等到實力夠了，這支統一制服且紀律嚴明的軍隊就會發動傳統戰爭，包括以俄製的地對空飛彈來摧毀羅德西亞的空優。兩枚這樣的飛彈分別在一九七八與一九七九年各擊落了一架羅德西亞的民航機。

空襲與羅德西亞地面部隊的打帶跑突襲，對游擊隊的外部訓練營構成了極大威脅。一九七六年，羅德西亞的空軍與陸軍前往莫三比克攻擊民盟位於尼亞德松亞（Nyadzonya）的訓練設施，造成重大的傷亡，而在一九七九年，羅德西亞空軍空襲了古巴負責在安哥拉東部博瑪（Boma）運作的人盟訓練營，因為那兒於前兩年訓練出超過六千名游擊隊員。在此同時，游擊隊展開對城鎮的轟炸，並且在道路上埋設地雷，希望藉此降低羅德西亞部隊的機動性。

「西魯斯偵察兵」（Selous Scouts）這支特種部隊在尼亞德松亞的突擊中扮演了關鍵角色。他們之所以叫這個名字，是要紀念大型獵物獵人出身的瑪塔貝萊戰爭英雄：弗瑞德里克．西魯斯。從一開始，羅德西亞人就必須為自己的生存而戰，包括最早由西魯斯之流所征服得到的土地，也都是經由戰鬥才得以到手。每年來到一八九〇年英國國旗在布拉瓦約升起的週年，西魯斯等先人的努力與犧牲都會獲得紀念。過往的勝利，堅定了他們想要奮戰下去的意志力，而史密斯也意有所指地讚揚自身的子弟，他說自家部隊的鬥志與毅力都可以媲美另外一支必須突破重圍求生的國家，那就是以色列。但他也沒忘了提到羅德西亞人願意妥協的傳統，如羅茲就曾經願意與恩德貝勒坐下來談。因此整場仗打下來，史密斯都一直努力與英、美達成條件，同時他也會向僅有的盟友南非尋求協助與建議。

一九七〇年代的英國不論是保守黨還是工黨執政，都宣誓要推動羅德西亞的多數統治並支持對目前的政府進行經濟制裁。對於一個經濟長期風雨飄搖的國家而言，這種名存實亡的帝國遺緒可說讓人感到既厭煩又不堪，更別說新加入大英國協的非洲與亞洲國家領導人們又找到機會就要說教。羅德西亞受到的經濟制裁窒礙難行，主要是南非對於違反制裁規定的行為視而不見。再者，英國並不願意為了恢復其在羅德西亞的威望而出手打仗，不過羅德西亞一宣布獨立，皇家空軍確實派了一個戰鬥機中隊去尚比亞安撫卡翁達總統的緊張情緒。英國另外派了海軍船艦在莫三比克外海監控破壞制裁的船隻，唯成效不彰。

困獸之鬥，改變不了英國勢力在非洲式微的事實。在野的保守黨黨魁愛德華·悉斯（Edward Heath）曾在一九六八年的三月對下議院發言說英國既沒有錢，也沒有力量可以介入非洲南部的事務，唯一的可能是與美國聯手，但美國當時已經因為越戰而分身乏術。[12]除了力有未逮以外，英國也在政治上欠缺蹚這渾水的意願。一九七六年，正當羅德西亞的衝突情勢升高之際，俄羅斯大使曾經與英國首相詹姆士·卡拉漢（James Callaghan）討論英國是不是有道義責任應該出手干預，但俄國得到的回應卻是沒有人可以在黑人多數的環境下扶植白人少數。[13]英國民眾也不願意重演法國在北非的覆轍，他們不希望羅德西亞變成另一個阿爾及利亞。

羅德西亞戰爭打得難分難解。一九七八年，伊恩·史密斯希望透過妥協來尋求停火。為此他分別與英、美與南非的外交官進行了磋商，並同意有限度讓非洲人參與政府事務，亦即讓投票權延伸至部分但非全部的非洲人，而非裔人口也選出一個由埃貝爾·穆佐雷瓦（Abel Muzorewa）主教擔任總理的政府。美國中情局直指白人仍繼續把持著羅德西亞的軍方、警察、司法與行政體系。戰鬥持續延燒，而在一九七九下半年，人盟的基地遭到重創，出擊能力受到嚴重受損。[14]英國與美國政府仍堅守應由多數統治的原則，但也慢慢警覺到隨著羅德西亞愈來愈常進入莫三比克境內突襲，增援日多的古巴軍隊恐怕不久後將直接參與到羅德西亞戰爭。

更糟糕的是雖然蘇聯的回應相當冷淡，但穆加比確實已經開始直接向蘇聯請求援助。美國因此有壓力要做出回應，但美國也必須要回應地很小心，畢竟美國決計不想在世人面前支持種族隔離。在英國國內，保守黨的右翼人士各自以不同程度的熱誠支持著羅德西亞，他們一會兒訴諸南非與英帝國的淵源，一會兒高舉非洲南部赤化的鬼魂。朱利恩・艾莫瑞（Julian Amery）甚至對一份羅德西亞報紙坦承只要重新執政，保守黨就會毫不猶豫地停止經濟制裁，並且不再與民盟或人盟有任何往來。[15]

一九七九年，史密斯錯誤地因為鐵娘子柴契爾夫人（Margaret Thatcher）的當選而燃起希望。他把好話統統搬了出來恭喜她，並且也沒忘了提醒她「羅德西亞人全體都為了她的偉大勝利而對上帝心存感激」，並期盼「她可以成功地回復英國政壇的正直與誠實」。[16]史密斯的甜言蜜語並沒有讓柴契爾夫人「暈船」，她仍舊與華府採取同一陣線，也就是一方面支持由多數統治，一方面設法透過談判與妥協來實現這一點，而這個目標也終於在一九七九年的十二月實現於蘭開斯特府會議（Lancaster House Conference）上。會議結論是由（含總督都一應俱全的）英國過渡政府先出掌辛巴威，民盟與人盟游擊隊停火，然後兩政黨各推派一位候選人參與由全體辛巴威人參與的普選。這場大選辦理於隔年一九八〇年的二月，而穆加比的民盟贏得了壓倒性的勝利。讓華府倍感尊重的是美國成為第一個在哈拉雷（原索爾斯伯利）建立駐辛巴威大使館的邦交國。自一九八〇年以來，辛巴威都一直是多黨制的國家，只不過這也是一個穆加比以其辛巴威非洲民族聯盟－愛國陣線（Zimbabwe African National Union – Patriotic Front）進行高壓統治的多黨制國家。獨立以來，辛巴威國內不乏反對黨浮現，且多數都投入了選戰。其中一個反對黨民主改革運動（Movement for Democratic Change）曾實質上贏得過兩次大選，並且短暫與穆加比的民盟－愛國陣線合組過「聯合政府」。

V

一九八〇年是南非歷史的轉捩點。在這一年，南非失去羅德西亞這個盟國，而這也代表南非被非洲敵國團團包圍，每一個都提供了基地與訓練營給「民族之矛」（Umkhonto we Sizwe）的戰士。民族之矛正是非洲民族議會的武裝側翼。危機四伏的南非不得不多面迎敵，其中蘇聯是南非敵人的武器來源兼金主，因為有蘇聯，南非的敵人才能在一場演變成消耗戰的戰事中撐下去。說起消耗戰，俄羅斯有可以獲勝的自信，一九八〇年，蘇聯入侵阿富汗還不到一年，KGB的局長尤里．安德羅波夫（Yuri Andropov）就承諾俄羅斯會持續推動「世界革命」。但在莫斯科並非所有人都這麼篤定。有些覺得當局太天真的人認為把全球共產革命的責任攬在身上，成本真的高得不像話，更別說很多國家只會手心向上，根本不可能有還錢給俄羅斯的一天：一九八九年，安哥拉的爛帳就累計達到五十億美元。[17]在非洲打冷戰，已經讓俄羅斯原本已經很緊繃的經濟更形拮据，要知道俄國經濟還得支應一九七九年入侵阿富汗以來的龐大軍費，畢竟他們在那兒遭遇到激烈的反抗。相對之下，卡斯楚的革命意志就極其堅定。他持續派送部隊去協防安哥拉，並幫助非洲民族議會設法推翻種族隔離的政府。

俄羅斯所打的代理人戰爭，讓南非得以宣稱此處是冷戰的前線，而這也促使西方國家提供武器與英、美暗地裡不算很強烈的支持。在一九七〇年代尾聲與一九八〇年代，南非以空軍與陸軍發動對安哥拉、莫三比克、尚比亞與波札那的大規模突擊，另外還升高納米比亞保衛戰的強度。敢死隊會定期跨界去綁架或暗殺非洲民族議會內的幹部或要角。南非另外還資助了莫三比克民族反抗運動（Mozambique National Resistance Movement），這是一個由羅德西亞情報單位成立於一九七五年，宗旨在於給俄國支持的薩摩拉・馬謝爾（Samora Machel）政府添麻煩的組織。在南非國內，由於有蘇聯與古巴相挺，非洲民族議會不斷透過與黑人社群、學生組織與工會分子交心，藉此擴張勢力。他們喊出的是「讓種族隔離做不下去！讓這國家治理不下去！」的口號。[18]

但南非白人政府並非希望全無，因為陷入苦戰的他們於此時交到一位同情他們的新朋友，那就是一九八一年一月就任美國總統的雷根。雷根的總統大計是要各地的共產主義勢力消退，而南非可以幫助他做到這一點。面對種族隔離的道德爭議，雷根「心無罣礙」。在兩年前的一次廣播演說中，他就曾警告過黑人多數統治會在南非引爆硬碰硬的種族戰爭。他同時還讚揚過普利托利亞當局想要利用「班圖斯坦」（意為黑人家邦）的建立來澆熄非洲軍事反抗的努力。溫和的班圖斯坦，就是一群雷根總統肯定會「親西方且反共」的迷你共和國。[19]

南非自一九四八年以來就由以波耳人為主的國民黨（Boer National Party）統治，而以其種族隔離政策為因，會出現班圖斯坦的設計是很合邏輯的結果。早在一九四八年的國會大選，國民黨打出的競選口號就是「黑人有黑人該待的地方」（die kaffer op sy plek）③。種族隔離政策的核心目標就是劃定班圖斯坦的範圍，然後讓黑人好好待在裡面，畢竟種族隔離政策的前提就是非洲人的劣等基因讓他們注定要永世為奴。實施種族隔離的南非是一個殘酷的警察國家，他們建立這樣的體系，目的就是要讓僅僅三百萬的白人可以永遠踩在一千四百萬黑人頭上。這包括以南非緊縮類似國內護照制度的通行證法規（pass laws）來控制黑人的行動，限制他們的住居處，並增設新法來在公共場所、交通設施與教育機構內執行種族隔離。國民的種族身分，依法分成有著嚴格定義的七種民族，當中包括華人與馬來人。對於種族身分判定有不服者，可以申請上訴，但政府對於這類申請也會非常嚴格地把關。以一九八六年為例，共三百八十七名「黑人」尋求成為「開普有色人種」（Cape cloured），亦即黑白混血，希望藉此在種族排序上提升一階，但遭到拒絕的申請者多達兩百七十九名。[20]

南非政府會如同檢疫一般對電影、書籍等文創作品進行審查，藉此讓各種族都不會受到外來影響的腐蝕或煽動。尤其官方會特別設法讓黑人孤立起來，以免他們因為接觸到外來的刺激而質疑起自己為何世代為奴。黑人因此免受好萊塢電影的荼毒，不會因為看多了裡頭對歐洲人各種罪惡與放縱而有樣學樣，至於美國犯罪小說家米奇．史匹連（Mickey Spillane）作品改編的驚悚偵探片遭禁，理由則是性與暴力。[21]《祖魯》（*Zulu*）一片的開場是某祖魯戰士從一名死去的英國士兵手中取走長槍，因此立即被禁。針對非洲市場製作的國產電影強調黑人鄉村社區的純樸與健康，藉此與城鎮與都會的世風日下與人際疏離形成對比。[22]黑、白人種間的性關係被列為禁忌，而這對英國控制下的內陸國如巴蘇托蘭（賴索托）與史瓦濟蘭的黑人性工作者是好消息，畢竟這會讓性的需求轉向她們，同時A片之類的色情圖資也一樣可以購買或觀看。跨越邊界從賴索托進到南非，你會發現自己來到一個氣氛壓迫到令人喘不過氣的國度，而且這種壓迫已滲透到生活的每個層面。羅德西亞人來到南非，都不難感受到空氣中瀰漫著憂鬱與緊繃，畢竟羅德西亞的種族關係相對放鬆。[23]

為了合理化種族隔離，南非搬出舊約聖經的規定與經濟上的必要性。荷蘭歸正教會（Dutch Reformed Church）一向宣稱阿非利卡人跟舊約的以色列人一樣與上帝訂有盟約，而這使他們成為土地的主人，甚至連其上的民族與結成的果實也都一併歸他控制，但這種設定適合的是農業社會。南非在十九世紀末歷經了工業革命，過程中創造出大量的財富，波耳人對此自然沒有意見，但工業發展帶來的社會變遷卻也讓波耳人感到不勝唏噓。在工業都市與城鎮擴張的過程中，波耳人原本追求心靈滿足的農業社會，受到另一個陌生且令人驚懼的社會衝擊。唯這些工業城鎮對非洲黑人充滿了吸引力。到了一九四五年，黑人已經占南非工業勞動力的四成之多。

隨著都會黑人勞工的人數上升，官方開始擔心起這些「失根的大眾」居住在廣大的貧民窟與占地為王的營地裡，會發展出法律管不到的「自治地帶」。阿非利卡人害怕的另外一件事情，是陰暗處的眾多非裔「流民」會在都會的邊緣遊蕩。[24]種族隔離政策以眼不見為淨的態度「流放」了這些惡夢，並提供一支富紀律而好指揮的勞動力，而勞動力正是經濟的成長與繁榮所繫。南非

③ 其他的口號還包括Swart Gevaar（注意黑人威脅）、Rooi Gevaar（注意赤化的危險）與Die koelies uit die land（苦力滾出我們的國家）。

的白人選民對種族隔離政策感到無比的滿意，由此一九七七年，國民黨在國會大選中囊括一百六十五席當中的一百三十四席，一九八一年則小小的退步三席到一百三十一席。

連選連任的國民黨政權帶著南非經濟起飛。截至一九八〇年，南非已經吸引一千零四十億美元的海外投資，其中多數來自跨國的礦業公司，包括兩成是美資。另外英國也是南非的重要外資。一九六九年，英國對南非投資金額是六億五千六百萬英鎊，而在一九七〇年代，南非則是英國的第三大出口市場。種族隔離之舉或許讓南非受到來自各國在道德上的唾棄，但南非也很清楚自己是棵搖錢樹，是隻其盟國宰不起甚至傷不得的金雞母。又或者如雷根政府在一九八一年所說，南非「對自由世界不可或缺，因為他們生產我們各國都必須要取得的礦物」。[25]由於俄國同樣「物產豐隆」，於是莫斯科與普利托利亞偷偷協議把持國際上的鑽石價格、金價與鈀金（白金）價格。這固然是狼狽為奸，但畢竟合則兩利。一九八〇年代中期，俄國會年花十億美元採購南非的鑽石，其中一部分自用，一部分在國際上轉售。[26]

南非對西方國家來說也是戰略上的重要資產。普利托利亞一而再、再而三地提醒西方國家別忘了一件事情，那就是南非控制著大西洋與印度洋間航道的海上咽喉，要知道萬一核戰爆發，蘇伊士運河必然會是俄國攻擊的第一波目標，屆時南非控制的航道就會產生不言可喻的重要性。一九五九年，美國國務院對與南非的關係擬了一份前瞻報告，其內容在強調南非擁有礦物資源之餘，也提到其控制航道之關鍵性。至於在種族隔離的問題上，美國擔心黑人的「識字率提高與見識相對增廣」會造成他們易受共產主義的影響。唯即便如此，美國在道義上仍得公開對南非稍加規勸。[27]

但不變的事實是南非是一個其運作立足在非人道原則上的國家，而既然是非人道，那自然犯了西方廣大基督教徒、自由主義者與社會主義者的大不韙。關於這群良心者的想法，曾任衛理宗教會議長（moderator）的索波（Soper）爵士在一九六八年有過極具代表性的發言。他當時在教會議會的辯論中提到：「要是得接受這種行為是一種不可避免之惡，要是我對這種罪惡不齒之餘也只能默許，那我將無顏再面對黑人。」[28]他的觀點，正是英國反隔離遊說團體的觀點。事實上在這之前已經有八年的時間，這些遊說團體都在推動對南非進行經濟制裁，外加鼓吹抵制進口南非的產品。

二戰後的世界一想到種族歧視，難免就會想到一九三三到一九四五年間的納粹德國與其歐洲附庸。很直白地說，種族歧視造成數以百萬計的猶太人、吉普賽人與斯拉夫人遭到系統性的屠殺。他們沒有招誰惹誰，他們只是出身與族裔讓某些人看不順眼。近代歷史告訴我們一件確定的事情，那就是種族歧視會讓人不把人當人。人命在種族主義者的眼中會變得一文不值。再者，南非國民黨原本就有同情納粹的前科。兩任國民黨籍的南非總理，約翰．沃斯特（John Vorster）與彼得．威廉．波塔（Pieter Willem Botha）都曾經在戰時加入過親納粹的「牛車衛隊」運動，其中前者甚至曾經因此被關過。[29]

最發自內心反對種族隔離者，堪稱那些剛從殖民統治中脫離的國家，畢竟種族隔離的前提會讓這些國家回想起自身不堪回首的過去。南非成了殖民主義的代名詞，而殖民主義的本體就是資源的剝削，就是一種以白人至上的心態。這種狀況讓同屬前英國殖民地的非洲與亞洲國家抱怨連連，南非因此在一九六一年脫離大英國協。英國政府視大英國協為帝國的替代品，希望藉此維持自身對前殖民地的影響力，而把國協成員綁在一起的包括排場很上相的皇家巡禮、聯絡感情的運動賽會，也包括實質上的經濟援助。除此之外，國協成員間也有共通的政治理念，但你可以說這些價值只存在於英國的想像裡，畢竟不少新的成員國都是一黨專政的獨裁政府，其國內的個人自由聊勝於無。在聯合國裡頭，大英國協成員聯手諸亞非國家暨蘇聯集團對南非口誅筆伐，並要求對其施以經濟制裁，甚至連英、美兩國都因為遲遲不肯對南非開鍘而遭到砲轟。但在罵聲最響亮的國家當中，有不少是在人權表現上與南非同樣不堪聞問的高壓獨裁政體。面對抗議聲浪，西方國家免不了得設法安撫一下，但他們在這麼做的同時也沒忘了要小心為上。一九六〇年三月，美國國務院成功讓聯合國以決議案譴責南非的措辭變得和緩一點，但其實會有這個決議案，是因為南非警方在沙佩維爾（Sharpeville）射殺了多達六十九名抗議通行證法的黑人抗議者。[30]

英國政府面對了同樣的困局，主要是雖然立基於大英國協的溫情主義言論很多，但英國也都清楚意識到自身影響力在非洲的節節敗退。在各個層次上，在野的工黨都全力支持反種族隔離的運動，但一朝在朝，工黨卻又立馬抽換掉理想主義，改採以執政者的務實，至少真正管事的層峰是如此。跟美國一樣，英國不論高不高興，都必須設法與南非這個盟國間附庸共存。也因此在一九七六年，資深而火爆的工黨大將兼能源事務大臣東尼・班恩（Tony Benn）堅決捍衛向南非購買納米比亞鈾礦的決定。[31]

話說回來，工黨抑或保守黨都嘗試要執行聯合國對於南非的武器禁運，唯這當中也有一些很詭異的妥協之舉。比方說出口撒拉森（Saracen）裝甲車到南非是非法之舉，因為這種裝甲車常被部署來進行群眾管控，但已經在使用中的撒拉森裝甲車卻可以進口零件來替換。黃蜂型（Wasp）

直升機於一九六二年被進口到南非，名義上是要當作反潛直升機，但很快地就被改裝成反游擊隊作戰之用。[32]提供武裝給南非是一門頗有賺頭的生意：從一九七〇到一九七一年，售予南非的軍火交易包含一艘總價六百萬英鎊的布網艇④，以及與護衛艦所需價值約兩百二十五萬英鎊的電子設備。[33]

有一種在英國強於美國的感受是透過合作與善意的表達，南非有機會被說服去軟化其種族政策。比方說在一九六八年，有一派意見強烈地認為應該由負責管理國際板球事務的馬利波恩板球俱樂部（Marylebone Cricket Club），派支十一人制的球隊去跟南非比板球。這派人認為這會是一個破冰的契機，一個讓南非人重新思考其種族隔離政策的機會，畢竟南非人很重視體育。只不過沒想到他們更重視種族的界線，因此拒絕接受讓客隊英國隊裡一名出生於開普敦的混血球員貝索・都里維拉（Basil D'Oliveira）入境。但這也不稀奇，畢竟南非之前就曾禁過有毛利人球員的紐西蘭隊。[34]由於馬利波恩不願照著南非的玩法走，因此這場安排好了的比賽就只好取消。反過來講每當南非球隊去英國比賽，反種族隔離的團體都會如影隨形地大搞破壞，終至讓球打不下去，而這也讓板球的死忠球迷氣憤不已。

南非一向對國際上的批評反應非常強硬，而國際抗議聲浪轉強，往往都是因為南非以武力鎮壓黑人抗議。在前述一九六〇年的沙佩維爾屠殺之後，國際上的譴責排山倒海而來，但普利托利亞當局依舊不為所動。另外在一九七六年，南非決定將阿非利卡語（南非荷蘭語）訂為所有黑人

④ 一種小型的輔助船艦，主要功能是在水下布置鋼網來抵禦魚雷或潛艦的入侵。

學校內的授課語言，結果引發了索維托的叛亂。南非對此再行血腥鎮壓，而政府事後面對口誅筆伐也照樣全身而退。一年之後，史提夫・畢可（Steve Biko）在警方手中遭到用刑喪命，而他是黑人意識運動（Black Consciousness Movement）一名充滿個人魅力的領袖。畢可這麼一死，引發國際上進一步的撻伐。極盡諷刺之能事的一點是警方也承認自己「承受不了再一個畢可」，但他們這麼說的意思並不是要收斂一點，而是此後刑求致死的男女屍體要處理得更神不知鬼不覺一點。[35] 這包括他們想到一招是把屍體放在鱷魚洞附近。來自各國的外來壓力，不論有沒有直接撕破臉，都沒能改變南非的官方立場，也沒能降低其安全部隊在動起手來時的殘暴程度。

VI

西方的社會輿論與其官方對於種族隔離制度的厭惡，並不能夠壓過冷戰的政治現實考量。南非不忘時時刻刻提醒其批評者的一點，自己在打的是一場反共戰爭，而南非要是輸了這一仗，其後果將是比美國近期在越南吃癟造成更大的戰略與經濟災難。而實質上，南非也在不同戰線上取得了一些戰果，這包括在其國內，非洲民族議會的「武裝鬥爭」遭到南非的極力壓制，而納米比亞的「西南非人民組織」游擊隊也遭到成功牽制。另外南非也不斷展現自己有重創敵人基地的能力，不論這基地是設在莫三比克、安哥拉還是波札那。但到了一九八〇年代中期，這場仗何時能收場，又要如何才能以全面勝利收場，變成一件充滿不確定性的事情，同時考量到衝突的性質，誰也說不準這場（可能的）勝利會以什麼樣的面貌現身。

但有一件事情倒是相當確定，南非的存亡跟冷戰的演進與終局綁在一起。從一九八〇年代初期開始，南非局勢進入到一個新的階段，事後證明這也是最後一個階段。在這個時期，美國總統雷根開始力推軍備重建計畫，其用心是要讓美國在核武競賽上重新掌握優勢。蘇聯對此無力與美抗衡，因為蘇俄才剛開始陷入到長期而慢性的政經危機中，包括其種種徵象都顯示蘇聯在國內或東歐都有失去掌控力的風險，共產主義那一套長年行不通，已經導致許多人失去耐性，由此世界革命的美好願景也加速退散。到了一九八五年，蘇聯入侵阿富汗已經變成讓其臉上無光的燙手山芋，而設計用來投射「俄勢力」到衣索比亞跟非洲南部的各項政策，如今已是一種令人負擔不起的奢侈品。一名蘇聯官員評論起俄國去蹚安哥拉的渾水，他說的是：「我們自己都已經問題一堆了，幹麼還要去管別人的閒事？這麼做正不正義是一回事，但我們現在沒這個錢是確定的。」[36]但跑這一趟安哥拉也有一個安慰獎，那就是安哥拉海域的魚貨進口到俄國，可以給碗裡沒什麼料的俄羅斯人加菜。

這在大方向上反映了戈巴契夫的看法。戈巴契夫在一九八五年成為俄共總書記，而他掌權後很快就了解到俄國想要掙脫其國內的亂局與崩潰危機，就一定要在勉強維持顏面的狀況下放棄海外的各種殘局。一九八六年，在雷克雅維克（Reykjavik）的軍備管制會談上，戈巴契夫祕密向雷根透露了他意欲從非洲撤兵的想法。相對於說走就走留下一堆爛攤子，戈巴契夫希望的是「慢慢淡出」，同時他也知道退出非洲的這份承諾，在低盪外交中是「面額很高」的籌碼。美國對此自然是大表歡迎，他們樂見俄國讓步促成區域穩定與古巴撤兵。

冷戰的終局，使南非的弱點一下子顯露了出來。南非政府起初並不相信戈巴契夫會履行撤出的承諾，因為這似乎跟古巴在安哥拉增兵的做法背道而馳，須知在一九八八年八月，古巴在安哥拉的兵力已經達到五點五萬人。美國要求古巴撤兵，以此來交換美國支持聯合國以第四三五號決議案要求南非從納米比亞撤兵並任其完全獨立。這兩個願望在一九八八年十二月一次得到滿足，主要是南非、古巴、安哥拉在紐約簽訂了三方協議。由此卡斯楚順了俄羅斯的意，開始從南非撤兵，但當戈巴契夫出訪古巴，希望能說明相關政策的時候，古巴卻沒給這位總書記好臉色看，甚至有不少人直接嗆他是共產主義的叛徒。[37]但罵歸罵，卡斯楚還是得聽俄國的話，畢竟古巴從一開始能夠大老遠去管南非的事情，靠的也是蘇聯空投物資並提供裝備。古巴走後，西南非人民組織在獨立的納米比亞裡成功勝選執政。

南非政府會讓事情這麼順利，有很大一部分的原因是美方的壓力跟商界的焦慮。經濟制裁已經開始對經濟造成損害，外來投資岌岌可危，未來的展望也不容樂觀，主要是在一九八六年，雷根拒絕執行經濟制裁的決定遭到美國國會撤銷。在前途茫茫、危機四伏的狀況下，阿非利卡人想起了在逆境中展現韌性的傳統，畢竟能撐過波耳戰爭的失敗而逐漸恢復實力，靠的就是這種能屈能伸的個性。

再一次，波耳人決定與敵人妥協，而這一次的對象是非洲民族議會。採取主動的是波塔總統。一九八九年七月，他與身陷囹圄的非洲民族議會領袖曼德拉展開祕談。波塔與其接班人戴克拉克想幹的是一番轟轟烈烈的大事，而要成就此千秋大業，他們需要取得曼德拉的配合與諒解。曼德拉必須同意寬恕曾經發生的一切，然後獻出自身的道德光環與權威，進而讓南非得以脫胎換骨。戴克拉克承諾會把種族隔離制度拆到片瓦不存，會解除對非洲民族議會的禁令，並且會將投票權普及於南非所有百姓。想朝著多種族民主制度過渡，南非需要的是各方的自制與耐心。這一點終能成真，是因為戴克拉克與曼德拉都知道南非非如此不可，否則另外一條路就是種族戰爭與無政府狀態。這種恐懼籠罩了所有人的心靈，於是非洲人積極地回應了曼德拉對於包容與寬恕的請求，也接受他所擘劃出一個團結、公正與繁榮的南非願景。一九九四年，非洲民族議會成為大選的贏家，南非也自此在如履薄冰中享有了穩定。

逐鹿非洲已成明日黃花，包括南非在內的非洲人已開始在這片大地的各隅當家做主，至於如此是禍是福，是不是一個完美的結局，我們只能說一切都還「未完待續」。

誌謝

我最最感謝的是內人瑪莉，我要感謝她在我撰寫本書過程中所給予的鼓勵、襄助與耐心。我兩個兒子愛德華跟亨利，乃至於朗尼（Andrew Lownie）、麥克尼利（Lucinda McNeile）、保羅（Andy Paul）、米克（Innes Meek）、威廉斯（Andrew Williams）、奧斯曼（Susan Osman）、史提德曼（Robert Steedman）與拉德（Michael Rudd）等人都提供了寶貴的意見、建議與資訊。我還得感謝戈登（Hector Gordon）、派瑞斯（Matthew Parris）與迪爾登（Frank Dearden）與我分享他們關於肯亞、羅德西亞與南非的經驗與知識。我還很感激父親多年來用郵票帶我認識了帝國的世界。我要謝謝當過殖民地區長的哈吉森（Peter Hodgson）先生放下教授數學與經典文學的工作，用自己的時間來分享他所認識的西非各民族群像。我另外還很感激喬伊斯（Andy Joyce）先生，是他幫了我排除了很多電腦的疑難雜症。然後我要感謝我的編輯勞森（Linden Lawson），他付出的智慧與耐心早已超越一位編輯應盡的責任。我還很感謝山姆森（Alan Samson）的慷慨、品味與他對我的啟發。

對於其他一路上的大大小小的配合與協助，我要感謝的還有聖安德魯大學（University of St Andrews）圖書館的迪克森（Valerie Dickson），乃至於國家資料館（National Archives）、林戴爾．哈特中心（Liddell Hart Centre）、羅茲公館圖書館（Rhodes House Library）、中東中心（Middle East Centre）與博德利圖書館（Bodleian Library）的工作人員。

注釋

第一章　文明任務：一八三〇年的歐洲與非洲

1. Sessions, p. 310
2. Ibid., p. 101
3. Lee, pp. 24–5
4. Cairns, p. 47
5. *Quarterly Review*, 17 (July 1817), p. 305
6. Bassett, p. 331
7. Curtin, p. 21; Cohen, *French Encounter*, p. 255; Brower, p. 48
8. Livingstone, *Narrative of an Expedition to the Zambesi*, p. 598
9. Colson, p. 29
10. Bovill, I, p. 103; II, pp. 159, 282; Price, p. 198
11. Davis, pp. 245, 459
12. Cohen, *French Encounter*, p. 243
13. Bovill, I, p. 103
14. Ibid., p. 679; *Boyden*, p. 20

第二章　蓄奴與奴隸交易

1. Zimba, Alpers and Isaacman, p. 272
2. Ruete, p. 217
3. Adams and So, pp. 25–7
4. Klein, *passim*
5. Toledano, p. 56; Mowafi, 15ff .
6. Zimba, Alpers and Isaacman, pp. 257–8
7. Adu Boahen, *Britain*, pp. 128, 153
8. Cohen, *French Encounter*, pp. 141–6, 196
9. Peterson, p. 427
10. Cohen, *French Encounter*
11. Toledano, pp. 116–17
12. Zimba, Alpers and Isaacman, p. 150
13. Toledano, p. 31; Mowafi, pp. 29, 39, 65
14. Hubbell, pp. 39–40
15. Lloyd, p. 83
16. Ibid., p. 84
17. McCaskie, p. 487

第三章　傳教士的故事

1. *Missionary Career of Dr E. S. Krapf*, p. 25
2. Ellingworth, pp. 212–13
3. Etherington, pp. 116, 146, 173
4. R. L. Watson, pp. 363–4
5. 'Narrative of Events…, p. 235
6. McCaskie, p. 487
7. Etherington, p. 81; Bjerk, p. 11
8. Knight-Bruce, p. 55
9. Beaven, p. 430
10. Turpin, p. 315
11. RH, UMCA, Box A1 (IV) A, 232–6 [What is RH?]
12. Etherington, pp. 32, 63–4
13. Vernal, p. 179
14. Etherington, p. 56
15. Cohen, *French Encounter*, p. 276
16. Cohen, *French Encounter*, pp. 122–3
17. Cairns, p. 149
18. Ruete, pp. 207–10
19. Nwoye, p. 7
20. Knight-Bruce, *Journals*, p. 32
21. Cohen, p. 255 [ditto?]
22. Etherington, pp. 62–3
23. *Mission Life*, II, p. 163
24. Etherington, p. 67
25. Beaven, p. 426
26. Axelson, pp. 157–9

第四章　白人的國家（一）：阿爾及利亞

1. Kiernan, p. 160
2. Brower, p. 88
3. Kearny, p. 38
4. Ibid., pp. 38–9
5. Brower, p. 48
6. Perkins, pp. 15–16
7. Brower, pp. 23, 25, 33
8. Ibid., pp. 27–48; Sessions, p. 319
9. Brower, p. 69
10. Perraudin, pp. 8–9
11. Perkins, pp. 142–3
12. Sessions, pp. 318–19
13. Verdes-Leroux, p. 191n.
14. Cohen (ed.), p. 12

15. *Le Figaro*, 31 July 1870
16. *Journal des Debats Politiques de Litteraires*, 18 August 1845
17. Verdes-Leroux, p. 75
18. Sessions, p. 313

第五章 白人的國家（二）：南非

1. Welsh, pp. 9–10
2. Streak, p. 95
3. Ibid., p. 95; Lister, p. 16
4. du Toit and Giliomee, p. 111
5. Boyden, p. 107
6. Stapleton, p. 27
7. Hattersley, pp. 125, 213–14
8. Atkins, pp. 85, 169
9. Ibid., p. 91
10. Martens, p. 122
11. Welsh, pp. 73–4
12. Ibid., pp. 77–82
13. Laband and Knight, p. 9
14. Guy, p. 62
15. TNA, WO 33/236

第六章 剝削與探索

1. Curtin, pp. 41, 52–3, 81
2. Brodie, pp. 171–5
3. Ibid., p. 182
4. West, pp. 80, 85; Nwoye, pp. 27, 38
5. Cohen, *French Encounter*, p. 269
6. Ibid., p. 230
7. Staum, pp. 179–80
8. West, p. 182
9. Helly, p. 168
10. *The Times*, 17 April 1874
11. Falola and Brownell, pp. 150–1
12. Louis, *Ends of British Imperialism*, p. 52
13. Daughton, p. 10
14. Nwoye, p. 15
15. Schneider, p. 65
16. Crispi, II, p. 108
17. Schneider, p. 64
18. *Journal des Debats Politiques et Litteraires*, 22 April 1881

19. Marder, p. 150
20. *Journal des Debats Politiques et Litteraires*, 2 May 1881
21. Nwoye, p. 61
22. Hochschild, p. 340
23. Stannard, p. 267
24. Hochschild, pp. 68, 71
25. West, p. 123

第七章　埃及與蘇丹的政權更迭，一八八二至一八八九年

1. Berque, p. 173; Robert Hunter, pp. 187–8
2. Cole, p. 263
3. *Le Petit Journal*, 10 July 1882
4. *Quarterly Review*, 155 (1883), p. 236
5. Harrison, p. 139
6. Ibid., p. 103
7. Ibid., p. 93; Cole, pp. 255–6
8. Porter, p. 93
9. Marder, p. 144
10. Harrison, pp. 13, 15, 25, 16, 106
11. Ibid., p. 2; the photos can be viewed on www.levantineheritage.com.htm
12. *Le Petit Journal*, 14, 16, 18 July 1882
13. Holland, p. 114
14. Cole, p. 267
15. Kiernan, p. 77; Harrison, p. 135
16. Harrison, pp. 135–6
17. Scholch, p. 301
18. Hargreaves, p. 39
19. *L'Intransigent*, 19 July, 20 September 1882
20. *Le Petit Journal*, 19 July 1882
21. Poggo, p. 25; Sikainga, p. 273
22. Ohrwalder, p. 50
23. TNA, WO 32/7786; Johnson, *Death of General Gordon*, pp. 294–6
24. MEC, Sudan Intelligence Report, III, March 1895, p. 4. (debriefing of Rudolf von Slatin, former Governor-General of the Sudan and a prisoner of the Khalifa for ten years)
25. Beswick, p. 95
26. Beswick, p. 26
27. Poggo, pp. 275–6
28. MEC, Sudan Intelligence Report, III, March 1895, p. 81

第八章　瓜分非洲，一八八二至一九一四年

1. Bosworth, pp. 328, 334
2. Scham, p. 7
3. Ibid., p. 8
4. Perras, pp. 67, 180
5. *Economist*, 20 April 1912
6. Bley, pp. 3–5
7. Kanya-Forstner, p. 175
8. Perham, p. 661
9. Perras, pp. 57–8
10. Ibid., pp. 75–6
11. Perham, p. 627
12. Chamberlain, pp. 120–1
13. Louis, *Ends of British Imperialism*, pp. 77–8
14. Kanya-Forstner, pp. 101–2, 123, 184, 248
15. Perham, p. 685
16. Willcocks, pp. 101–2
17. Brown, *Fashoda*, pp. 132–3, 139; Anderson, p. 321
18. Marder, pp. 320, 324–5
19. Kanya-Forstner, p. 268
20. Mann, p. 66; *Niger Coast Protectorate, Reports and Correspondence*, p. 296
21. Clayton, p. 398

第九章　南非之爭，一八八二至一九一四年

1. Kennedy, pp. 200, 216–17
2. Izedinova, pp. 18, 22
3. Surridge, p. 21
4. RHL, Rhodes, Mss Afr s 228, 3A, 167
5. L. James, *Imperial Warrior: Allenby*, p. 34
6. Newbury, p. 101
7. Schreuder, p. 352
8. Ranger, p. 41
9. Axelson, pp. 244, 299–300
10. *Spectator*, 6 July 1889
11. RHL, Mss Afr s 229, IV, 18
12. RHL, Mss Afr s 229, IV, 316–17
13. I am indebted to Professor John MacKenzie, who interviewed this man.
14. RHL, Mss Afr s 228, 3A, 1
15. Newbury, pp. 99–100; Glass, p. 123
16. Glass, p. 123
17. RHL, Mss Afr s 229, IV, 315

18. RHL, Mss Afr s 228, 3B, 273
19. Beach, p. 390
20. Ranger, 'Connexions', p. 350
21. Selous, p. xvii
22. TNA, DPP1/2/2, 883–4
23. Surridge, pp. 22, 32
24. *Punch*, 8 November 1899
25. The best and most thorough is Pakenham, *The Boer War*.
26. Warwick, p. 5
27. Ibid. pp. 100–1

第十章　綏靖，一八八五至一九一四年

1. Glass, p. 97
2. Mann, pp. 66–7
3. NA, DPP 1/1/1.665
4. Mann, p. 136
5. Redmayne, p. 431
6. Gleichen, *The Anglo-Egyptian Sudan*, p. 268
7. Horowitz, pp. 393–6, 401
8. Schneider, p. 163
9. Kanya-Forstner, p. 175
10. Vaughan, pp. 181, 185
11. Mann, p. 45
12. NAM, Jelf Letters
13. Donovan, pp. 286, 288
14. Pease, pp. 233, 236
15. Lunn, pp. 324–5
16. TNA, WO 32/4349
17. Mann, p. 233
18. Perraudin, p. 338
19. Osuntokun, p. 124
20. Hassing, p. 120
21. Adeleye, p. 206
22. L. James, *Savage Wars*, pp. 244–6
23. TNA, WO 148/48
24. TNA, WO 106/2738
25. Pakenham, p. 576
26. Ross, pp. 180–1
27. Curtin, p. 105

第十一章 黑暗之心

1. Harder, pp. 119, 121
2. Hochschild, pp. 35, 172
3. Ibid., p. 172
4. Ibid., p. 254
5. Ibid., pp. 175–7; Stanard, p. 42
6. Renton, Seddon and Zeilig, p. 46
7. Ibid., p. 37
8. Bley, p. 117
9. Ibid., pp. 29–30, 91
10. Zimmerer, 'War, Concentration Camps', p. 46
11. Bley, pp. 163–6; Sarkin, p. 135
12. Lehmann, pp. 115–16
13. Brehl, p. 120
14. Bley, pp. 211–13; Zimmerer, pp. 19–20
15. Perras, p. 118
16. Ibid., pp. 197–8, 216
17. Taithe, pp. 130–1, 135
18. Ibid., p. 131
19. *Journal des Debats Politiques et Litteraires,* 27 August 1899
20. *Le Figaro*, 30 August 1899
21. Taithe, p. 181
22. Miller, pp. 79–80
23. Pakenham, p. 500
24. TNA, CO 291/27/435, 117–32
25. TNA, WO 93/41, 43–4, 68, 86, 234–41; WO 92/91, 16; Transvaal Archives CS 1092 for the depositions against Morant and Handcock

第十二章 傳教會與其強敵

1. Stanley, pp. 2–3
2. Pretorius and Jafta, p. 211
3. Rasmussen, pp. 17–19
4. *Spectator*, 14 November 1896
5. *Les Missions Catholiques* (1901), p. 2
6. Daughton, pp. 232–3
7. *Les Missions Catholiques* (1907), pp. 16–20, 44, 46
8. Callaway, p. 128
9. Hudson, pp. 454–5
10. M. S. B. Burton, *Happy Days*, p. 36
11. Foster, pp. 95–6
12. Hansard, 4th Series, 11, 205

13. *Spectator*, 19 October 1895
14. Hansard, 4th Series, 22, 408, 419, 427–8
15. Hansard, 4th Series, 166, 306–9
16. Rasmussen, pp. 2–4
17. von Lettow-Vorbeck, p. 14
18. Grogan and Sharp, p. 392
19. Ibid., pp. 340, 360–1
20. Cranworth, p. 65
21. Blyden, 'Islam in Western Sudan', p. 28
22. Daughton, p. 250
23. Osuntokun, p. 11; Umar, p. 56
24. Crozier, pp. 80–1
25. Gleichen, *The Anglo-Egyptian Sudan*, I, 11
26. Colonial Office Annual Reports, 788, *Northern Nigeria Report for 1910–11*, pp. 11–12
27. Colonial Office Annual Reports, 881, *East Africa Report for 1914–15*, p. 30
28. Umar, p. 61
29. The figures are official and appear in *Whitaker's Almanack* for 1913.
30. Colonial Annual Reports, 636, *East Africa Protectorate Reports for 1908–9*, pp. 6, 7
31. Foster, pp. 71–9
32. Ibid., pp. 57–74, 93
33. Daughton, pp. 3–4
34. Ibid., pp. 210–11
35. Mills, pp. 343–4
36. Rasmussen, pp. 26, 28

第十三章　伊斯蘭教與帝國

1. Perkins, p. 64
2. Miller, pp. 313, 328–9
3. Dale, p. 60
4. Amster, p. 4
5. Kanya-Forstner, pp. 37, 45
6. Colonial Annual Office Reports, 409, *Northern Nigeria, 1903*, pp. 24–5
7. Umar, pp. 47–8
8. Ibid., p. 48
9. R. T. Harrison, *Gladstone's Imperialism*, p. 201
10. Milner, p. 313
11. Starkey-Balasubramarian, pp. 28–9
12. Perkins, p. 97
13. C. Harrison, *France and Islam*, p. 19

14. Ibid., pp. 57–8, 94–5
15. TNA, WO 32/6383
16. Osuntokun, p. 16; Harrison, *France and Islam*, p. 95
17. Colonial Annual Reports, 516, *Northern Nigeria Report for 1905–6*, p. 6
18. Crozier, p. 108
19. Adeleye, p. 266
20. M. Lewis, *Somali Poetry*, *passim*
21. TNA, WO 32/5932
22. Meek, pp. 62–3
23. Burke, pp. 105–9
24. *Le Figaro*, 23 April 1912; *L'Humanite*, 19 April 1912; *Journal des Debats Politiques et Litteraires*, 9 September 1912
25. Badrawi, pp. 28–9, 41
26. Amster, pp. 112, 122
27. Ibid., pp. 58–9, 104–96
28. Blyden, 'Islam in Western Sudan', pp. 27–8
29. Bone (ed.), p. 45
30. Ibid., p. 130

第十四章　非洲對歐洲所造成的影響

1. Hargreaves, pp. 23, 82
2. Furse, p. 11
3. Hargreaves, p. 111
4. Kiernan, p. 173
5. *L'Echo de Paris*, 11 December 1899; *Le Petit Parisien*, 20 December 1900, 19 January 1901; *Le Figaro*, 5 February 1901
6. Schneider, pp. 157–9
7. *L'Humanite*, 17 August, 21 September 1912
8. MacKenzie, p. 162
9. Cranworth, pp. 37, 150
10. Ranger, *Revolt*, p. 42
11. Mak, p. 24
12. Boisragon, pp. 37–8
13. NAM, Rutland Papers
14. www.hutleyarchives.com
15. Schneider, p. 81
16. *Le Petit Journal*, 3 October 1891
17. Schneider, p. 81
18. MacMaster, p. 122
19. MacKenzie, p. 524
20. McDonald, p. 531

21. Short, pp. 1–2
22. MacKenzie, pp. 52–3
23. Blanchard, Boetsch and Snoep, pp. 99, 126
24. Ibid., pp. 276–7
25. MacKenzie, pp. 103–4; www.colonialfilm.org.uk
26. Blanchard, Boetsch and Snoep, p. 310
27. Schneider, p. 191
28. Blanchard, Boetsch and Snoep, p. 126

第十五章　種族態度、情欲流動與非洲的未來

1. Rabot, pp. 127–8
2. Shroer, p. 183
3. Fell, p. 227
4. Boisragon, p. 159
5. Forbes, p. 57; Coombes, pp. 55, 178
6. *Spectator*, 11 November 1905
7. Killingray, *The Idea*, p. 425
8. TNA, FCO 141/13572
9. Killingray and Matthews, p. 9
10. Lunn, pp. 224–5
11. TNA, Cab 45/28, 'War and Survival in East Africa, 1914–1918', p. 8
12. MacMaster,p. 59
13. Ibid., pp. 52–3, 121
14. Bickford-Smith, pp. 201, 203
15. Trumbull, p. 40
16. NAM, Horwood Papers
17. TNA, FO 141/466/1429
18. Hyam, p. 30
19. Muschalek, pp. 588, 591
20. Hyam, p. 157
21. White, p. 180
22. TNA, FO 859/18
23. White, pp. 181–2
24. Ibid., pp. 184, 199
25. Ibid., pp. 189, 191
26. TNA, WO 92/4
27. Hyam, pp. 160–3
28. Ibid., p. 169
29. Private information.
30. Hyam, pp. 100, 138–9
31. Jeater, p. 321
32. Anderson, 'Sexual Th reat', pp. 49–50
33. Shadle, p. 58

34. Bickford-Smith, p. 197
35. Ibid., p. 198
36. Fahmy, p. 88
37. Coombs, p. 39
38. TNA, WO 106/253
39. van Beek, *passim*
40. C. Harrison, *France and Islam*, p. 119

第十六章 陷入戰火的非洲，一九一四至一九一八年

1. Strachan, p. 541
2. *Daily Review of Foreign Press*, 17 October 1917
3. Yearwood, p. 318
4. TNA, Cab 45/71, 30
5. TNA, Cab 45/71, 3, 12, 16, 27–9
6. von Lettow-Vorbeck, pp. 324–6
7. TNA, Cab 45/28, 2–7
8. Killingray and Matthews, pp. 13–14
9. Matthews, pp. 255–6
10. Osuntokun, p. 137
11. Page, *The War of Th angata*, p. 87
12. von Lettow-Vorbeck, p. 33
13. TNA, Cab 45/71, 14
14. MacMaster, pp. 62–3
15. Ibid., p. 124
16. TNA, WO 95/81 (5 September 1917); WO 95/4018 (10–12 September 1918)
17. Strachan, pp. 730–1
18. Badrawi, *Political Violence*, pp. 114–15
19. www.smythe.id.au
20. Foster, p. 107
21. MacMaster, 237
22. Osuntokun, p. 149
23. Saul and Royer, pp. 91–2, 96–7, 275
24. Osuntokun, pp. 157–8
25. Slight, p. 244
26. MEC, *Sudan Intelligence Reports*, 70, p. 9
27. TNA, WO 157/701; 702
28. C. Harrison, *France and Islam*, pp. 123ff .
29. Nasson, p. 256: Killingray, *The Idea*, p. 423
30. TNA, WO 196/259
31. TNA, FCO 141/5650
32. Killingray and Matthews, p. 15n.
33. Osuntokun, p. 79

第十七章 民族主義的崛起

1. Gillette, p. 57
2. Mack Smith, p. 47
3. Ibid., p. 112
4. *L'Humanite*, 27 December 1927
5. *L'Humanite*, 1, 4 August 1934
6. TNA, KV 2/1787, 7A
7. Balfour, p. 128
8. Anderson and Rathbone, pp. 133–4
9. Lewis, p. 31
10. TNA, FO 608/214, 214, 13
11. Badrawi, *Political Violence*, pp. 81–5
12. BL, Miller, 55, 97
13. TNA, FO 608/214, 8
14. BL, Miller, 13, 97
15. Kiernan, p. 199
16. *Egyptian Mail*, 14, 16, 18, 19 and 22 March 1919
17. TN FO 686/214, 2–3
18. The Wafdist government issued a postage stamp to celebrate this event: it showed an allegorical figure of 'Justice'.
19. MEC, Killearn Diaries, 9 and 24 November, 1936
20. Kholoussi, pp. 277–8, 282–3, 287, 289
21. Ryzova, p. 148
22. *Egyptian Mail*, 15 April 1921
23. Shriner, p. 278
24. Segalla, p. 213
25. Ibid., pp. 203–4
26. TNA, FO 141/752/2
27. Kalman, p. 112
28. Alexander, p. 122
29. *Le Petit Journal*, 8 August 1934
30. *Le Temps*, 8 August 1934; *Le Figaro*, 8 August 1934
31. MacMaster, pp. 78, 100, 123, 127, 129
32. Boittin, p. 99
33. Ibid., pp. 82–3, 87
34. MacMaster, pp. 156–7
35. Boittin, pp. xiii–xiv, 83–5
36. TNA, KV2/2/1787. 1A, 5A, 19A, 26, 29A, 111, 137B
37. TNA, FCO 141/5650
38. Boittin, p. 101; TNA KV 2/1787/9A, 26
39. TNA, KV 2/1817, 23A, 29A
40. TNA KV 2/1849, 1, 2

第十八章　烽火綿延的一九一九至一九三九年

1. Balfour, p. 28
2. Ibid., p. 213
3. Balfour, pp. 135–6, 165
4. Ibid., pp. 153–5
5. BBC News, 'You are the World: Africa', 19 January 2002
6. Kiernan, p. 203
7. TNA, WO 106/2866A, Bulletin 5, p. 5
8. Mack Smith, pp. 226–7; Rodogno, pp. 25–8
9. Mazower, p. 116
10. Baer, p. 10
11. Gillette, pp. 56,174
12. Baratieri, pp. 120, 123
13. Mack Smith, p. 71
14. Hess, pp. 161–4
15. Mack Smith, p. 109
16. Haile Selassie, p. 186
17. Ibid., p. 208
18. Mockler, pp. 78–80
19. Falasca-Zamponi, p. 179
20. Mack Smith, pp. 228, 113
21. Mockler, pp. 176–80
22. Ibid., p. 179
23. MEC, Lampson Diary, 28 April 1939
24. Abitbol, p. 38
25. Du Bois, pp. 87–8

第十九章　「無以自立」：二戰前夕的非洲

1. Cranworth, pp. 230–31
2. Betts, p. 16
3. Genova, pp. 99–100
4. TNA, FCO 140/5515, 115, 223
5. Evans, p. 17
6. Scham, p. 205
7. Watson, p. 16
8. RHL, Childs, Mss Afr ss 1661, 9 (1) 17 September 1933
9. Slavin, p. 100
10. Ibid., pp. 114–19
11. *New York Times*, 29 January 1939
12. Richards and Aldgate, pp. 25–6, 28
13. Parsons, p. 259
14. Killingray, *Fighting for Britain*, p. 259

15. TNA, Air 20/604, 34
16. Hansard, 5th Series, 288, 207–8
17. RHL, Childs, Mss Afr ss 1861 (3) 20 October 1934
18. RHL, Childs, Mss Afr ss 1861, (1) 20 and 22 December 1933
19. King, p. 165
20. TNA, FCO 141/18139, 1–4
21. TNA, FCO 141/4431–6
22. Williams, pp. 244–5
23. I owe this story to Hector Gordon.
24. Lascelles, pp. 104–5
25. *L'Humanite*, 7 January 1939
26. Ginio, p. xiii
27. Genova, pp. 184–5
28. Ibid., p. 27
29. Naval Intelligence Division, pp. 53, 133
30. Genova, pp. 135–7
31. Ginio, p. 101
32. Kalman, p. 123
33. Genova, p. 126
34. Naval Intelligence Division, p. 60
35. Genova, pp. 58–9
36. *National Geographic Magazine*, 59 (June 1931)
37. Ginio, p. 124
38. Cohen, *Rulers*, pp. 78, 85
39. Naval Intelligence Division, pp. 392–3
40. I am indebted to the late Mrs Betty Blunt for this vignette of the now departed joys of air travel.
41. Elphick and Davenport, p. 134; Shear, pp. 173–4
42. Lewis, pp. 26–7; Lonsdale, p. 101
43. Flibbert, p. 453

第二十章　「隔山觀虎鬥」：義大利的慘劇與法國的創傷，一九四〇至一九四五年

1. De Gaulle, p. 152
2. Khenouf and Brett, p. 267
3. TNA, WO 106/2889, 50, 74
4. TNA, Prem 3/239, 3
5. See, *passim*
6. TNA, WO 106/2895,8
7. TNA, Adm 199/616A, nn; TNA, WO 106/28955, 8; WO 106/28699, 4; TNA 106/2888, nn
8. TNA, WO 193/279, 19 March 1944; Tareke, p. 104
9. LHC, MF 416, 1

10. Abitbol, pp. 122, 133
11. TNA, WO 193/279, High Commissioner in Rome to Foreign Office, 10 October 1944
12. TNA, KV 3/310, 148A–150A
13. Tareke, p. 111
14. Mazower, pp. 115–18
15. Jenkinson, pp. 15–16
16. Ibid., pp. 37, 87
17. Ginio, pp. 91–20
18. Ibid., pp. 47, 50, 56, 101
19. Abitbol, pp. 101, 145
20. Ibid., pp. 54, 101, 118–19
21. Khenouf and Brett, pp. 268–71
22. Ibid., p. 71
23. *Le Matin*, 5 July 1940
24. *Le Figaro*, 25 September 1940
25. TNA, WO 208/928, nn
26. TNA, Adm 199/164A
27. TNA, WO 106/2866A, Bulletin 1, p. 1
28. TNA, WO 106/2866A, Bulletin 9, p. 8
29. TNA, WO 106/2866, Bulletin 22, p. 13; WO 106/2867nn
30. TNA, CO 875/7/5, 65
31. Ginio, pp. 122–3
32. CO m875/7/6, 57
33. Genova, pp. 202–3
34. Betts, p. 227
35. Ibid., p. 161
36. Ibid., p. 63
37. TNA, FO 141/1052, EG/AMH/ and 33, 89, 96

第二十一章　「黑蜘蛛」：戰場上的非洲人

1. Djan, p. 31
2. Echenberg, p. 142
3. Delavignette, p. 152
4. Dickson, p. 14
5. *Nigeria*, 22 (1944), pp. 5–25
6. *The Times*, 23 November 1942
7. Westcott, p. 145
8. Killingray, 'Labour Mobilisation', pp. 86–8
9. Meek, pp. 58–9
10. Khenouf and Brett, pp. 58–9
11. Crew, II, pp. 273–4
12. Ibid., p. 520

13. Meek, pp. 42–4
14. TNA, FCO 1141/18107, 9, 10, 40
15. G. Th ompson, 'Colonialism in Crisis', p. 607
16. TNA, CO 875/7/6, A32
17. Wilson, 'Gold Coast Information', *passim*
18. TNA, CO 875/76, 21
19. Dickson, pp. 11–13
20. TNA, WO 106/2866, Bulletin 4, 1
21. TNA, WO 106/2866A, Bulletin 5, App Am 1–2
22. TNA, WO 106/2866, Bulletin 22, 6–7
23. TNA, WO 106/2866, Bulletin 24, 4–5
24. Shear, pp. 173–4
25. TNA, KV 3/100,7
26. TNA, WO 106/4932
27. TNA, WO 106/4921
28. Grundlingh, pp. 183, 188–9
29. BL, Macmillan. C 276, 280
30. TNA, WO 1086/2899, 35–6
31. TNA, WO 106/2866A, Bulletin 24, App A, 1
32. *African Aff airs*, 43 (January 1943), pp. 29–30
33. Sabben-Clare, p. 157
34. Killingray, *Fighting for Britain*, p. 147
35. Alexander, pp. 273–4; Echenberg, p. 147
36. Alexander, p. 248; Schalk, p. 2
37. Killingray, *Fighting for Britain*, p. 46
38. Ibid., p. 69
39. TNA, WO 106/5863 nn
40. TNA, WO 203/2355, Report for February–April 1945, 22
41. TNA, WO 203/2855, Report for August–September 1945, 13
42. Crew, II, p. 426
43. Killingray, *Fighting for Britain*, pp. 96–7
44. Private information.
45. TNA, WO 106/5863, 2A, 1–3
46. TNA, WO 106/5863, 5A, 4
47. TNA, WO 203/2355, Report for February–March 1945, 22–3; Report for August to September 1945, 13
48. TNA, WO 203/2355, Report for August–September 1945, 9.13
49. Drew, pp. 133–4
50. Dickson, p. 18
51. NADA, 23 (1946), p. 5

第二十二章 英屬非洲的民族主義騷動暨冷戰的陰魂，一九四五至一九五七年

1. TNA, KV 2/1817, 350 B
2. TNA, FCO 141/5089
3. TNA, Adm 1/21117, App II
4. TNA, Adm 1/21117, 1 March 1948
5. *Spectator*, 18 March 1948
6. *African Aff airs*, 44 (April 1945), pp. 114–17
7. Taylor, p. 122
8. Drew, p. 148
9. Andrew and Mitrokhin, pp. 4, 504–5; Walton, pp. 261–2
10. TNA, CO 1015/1758
11. TNA, CO 882/447, 58, 68, 71
12. TNA, FCO 141/6197, 7
13. *Time*, 12 January 1953
14. Walton, p. 242
15. Ibid., p. 241
16. Hansard, 5th Series, 516, 224, 517
17. TNA, CO 822/471, 33
18. TNA, CO 822/454, *passim*
19. Hansard, 5th Series, 514, 1163
20. Ibid., 537, 151
21. Walton, pp. 261–2
22. TNA, KV 2/1849, 176A; Ghana was the name of a medieval West African empire.
23. TNA, FO 1110/443, 2
24. Rathbone, p. 113
25. LHC, MF 285, Tab B
26. Ashton, p. 33
27. *Churchill-Roosevelt Correspondence*, I, pp. 163–4, 167
28. Hansard, 5th Series, 499, 1266
29. TNA, FCO 141/443,135
30. TNA, FO 1110/43, 5
31. TNA, FCO 141/18139, 3,11
32. TNA, FO 1110/443, PR 96/1, 2–3
33. TNA, FCO 141/17447, 24
34. BL, Lennox-Boyd Mss 3394, 62

第二十三章 埃及與冷戰，一九四五至一九八〇年

1. Andrew and Mitrokhin, p. 253
2. W. S. Th ompson, *Ghana's Foreign Policy*, p. 247
3. LHC, MF 568, 17 October and 27 September 1957
4. Louis, 'Libyan Independence', p. 167

5. Kerboeuf, p. 203
6. TNA, Defe 4/52, 20–2; Defe 4/53, 47; BL, Macmillan, D 10, 76–7
7. Hannington, pp. 77–8; Aldrich, pp. 463–4
8. Kiernan, pp. 228–9
9. Kuzmarov, p. 168
10. Andrew and Mitrokhin, p. 146
11. LHC, MF 568, 27 September 1955
12. Aldrich, p. 480; Walton, p. 296
13. LHC, MF 569, 31 July 1959
14. LHC, MF 570, 19 March 1957
15. LHC, MF 569, 29 December 1956
16. Andrew and Mitrokhin, p. 143

第二十四章 阿爾及利亞獨立戰爭與其記憶

1. Prochaska, p. 263
2. Verdes-Leroux, p. 20
3. *French Encounter*, Cohen, 'The Harkis', p. 279
4. Cole, p. 125
5. Horne, pp. 70–2
6. Schalk, pp. 63–4
7. Horne, p. 77
8. Verdes-Leroux, p. 75
9. Fysh and Wolfreys, p. 32
10. Horne, p. 237; Baer, p. 153
11. Horne, p. 99
12. De Vries, pp. 69–70
13. LHC, FE 2285, Tag A
14. LHC, MF 174, Introduction, p. 1
15. Baer, p. 87
16. Schmidt, pp. 48–9
17. Cohen, 'The Harkis', p. 178
18. Schalk, pp. 66–7, 78–9
19. Verdes-Leroux, p. 20
20. Ibid., p. 23–4
21. Ibid., p. 25
22. Fanon, pp. 76–7

第二十五章 去殖民化與冷戰

1. Green and Griffith-Jones, p. 228
2. Dallin, p. 42

3. TNA, DO 188/1, 173
4. TNA, FO 45/1886, 108
5. Pascoe, p. 99
6. Shubin, p. 333
7. Mazov, p. 296
8. Andrew and Mitrokhin, p. 428
9. Mazov, pp. 361–3
10. Quist-Adade, pp. 165–6
11. TNA, FO 1110/2123, PR 147/2
12. TNA, FO 1110/2123, PR 174/8
13. TNA, FO 1110/2123, 2, 8, 21
14. LHC, MF 174, 'US Policy Towards South, Central and East Africa', pp. 9–10
15. Mazov, pp. 299–300
16. Andrew and Mitrokhin, pp. 437–8
17. Ibid., pp. 435–7; Mazov, p. 308
18. Kuzmarov, p. 165–8
19. Ibid., p. 172
20. Ibid., p. 184
21. Andrew and Mitrokhin, pp. 185–6
22. *African Socialism*, pp. 4, 9, 17, 27
23. Green and Griffith-Jones, p. 214
24. Ndulu, p. 100
25. LHC, 'Memo on the Political Implications of Afro-Asian Military Takeovers', Summary, p. 3
26. Kuzmarov, p. 175
27. Webber, p. 25

第二十六章　剛果與羅德西亞

1. Horne, pp. 182–3
2. Namikis, p. 57; Williams, p. 31
3. TNA, FO 371/14663, JB 1015/280
4. Smith, p. 108
5. TNA, F0 371/146775, JB 22251/1347
6. Kuzmarov, p. 176
7. TNA, FO 371/466634, JB 1015/295
8. Namikas, pp. 92–3
9. Aldrich, p. 612
10. Schmidt, p. 63; Kasminsky, p. 106
11. Namikas, pp. 107–8
12. Andrew and Mitrokhin, pp. 176–7
13. *Colonial Office Africa Report*, August 1965, pp. 14–15
14. TNA, FO 371/146643, JB 1015/285

15. TNA 371/ 154879, 28
16. TNA, FO 371/154879, JB 1018/31
17. *Colonial Office Africa Confidential*, 4 February 1961
18. *Colonial Office Africa Report*, August 1964, p. 20
19. TNA, FO 1100/25, 39
20. W. R. Louis, *Decolonization*, p. 253
21. TNA, FO 371/154885, JB 1081/150; Hansard, 5th Series, 651, 444
22. *Spectator*, 11 August 1960
23. Hansard, 5th Series, 612, 684; 777
24. Lunn, p. 154
25. RHL, Welensky, 75/1, 3–4
26. RHL, Welensky, 84/7, 16
27. RHL, Welensky, 61/6, 23, 34, 26
28. Walton, pp. 280–2
29. Hansard, House of Lords, 5th Series, 215, 268, 269
30. TNA, Defe 25/126, 4, 6, 36
31. Horne, p. 409
32. *Africa Confidential*, 9 December 1966, Supplement, p. 2
33. TNA, Prem 13/1760
34. Shubin, pp. 153–4

第二十七章 最後的白色非洲

1. Birmingham, pp. 20–1
2. Gleijeses, pp. 39, 65–9
3. TNA, FCO 11/8924, T2994/61
4. Shubin, pp. 9, 25
5. TNA, Prem 11/8924, Minutes of Tripartite Talks
6. Schmidt, pp. 82–3
7. Gleijeses, pp. 28–9
8. Ibid., pp. 22–5, 55
9. TNA, FCO 7/3129, 47
10. Andrew and Mitrokhin, p. 454; Gleijeses, pp. 73–4
11. Ibid., pp. 28–9, 65
12. Hansard, 5th Series, 761, 1579
13. TNA, FO 45/1886, 123
14. Andrew and Mitrokhin, p. 461
15. Hansard, 5th Series, 938, 1086
16. TNA, FCO 3/2411, 1
17. Gleijeses, p. 515
18. *Truth and Reconciliation Commission Report*, II, p. 55
19. Gleijeses, pp. 177–8
20. Guelke, p. 26

21. McDonald, pp. 35–6
22. Tomaselli, p. 72
23. I am indebted to Matthew Parris and Frank Dearden for these impressions of South Africa.
24. Posel, pp. 38–9
25. Gleijeses, p. 324
26. Andrew and Mitrokhin, pp. 468–9
27. LHC, National Security Council, *US Policy Towards South, Central and East Africa*, pp. 13, 16–17, 19
28. Hansard, 5th Series, House of Lords, 293, 453
29. Gleijeses, p. 179
30. LHC, MF 534
31. Hansard, 5th Series, 913, 625; 916, 800
32. TNA, BT 213/245, 5A, 23; Hansard, 5th Series, House of Lords, 330, 1278–80
33. TNA, Cab 148/128, Annex B
34. Murray, pp. 670, 678
35. *Truth and Reconciliation Commission Report*, II, pp. 234–5
36. Gleijeses, p. 516
37. Andrew and Mitrokhin, p. 477

圖片出處

1. Wood-carver's image of Queen Victoria (National Museums Liverpool)
2. Sir Harry Smith (Hulton Archive/Getty Images)
3. Sir Frederick Lugard (Topical Press Agency/Getty Images)
4. Marshal Hubert Lyautey (World History Archive/Alamy)
5. The Governor of German East Africa comes ashore (bpk/kunstbibliothek, SMB/Knud Petersen)
6. Cavalry charger (Imperial War Museum)
7. British troops with Maxim gun (Mary Evans Picture Library)
8. Alexandria in ruins (Reproduced with permission of Griffith Institute, University of Oxford)
9. The opening of the Suez Canal (LL/Roger Viollet Collection/Getty Images)
10. Kimberley diamond diggings (De Beers Group)
11. Abd al-Kadir (Granger Historical Picture Archive/Alamy)
12. French chasseur captures Samory Toor (Art Media/Print Collector/Getty Images)
13. Abd el-Krim (ullstein bild/Getty Images)
14. Egyptian women demonstrate in Cairo (Bettmann/Getty Images)
15. Postage stamp, Eritrea (ilbusca/iStockPhoto.com)
16. Italian aircraft over Libya (The Art Archive/Collection Dagli Orti)
17. Imperialism in the nursery (World History Archive/Alamy)
18. A Basuto chief and his sons in European dress (A.James Gribble/The Walther Collection)
19. Nuns teach West African women the art of dress-making (Eliot Elisofon Photographic Archives, Smithsonian Institute)
20. German askaris (Mary Evans Picture Library)

21. Dr Livingstone attacked by a lion (Hulton Archive/Getty Images)
22. A German colonial officer takes a leap on a zebra (Paul Thompson/FPG/Getty Images)
23. Postage stamp, Ivory Coast (DBI Studio/Alamy)
24. Postage stamp, Nigeria (age footstock/Alamy)
25. Postage stamp, Southern Rhodesia (mp postage stamps/Alamy)
26. Postage stamp, Senegal (DBI Studio/Alamy)
27. Moroccan cavalrymen on patrol (Neurdein/Roger Viollet/Getty Images)
28. Spanish Civil War Regulares recruited from Morocco (ullstein bild/Getty Images)
29. An Ethiopian salutes the Italian troops (colaimages/Alamy)
30. British troops guard Mau Mau suspects (Bettmann/Getty Images)
31. Members of the FLN captured (Photo12/UIG via Getty Images)
32. Helicopters prepare for the assault on Suez (Imperial War Museum)
33. The battle for Algiers (Photos 12/Alamy)
34. Lumumba taken (Bettmann/Getty Images)
35. Muhammad Naguib talking with Lieut. Col. Gamal Abdel Nasser (Everett Collection Historical/Alamy)
36. Independence Day, Ghana, 1957 (Mark Kauff man/The LIFE Picture Collection/Getty Images)
37. President Kennedy and General Mobutu (Bettmann/Getty Images)
38. Fidel Castro and the Ethiopian dictator Mengistu Haile Mariam (AFP/Getty Images)
39. Everyday apartheid (Joanne Rathe/The Boston Globe via Getty Images)
40. Idi Amin (EPA)
41. Emperor Bokassa (Photos 12 / Alamy)
42. Rhodesian army officers (Keystone/Hulton Archive/Getty Images)
43. Cuban and Angolan troops (PASCAL GUYOT/AFP/Getty Images)

參考書目

資料來源縮寫

BL: Bodleian Library

LHC: Liddell Hart Centre

JAH: *Journal of African History*

JICH: *Journal of Imperial and Commonwealth History*

MEC: Middle East Centre

NAM: National Army Museum

RHL: Rhodes House Library

TNA: The National Archives

未出版資料

BL: Bodleian Library, Oxford: Papers of Sir Alan Lennox-Boyd and Harold Macmillan.

LHC: Liddell Hart Centre, London: Confidential US State Department Files, 1945–1959 (Microfilm).

MEC: Middle East Centre, Oxford: Sudan Intelligence Reports and diaries of Lord Killearn.

NAM: National Army Museum: Jelf, Rutland and Harwood Papers.

RHL: Rhodes House Library: Papers of the Universities Mission to Central Africa, Cecil Rhodes, Hubert Childs and Sir Roy Welensky.

TNA: The National Archives, Kew, West London: Adm (Admiralty) 1, Adm 199: BT 20; Cab (Cabinet) 45; Cab 148; CO (Colonial Office) 291, CO 875, CO 882, CO 1015; Defe (Ministry of Defence) 4, Defe 25; DPP (Director of Public Prosecutions) 1; FCO (Foreign and Colonial Office) 3, FCO 11; FCO 141; FCO 1110; FO (Foreign Office) 45, FO 608; FO 686; FO 859; Prem (Prime

Minister's Office) 3, Prem 11, Prem 12; WO (War Office) 32, WO 33, WO 92, WO 93, WO 95, WO 106; WO 148, WO 157, WO 193, WO 203, WO 206.

書目中提及報紙與期刊會標注報刊名稱與日期。
漢薩德英國國會議事錄（Hansard）之標示包含卷次、頁數與行號。
未另行標明之書籍皆出版於倫敦。

已出版資料

Abitbol, M., *The Jews of North Africa during the Second World War* (Detroit, MI, 1989).

Aclimandos, T., 'Revisiting the History of the Egyptian Army', in A. Goldschmidt, A. J. Johnson and B. A. Salmoni (eds), *Re-Envisioning Egypt, 1919–1952* (Cambridge, 2005).

Adams, A., and J. So, *A Claim to Land by the River: A Household in Senegal, 1720–1994* (Oxford, 1996).

Ade Ajayi, J. F., and R. Smith, *Yoruba Warfare in the Nineteenth Century* (Cambridge, 1964).

Adeleye, R. B., 'Mahdist Triumph and British Revenge in Northern Nigeria: Satiru, 1906', *Journal of the Historical Society of Nigeria* 6 (1972).

Adu Boahen, A., *Britain, the Sahara and the Western Sudan, 1788–1861* (Oxford, 1964).

——, *African Perspectives on Colonialism* (Baltimore, MD, 1989).

Aldgate, A., and J. Richards, *Britain Can Take It: British Cinema in the Second World War* (2007).

Aldrich, R. J., *The Hidden Hand: Britain, America and Cold War Secret Intelligence* (2001).

Alexander, M. S., 'Colonial Minds Confounded: French Colonial Troops in the Battle of France, 1940', in M. Th omas (ed.), *The French Colonial Mind*, II (2011).

Amster, E. J., *Medicine and the Saints: Science, Islam, and the Colonial Encounter in Morocco, 1877–1956* (Austin, TX, 2013).

Anderson, D. M., 'Sexual Th reat and Settler Society: "Black Perils" in Kenya, *c.* 1907–30', *JICH* 38 (2010).

—— and P. Rathbone, *Africa's Urban Past* (2000).

Andrew, C., and V. Mitrokhin, *The World Was Going Our Way: The KGB and the Battle for the Th ird World* (New York, 2005).

Andrews, C., *The Kafir War of 1834–1835* (1996).

Atkins, K. E., *The Moon Is Dead! Give Us Our Money!: The Cultural Origins of an African Work Ethic, Natal, South Africa, 1843–1900* (1993).

Axelson, P., *Portugal and the Scramble for Africa, 1875–1891* (Johannesburg, 1967).

Badrawi, M., *Political Violence in Egypt 1910–1924: Secret Societies, Plots and Assassinations* (Richmond, Surrey, 2000).

Baer, G. W., *The Coming of the Italian–Ethiopian War* (Cambridge, MA, 1967).

Balfour, S., *Deadly Embrace: Morocco and the Road to the Spanish Civil War* (Oxford, 2002).

Baratieri, D., *Memories and Silences Haunted by Fascism: Italian Colonialism MCMXXX–MCMLX* (Bern, 2010).

Bassett, T. J., 'Cartography and Empire Building in Nineteenth-Century West Africa', *Geographical Review* 84 (1994).

Beach, D. N., '"Chimurenga": The Shona Rising of 1896–1897', *JAH* 20 (1979).

Beachey, R. W., *The Slave Trade of Eastern Africa* (1976).

Beaven, W. H., 'Extracts from the Journal of the Reverend Dr W. H. Beaven', *Mission Life* 3 (1873).

Bediako, K., *Jesus in Africa: The Christian Gospel in African History and Experience* (Carlisle, 2000).

Berque, J., *Egypt: Imperialism and Revolution* (1972).

Beswick, S., 'Women, War, and Leadership in South Sudan (1760–1994)', in J. Spaulding and S. Beswick (eds), *White Nile, Black Blood: War, Leadership, and Ethnicity from Khartoum to Kampala* (Lawrenceville, NJ, 2001).

Betts, R. F., *France and Decolonisation, 1900–1960* (1991).

Bickford-Smith, V., 'The Betrayal of Creole Elites, 1880–1920', in P. D. Morgan and S. Hawkins (eds), *Black Experience and the Empire* (Oxford, 2004).

Bierman, J., *Dark Safari: The Life Behind the Legend of Henry Morton Stanley* (1991).

Birmingham, D., *Frontline Nationalism in Angola and Mozambique* (1992).

Bjerk, P. K., 'They Poured Themselves into the Milk: Zulu Political Philosophy under Shaka', *JAH* 17 (2006).

Blanchard, P., G. Boëtsch and N. J. Snoep, *Exhibitions: L'Invention du sauvage* (XX, Musée du Quai. Branly, 2011).

Bley, H., *South-West Africa under German Rule, 1894–1914* (1971).

Blyden, E. W., 'Islam in Western Sudan', *Journal of the African Society* 2 (1902).

——, 'The Koran in Africa', *Journal of the African Society* 4 (1905).

Bob-Milliar, G. M., 'Verandah Boys versus Reactionary Lawyers: Nationalist Activism in Ghana, 1946–1956', *International Journal of African Historical Studies* 47 (2014).

Boisragon, A. M., *The Benin Massacre* (1897).

Boittin, J. A., *Colonial Metropolis: The Urban Grounds of Anti-Imperialism and Feminism in Interwar Paris* (Lincoln, NE, 2010).

Bone, D. S. (ed.), *Malawi's Muslims: Historical Perspectives* (Blantyre, 2000).

Bosworth, R. J. B., *Italy the Least of the Great Powers: Italian Foreign Policy before the First World War* (Cambridge, 1979).

Bovill, E. W. (ed.), *Missions to the Niger*, 4 vols (Cambridge, 1964–70).

Boyden, P. B., *The British Army in Cape Colony: Soldiers' Letters and Diaries, 1806–58* (2001).

Brehl, M., '"The Drama Was Played Out on the Dark Stage of the Sandveldt": The Extermination of the Herero and Nama in German (Popular) Literature', in J. Zimmerer and J. Zeller (eds), *Genocide in German South-West Africa: The Colonial War of 1904–1908 and Its Aftermath* (Monmouth, 2008).

Brereton, F. S., *In the Grip of the Mullah* (1903).

Brodie, F. M., *The Devil Drives: A Life of Sir Richard Burton* (1984).

Brower, B. C., *A Desert Named Peace: The Violence of France's Empire in the Algerian Sahara, 1844–1902* (New York, 2009).

Brown, W. H., *On the South African Frontier* (Bulawayo, 1970).

Brugger, S., *Australians and Egypt, 1914–1919* (Melbourne, 1980).

Burke, E., 'Pan-Islam and Moroccan Resistance to French Colonial Penetration, 1900–1912', *JAH* 13 (1972).

Burton, M. S. B., *Happy Days and Happy Work in Basutoland* (1902).

Burton, R. F., *First Footsteps in Africa* (1910).

——, *First Footsteps in East Africa*, ed. G. Waterfield (1966).

Cairns, H. A. C., *Prelude to Imperialism: British Reactions to Central African Society, 1840–1890* (1965).

Callaway, G., *Sketches of Kaffir Life* (1905).

Chamberlain. M. E., *The Scramble for Africa* (1999).

Chirol, V., *The Egyptian Problem* (1920).

Ciarlo, D., 'Picturing Genocide in German Consumer Culture, 1904–1910', in M. Perraudin and J. Zimmerer (eds), *German Colonialism and National Identity* (2011).

Cliff e, L., and J. S. Saul, *Socialism in Tanzania*, I and II: *Policies* (Dar-esSalaam, 1973).

Cohen, W. B., *Rulers of Empire: The French Colonial Service in Africa* (Stanford, CA, 1979).

——, *The French Encounter with Africans: White Response to Blacks, 1530–1880* (Bloomington, IN, 2003).

——, 'The Harkis: History and Memory', in P. M. E. Lorcin (ed.), *Algeria and France, 1800–2000: Identity, Memory, Nostalgia* (Syracuse, NY, 2006).

Cole, J. R. I., *Colonialism and Revolution in the Middle East: Social and Cultural Origins of Egypt's Urabi Movement* (Princeton, NJ, 1992).

Colonial Office Reports: *East Africa Protectorate Report* for 1906–1907 (1910), 1908–1909 (1911), 1914–15 (1916); *Northern Nigeria Report* for 1902 (1904), 1908–1909 (1910), 1911 (1912).

Colson, E., 'African Society at the Time of the Scramble', in L. H. Gann and P. Duignan (eds), *Colonialism in Africa, 1870–1900*, I (Cambridge, 1969).

Coombes, A. E., *Reinventing Africa: Museums, Material Culture and Popular Imagination in Late Victorian and Edwardian England* (New Haven, CT, 1994).

Cowen, M., and N. Westcott, 'British Imperial Economic Policy During the War', in D. Killingray and R. Rathbone (eds), *Africa and the Second World War* (New York, 1986).

Cranworth, Lord, *A Colony in the Making: Or, Sport and Profit in British East Africa* (1919).

Crew, F. A. E., *The Army Medical Services: Campaigns*, 2 vols (1956–7).

Crispi, F., *The Memoirs of Francesco Crispi*, tr. M. Prichard-Agnetti, 3 vols (1912).

Crowe, S. E., *The Berlin West African Conference, 1884–1885* (Oxford, 1942).

Crozier, F. P., *Impressions and Recollections* (1930).

Curtin, P. D., *Disease and Empire: The Health of European Troops in the Conquest of Africa* (Cambridge, 1998).

Dale, G., *The Contrast between Christianity and Muhammadanism* (1909).

Dallin, A., 'The Soviet Union: Political Activity', in Z. Brzezinski (ed.), *Africa and the Communist World* (Stanford, CA, 1963).

Daughton, J. P., *An Empire Divided: Religion, Republicanism and the Making of French Colonialism 1880-1914* (Oxford, 2006).

Davis, D. B., *The Problem of Slavery in Western Culture* (Ithaca, NY, 1966). de Gaulle, C., *Lettres, Notes et Carnets, Juin 1941–Mai 1945* (Paris, 1983).

de Vries, T., 'Not an "Ugly American": Sal Tas, a Dutch Reporter as Agent of the West in Africa', in L. van Dongen, S. Roulin and G. Scott-Smith (eds), *Transnational Anti-Communism and the Cold War: Agents, Activities, and Networks* (Basingstoke, 2014).

Decker, A., 'Idi Amin's Dirty War: Subversion, Sabotage, and the Battle to Keep Uganda Clean, 1971–1979', *International Journal of African Historical Studies* 43.3 (2010).

Delavignette, R., 'A Letter from French Cameroun', *African Aff airs* 46 (1947).

Deng, F. M., 'Abyei: A Bridge or a Gulf? The Ngok Dinka on Sudan's North–South Border', in J. Spaulding and S. Beswick (eds), *White Nile, Black Blood: War, Leadership, and Ethnicity from Khartoum to Kampala* (Lawrenceville, NJ, 2001).

Dickson, A. G., 'The Mobile Propaganda Unit, East Africa Command', *African Aff airs* 44 (1945).

Divine, R. A., *Eisenhower and the Cold War* (Oxford, 1981).

Djan, O. S., 'Drums and Victory: Africa's Call to the Empire', *African Aff airs* 41 (1942).

Donovan, C. H. W., *With Wilson in Matabeleland* (1894).

Drew, A., *We Are No Longer in France: Communists in Colonial Algeria* (Manchester, 2014).

Du Bois, W. E. B., 'Inter-Racial Implications of the Ethiopian Crisis', *Foreign Aff airs* 14 (1935).

du Toit, A., and H. Giliomee, *Afrikaner Political Th ought: Analysis and Documents, 1780–1850* (Berkeley, CA, 1983).

E. S., *The Missionary Career of Dr. Krapf* (1882).

Echenberg, M., *Colonial Conscripts: The Tirailleurs Sénégalais in French West Africa, 1857–1960* (Portsmouth, NY, 1991).
Edelstein, M., *Overseas Investment in the Age of High Imperialism: The United Kingdom, 1850–1914* (1965).
Ellingworth, P., 'Christianity and Politics in Dahomey, 1843–1867', *JAH* 5.2 (1964).
Etherington, N., *Preachers, Peasants and Politics in Southeast Africa, 1835–1880* (1976).
Evans, M. (ed.), *Empire and Culture: The French Experience, 1830–1940* (Basingstoke, 2004).
Fabian, J., *Out of Our Minds: Reason and Madness in the Exploration of Central Africa* (Berkeley, CA, 2000).
Fahmy, Z., 'Media-Capitalism: Colloquial Mass Culture and Nationalism in Egypt, 1908–18', *International Journal of Middle East Studies* 42 (2010).
Falasca-Zamponi, S., *Fascist Spectacle: The Aesthetics of Power in Mussolini's Italy* (Berkeley, CA, 2000).
Falola, T., and E. Brownell, *Africa, Empire and Globalization: Essays in Honor of A. G. Hopkins* (Durham, NC, 2011).
Fanon, F., *The Wretched of the Earth*, tr. C. Farrington (Harmondsworth, 2001).
Fell, A. S., 'Beyond the *bonhomme Banania*: Lucie Cousturier's Encounters with West African Soldiers during the First World War', in J. E. Kitchen, A. Miller and L. Rowe (eds), *Other Combatants, Other Fronts: Competing Histories of the First World War* (Newcastle upon Tyne, 2011).
Flibbert, A., 'State and Cinema in Pre-Revolutionary Egypt, 1927–52', in A. Goldschmidt, A. J. Johnson and B. A. Salmoni (eds), *Re-Envisioning Egypt, 1919–1952* (Cambridge, 2005).
Flint, J. E., 'Britain and the Partition of West Africa', in J. E. Flint and G. Williams (eds), *Perspectives of Empire: Essays Presented to Gerald S. Graham* (1973).
Forbes, H., 'On a Collection of Cast-Metal Work, of High Artistic Value, from Benin, Lately Acquired for the Mayer Museum', *Bulletin of the Liverpool Museums* 1 (Washington, DC, 1898).
Foster, E. A., *Faith in Empire: Religion, Politics, and Colonial Rule in French Senegal, 1880–1940* (Stanford, CA, 2013).
Frankema, E., and F. Buelens, *Colonial Exploitation and Economic Development: The Belgian Congo and the Netherlands Indies Compared* (2013).
Furse, R., *Acuparius: Recollections of a Recruiting Officer* (Oxford, 1962).

Fysh, P., and J. Wolfreys, *The Politics of Racism in France* (Basingstoke, 2003).

Gavois, M.-O., 'La perception du pouvoir métropolitain par les Européens d'Algérie', *Cahiers d'histoire* 85 (2001).

Genova, J. E., *Colonial Ambivalence, Cultural Authenticity, and the Limitations of Mimicry in French-Ruled West Africa, 1914–1956* (New York, 2004).

Gillette, A., *Racial Theories in Fascist Italy* (2002).

Ginio, R., *French Colonialism Unmasked: The Vichy Years in French West Africa* (Lincoln, Neb, 2006).

——, '"Cherchez la femme": African Gendarmes, Quarrelsome Women, and French Commanders in French West Africa, 1945–1960', *International Journal of African Historical Studies* 47 (2014).

Glass, S., *The Matabele War* (Harlow, 1968).

Gleichen, Count (ed.), *The Anglo-Egyptian Sudan: A Compendium Prepared by Officers of the Sudan Government*, 2 vols (1905).

Gleijeses, P., *Visions of Freedom: Havana, Washington, Pretoria, and the Struggle for Southern Africa, 1976–1991* (Chapel Hill, NC, 2011).

Green, R. H., and S. Griffith-Jones, 'External Debt: Sub-Saharan Africa's Emerging Iceberg', in T. Rose (ed.), *Crisis and Recovery in Sub-Saharan Africa* (1985).

Grogan, E. S., and A. H. Sharp, *From the Cape to Cairo: The First Traverse of Africa from South to North* (1900).

Grundlingh, L., 'The Recruitment of South African Blacks for Participation in the Second World War', in D. Killingray and D. Rathbone (eds), *Africa and the Second World War* (New York, 1986).

Guelke, A., *Rethinking the Rise and Fall of Apartheid* (Oxford, 2005).

Guy, J., *The Destruction of the Zulu Kingdom: The Civil War in Zululand, 1879–1884* (Pietermaritzburg, 1964).

Haggard, H. R., *Allan Quatermain* (1887).

Haile Selassie, *The Autobiography of Emperor Haile Selassie I: 'My Life and Ethiopia's Progress', 1892–1937*, tr. and ed. E. Ullendorff (Oxford, 1976).

Hannington, J., *Peril and Adventure in Central Africa: Being Illustrated Letters to the Youngsters at Home* (1886).

Harder, C., 'Schutztruppe in Cameroon', in M. Perraudin and J. Zimmerer (eds), *German Colonialism and National Identity* (2011).

Hargreaves, A. G., *The Colonial Experience in French Fiction: A Study of Pierre Loti, Ernest Psichari and Pierre Mille* (1981).

Harrison, C., *France and Islam in West Africa, 1860–1960* (Cambridge, 1988).

Harrison, R. T., *Gladstone's Imperialism in Egypt: Techniques of Domination* (Westport, CT, 1995).

Hassing, P., 'German Missionaries and the Maji Maji Rising', *African Historical Studies* 3 (1970).

Hattersley, A. F., *The British Settlement of Natal: A Study in Imperial Migration* (Cambridge, 1950).

Helly, D. O., *Livingstone's Legacy: Horace Waller and Victorian Mythmaking* (Athens, OH, 1987).

Henty, G. A., *Th rough Th ree Campaigns* (1901).

Hess, R. L., *Italian Colonialism in Somalia* (Chicago, 1966).

Hochschild, A., *King Leopold's Ghost: A Story of Greed, Terror, and Heroism in Colonial Africa* (New York, 1998).

Holland, R., *Blue-Water Empire: The British in the Mediterranean since 1800* (2012).

Horne, A., *Harold Macmillan*, II: *1957–1986* (1989).

Horowitz, M., 'Ba Karim: An Account of Rabeh's Wars', *African Historical Studies* 3 (1970).

Hubbell, A., 'A View of the Slave Trade from the Margin: Souroudougou in the Late Nineteenth-Century Slave Trade of the Niger Bend', *JAH* 42 (2001).

Hudson, A., 'The Missionary in West Africa', *Journal of the African Society* 3 (1903).

Hyam, R., *Empire and Sexuality: The British Experience* (Manchester, 1990).

Illingworth, P., 'Christianity and Politics in Dahomey, 1842-1867', *JAH* 5

Isaacman, A., and B. Isaacman, 'Resistance and Collaboration in Southern and Central Africa, c. 1850–1920', *International Journal of African Historical Studies* 10 (1977).

Izedinova, S., *A Few Months with the Boers: The War Reminiscences of a Russian Nursing Sister*, tr. C. Morby (Johannesburg, 1977).

James, L., *The Savage Wars: British Campaigns in Africa 1870–1920* (1985).

——, *Imperial Warrior: The Life and Times of Field-Marshal Viscount Allenby, 1861–1936* (1993).

James, W., 'The Black Experience in Twentieth-Century Britain', in P. D. Morgan and S. Hawkins (eds), *Black Experience and the Empire* (Oxford, 2004).

Jeater, D., 'The British Empire and African Women in the Twentieth Century', in P. D. Morgan and S. Hawkins (eds), *Black Experience and the Empire* (Oxford, 2004).

Jenkinson, J., '"All in the Same Uniform"? The Participation of Black Colonial Residents in the British Armed Forces in the First World War', *JICH* 40.2 (2012).

Johnson, F. E., 'Here and There in North Africa', *National Geographic Magazine* 25.1 (January 1914).

Kalman, S., 'Fascism and Algérianité: The Croix de Feu and the Indigenous Question in 1930s Algeria', in M. Th omas (ed.), *The French Colonial Mind*, II (Lincoln, Neb., 2011).

Kanya-Forstner, A. S., *The Conquest of the Western Sudan: A Study in French Military Imperialism* (Cambridge, 1969).

Kearny, P., *Service with the French Troops in Africa* (New York, 1913).

Kennedy, P., *The Rise of the Anglo-German Antagonism, 1860–1914* (Dublin, 1993).

Kerbœuf, A.-C., 'The Cairo Fire of 26 January 1952 and the Interpretations of History', in A. Goldschmidt, A. J. Johnson and B. A. Salmoni (eds), *Re-Envisioning Egypt, 1919–1952* (Cambridge, 2005).

Khenouf, M., and M. Brett, 'Algerian Nationalism and the Allied Military Strategy and Propaganda during the Second World War: The Background to Sétif', in D. Killingray and R. Rathbone (eds), *Africa and the Second World War* (New York, 1986).

Kholoussi, S., 'Fallahin: The "Mud Bearers" of Egypt's "Liberal Age"', in A. Goldschmidt, A. J. Johnson and B. A. Salmoni (eds), *Re-Envisioning Egypt, 1919–1952* (Cambridge, 2005).

Kiernan, V. G., *European Empires from Conquest to Collapse, 1815–1960* (1982).

Killingray, D., 'The Idea of a British Imperial African Army', *JAH* 20.3 (1979).

——, '"A Swift Agent of Government": Air Power in British Colonial Africa, 1916–1939', *JAH* 25.4 (1984).

——, 'Labour Mobilisation in British Colonial Africa for the War Eff ort, 1939–46', in D. Killingray and R. Rathbone (eds), *Africa and the Second World War* (New York, 1986).

——, *Fighting for Britain: African Soldiers in the Second World War* (Woodbridge, 2010).

—— and J. Matthews, 'Beasts of Burden: British West African Carriers in the First World War', *Canadian Journal of African Studies* 13.1–2

(1979).

—— and R. Rathbone, *Africa and the Second World War* (New York, 1986).

King, M., and E. King, *The Story of Medicine and Disease in Malawi: The 150 Years Since Livingstone* (Blantyre, 1997).

Kinghorn, J., 'Modernisation and Apartheid: The Afrikaner Churches', in R. Elphick and R. Davenport (eds), *Christianity in South Africa: A Political, Social, and Cultural History* (Cape Town, 1997).

Klein, H. S., *The Atlantic Slave Trade* (Cambridge, 1999).

Knight-Bruce, G. W. H., *Memories of Mashonaland* (1895).

Kuzmarov, J., *Modernizing Repression: Police Training and Nation-Building in the American Century* (Amherst and Boston, MA, 2012).

Laband, J., and I. Knight, *The War Correspondents: The Anglo-Zulu War* (Stroud, 1996).

Laband, J., and P. Th ompson, 'African Levies in Natal and Zululand, 1838–1906', in S. Miller (ed.), *Soldiers and Settlers in Africa, 1850–1918* (Leiden, 2009).

Langbehn, V., and M. Salama (eds), *German Colonialism: Race, the Holocaust, and Postwar Germany* (New York, 2011).

Largueche, A., 'The City and the Sea: Evolving Forms of Mediterranean Cosmopolitanism in Tunis, 1700–1881', in J. Clancy-Smith (ed.), *North Africa, Islam and the Mediterranean World: From the Almoravids to the Algerian War* (2001).

Lascelles, A. F., *King's Counsellor: Abdication and War: The Diaries of 'Tommy' Lascelles*, ed. D. Hart-Davis (2006).

Laumann, D., 'Narratives of a "Model Colony": German Togoland in Written and Oral Histories', in M. Perraudin and J. Zimmerer (eds), *German Colonialism and National Identity* (2011).

Lee, D., *Slavery and the Romantic Imagination* (Philadelphia, 2002).

Lehmann, J., 'Fraternity, Frenzy, and Genocide in German War Literature, 1906–36', in M. Perraudin and J. Zimmerer (eds), *German Colonialism and National Identity* (2011).

Leonard, D. K., and S. Straus, *Africa's Stalled Development: International Causes and Cures* (Boulder, Col., 2002).

Lewis, J., *Empire State-Building: War and Welfare in Kenya, 1925–52* (Oxford, 2000).

Lewis, M. and B.W. Andrzejewski, *Somali Poetry* (Oxford, 1968).

Livingstone, D., and C. Livingstone, *Narrative of an Expedition to the Zambesi and Its Tributaries and of the Discovery of the Lakes Shirwa and Nyassa, 1858–1864* (1865).

Lloyd, S., *Suez, 1956: A Personal Account* (1980).

Lonsdale, J., 'The Depression and the Second World War in the Transformation of Kenya', in D. Killingray and R. Rathbone (eds), *Africa and the Second World War* (New York, 1986).

Loti, P., *The Sahara: Le Roman d'un Spahi*, tr. M. Larne (1930).

Louis, W. R., 'Libyan Independence, 1951: The Creation of a Client State', in P. Giff ord and W. R. Louis (eds), *Decolonization and African Independence: The Transfer of Power, 1960–1980* (1988).

——, *Ends of British Imperialism: The Scramble for Empire, Suez and Decolonization* (2006).

Lucking, T., 'Some Th oughts on the Evolution of Boer War Concentration Camps', *Journal of the Society for Army Historical Research* 82 (2004).

Lunn, J., 'French Race Theory, the Parisian Society of Anthropology, and the Debate over *la Force Noire*, 1909–1912', in M. Th omas (ed.), *The French Colonial Mind*, II (Lincoln, Neb., 2011).

McCaskie, T. C., 'State and Society, Marriage and Adultery: Some Considerations Towards a Social History of Pre-Colonial Asante', *JAH* 22 (1981).

McDonald, P. D., *The Literature Police: Apartheid Censorship and Its Cultural Consequences* (Oxford, 2009).

Mack Smith, D., *Mussolini's Roman Empire* (1976).

MacKenzie, J. M., *Propaganda and Empire: The Manipulation of British Public Opinion, 1880–1960* (Manchester, 1984).

MacMaster, N., *Colonial Migrants and Racism: Algerians in France, 1900–62* (1997).

Mak, L., 'More than Officers and Officials: Britons in Occupied Egypt, 1882–1922', *JICH* 39 (2011).

Mann, E. J. *Mikono ya damu: 'Hands of Blood': African Mercenaries and the Politics of Confl ict in German East Africa, 1888–1904* (Frankfurt, 2002).

Marder, A. J., *The Anatomy of British Sea Power: A History of British Naval Policy in the Pre-Dreadnought Era, 1880–1905* (Hamden, CT, 1964).

Martens, J., 'Enlightenment Theories of Civilisation and Savagery in British Natal: The Colonial Origins of the (Zulu) African Barbarism Myth', in B. Carton, J. Laband and J. Sithole (eds), *Zulu Identities: Being Zulu, Past and Present* (Scottsville, 2008).

Matthews, J. K., 'Clock Towers for the Colonized: Demobilization of the Nigerian Military and the Readjustment of Its Veterans to Civilian Life, 1918–1925', *International Journal of African Historical Studies* 14 (1981).

Mazov, S., 'Soviet Policy in West Africa: An Episode of the Cold War, 1956–1964', in M. Matusevich (ed.), *Africa in Russia, Russia in Africa: Th ree Centuries of Encounters* (Trenton, NJ, 2007).

Mazower, M., *Hitler's Empire: Nazi Rule in Occupied Europe* (2008).

Meek, C. I., *Brief Authority: A Memoir of Colonial Administration in Tanganyika*, ed. I. Meek (2011).

Mille, P., 'The "Black-Vote" in Senegal', *Journal of the African Society* 1 (1901).

Miller, S. M., 'Fighting the Other Enemy: Boredom, Drudgery, and Restlessness on the South African Veld, 1900–1902', in I. F. W. Beckett (ed.), *Victorian Wars: New Perspectives* (2007).

Mills, W. G., 'Millennial Christianity, British Imperialism, and African Nationalism', in R. Elphick and R. Davenport (eds), *Christianity in South Africa: A Political, Social, and Cultural History* (Cape Town, 1997).

Mockler, A., *Haile Selassie's War: The Ethiopian–Italian Campaign, 1935–1941* (Oxford, 1984).

Morsy, M., *North Africa, 1800–1900: A Survey from the Nile Valley to the Atlantic* (1984).

Mowafi, R., *Slavery, Slave Trade and Abolition Attempts in Egypt and the Sudan, 1820–1882* (Malmö, 1981).

Murray, B. K., 'Politics and Cricket: The D'Oliveira Aff air of 1968', *Journal of Southern African Studies* 27 (2001).

Muschalek, M., 'Honourable Soldier-Bureaucrats: Formations of Violent Identities in the Colonial Police Force of German Southwest Africa, 1905–18', *German Colonialism* 41.4 (2013).

NADA: The Southern Rhodesia Native Aff airs Dept. Annual (XX).

Namikas, L., *Battleground Africa: Cold War in the Congo, 1960–1965* (Washington, DC, 2013).

'Narrative of Events in the Life of a Liberated Negro, Now a Church Missionary Catechist in Sierra Leone', in Church Missionary Society *Missionary Register* (1837).

Nasson, B., 'War Opinion in South Africa in 1914', *JICH* 23 (1995).

Naval Intelligence Division (US), *French West Africa*, II: *The Colonies* (1944).

Ndulu, B. J., *Challenges of African Growth: Opportunities, Constraints, and Strategic Directions* (Washington, DC, 2007).

—— et al. (eds), *The Political Economy of Economic Growth in Africa, 1960–2000*, 2 vols (Cambridge, 2008).

Newbury, C., 'Cecil Rhodes, De Beers and Mining Finance in South Africa: The Business of Entrepreneurship and Imperialism', in R. E. Dumett (ed.), *Mining Tycoons in the Age of Empire, 1870–1945: Entrepreneurship, High Finance, Politics and Territorial Expansion* (Farnham, Surrey, 2009).

Nicolini, B. (trans. Watson, P.-J.), *Makran, Oman and Zanziba: Th ree-terminal Cultural Corridor in the Western Indian Ocean, 1799-1856* (Leiden, 2004).

Nwoye, R. E., *The Public Image of Pierre Savorgnan de Brazza and the Establishment of French Imperialism in the Congo, 1875–1885* (Aberdeen, 1984).

Ohrwalder, J., *Ten Years' Captivity in the Mahdi's Camp, 1882–1892* (1892).

Oliver, R., and A. Atmore, *Africa Since 1800* (Cambridge, 1994).

Omu, F. I. A., 'The Dilemma of Press Freedom in Colonial Africa: The West African Example', *JAH* 9 (1968).

Osuntokun, A., *Nigeria in the First World War* (1979).

Page, M. E., 'The War of *Th angata*: Nyasaland and the East African Campaign, 1914–1918', *JICH* 19 (1978).

——, '"With Jannie in the Jungle": European Humor in an East African Campaign, 1914–1918', *International Journal of African Historical Studies* 14 (1981).

Pankhurst, R., 'The Russians in Ethiopia: Aspirations of Progress', in M. Matusevich (ed.), *Africa in Russia, Russia in Africa: Th ree Centuries of Encounters* (Trenton, NJ, 2007).

Park, M., *Travels in the Interior of Africa* (Stroud, 2005).

Parsons, T. H., 'African Participation in the British Empire', in P. D. Morgan and S. Hawkins (eds), *Black Experience and the Empire* (Oxford, 2004).

Pascoe, W. W., 'The Cubans in Africa', in D. L. Bark (ed.), *The Red Orchestra*, II: *The Case of Africa* (Stanford, CA, 1988).

Pease, H., *The History of the Northumberland (Hussars) Yeomanry, 1819–1923* (1924).

Perham, M., *Lugard: The Years of Adventure, 1858–1898* (1965).

Perkins, K. J., *Qaids, Captains and Colons: French Military Administration in the Colonial Maghrib, 1844–1934* (New York, 1981).

Perras, A., *Carl Peters and German Imperialism, 1856–1918: A Political Biography* (Oxford, 2006).

Perraudin, M., and J. Zimmerer (eds), *German Colonialism and National Identity* (2011).

Peterson, B. J., 'Slave Emancipation, Trans-Local Social Processes and the Spread of Islam in French Colonial Buguni (Southern Mali), 1893–1914', *Journal of African History* 45.3 (2004).

Pirouet, M. L., *Black Evangelists: The Spread of Christianity in Uganda, 1891–1914* (1978).

Poggo, S. S., 'Zande Resistance to Foreign Penetration in the Southern Sudan, 1860–1890', in J. Spaulding and S. Beswick (eds), *White Nile, Black Blood: War, Leadership, and Ethnicity from Khartoum to Kampala* (Lawrenceville, NJ, 2001).

Porter, B., *The Lion's Share: A Short History of British Imperialism, 1850–1970* (1975).

Porterfield, T., *The Allure of Empire: Art in the Service of French Imperialism, 1798–1836* (Princeton, NJ, 1998).

Posel, D., *The Making of Apartheid, 1948–1961: Confl ict and Compromise* (Oxford, 1997).

Pretorius, H., and L. Jafta, '"A Branch Springs Out": African Initiated Churches', in R. Elphick and R. Davenport (eds), *Christianity in South Africa: A Political, Social, and Cultural History* (Cape Town, 1997).

Price, R., *Making Empire: Colonial Encounters and the Creation of Imperial Rule in Nineteenth-Century Africa* (Cambridge, 2008).

Prochaska, D., 'The Return of the Repressed: War, Trauma, Memory in Algeria and Beyond', in P. M. E. Lorcin (ed.), *Algeria and France, 1800–2000: Identity, Memory, Nostalgia* (Syracuse, NY, 2006).

Quist-Adade, C., 'The African Russians: Children of the Cold War', in M. Matusevich (ed.), *Africa in Russia, Russia in Africa: Th ree Centuries of Encounters* (Trenton, NJ, 2007).

Rabot, C., 'Recent French Explorations in Africa', *National Geographic Magazine* 13.4 (April 1902).

Ranger, T. O., *Revolt in Southern Rhodesia, 1896–7: A Study in African Resistance* (1967).

——, 'Connexions between "Primary Resistance" Movements and Modern Mass Nationalism in East and Central Africa. Part I', *JAH* 9.3 (1968).

Rasmussen, A. M. B., *Modern African Spirituality: The Independent Holy Spirit Churches in East Africa, 1902–1976* (1996).

Rathbone, R., 'Police Intelligence in Ghana in the Late 1940s and 1950s', *JICH* 21.3 (1993).

Redmayne, A., 'Mkwawa and the Hehe Wars', *JAH* 9.3 (1968).

Renton, D., D. Seddon and L. Zeilig, *The Congo: Plunder and Resistance* (2007).

Richards, J., *Visions of Yesterday* (1973).

Robert Hunter, F., *Egypt Under the Khedives, 1805–1879: From Household Government to Modern Bureaucracy* (Pittsburgh, PA, 1984).

Robinson, P., 'The Search for Mobility During the Second Boer War', *Journal of the Society for Army Historical Research* 86 (2008).

Rodogno, D., *Fascism's European Empire: Italian Occupation During the Second World War* (Cambridge, 2006).

Ross, P. T., *A Yeoman's Letters* (1900).

Ruete, E., *Memoirs of an Arabian Princess from Zanzibar* (Princeton, NJ, 1996).

Ryzova, L., 'Egyptianizing Modernity through the "New *Eff endiya*"', in A. Goldschmidt, A. J. Johnson and B. A. Salmoni (eds), *Re-Envisioning Egypt, 1919–1952* (Cambridge, 2005).

Sabben-Clare, E. E., 'African Troops in Asia', *African Aff airs* 44 (1945).

Şaul, M., and P. Royer, *West African Challenge to Empire: Culture and History in the Volta-Bani Anticolonial War* (Athens, OH, 2001).

Schalk, D. L., *War and the Ivory Tower: Algeria and Vietnam* (Oxford, 1991).

Scham, A., *Lyautey in Morocco: Protectorate Administration, 1912–1925* (Berkeley, CA, 1970).

Schmidt, E., *Foreign Intervention in Africa: From the Cold War to the War on Terror* (Cambridge, 2013).

Schneider, W. H., *An Empire for the Masses: The French Popular Image of Africa, 1870–1900* (1982).

Schöl ch, A., *Egypt for the Egyptians!: The Socio-Political Crisis in Egypt, 1878–1882* (Oxford, 1981).

Schreuder, D. M., *The Scramble for Southern Africa, 1877–1895: The Politics of Partition Reappraised* (Cambridge, 1980).

Schroer, T. L., '"Racial" Mixing of Prisoners of War in the First World War', in J. E. Kitchen, A. Miller and L. Rowe (eds), *Other*

Combatants, Other Fronts: Competing Histories of the First World War (Newcastle upon Tyne, 2011).

See, K.-Y., 'The Downfall of General Giraud: A Study of American Wartime Politics', *Penn History Review* 18.1 (2010).

Segalla, S. D., *The Moroccan Soul: French Education, Colonial Ethnology, and Muslim Resistance, 1912–1956* (Lincoln, NA, 2009).

Selous, F., *Sunshine and Storm in Rhodesia* (1897).

Sessions, J. E., *By Sword and Plow: France and the Conquest of Algeria* (Ithaca, NY, 2011).

Shadle, B., 'Settlers, Africans, and Inter-Personal Violence in Kenya, ca. 1900–1920s', *International Journal of African Historical Studies* 45 (2012).

Shear, K., 'Tested Loyalties: Police and Politics in South Africa, 1939–63', *JAH* 53 (2012).

Shelford, F., 'On West African Railways', *Journal of the African Society* 3 (1903).

Sheriff , A., and E. Ferguson (eds), *Zanzibar Under Colonial Rule* (1991).

Short, J. P., *Magic Lantern Empire: Colonialism and Society in Germany* (Oxford, 2013).

Shubin, V., *The Hot 'Cold War': The USSR in Southern Africa* (2008).

Sikainga, A. A., 'Military Slavery and the Emergence of a Southern Sudanese Diaspora in the Northern Sudan', in J. Spaulding and S. Beswick (eds), *White Nile, Black Blood: War, Leadership, and Ethnicity from Khartoum to Kampala* (Lawrenceville, NJ, 2001).

Slavin, D. H., *Colonial Cinema and Imperial France, 1919–1939: White Blind Spots, Male Fantasies, Settler Myths* (Baltimore, MD, 2001).

Slight, J., 'British Perceptions and Responses to Sultan Ali Dinar of Darfur, 1915–16', *JICH* 38.2 (2010).

Smith, I., *The Great Betrayal: The Memoirs of Ian Douglas Smith* (1997).

Stanard, M. G., *Selling the Congo: A History of European Pro-Empire Propaganda and the Making of Belgian Imperialism* (Lincoln, NE, 2011).

Stanley, B., *The World Missionary Conference, Edinburgh 1910* (Cambridge, 2009).

Stapleton, T., '"Valuable, Gallant and Faithful Assistants": The Fingo (or Mfengu) as Colonial Military Allies During the Cape–Xhosa Wars, 1835–1881', in S. M. Miller (ed.), *Soldiers and Settlers in Africa, 1850–1918* (Leiden, 2009).

Staum, M. S., *Labeling People: French Scholars on Society, Race, and Empire, 1815–1848* (Montreal, 2003).

Strachan, H., *The First World War in Africa* (Oxford, 2004).

Streak, M., *The Afrikaner as Viewed by the English, 1795–1854* (Cape Town, 1974).

Sudan Intelligence Reports, 3 vols (Cairo, 1905).

Surridge, K. T., *Managing the South African War, 1899–1902: Politicians v. Generals* (Woodbridge, 1998).

Taithe, B., *The Killer Trail: A Colonial Scandal in the Heart of Africa* (Oxford, 2009).

Tareke, G., *Ethiopia: Power and Protest* (Lawrenceville, NJ, 1996).

Taylor, P. J., *Britain and the Cold War: 1945 as Geopolitical Transition* (New York, 1990).

Th ompson, F., *Lark Rise to Candleford* (Oxford, 1965).

Th ompson, G., 'Colonialism in Crisis: The Uganda Disturbances of 1945', *African Aff airs* 91 (1992).

Th ompson, W. S., *Ghana's Foreign Policy, 1957–1966* (Princeton, NJ, 1969).

Toledano, E. R., *Slavery and Abolition in the Ottoman Middle East* (Seattle, 1998).

Tomaselli, K., *The Cinema of Apartheid: Race and Class in South African Film* (New York, 1988).

Trumbull, G. R., *An Empire of Facts: Colonial Power, Cultural Knowledge, and Islam in Algeria, 1870–1914* (Cambridge, 2009).

Truth and Reconciliation Commission of South Africa Report, II (Cape Town, 1998).

Turpin, J., 'The Pongas Mission', *Mission Life* 5 (1874).

Udal, J. O., *The Nile in Darkness: Conquest and Exploration, 1504–1862* (Norwich, 1998).

Umar, M. S., *Islam and Colonialism: Intellectual Responses of Muslims of Northern Nigeria to British Colonial Rule* (Leiden, 2006).

US Naval Intelligence Division, *French West Africa, II: The Colonies* (1944) van Beek, W. E. A., 'Intensive Slave Raiding in the Colonial Interstice: Hamman Yaji and the Mandara Mountains (North Cameroon and North-Eastern Nigeria)', *JAH* 58 (2012).

van der Poel, J., *Railway and Customs Policies in South Africa, 1885–1910* (1933).

van Onselen, C., 'The 1912 Wankie Colliery Strike', *JAH* 15 (1974).

Vaughan, C., 'Violence and Regulation in the Darfur–Chad Borderland *c.* 1909–56: Policing a Colonial Boundary', *JAH* 54.2 (2013).

Verdès-Leroux, J., *Les Français d'Algérie de 1830 à aujourd'hui: une page d'histoire déchirée* (Paris, 2001).

von Lettow-Vorbeck, P. E., *My Reminiscences of East Africa* (1920).

Walton, C., *Empire of Secrets: British Intelligence, the Cold War and the Twilight of Empire* (2013).
Ward, G., *The Life of Charles Alan Smythies, Bishop of the Universities' Mission to Central Africa* (1899).
Warwick, P., *Black People and the South African War, 1899–1902* (Cambridge, 1983).
Watson, R., 'Literacy as a Style of Life: Garveyism and Gentlemen in Colonial Ibadan', *African Studies* 73 (2014).
Watson, R. L., 'The Subjection of a South African State: Th aba Nchu, 1880–1884', *JAH* 21 (1980).
Webb, J. L. A., 'The Horse and Slave Trade between the Western Sahara and Senegambia', *JAH* 34 (1993).
Webber, M., 'Soviet Policy in Sub-Saharan Africa: The Final Phase', *Journal of Modern African Studies* 30 (1992).
Werner, A., 'Native Aff airs in Natal', *Journal of the African Society* 4 (1905).
West, R., *Brazza of the Congo: Exploration and Exploitation in French Equatorial Africa* (1972).
Westcott, N., 'The Impact of the Second World War on Tanganyika, 1939–49', in D. Killingray and R. Rathbone (eds), *Africa and the Second World War* (New York, 1986).
Whidden, J., 'The Generation of 1919', in A. Goldschmidt, A. J. Johnson and B. A. Salmoni (eds), *Re-Envisioning Egypt, 1919–1952* (Cambridge, 2005).
White, O., 'Conquest and Cohabitation: French Men's Relations with West African Women in the 1890s and 1900s', in M. Th omas (ed.), *The French Colonial Mind*, II (Lincoln, Neb., 2011).
Willcocks, J., *The Romance of Soldiering and Sport* (1925).
Williams, S., *Who Killed Hammarskjöld?: The UN, the Cold War and White Supremacy in Africa* (Oxford, 2014).
Wilson, J., 'Gold Coast Information', *African Aff airs* 43 (1944).
Yearwood, P. J., 'Great Britain and the Repartition of Africa, 1914–1919', *JICH* 18.3 (1990).
Zimba, B., E. Alpers and A. Isaacman (eds), *Slave Routes and Oral Tradition in Southeastern Africa* (Maputo, Mozambique, 2005).
Zimmerer, J., 'War, Concentration Camps and Genocide in South-West Africa: The First German Genocide', in J. Zimmerer and J. Zeller (eds), *Genocide in German South-West Africa: The Colonial War of 1904–1908 and Its Aftermath* (Monmouth, 2008).
Zimmerer, J. and Perraudin, M. (eds), *German Colonialism and National Identity* (2011)

【Historia歷史學堂】MU0009

烈日帝國：非洲霸權的百年爭奪史1830-1990

Empires in the Sun: The Struggle for the Mastery of Africa

作　　者❖勞倫斯・詹姆士（Lawrence James）
譯　　者❖鄭煥昇
封面設計❖許晉維
排　　版❖張彩梅
校　　對❖魏秋綢
總 編 輯❖郭寶秀
責任編輯❖邱建智
行銷業務❖許芷瑀

發 行 人❖凃玉雲
出　　版❖馬可孛羅文化
104台北市中山區民生東路二段141號5樓
電話：02-25007696
發　　行❖英屬蓋曼群島商家庭傳媒股份有限公司城邦分公司
104台北市中山區民生東路二段141號11樓
客服服務專線：(886) 2-25007718；25007719
24小時傳真專線：(886) 2-25001990；25001991
服務時間：週一至週五9:00～12:00；13:00～17:00
劃撥帳號：19863813　戶名：書虫股份有限公司
讀者服務信箱：service@readingclub.com.tw
香港發行所❖城邦（香港）出版集團有限公司
香港灣仔駱克道193號東超商業中心1樓
電話：(852) 25086231　傳真：(852) 25789337
E-mail：hkcite@biznetvigator.com
馬新發行所❖城邦（馬新）出版集團 Cite (M) Sdn. Bhd.(458372U)
41, Jalan Radin Anum, Bandar Baru Seri Petaling,
57000 Kuala Lumpur, Malaysia
電話：(603) 90578822　傳真：(603) 90576622
E-mail：services@cite.com.my
輸出印刷❖中原造像股份有限公司
初版一刷❖2018年 3 月
初版三刷❖2020年 5 月
定　　價❖630元

ISBN：978-986-95978-2-1

城邦讀書花園
www.cite.com.tw

國家圖書館出版品預行編目資料

烈日帝國：非洲霸權的百年爭奪史1830-1990／勞倫斯・詹姆士（Lawrence James）著；鄭煥昇譯. -- 初版. -- 臺北市：馬可孛羅文化出版：家庭傳媒城邦分公司發行，2018.03
面；　公分--（Historia歷史學堂；MU0009）
譯自：Empires in the sun: the struggle for the mastery of Africa
ISBN 978-986-95978-2-1（平裝）
1.非洲史　2.殖民戰爭
760.1　　107000394